Programmieren lernen für Dummies

Schummelseite

DIE WICHTIGSTEN ELEMENTE IN JAVA-PROGRAMMEN

Wichtigste Datentypen	`int` (ganze Zahlen), `double` (Fließkommazahlen), `String` (Zeichenketten), `boolean` (Wahrheitswerte), `char` (Zeichen)
Variable anlegen	*Datentyp Name;* Zum Beispiel: `int x;`
Wert zuweisen	*Name = Wert;* Zum Beispiel: `x = 12;`
Arithmetische Operatoren	Addition (**+**), Subtraktion (**−**), Multiplikation (*****), Division (**/**), Restwert (**%**)
Logische Operatoren	Negation (**!**), Und (**&&**), Oder (**||**), Entweder-Oder (**^**)

Kontrollstrukturen	`if`-Anweisung:
	 `if (bedingung) { ... } else { ...}`
	
	 `while`-Schleife:
	 `while (bedingung) { ... }`
	
	 `for`-Schleife:
	 `for (int i = 0; i < X; ++i) { ... }`
	
	 `switch`-Anweisung:
	 `switch (variable)`
	 `{ case 1: ... break; case 2: ... break;`
	 `default: ... break;}`

Klassen	`public class Klassenname`
	 `{`
	   `private int attribut1;`
	   `public Klassenname() { ... } // Konstruktor`
	   `public void methode1(int parameter1) { ... }`
	 `}`
	 `Klassenname instanz = new Klassenname();`
	 `instanz.methode1(37);`

Programmieren lernen für Dummies

Schummelseite

DIE WICHTIGSTEN ELEMENTE IN PHP-SKRIPTEN

Variablen	`$variable1 = 17; $variable2 = 23;`
Kontrollstrukturen	`if ($bedingung) { ... } else { ... }`
	`while ($bedingung) { ... } else { ... }`
	`for ($i = 0; i < $X; ++$i) { ... }`
Zeichenketten zusammensetzen	`$a = 6; $b = "Satz";`
	`$satz = "Dieser $b besteht aus $a Wörtern.";`
Funktionen	`function differenz($a, $b) { return $a - $b; }` `$diff = differenz(17, 5);`
Arrays	`$array = array(17, 12, 23);`
	`$ersterWert = $array[0]; // 17`
Datenbankzugriff	`$db = new mysqli($adresse, $user, $passwort, $dbName);`
	`$query = $db->query("select * from tabelle");`
	`$ergebnisArray = $query->fetch_all(MYSQLI_ASSOC);` `foreach ($ergebnisArray as $ergebnis) { ... }`

AUFBAU EINES HTML-DOKUMENTS

```html
<!DOCTYPE html>
<html>
  <head>
    <title>Seitentitel</title>
  </head>
  <body>
    <h1>Seitenüberschrift</h1>
    <p>Absatz 1 <strong>hervorgehoben</strong></p>
    <p>Absatz 2 <em>leicht hervorgehoben</em></p>
    <a href="http://www.example.com">Linktext</a>
    <img src="http://www.example.com/bild.jpg">
    <ul><li>Aufzählung 1</li><li>Aufz. 2</li></ul>
    <table><tr><td>Zelle 1</td><td>Zelle 2</td></tr></table>
    <form action="http://www.example.com">
      <input name="vorname" type="text">
      <button>Absenden</button>
    </form>
  </body>
</html>
```

Programmieren lernen
für Dummies

Daniel Lorig

Programmieren lernen für dummies

Sonderausgabe

WILEY-VCH GmbH

Programmieren lernen für Dummies

Bibliografische Information der Deutschen Nationalbibliothek

Die Deutsche Nationalbibliothek verzeichnet diese Publikation in der Deutschen Nationalbibliografie; detaillierte bibliografische Daten sind im Internet über http://dnb.d-nb.de abrufbar.

Sonderausgabe 2025

© 2025 Wiley-VCH GmbH, Boschstraße 12, 69469 Weinheim, Germany

Wiley, die Bezeichnung »Für Dummies«, das Dummies-Mann-Logo und darauf bezogene Gestaltungen sind Marken oder eingetragene Marken von John Wiley & Sons, Inc., USA, Deutschland und in anderen Ländern.

Das vorliegende Werk wurde sorgfältig erarbeitet. Dennoch übernehmen Autoren und Verlag für die Richtigkeit von Angaben, Hinweisen und Ratschlägen sowie eventuelle Druckfehler keine Haftung.

Umschlagillustration: © tippapatt - stock.adobe.com
Korrektur: Petra Heubach-Erdmann, Düsseldorf
Satz: Straive, Chennai, India
Druck und Bindung: CPI Group (UK) Ltd, Croydon, CR0 4YY

Print ISBN: 978-3-527-72330-0

C9783527723300_240226

Bevollmächtigte des Herstellers gemäß EU-Produktsicherheitsverordnung ist die Wiley-VCH GmbH, Boschstr. 12, 69469 Weinheim, Deutschland, E-Mail: Product_Safety@wiley.com.

Über den Autor

Daniel Lorig programmiert bereits seit dem Ende seiner Schulzeit. Da er schnell Gefallen an der Programmierung fand, nahm er ein Informatik-Studium an der Universität des Saarlandes auf. 2010 schloss er dieses mit einem Mastertitel ab.

Nach einem knapp zweijährigen Intermezzo als Entwickler bei einem Software-Unternehmen wagte er den Schritt in die Selbstständigkeit, um fortan eigene Ideen umzusetzen. Hauptsächlich programmiert er nun eigene Webseiten, zudem hat er einige Programmierbücher geschrieben.

In seiner Freizeit reist er seitdem durch die Welt – begünstigt durch die neu gewonnene berufliche Freiheit und die Überwindung seiner jahrelangen Flugangst.

Auf einen Blick

Über den Autor 7
Einleitung 21

Teil I: Grundlagen der Programmierung **29**
Kapitel 1: Von der Idee zum Programm 31
Kapitel 2: Programmiersprachen: Ein Überblick 41
Kapitel 3: So lernen Sie programmieren 53
Kapitel 4: Was sich alles programmieren lässt 61
Kapitel 5: Algorithmen erstellen 77
Kapitel 6: Wichtige Konzepte in Programmiersprachen 87
Kapitel 7: Fortgeschrittene Programmiertechniken 107

Teil II: Programmieren mit Java **135**
Kapitel 8: Compiler und Entwicklungsumgebung 137
Kapitel 9: Die ersten Schritte in der Java-Programmierung 145
Kapitel 10: Variablen und Datentypen in Java 161
Kapitel 11: Ablaufsteuerung in Java 177
Kapitel 12: Objektorientierte Programmierung in Java 189
Kapitel 13: Weitere Features von Java 221
Kapitel 14: Die Klassenbibliothek von Java 241
Kapitel 15: Grafische Benutzeroberflächen 263

Teil III: Programmierung für das Web mit PHP **291**
Kapitel 16: Einführung in HTML 293
Kapitel 17: Werkzeuge für die Webprogrammierung 311
Kapitel 18: Einstieg in die PHP-Programmierung 321
Kapitel 19: Datenbankprogrammierung 349
Kapitel 20: Dynamische Webseiten programmieren 365

Teil IV: Werkzeuge für Programmierer **399**
Kapitel 21: Fehler finden und beseitigen 401
Kapitel 22: Die Macht des Internets nutzen 419
Kapitel 23: Versionskontrolle 427

Teil V: Der Top-Ten-Teil **439**
Kapitel 24: (Ungefähr) 10 externe Zusatzbibliotheken für Java .. 441
Kapitel 25: (Mehr als) 10 nützliche Webseiten für Programmierer .. 447

Stichwortverzeichnis **451**

Inhaltsverzeichnis

Über den Autor 7
Einleitung 21
    Über dieses Buch 21
    Konventionen in diesem Buch 22
    Was Sie nicht lesen müssen 22
    Törichte Annahmen über die Leser 23
    Wie dieses Buch aufgebaut ist 24
        Teil I: Grundlagen der Programmierung 24
        Teil II: Programmieren mit Java 25
        Teil III: Programmierung für das Web mit PHP 25
        Teil IV: Werkzeuge für Programmierer 25
        Teil V: Der Top-Ten-Teil 25
    Symbole, die in diesem Buch verwendet werden 25
    Wie es weitergeht 26

TEIL I
GRUNDLAGEN DER PROGRAMMIERUNG 29

Kapitel 1
Von der Idee zum Programm 31
    Mensch vs. Maschine 31
    Einen Algorithmus entwickeln 33
    Mit dem Rechner kommunizieren 37
        Maschinencode 37
        Programmiersprachen 37
    Das Wichtigste in Kürze 39
    Übungen 39

Kapitel 2
Programmiersprachen: Ein Überblick 41
    Variabel sollst du sein! 41
    Die Evolution der Programmiersprachen 43
    Populäre Programmiersprachen und ihre Unterschiede 44
        Übersetzung und Ausführung von Code 45
        Speicherverwaltung 47
    Die perfekte Sprache für Programmieranfänger 51
    Das Wichtigste in Kürze 51
    Übungen 52

Kapitel 3
So lernen Sie programmieren.................................. 53
Schritte beim Lernen einer Programmiersprache 53
    Grundelemente der Sprache kennenlernen 53
    Erste Übungen eigenständig lösen 54
    Vertiefen der Kenntnisse einer Sprache............................ 55
    Eigene Ideen realisieren 56
Angebote zum Erlernen einer Programmiersprache...................... 56
    Programmieren lernen mit Büchern................................ 57
    Programmieren lernen mit Online-Tutorials 58
    Programmieren lernen im Rahmen von Ausbildung oder Studium........ 58
    Kurse im Internet belegen 59
Das Wichtigste in Kürze 59

Kapitel 4
Was sich alles programmieren lässt............................ 61
Anwendungsentwicklung für Desktop-Computer 61
    Programmierung unter verschiedenen Betriebssystemen 62
    Komplexität der Anwendungen................................... 63
    Reich werden mit Desktop-Programmierung 64
Mobile Apps 65
    Mobile Plattformen 67
    Komplexität der Anwendungen................................... 69
    Reich werden mit Apps 69
Programmierung für das Internet...................................... 70
    Die Programmiersprachen des Internets............................ 71
    Reich werden mit dem Internet................................... 72
Hardware-Programmierung... 73
    Einsatzgebiete.. 73
    Programmiersprachen 75
Das Wichtigste in Kürze 75
Übungen 76

Kapitel 5
Algorithmen erstellen... 77
Spaß mit Zahlen.. 77
Mathematische Probleme lösen 78
    Problem: Für eine natürliche Zahl n soll deren Fakultät
    berechnet werden 78
    Problem: Eine Liste aus beliebigen Zahlen soll aufsteigend sortiert
    werden.. 81
Probleme aus dem wahren Leben lösen 84
Das Wichtigste in Kürze 85
Übungen 86

Kapitel 6
Wichtige Konzepte in Programmiersprachen **87**

- Datentypen, Variablen und Zuweisungen 88
  - Variablen anlegen 89
  - Werte in Variablen ablegen 90
- Arrays 91
- Operatoren und Ausdrücke 93
  - Arithmetische Operatoren 93
  - Vergleichsoperatoren 95
  - Logische Operatoren 96
  - Operatoren kombinieren 98
- Kontrollfluss 99
  - Verzweigungen 99
  - Schleifen 102
- Das Wichtigste in Kürze 105
- Übungen 105

Kapitel 7
Fortgeschrittene Programmiertechniken **107**

- Funktionen und Prozeduren 107
  - Funktionen erstellen 111
  - Funktionen einsetzen 114
  - Rekursion 115
- Objektorientierte Programmierung 117
  - Idee der objektorientierten Programmierung 117
  - Realisierung mithilfe von Klassen 118
  - Umsetzung im Programmcode 119
- Zeigerarithmetik und manuelle Speicherverwaltung 126
  - Zeiger 126
  - Zusammenspiel von Feldern und Zeigern 128
  - Manuelle Speicherverwaltung 130
  - Zeigerchaos im Kopf? Keine Sorge! 131
- Das Wichtigste in Kürze 132
- Übungen 132

TEIL II
PROGRAMMIEREN MIT JAVA 135

Kapitel 8
Compiler und Entwicklungsumgebung **137**

- Compiler 137
- Entwicklungsumgebungen 138
  - Syntax-Hervorhebung 138
  - Automatisches Vervollständigen 140
  - Code umgestalten 142
  - Übersetzen des Quellcodes 142
  - Debuggen 143
- Das Wichtigste in Kürze 144

Kapitel 9
Die ersten Schritte in der Java-Programmierung 145
    Compiler und Entwicklungsumgebung installieren 145
        Das Drama mit den Java-Lizenzen................................. 146
        Den Compiler installieren.. 147
        Eclipse installieren 150
        Eclipse einrichten.. 150
    Das »Hallo Welt«-Programm 154
        Der Aufbau eines Java-Programms................................. 156
        Ein Programm ausführen 159
    Das Wichtigste in Kürze 160

Kapitel 10
Variablen und Datentypen in Java............................. 161
    Neue Variablen anlegen 161
    Primitive Datentypen 162
        Wahrheitswerte 162
        Zahlen 163
        Zeichen 164
    Mit Variablen rechnen... 165
    Stolperfallen vermeiden... 166
        Wertebereiche 166
        Genauigkeit... 168
    Werte konvertieren... 169
    Zeichen konvertieren 171
    Abkürzungen beim Programmieren nehmen........................ 172
    Arrays 174
    Das Wichtigste in Kürze 175
    Übungen.. 175

Kapitel 11
Ablaufsteuerung in Java 177
    Bedingte Ausführung 177
    Schleifen 179
        Die while-Schleife.. 180
        Die do-while-Schleife... 181
        Die for-Schleife.. 181
        Besondere Anweisungen innerhalb von Schleifen................... 182
        Verschachtelte Schleifen... 184
    Mathematische Berechnungen..................................... 184
    Das Wichtigste in Kürze 186
    Übungen.. 187

Kapitel 12
Objektorientierte Programmierung in Java **189**

    Idee der objektorientierten Programmierung............................. 189
    Umsetzung in Java... 191
        Das Grundgerüst einer Klasse 191
        Attribute... 192
        Konstruktoren.. 193
        Methoden 194
        Neue Instanzen erstellen 195
        Auf Attribute und Methoden zugreifen......................... 196
    Methoden und logische Operatoren 198
    Statische Attribute und Methoden 200
    Besonderheiten der Objektorientierung in Java 202
    Zeichenketten als Objekte 203
        Methoden für Zeichenketten 204
        Zeichenketten zusammensetzen.................................. 205
    Packages.. 206
        Klassen in Pakete packen 206
        Pakete einbinden... 208
    Referenzen und Parameter 208
        Referenztypen und Wertetypen................................... 209
        Die leere Referenz 210
    Interagierende Objekte... 211
        Die Methode »laufen()«.. 211
        Die Methode »halteDenSchuss()«................................ 214
        Die Methode »passeDenBallZu()«................................ 214
        Die Methode »schiesseAufsTor()«................................ 215
        Mehrere Spieler interagieren lassen............................. 216
    Das Wichtigste in Kürze 217
    Übungen... 217
    Projekt.. 217

Kapitel 13
Weitere Features von Java **221**

    Aufzählungen... 221
    Vererbung.. 222
        Variablen von Basistypen 224
        Konstruktoren.. 225
        Zugriffsmodifizierer.. 225
        Methoden überschreiben.. 226
        Abstrakte Klassen und Methoden 227

Die Basisklasse Object 228
Objekte vergleichen. 228
Fehler abfangen. 230
Generische Klassen 234
Anonyme Funktionen 237
Das Wichtigste in Kürze 239
Übungen 240

Kapitel 14
Die Klassenbibliothek von Java 241

Collections 241
    Listen 242
    Assoziative Speicher 244
    Mengen und andere Collection-Typen 246
    Collections sortieren 247
Mit Streams arbeiten. 251
    Streams zum Auslesen einer Webseite. 252
    Streams zum Lesen und Schreiben von Dateien. 255
    Andere Arten von Streams 258
Nebenläufige Programmierung. 258
    Threads anlegen. 260
    Probleme bei der Verwendung von Threads 260
Das Wichtigste in Kürze 261
Übung 261

Kapitel 15
Grafische Benutzeroberflächen 263

Benutzeroberflächen für Java-Programme 263
Ablauf eines GUI-Programms 264
Eclipse für JavaFX fit machen 265
Das erste JavaFX-Programm. 266
    Die Methode start() 268
    Die Szene anpassen. 270
Eine Benutzeroberfläche erstellen 272
    Die Klasse »Ergebnis« 273
    Entwurf der Oberfläche. 274
    Den Entwurf mit JavaFX umsetzen. 274
Die Benutzeroberfläche zum Leben erwecken 284
Weitere Möglichkeiten zur Erstellung von GUIs 286
Eine ausführbare Datei erstellen. 287
Das Wichtigste in Kürze 288
Übungen 288

TEIL III
PROGRAMMIERUNG FÜR DAS WEB MIT PHP **291**

Kapitel 16
Einführung in HTML **293**
    Funktionsweise des World Wide Web. 293
    HTML als Dateiformat. 294
    Grundlagen von XML. 295
    Einfache HTML-Dokumente erstellen. 296
        Der Kopf eines HTML-Dokuments. 297
        Rock your Body. 297
        Daten mithilfe von Tags strukturieren 298
        Das Design einer Webseite gestalten 304
    Dynamische Webseiten erstellen 307
        Interaktive Webseiten 307
        Dynamisch generierte Webseiten 307
    Das Wichtigste in Kürze 308
    Übungen. 309

Kapitel 17
Werkzeuge für die Webprogrammierung. **311**
    Einen Webserver installieren 311
        XAMPP installieren. 312
        Server und Datenbank steuern 313
        Den Webserver testen. 314
    Eine Entwicklungsumgebung verwenden 315
        Eclipse für die Webentwicklung umrüsten. 315
        Ein PHP-Projekt in Eclipse erstellen. 317
        Hallo PHP-Welt. 317
        PHP-Code ausführen. 318
    Das Wichtigste in Kürze 320

Kapitel 18
Einstieg in die PHP-Programmierung. **321**
    PHP als Skriptsprache. 321
    Die Struktur eines PHP-Programms 322
    Unterschiede zu und Gemeinsamkeiten mit Java und Co. 324
        Variablen und Datentypen 324
        Zeichenketten. 326
        Kontrollfluss 327
        Funktionen 328
        Arrays. 330
        Objektorientierung. 334

Integrierte Funktionen 336
    Mathematische Funktionen 336
    Zugriff auf das Dateisystem 337
    Zeit und Datum. 338
    Weitere Funktionalität. 339
Eine Webseite mit PHP programmieren. 339
    Eine dynamische Webseite. 340
    Eingaben des Webseitenbesuchers verwenden 342
Das Wichtigste in Kürze 346
Übungen 347

Kapitel 19
Datenbankprogrammierung 349

Was ist eine Datenbank?. 349
    Einfache Tabellen. 350
    Tabellen verknüpfen 350
    Datenbanken als Teil der Webprogrammierung. 352
Umsetzung mithilfe von SQL 352
    Eine Tabelle erstellen. 353
    Einträge erstellen 357
    Einträge ändern 358
    Einträge löschen. 360
    Einträge aus der Datenbank auslesen 360
    Tabellen bei einer Abfrage verknüpfen 363
Das Wichtigste in Kürze 364
Übungen 364

Kapitel 20
Dynamische Webseiten programmieren 365

SQL-Befehle in PHP-Skripten verwenden. 365
    Verbindung zur Datenbank herstellen 366
    Befehle an die Datenbank senden 367
    Abfragen senden und Ergebnisse verarbeiten 367
Eine komplette Webseite erstellen. 369
    Die Datenbank vorbereiten 370
    Das Projekt in Eclipse anlegen 371
    Verbindung mit der Datenbank herstellen. 372
    Die Struktur der URLs 374
    Die Detailseite des Administrationsbereichs. 376
    Die Startseite des Administrationsbereichs. 384
    Die Startseite für den Seitenbesucher 388
    Die Detailseite für den Webseitenbesucher. 390

Dynamische Webseiten in der Praxis 394
    Grafische Gestaltung 394
    Webspace anmieten 395
    Bei null anfangen 395
Das Wichtigste in Kürze 396
Übungen 396

TEIL IV
WERKZEUGE FÜR PROGRAMMIERER 399

Kapitel 21
Fehler finden und beseitigen 401
Was ist ein Fehler? 401
Häufigkeit und Relevanz von Fehlern und Defekten 402
Fehlerhafte Programmläufe finden 403
    Unit Tests in der Praxis 403
    Testen mit JUnit 404
Vom Fehler zum Defekt 410
    Debugger. 410
    Debuggen mit Eclipse 411
    Fehler finden mit dem Debugger. 414
Das Wichtigste in Kürze 417

Kapitel 22
Die Macht des Internets nutzen 419
Dokumentationen 419
    Die Java-Dokumentation 420
    Die PHP-Dokumentation 421
Im Internet Hilfe finden 422
    Mit Google nach Lösungen fahnden 423
    Selbst Fragen im Internet stellen 424
Das Wichtigste in Kürze 425

Kapitel 23
Versionskontrolle 427
Versionskontrolle – was ist das überhaupt? 427
Subversion 428
    Installation 428
    Ein Repository erstellen 428
    Repository auf dem eigenen Rechner verwalten 430
    Mit anderen gemeinsam an einem Projekt arbeiten 434
Das Wichtigste in Kürze 437

TEIL V
DER TOP-TEN-TEIL 439

Kapitel 24
(Ungefähr) 10 externe Zusatzbibliotheken für Java 441
Apache Commons 442
    commons.lang und commons.text 442
    commons.email 442
Google Guava 443
JFreeChart 443
Apache Log4j 444
jsoup 444
Jackson-Databind 445
Apache POI 445

Kapitel 25
(Mehr als) 10 nützliche Webseiten für Programmierer 447
Die vollständige Referenz der Java-Klassenbibliothek 447
Die vollständige Referenz der Programmiersprache PHP 448
Eine vollständige Referenz aller HTML-Elemente 448
Referenz aller CSS-Befehle 448
Scene Builder 448
Die vermutlich größte Online-Community für Programmierfragen 449
Online-Java-Compiler 449
Online-PHP-Interpreter 449
Online-HTML-Editor 449
Maven hilft 450
Wenn Sie mal eine Pause brauchen 450

Stichwortverzeichnis 451

Einleitung

Programmieren ist toll – und nützlich! In der zunehmend digitalisierten Welt ist es von Vorteil, wenn man die digitalen Geräte nicht nur aus Anwendersicht kennt, sondern auch weiß, was hinter den Kulissen vorgeht. Selbst wenn Sie nicht selbst programmieren, sondern nur eine ungefähre Vorstellung davon haben, was da passiert, kann das bei der Bedienung der Geräte von Nutzen sein.

Darüber hinaus profitieren Sie natürlich auch davon, wenn Sie aktiv programmieren können, selbst wenn Sie das Programmieren nicht beruflich nutzen wollen. Computer und computergesteuerte Geräte halten Einzug in immer neue Felder des täglichen Lebens – und diese können Sie mit Ihren Programmierfähigkeiten mitgestalten. Sie können Ihre Kreativität ausleben und eigene Ideen umsetzen.

Über dieses Buch

Dieses Buch soll Ihnen helfen, die ersten Schritte in die große, bunte Welt der Programmierung zu gehen. Kein Buch der Welt wird Sie von heute auf morgen zum perfekten Programmierer machen, denn dies ist ein langwieriger Prozess. Stattdessen soll dieses Buch Sie beim Einstieg unterstützen:

Es zeigt Ihnen die Grundlagen der Programmierung, erklärt die vielen Aufgaben des Programmierers, hilft Ihnen, die Werkzeuge zu installieren, die das Programmieren sehr komfortabel machen (damit Sie es selbst einmal probieren können), und berät Sie, wie Sie über dieses Buch hinaus Ihr Wissen und Ihre Fähigkeiten erweitern können.

Vielleicht befürchten Sie, dass Programmieren nicht das Richtige für Sie ist? Ich bin der Meinung, dass die meisten Menschen die Grundlagen der Programmierung lernen können, wenn sie das wirklich möchten. Trotzdem kann es natürlich sein, dass Sie irgendwann merken, dass die Aufgaben, die ein Programmierer letztendlich übernimmt, Ihnen nicht wirklich liegen.

Natürlich werde ich in erster Linie versuchen, Sie für die Programmierung zu begeistern. Möglicherweise sieht jedoch der allererste Einblick in die Welt der Programmierung anders aus, als Sie es sich vorgestellt haben. Das ist aber relativ normal und geht vielen so. Sie kennen bunte Computerprogramme, blitzende Smartphone-Apps und spektakuläre CGI-Effekte in Hollywood-Blockbustern – ganz so kunterbunt geht es jedoch zumindest zu Beginn bei der Programmierung nicht zu. Lassen Sie sich davon aber bitte nicht entmutigen, sondern geben Sie sich ein bisschen Zeit, um sich mit dieser neuen Umgebung anzufreunden.

Ich kann Ihnen nicht versprechen, dass Sie die Programmierung am Ende dieses Buchs lieben werden (auch wenn ich mir alle Mühe geben werde). Was ich Ihnen aber versprechen kann, ist, dass Sie mit diesem Buch herausfinden können, ob Sie Ihre Fähigkeiten im Programmieren weiter vertiefen möchten – und mit welcher Programmiersprache das geschehen könnte.

Konventionen in diesem Buch

Damit Sie sich besser im Buch zurechtfinden, folgt eine kurze Erklärung der verwendeten Schriftarten und Hervorhebungen:

- ✔ Dieses Buch enthält naturgemäß einige Quellcode-Listings. Quellcode-Listings sind in einer Programmiersprache geschriebene Texte. Diese Texte werden im Buch in einer markanten Schrift dargestellt, die Sie vielleicht an das Zeitalter der Schreibmaschinen erinnert:

    ```
    function doNonsense()
    {
      if (this_function_does_anything())
        then (i_would_really_be_surprised());
    }
    ```

- ✔ Hin und wieder wird eine Textstelle innerhalb eines solchen Listings kursiv geschrieben. Kursiver Text in Listings markiert eine Stelle, die von Ihnen angepasst werden muss:

    ```
    var meinName = "hier_Name_einsetzen";
    ```

- ✔ Die Listing-Schrift wird auch verwendet, um Internetadressen anzugeben.

- ✔ Wenn neue Begriffe eingeführt werden, werden diese in der Regel *kursiv* gesetzt.

    Manchmal wird Kursivschreibung auch verwendet, um etwas besonders zu betonen.

- ✔ Wenn Sie in einem Programm oder auf einer Webseite auf eine Schaltfläche klicken sollen oder ich auf eine Beschriftung verweise, verwende ich eine besondere Schriftart.

    Buttons sind zum Beispiel oft mit OK beschriftet.

Am Ende vieler Kapitel gibt es Übungen. Ich empfehle Ihnen sehr, sich an diesen Übungen zu versuchen. Programmieren lernt man nun mal nicht durch Lesen eines Buchs, sondern nur durch das eigene Ausprobieren. Alle Übungen inklusive der Lösungsvorschläge finden Sie auch auf der Webseite zum Buch unter `https://www.wiley-vch.de/ISBN9783527718511`.

Was Sie nicht lesen müssen

Alles kann, nichts muss. Das Buch besteht aus fünf Teilen, die Sie mehr oder weniger unabhängig voneinander lesen können.

Ich empfehle Ihnen, zur Einleitung zumindest die Kapitel 1 und 2 sowie 6 und 7 zu lesen. Die ersten beiden Kapitel enthalten eine allgemeine Einführung in die notwendigen Schritte für die Erstellung eines Programms. Die Kapitel 6 und 7 stellen wichtige Konzepte vor, die in den meisten Programmiersprachen enthalten sind.

Mit Java und PHP werden in den Teilen II und III zwei Programmiersprachen vorgestellt. Allerdings werden die Konzepte, die bereits in Kapitel 6 und 7 allgemein vorgestellt wurden, im Java- und im PHP-Teil nicht mehr so ausführlich erklärt. Sollten Sie insbesondere beim Lesen der PHP-Kapitel weitere Hintergrundinformationen benötigen, greifen Sie einfach nochmals auf die Kapitel 6 und 7 zurück. An den entsprechenden Stellen im PHP-Teil weise ich darauf hin, wo Sie zusätzliche Informationen finden.

In den letzten Kapiteln des Java- und des PHP-Teils (Kapitel 15 und 20) steigt der Schwierigkeitsgrad etwas an, weil ich dann jeweils ein etwas komplexeres Programmbeispiel beschreibe. Wird Ihnen das zu viel, können Sie die beiden Kapitel problemlos überspringen.

Auch wenn Sie sich mit einem bestimmten Thema schon auskennen, können Sie entsprechende Kapitel auslassen. Verschwenden Sie keine Lebenszeit damit, eine Einführung zu einem Thema zu lesen, in dem Sie schon Profi sind.

Sollte dieses Buch Ihr erster Kontakt mit der Welt der Programmierung sein, empfehle ich Ihnen, das Buch in der Reihenfolge der Kapitel durchzuarbeiten. Sollten Sie sich für ein bestimmtes Thema nicht so sehr interessieren, können Sie das entsprechende Kapitel oder den entsprechenden Teil überspringen.

Törichte Annahmen über die Leser

Wie jedes andere Buch richtet sich auch dieses an eine bestimmte Zielgruppe. Die Zielgruppe umfasst explizit *nicht* alle Menschen dieser Welt. Je mehr der nachfolgend genannten Punkte auf Sie zutreffen, desto besser ist dieses Buch für Sie geeignet.

✔ **Sie besitzen einen Computer und können damit umgehen.**

Programmieren lernen Sie nur, wenn Sie es selbst auch tun. Nur darüber lesen reicht nicht aus. Deshalb benötigen Sie selbst einen Computer.

Falls Sie noch keinen haben und nun hektisch einen anschaffen wollen: Es muss keine High-End-Maschine sein. Bitte verwenden Sie keine alten Klapperkisten mit Monochrom-Bildschirm aus dem letzten Jahrtausend. Ein bisschen aktueller sollte das Gerät schon sein, aber es genügt zur Not das einfachste Modell.

Ich verwende auf meinem Computer Windows. Ich gehe davon aus, dass die meisten Leser dieses Buchs ebenfalls Windows nutzen. Alle gezeigten Programme lassen sich aber auch mit anderen Betriebssystemen wie macOS oder Linux erstellen. Auch wenn wir alle wissen, das macOs und Linux nie die meistinstallierten Betriebssysteme sein werden – wenn man bedenkt, wie oft Windows neu installiert werden muss …

✔ **Sie sind weder Programmierer noch haben Sie einen Doktortitel in Informatik.**

Das Buch richtet sich an Menschen, die noch keine Vorkenntnisse in der Programmierung haben. Sie müssen noch nicht einmal die Informatik-AG in der Schule besucht haben.

✔ **Sie haben einen starken Willen.**

Auch wenn der Schreibstil des Buchs hier und da eventuell ein bisschen locker ist: Es ist immer noch ein Fachbuch zu einem technischen Thema, und der ein oder andere Abschnitt braucht ein bisschen Durchhaltevermögen.

✔ **Logisches Denken zählt nicht zu Ihren Schwächen.**

Wenn es später beim Programmieren einmal hart auf hart kommt, müssen Sie in der Lage sein, knallhart nachzudenken. Wenn A, dann B, wenn nicht C, dann D. Und in allen anderen Fällen F.

Beim Programmieren kommt es auf scheinbar unbedeutende Details an. Schon der kleinste Fehler kann das Programm zu einer Katastrophe werden lassen. Man sagt auch, Programme sind *unstetig*. Entfernen Sie an der Golden Gate Bridge eine Schraube, stürzt die Brücke vermutlich trotzdem nicht ein. (Verboten ist es wahrscheinlich dennoch, probieren Sie es also lieber nicht aus!) Ändern Sie eine einzige Zeile in einem zuvor funktionierenden Programm, dann ... na ja, Sie wissen schon. (Ironischerweise ist das dagegen nicht verboten ...)

✔ **Sie wollen Ihren Verstand später einmal auf einen Computer übertragen und auf diese Weise ewig leben.**

Na gut, seien wir ehrlich: Das wollen wir doch alle.

Bliebe noch ein Reizthema offen: die Mathematik. Abgesehen von den Grundrechenarten setze ich keine expliziten mathematischen Kenntnisse voraus. Sie müssen für dieses Buch auch nicht Ihre Fähigkeiten im Kopfrechnen, Integrieren oder im Lösen von Differenzialgleichungen unter Beweis stellen.

Es lässt sich jedoch (leider) nicht ganz vermeiden, dass hier und da im Buch mal ein mathematisches Konzept benötigt wird. An den entsprechenden Stellen werde ich dies natürlich erklären.

Wenn Sie Mathematik schon in der Schule nicht mochten und sich fragten, wozu man das jemals brauchen wird, erhalten Sie jetzt vielleicht eine Antwort darauf. Mit der Zeit werden Sie lernen, wie Sie das frühere Schreckgespenst zu Ihrem Vorteil nutzen können!

Wie dieses Buch aufgebaut ist

Das Buch besteht aus fünf Teilen.

Teil I: Grundlagen der Programmierung

Hier erfahren Sie zunächst die absoluten Basics. Was sind Computerprogramme überhaupt und welche Schritte geht man beim Erstellen? Zudem gibt Teil I einen Überblick über die wichtigsten Programmiersprachen und wofür sie verwendet werden. Schließlich lernen Sie die wichtigsten Konzepte kennen, die es in Programmiersprachen gibt.

Teil II: Programmieren mit Java

Im zweiten Teil dreht sich alles um die Programmiersprache Java. Sie erfahren, welche Hilfsmittel Sie auf Ihrem Computer benötigen, um selbst Programme mit Java zu entwickeln. Nachdem Sie erste, einfache Java-Programme erstellt haben, lernen Sie auch fortgeschrittene Techniken kennen.

Während zunächst der Fokus auf Programmen liegt, die ausschließlich Texte auf Ihrem Monitor produzieren, sehen Sie am Ende auch, wie Sie Programme mit grafischen Elementen erstellen können, die mit der Maus bedient werden.

Teil III: Programmierung für das Web mit PHP

Im dritten Teil lernen Sie zunächst die Grundlagen von HTML – der Sprache, mit der Webdokumente in der Regel erstellt werden. Anschließend erfahren Sie, wie Sie mithilfe einer Datenbank und ein bisschen PHP Webseiten so programmieren können, dass sie bei jedem Seitenaufruf neu erzeugt werden und jeder Webseitenbesucher eine topaktuelle, eventuell auf ihn zugeschnittene Seite zu sehen bekommt.

Teil IV: Werkzeuge für Programmierer

Im vierten Teil des Buchs geht es um weitere Werkzeuge und Hilfsmittel, die Ihnen beim Programmieren das Leben leichter machen.

Teil V: Der Top-Ten-Teil

Im letzten Teil des Buchs habe ich noch einige Tipps für Sie parat:

- ✔ Kostenlose Zusatzbibliotheken mit Programmbausteinen, die Sie für das Programmieren von Java-Programmen verwenden können
- ✔ Eine Liste von nützlichen Webseiten, die Sie beim Programmieren unterstützen

Symbole, die in diesem Buch verwendet werden

Damit die Texte in diesem Buch nicht so langweilig daherkommen, hätte ich sie mit allerhand selbst erstellten Grafiken anreichern können. Leider sind meine künstlerischen Fähigkeiten quasi nicht vorhanden. Daher verschone ich Sie (größtenteils) mit von mir erstellten

Grafiken und verwende stattdessen einige Symbole, die auch in anderen *für Dummies*-Büchern vorkommen und die Ihnen helfen, die wichtigen Informationen schnell zu finden.

Im Folgenden erkläre ich, was die einzelnen Symbole bedeuten.

Dieses Symbol markiert einen Tipp. Wenn es schnell gehen soll, können Sie einen solchen Text überspringen, er wird nicht für das weitere Verständnis des Inhalts gebraucht. Ansonsten erhalten Sie hier dienliche Hinweise, die Ihnen bei der Erstellung von eigenen Programmen nützen können.

Hier zeige ich Ihnen, wie Sie eine Stolperfalle vermeiden. Es lohnt sich also, die so markierten Texte genau zu lesen.

Ich gehe davon aus, dass Sie nicht alles, was Sie in diesem Buch lesen, sofort auswendig lernen. Manchmal greife ich deshalb Kleinigkeiten wieder auf, die ich zuvor einmal erwähnt hatte. Dieses Symbol markiert eine Erinnerung an etwas, was ich früher schon erwähnt hatte und was an der aktuellen Stelle benötigt wird. So müssen Sie nicht zurückblättern, um nach den Details zu suchen. Sie können also Text, den Sie bei diesem Symbol finden, getrost überspringen. So lange Sie alles, was in der Nähe steht, dennoch verstehen, ist das kein Problem.

Hier führe ich Beispiele auf oder gebe ein paar Hintergrundinformationen zur Anwendung. Bei Zeitmangel können Sie also auch solche Texte überspringen, ohne dass Sie dadurch bei der weiteren Lektüre des Buchs Nachteile erleiden. Sie würden aber vielleicht ein paar amüsante Anekdoten (unter anderem aus dem Leben von Bill Gates …) verpassen!

Hier geht es ans Eingemachte und Sie erfahren technische Details.

Manchmal verweise ich auf zusätzliches Material in den Weiten des Internets. Dazu verwende ich dieses Symbol.

Wie es weitergeht

Die Beispielprogramme aus dem Buch könnten Sie natürlich abtippen. Das ist auch gar nicht völlig abwegig, denn nur wer Programmcode schreibt, lernt programmieren.

Ich stelle Ihnen den Code aber auch über die Webseite zum Buch unter https://www.wiley-vch.de/ISBN9783527718511 zum Download bereit. So können Sie sich die mühsame Tipparbeit sparen und den Code dennoch selbst ausprobieren.

Sie sind übrigens dazu eingeladen, mit dem Code zu spielen, ihn zu verändern und zu beobachten, wie sich dadurch die Ergebnisse ändern. So entwickeln Sie ein Gefühl fürs Programmieren – und zwar viel besser, als wenn Sie einfach nur den Code aus dem Buch abtippen.

Sie haben diese lange Einleitung bis hierhin durchgelesen? Respekt! Ich möchte Sie dann aber auch nicht mehr länger auf die Folter spannen. Nehmen Sie noch einmal tief Luft und springen Sie direkt hinein ins Programmiervergnügen!

Teil I
Grundlagen der Programmierung

IN DIESEM TEIL ...

✔ Erfahren Sie, wie Computer funktionieren, was Programmierung ist und welche Möglichkeiten es gibt, programmieren zu lernen

✔ Erhalten Sie einen Überblick über verschiedene Programmiersprachen sowie grundlegende Konzepte, die in vielen Sprachen vorhanden sind

✔ Erfahren Sie, was sich heutzutage überhaupt alles (abgesehen von gewöhnlichen Computern) programmieren lässt

> **IN DIESEM KAPITEL**
>
> Wie ergänzen sich Mensch und Maschine?
>
> Welche Schritte werden beim Erstellen eines Programms durchlaufen?

Kapitel 1
Von der Idee zum Programm

Dieses Kapitel skizziert den ganzen Weg, der bei der Erstellung und Benutzung eines Computerprogramms beschritten werden muss: von der Idee über den Algorithmus bis hin zur schlussendlichen Ausführung der fertigen Anwendung.

Mensch vs. Maschine

Computer wurden erschaffen, um Menschen beim Rechnen zu helfen. Heute geht das mit einem handlichen Taschenrechner oder einer App auf dem Smartphone, während früher einfache Rechner schnell einmal ganze Räume ausgefüllt haben.

Mit der Zeit wurden Rechner immer kleiner – und gleichzeitig leistungsstärker. Die heutigen modernen Computer unterstützen den Menschen nicht nur bei einfachen Berechnungen, sondern bei so ziemlich allen Problemen des menschlichen Alltags und des Berufslebens:

✔ Wie viel Steuern muss man bei einem Brutto-Einkommen von 25.000 Euro zahlen? (Steuerberater)

✔ Wie viele Kalorien habe ich bei meinem heutigen Training verbrannt? (Sportler)

✔ Wie sieht die aktuelle Tabelle der Fußball-Bundesliga aus? (Fußballfan)

✔ Wenn ich ein Haus mit den angegebenen Materialien in der angegebenen Form baue (oder bauen lasse), ist das stabil oder stürzt es ein? (Architekt)

✔ Wie komme ich am schnellsten mit dem Auto vom Münchner Hauptbahnhof zum Rathaus von Wladiwostok? (Taxifahrer)

All diese Fragen ließen sich auch ohne die Hilfe einer Maschine klären. Für jede der Fragen kann der Mensch sich die genauen Arbeitsschritte überlegen, die zur Beantwortung nötig wären. Diese müsste der Mensch dann selbst durchführen – was vermutlich sehr viel langsamer und potenziell auch fehleranfälliger ist, als wenn ein Computer diese Aufgaben durchführt.

Mensch und Maschine haben also sehr unterschiedliche Stärken und Schwächen (siehe Abbildung 1.1). Während Menschen sehr kreativ sind und neue Lösungswege für Problemstellungen finden können, sind sie auch langsam und fehleranfällig bei der Durchführung. Computer dagegen können gestellte Aufgaben sehr schnell und zuverlässig lösen, führen aber nur exakt die vorgegebenen Schritte aus. Computer »denken« nicht mit, sondern arbeiten streng nach Vorschrift.

Abbildung 1.1: Mensch vs. Maschine

Um das beste Resultat zu erzielen, müssen Mensch und Maschine Hand in Hand arbeiten: Beide müssen ihre eigenen Stärken einbringen, um die Schwächen des jeweils anderen auszugleichen. Die optimale Strategie zur Lösung eines Problems ist demnach wie folgt:

1. Zunächst muss das zu lösende Problem vom Menschen genau spezifiziert werden: Welche Voraussetzungen sind gegeben und was genau soll herausgefunden werden? (*Problemstellung*)

2. Der Mensch findet heraus, welche Schritte zum Lösen des Problems vonnöten sind. (*Algorithmus*)

3. Der Mensch instruiert den Computer, sodass dieser später in der Lage ist, die einzelnen Schritte des Algorithmus eigenständig durchzuführen. (*Programmierung*)

4. Der Computer kann nun jederzeit dazu aufgefordert werden, die zuvor instruierten Schritte durchzuführen, und damit das ursprüngliche Problem lösen. (*Programmausführung*)

Bevor Sie einen Computer dazu verwenden können, ein Problem zu lösen, müssen Sie also erst einmal selbst wissen, wie sich das Problem generell lösen lässt. Das ist eine wichtige Voraussetzung für die Programmierung und in vielen Fällen nicht trivial. Das Finden eines geeigneten Algorithmus kann unter Umständen viel aufwendiger sein als die eigentliche Programmierung selbst.

 Auch als Programmierer genügt es nicht, einfach zum Computer zu sagen: »Löse dieses Problem mal für mich.« Das wird den Rechner nicht sonderlich beeindrucken oder motivieren, sondern er wird die Aufforderung schlichtweg ignorieren.

Natürlich könnten Sie einen digitalen Assistenten wie Google Now, Siri, Cortana oder Alexa nutzen und diesen nach der Lösung Ihres Problems fragen (beispielsweise nach der Tabelle der Fußball-Bundesliga). Diese Assistenten sind aber auch nur Programme, die so entworfen wurden, dass sie natürliche Sprache teilweise interpretieren und bestimmte, auf diese Weise formulierte Aufgaben lösen können. Hier hat Ihnen jemand die Schritte 1 bis 3 bereits abgenommen.

In diesem Fall sind Sie nur der Anwender des Programms. Stattdessen möchten Sie aber lernen, wie Sie selbst Programme erstellen können, die derartige Probleme zu lösen in der Lage sind. Oder nicht?

Einen Algorithmus entwickeln

Ein Algorithmus ist ganz allgemein eine eindeutige Handlungsvorschrift zum Lösen eines Problems. Da sehr unterschiedliche Arten von Problemen mit Computern gelöst werden, gibt es keine allgemeingültige Anleitung zum Erstellen eines Algorithmus.

Als Anfänger in der Programmierung werden Sie natürlich zunächst nur eher kleinere und einfachere Probleme lösen, die keine komplizierten Algorithmen benötigen. Dennoch macht es Sinn, sich jetzt schon einmal kurz mit der Erstellung von Algorithmen zu befassen.

Eine Problemstellung und der zugehörige Algorithmus zur Lösung sollten immer möglichst allgemein formuliert werden. Ein Algorithmus, der zwei beliebige Zahlen addieren kann, ist besser als ein Algorithmus, der immer nur 08 + 15 rechnet.

Ein Algorithmus wird daher in der Regel einen oder mehrere Eingabe-*Parameter* erwarten und eines oder mehrere Ergebnisse liefern. Das Ergebnis ist die sogenannte Ausgabe. Der Algorithmus zur Addition von zwei Zahlen würde zum Beispiel die beiden zu addierenden Zahlen als Parameter erhalten und als Ergebnis die Summe liefern. Er kann so mehrmals mit unterschiedlichen Parametern ausgeführt werden, um unterschiedliche Summen zu berechnen.

Im Übrigen brauchen Sie nicht wirklich einen Algorithmus zur Addition von zwei Zahlen zu erstellen. Beim Erstellen eines Algorithmus dürfen Sie davon ausgehen, dass der Computer, der den Algorithmus später ausführen soll, einige gewisse »Grundkenntnisse« bereits mitbringt. Dazu zählen die vier Grundrechenarten: Das Summieren, Subtrahieren, Multiplizieren und Dividieren beherrscht jeder Computer aus dem Effeff.

Damit Sie eine erste Idee davon bekommen, wie ein Algorithmus aussieht, zeige ich Ihnen hier ein kurzes Beispiel.

Problem: Wie ist die Gesamtsumme einer Reihe von Zahlen, die sich in einer Liste befinden?

Als Beispiel verwende ich hier ein relativ alltägliches Problem. Sie erhalten eine Liste von Zahlen und sollen deren Gesamtsumme bestimmen.

Diesem Problem werden Sie in Ihrem Alltag regelmäßig gegenüberstehen, zum Beispiel wenn Sie beim Kaufen an einer Kasse von der Kassiererin Wechselgeld erhalten oder wenn Sie beim Backen das Gesamtgewicht aller verwendeten Zutaten bestimmen wollen.

Der zu erstellende Algorithmus erhält als Eingabe-Parameter also eine Liste von Zahlen, wobei die Anzahl der enthaltenen Elemente variabel ist. Das bedeutet, jedes Mal, wenn Sie das Problem lösen sollen, handelt es sich um eine unterschiedliche Liste mit einer unterschiedlichen Anzahl an Elementen.

Ich nenne diese Liste im Folgenden L. Sie soll n Elemente besitzen, die mit z_1 bis z_n bezeichnet werden: L = [z_1, z_2, ..., z_n]

Wie würden Sie ein solches Problem manuell lösen, wenn Sie keinen Computer haben, der Ihnen dabei hilft?

- ✔ Eine Idee wäre, sich eine Zwischensumme zu merken und zu dieser nacheinander alle Elemente der Liste hinzuzuaddieren.

- ✔ Zunächst wäre die Zwischensumme 0. Dann würde das erste Element der Liste dazu addiert, danach das zweite und so weiter.

- ✔ Wenn auf diese Weise alle Elemente der Liste durchlaufen wurden, enthält die Zwischensumme die Gesamtsumme aller enthaltenen Elemente, also das gesuchte Endergebnis.

Im Groben ist dies bereits der Algorithmus, mit dem man die Summe von beliebigen (Zahlen-)Listen berechnen kann. Dieser muss jetzt nur noch etwas ausführlicher aufgeschrieben werden.

Zunächst fällt noch auf, dass für die Lösung des Problems eine Zwischensumme verwendet wurde. Innerhalb eines Algorithmus würde man dafür eine sogenannte *Variable* verwenden.

Eine Variable ist ein Behälter für eine veränderliche Größe, die während der Ausführung eines Algorithmus verwendet wird. In vielen Fällen werden Zahlen in Variablen abgelegt. In Variablen können aber auch Texte stehen. Sie können eine Variable mit einem Wert belegen und diesen Wert jederzeit wieder auslesen oder abändern. Innerhalb eines Algorithmus werden Variablen zum Beispiel verwendet, um Zwischenergebnisse abzuspeichern.

Sie können Variablen beliebige Namen geben, zum Beispiel arxqt22 oder `hrmpfl44mop`. Sehr viel sinnvoller ist es aber, die Variablen so zu benennen, dass man erkennen kann, wozu man sie benutzt. Über den Namen einer Variablen kann bei Bedarf auf den Variablenwert zugegriffen werden.

Mit diesem Wissen im Hinterkopf lässt sich nun ein Algorithmus zum Berechnen der Gesamtsumme einer Liste von Zahlen entwickeln. Der Algorithmus müsste die folgenden Arbeitsschritte enthalten:

1. Die Liste L = [z_1, z_2, ..., z_n] wird an den Algorithmus übergeben.

2. Es wird eine neue Variable mit dem Namen summe angelegt. In dieser wird der Wert 0 gespeichert.

3. Solange die Liste L noch Elemente enthält (also nicht leer ist), führe die folgenden Schritte aus:

    - Lege eine Variable element an und speichere den Wert des ersten Elements der Liste L darin.

- Entferne das erste Element aus der Liste L.

- Bilde die Summe der Werte, die in den Variablen summe und element gespeichert sind, und speichere das Ergebnis in der Variablen summe.

  Der Wert, der zuvor in der Variablen summe gespeichert war, wird also mit einem neuen Wert überschrieben.

4. Beende die Ausführung des Algorithmus und liefere den Wert, der in der Variablen summe gespeichert ist, als Endergebnis.

Der Algorithmus macht genau das, was zuvor beschrieben wurde. Es wird eine Variable angelegt, in der das Zwischenergebnis der bisherigen Summation abgespeichert wird. Zu Beginn ist dieses 0.

Entscheidend ist der Schritt 3 des Algorithmus. Dieser wird mehrmals ausgeführt, nämlich solange die Liste noch Elemente enthält.

✔ Bei jedem Durchlauf von Schritt 3 wird der Wert des ersten Elements der Liste bestimmt und in einer eigenen Variablen gesichert.

✔ Es wird nun die Summe aus dem bisherigen Zwischenergebnis und dem soeben gesicherten Wert berechnet.

✔ Zudem wird das erste Element aus der Liste entfernt, sie schrumpft also.

Der Algorithmus verarbeitet demnach jeweils das erste Element der Liste und entfernt es dann daraus. Wenn die Liste irgendwann leer ist, wurden folglich alle Elemente bereits verarbeitet, das heißt, ihr Wert ist in der Gesamtsumme enthalten. Der Algorithmus wird dann beendet. Man sagt auch, er *terminiert.*

Ich werde den Ablauf des Algorithmus abschließend noch an einem Beispiel demonstrieren. Mithilfe des vorgestellten Algorithmus soll die Summe der Elemente in der Liste L = [12, 34, 18] bestimmt werden.

1. Der Algorithmus erhält die Liste L = [12, 34, 18] als Eingabeparameter.

2. Es wird eine Variable summe angelegt. Diese erhält den Wert 0.

   summe = 0

3. Es wird geprüft, ob die Liste L leer ist. Da das nicht der Fall ist (sie enthält drei Elemente), werden die drei Unterschritte ausgeführt.

   - Schritt 3.1: Eine Variable element wird angelegt, und der Wert 12 (der Wert des ersten Elements der Liste) wird darin gespeichert.

     element = 12

   - Schritt 3.2: Das erste Element der Liste L wird entfernt. Sie hat nur noch zwei Elemente.

     L = [34, 18]

- Schritt 3.3: Die Summe von summe (0) und element (12) wird berechnet und in der Variablen summe gespeichert.

  summe = 12

Schritt 3: Die Liste L enthält noch zwei Elemente, ist also immer noch nicht leer. Daher werden die drei Unterschritte erneut ausgeführt.

- Schritt 3.1: In der Variablen element wird der Wert 34 gespeichert.

  element = 34

- Schritt 3.2: Das erste Element der Liste L wird entfernt. Sie hat nun nur noch ein Element.

  L = [18]

- Schritt 3.3: Die Summe von summe (12) und element (34) wird berechnet und in der Variablen summe gespeichert.

  summe = 46

Schritt 3: Die Liste L enthält immer noch ein Element. Da sie nicht leer ist, werden die drei Unterschritte noch einmal ausgeführt.

- Schritt 3.1: In der Variablen element wird der Wert 18 gespeichert.

  element = 18

- Schritt 3.2: Das erste Element der Liste L wird entfernt. Sie ist nun leer.

  L = []

- Schritt 3.3: Die Summe von summe (46) und element (18) wird berechnet und in der Variablen summe gespeichert.

  summe = 64

Schritt 3: Die Liste L ist jetzt leer. Daher werden die Unterschritte nicht mehr ausgeführt.

4. Der Wert der Variablen summe, 64, wird als Endergebnis des Algorithmus geliefert.

   Das ist das richtige Ergebnis, denn 12 + 34 + 18 ergibt 64.

In diesem Abschnitt haben Sie jetzt ein erstes Beispiel für einen Algorithmus gesehen. In Kapitel 5 werde ich Ihnen einige weitere, etwas komplexere Algorithmen zeigen.

 Wenn Sie einen Algorithmus zur Lösung eines Problems erstellen sollen, sollten Sie ähnlich wie im gezeigten Beispiel vorgehen.

Überlegen Sie sich zunächst, wie Sie ein einfaches Beispiel des Problems von Hand lösen würden. Machen Sie sich jeden einzelnen Arbeitsschritt klar. Versuchen Sie danach, die ausgeführten Schritte zu verallgemeinern und so den Algorithmus zu entwickeln.

Mit dem Rechner kommunizieren

Haben Sie erst einmal einen funktionierenden Algorithmus erstellt, so haben Sie bereits einen großen Schritt in Richtung eines lauffähigen Programms getan. Dennoch sind Sie noch nicht am Ziel. Den in einer natürlichen Sprache (wie Deutsch oder Englisch) verfassten Algorithmus kann der Computer nicht verstehen – und damit auch nicht ausführen.

Toll wäre es ja, wenn der Computer das könnte: gesprochene (oder geschriebene) Anweisungen verstehen und in die Tat umsetzen. Dann könnte jeder, der der deutschen (oder einer anderen) Sprache mächtig ist, eigene Programme erstellen, indem er dem Computer die auszuführenden Schritte diktiert.

Noch besser wäre es, wenn der Computer »mitdenken« könnte und allein aus der Beschreibung eines Problems die korrekte Lösung ableiten und ausführen würde. Allerdings gibt es auch angesehene Wissenschaftler (wie beispielsweise Stephen Hawking), die vor genau diesem Szenario warnen: einem Computer mit echter Intelligenz, der sich letztendlich gegen seine Erschaffer wenden könnte.

Vorerst ist das aber noch kein Thema – weder muss in nächster Zeit mit einem Angriff von Skynet gerechnet werden noch mit einem Arnold Schwarzenegger, der die Welt in Schutt und Asche legt. Das bedeutet aber auch, dass es nicht genügt, einen Algorithmus in natürlicher Sprache zu formulieren. Computer verstehen nur ihre eigene, ganz spezielle Sprache – in diese muss der Algorithmus übersetzt werden.

Maschinencode

Diese Sprache, in der man mit dem Computer kommunizieren kann, nennt sich *Maschinencode*. Der Maschinencode kennt nur sehr einfache Befehle, wie zum Beispiel das Addieren von zwei Zahlen oder das Prüfen, ob eine Zahl größer als eine andere ist. Es handelt sich also um eine sehr primitive Sprache, vor allem im Vergleich zu natürlichen Sprachen wie Deutsch oder Englisch.

Einen Algorithmus direkt von einer natürlichen Sprache in Maschinencode zu übersetzen, wäre eine sehr mühselige Arbeit. Jede aufwendigere Operation des Algorithmus müsste aus den sehr primitiven Möglichkeiten des Maschinencodes zusammengebastelt werden. Das wäre in etwa so, als wenn Sie nur mithilfe von Nägeln, Styropor und einem Hammer einen Airbus A380 zusammenbauen müssten. Computer wären nicht so populär, wenn es keine bessere Möglichkeit der Programmierung gäbe, als Maschinencode zu schreiben.

Programmiersprachen

Als Zwischenschritt zwischen Maschinencode und natürlicher Sprache wurden deshalb die Programmiersprachen eingeführt. Programmiersprachen sind zwar auch deutlich einfacher als natürliche Sprachen (vor allem in Bezug auf Grammatik und Wortschatz), aber grundsätzlich noch verständlich. Um es mit der Metapher zu sagen: Der Airbus A380 setzt sich jetzt zwar immer noch nicht durch alleiniges Anschreien der Materialien wie von Geisterhand zusammen, aber immerhin hätten Sie jetzt Maschinen, eine Fabrik und tausend Arbeiter, die Ihnen helfen.

Programmiersprachen können sowohl vom Computer (mit gewisser Hilfe) als auch vom Menschen verstanden werden – und sind damit die optimale Wahl, um eine Kommunikation zwischen Mensch und Maschine zu ermöglichen.

Die Aufgabe eines Programmierers ist es, die verbale Beschreibung eines Algorithmus in eine Programmiersprache zu transformieren. Den dabei entstehenden Text nennt man *Quellcode*. Der Quellcode entspricht also der Übersetzung des Algorithmus in die gewählte Programmiersprache. So wie Sie deutschen Text in englischen Text übersetzen können, können Sie einen Algorithmus in einen Quellcode übersetzen. Na ja, in etwa ...

Wie Quellcode aussieht, werden Sie in den folgenden Kapiteln sehen. Der Quellcode ist jedoch wie zuvor beschrieben nur ein Zwischenschritt – denn der Computer versteht ohne zusätzliche Hilfe weiterhin nur den Maschinencode.

Zu jeder Programmiersprache gibt es deshalb einen sogenannten *Compiler* (zu Deutsch: Übersetzer). Der Compiler ist selbst ein Programm, das in der Lage ist, den Code, der in einer bestimmten Programmiersprache geschrieben wurde, in Maschinencode zu übersetzen. Üblicherweise wird der Compiler vom Entwickler einer Programmiersprache zur Verfügung gestellt.

Sobald Sie den Quellcode eines Programms fertiggestellt haben, können Sie diesen mithilfe des Compilers in Maschinencode umwandeln.

Damit sind alle Schritte komplett. Ein Problem kann wie folgt gelöst werden:

1. Das zu lösende Problem muss von einem Menschen genau bestimmt werden.

   Welche Eingaben sind vorhanden und was soll daraus bestimmt werden?

2. Nun entwickelt der Mensch eine allgemeine Strategie, wie das Problem gelöst werden kann.

   Diese Strategie wird in einzelne, kleine Schritte unterteilt, die einen Algorithmus zur Lösung des Problems beschreiben.

3. Der verbal formulierte Algorithmus muss jetzt in eine strukturiertere Form gebracht werden.

   Dafür wird eine Programmiersprache verwendet. Mit einer Programmiersprache können die Schritte, die zur Lösung eines Problems vonnöten sind, mit dem sogenannten Quellcode ausgedrückt werden.

4. Es wird ein Compiler benutzt, der den Quellcode in den Maschinencode übersetzt.

   Der Compiler ist ein Programm, das vom Ersteller der Programmiersprache zur Verfügung gestellt wird. Der Programmierer kann seinen Programmcode also dem Compiler als Eingabe übergeben und erhält als Ergebnis ein fertiges, ausführbares Programm, das aus Maschinencode besteht.

5. Das fertige Programm, das als Maschinencode vorliegt, kann nun jederzeit und wiederholt von einem Rechner ausgeführt werden.

Das Wichtigste in Kürze

✔ Menschen sind im Vergleich zu Computern zwar kreativ, aber auch langsam und fehleranfällig.

✔ Computer dagegen arbeiten schnell und sicher, allerdings nur exakt nach Anweisung.

✔ Mensch und Maschine arbeiten optimal zusammen, wenn Menschen die auszuführenden Schritte zur Lösung eines Problems herausarbeiten und vom Computer durchführen lassen.

✔ Ein Algorithmus ist eine eindeutige Handlungsvorschrift zum Lösen eines Problems.

✔ Algorithmen sollten möglichst allgemein gehalten werden.

✔ Computer können nur den sehr schwer verständlichen Maschinencode verarbeiten.

✔ Programmiersprachen wurden als Zwischenschritt zwischen natürlicher Sprache und Maschinencode eingeführt, um Menschen die Programmierung von Rechnern zu erleichtern.

✔ Der in einer Programmiersprache geschriebene Quellcode muss mithilfe eines Compilers in Maschinencode übersetzt werden, bevor er von einem Rechner ausgeführt werden kann.

Übungen

Alle Übungen inklusive der Lösungsvorschläge finden Sie auch auf der Webseite zum Buch unter https://www.wiley-vch.de/ISBN9783527718511.

1. Zählen Sie weitere Probleme auf, die typischerweise von einem Computer gelöst werden.

2. Der Algorithmus zum Berechnen der Gesamtsumme aller Elemente einer Liste soll nun auf die Liste L = [1, 3, 2, 4, 6] angewendet werden.

   Gehen Sie alle Schritte, die der Algorithmus durchführt, einzeln durch.

3. Erstellen Sie einen Algorithmus, der das Produkt aller Zahlen, die sich in einer Liste L befinden, berechnet.

   Für die Liste L = [2, 6, 10] berechnet sich das Produkt zum Beispiel als $2 \cdot 6 \cdot 10 = 120$.

4. Nehmen Sie an, dass der Computer Zahlen nur addieren kann. Wie können dennoch ganzzahlige Multiplikationen durchgeführt werden?

> **IN DIESEM KAPITEL**
>
> Variablen als zentrales Element von Programmiersprachen
>
> Bytecode und Maschinencode
>
> Automatische und manuelle Speicherverwaltung

Kapitel 2
Programmiersprachen: Ein Überblick

In diesem Kapitel werden Sie ein bisschen mehr über Programmiersprachen erfahren. Ich werde Ihnen die grundsätzliche Funktionsweise von Programmiersprachen vorstellen. Danach werde ich Unterschiede zwischen einigen oft verwendeten Programmiersprachen zeigen und Vor- und Nachteile herausarbeiten.

Variabel sollst du sein!

Natürliche Sprachen sind solche wie Deutsch, Englisch, Spanisch oder Klingonisch, die im Laufe der Zeit auf natürlichem Wege entstanden sind und sich immer wieder den veränderten Lebenswelten anpassen. Sie verfügen über einen bestimmten Wortschatz und folgen in den meisten Fällen festgelegten Regeln, mit deren Hilfe einzelne Wörter zu Sätzen kombiniert werden können. Diese Regeln werden Grammatik genannt.

Natürliche Sprachen sind, sowohl was Wortschatz als auch Grammatik angeht, derart umfangreich, dass sie zur Beschreibung von beliebigen, sehr unterschiedlichen Arten von Sachverhalten geeignet sind.

Programmiersprachen sind dagegen künstlich erzeugte Sprachen, die meist nur eine kleine Anzahl an sogenannten *Schlüsselwörtern* als Wortschatz besitzen. Es gibt eine relativ überschaubare Anzahl an Regeln, wie man diese Schlüsselwörter miteinander zu Code-Konstrukten kombinieren kann. Bei Programmiersprachen spricht man in diesem Zusammenhang für gewöhnlich nicht von Grammatik, sondern von der *Syntax*.

Ein einzelnes Code-Konstrukt nennt man eine *Instruktion* (oder auch Anweisung). Durch die Aneinanderreihung von Instruktionen erhält man den sogenannten *Quellcode*. Anders als bei natürlichen Sprachen kann man den Quellcode nicht zur Beschreibung von beliebigen Sachverhalten verwenden. Er wird in der Regel zur formalen Beschreibung von Algorithmen genutzt. Die Instruktionen des Quellcodes repräsentieren dabei die einzelnen Schritte des Algorithmus.

Programmiersprachen besitzen zusätzliche Elemente, die es in dieser Form in natürlichen Sprachen nicht gibt: Variablen. Variablen sind Platzhalter für beliebige Elemente, zum Beispiel Zahlen, Buchstaben oder Wörter. Beim Anlegen einer Variablen muss man dieser lediglich einen Namen geben. Der Name kann (mit bestimmten Einschränkungen) beliebig gewählt werden, insbesondere muss (und darf) der Name einer Variablen nicht dem gewöhnlichen Wortschatz der Sprache (den Schlüsselwörtern) entstammen.

Sie können sich eine Variable als leere Kiste vorstellen. Diese kann zu jeder Zeit mit einem bestimmten Element gefüllt werden. Bei Bedarf kann das Element später wieder aus dem Platzhalter herausgeholt werden. Außerdem kann es durch ein anderes ersetzt werden.

Variablen sind damit die zentralen Bestandteile von Programmen. Durch sie wird der Quellcode erst lebendig, vielfältig und leistungsstark. Durch unterschiedliche Belegungen der Variablen können verschiedene Durchläufe desselben Programms deutlich voneinander abweichen.

Variablen werden in Programmen ähnlich wie bei Algorithmen dazu verwendet, um zum Beispiel Zwischenergebnisse abzuspeichern. Auch Endergebnisse von Berechnungen werden letztendlich in Variablen ausgeliefert.

Es dreht sich beim Programmieren also alles darum, Variablen anzulegen, zu ändern und wieder auszulesen. Im Programmierer-Jargon sagt man, Variablen werden *manipuliert*. Jeder einzelne Programmlauf wird durch eine bestimmte Anzahl von Variablen-Manipulationen charakterisiert.

Man spricht deshalb bei vielen Programmiersprachen von *imperativer Programmierung*. Das bezieht sich auf den grundlegenden Programmierstil: Ein Programm besteht aus einer Reihe von Anweisungen, die dem Computer »befehlen«, was er in welcher Reihenfolge tun soll.

Die weiteren Bestandteile einer Programmiersprache sind Werkzeuge, mit deren Hilfe die Variablen manipuliert werden können. Ganz grob lassen sich diese Werkzeuge in drei Gruppen einteilen:

✓ **Konstrukte, mit denen Variablen direkt manipuliert werden können.**

   Das können zum Beispiel mathematische Funktionen sein, die den Computer veranlassen, (Zahlen-)Variablen zu addieren oder zu subtrahieren.

   Aber auch beliebige andere Manipulationen sind möglich. Insbesondere sind die Manipulationen nicht nur auf Zahlen-Variablen beschränkt. Auch Variablen, in denen Zeichen oder Wörter gespeichert werden, sind weit verbreitet und können auf verschiedene Weisen manipuliert werden – zum Beispiel indem zwei Variablen mit Wörtern darin zu einer einzigen zusammengefügt werden.

✔ **Konstrukte, mit denen sich Manipulationen von Variablen gruppieren und organisieren lassen.**

Durch die Gruppierung von mehreren Manipulationen können diese beispielsweise sehr einfach mehrfach ausgeführt werden. Außerdem ist es mit diesen Konstrukten möglich, eine Liste von Manipulationen beim wiederholten Ausführen zu variieren oder dieselbe Gruppe von Manipulationen auf andere Variablen anzuwenden.

Man spricht dann von *strukturierter Programmierung*. Diese stellt gewissermaßen eine Erweiterung der imperativen Programmierung dar: Es werden zwar weiterhin Anweisungen angegeben, die der Computer der Reihe nach ausführen soll. Nun kann man aber zum Beispiel zusätzlich festlegen, dass ein Programmabschnitt 50-mal durchlaufen wird. Oder aber, dass ein Programmabschnitt nur dann überhaupt durchlaufen wird, wenn eine bestimmte Bedingung erfüllt ist.

Zu den Konstrukten, die dies in den Programmiersprachen ermöglichen, zählen die sogenannten *Kontrollstrukturen* und die *Funktionen*.

✔ **Konstrukte, mit denen Programmierer eigene Arten von Variablen anlegen und manipulieren können.**

Variablen sind nicht darauf beschränkt, »gewöhnliche« Elemente wie Zahlen, Buchstaben oder Wörter zu speichern. Einige Programmiersprachen bieten Möglichkeiten, mit deren Hilfe Informationen über beliebige Arten von Elementen in Variablen gespeichert werden können. Variablen können dann vom Typ »Buch« oder vom Typ »Tier« sein.

Das nennt man *objektorientierte Programmierung*: Auf diese Weise können eigene Objekte erschaffen werden, die beliebige, vom Programmierer festgelegte Eigenschaften haben.

Für »Buch«-Objekte könnten diese Eigenschaften zum Beispiel Seitenanzahl und Erscheinungsjahr sein, für »Tier«-Objekte wären die Eigenschaften Größe, Gewicht und Tragezeit denkbar.

Innerhalb von Programmiersprachen wird diese Technik mithilfe der sogenannten *Klassen* umgesetzt.

Nimmt man all dies zusammen, so lassen sich mit modernen Programmiersprachen Algorithmen auf recht komfortable Weise realisieren.

Die Evolution der Programmiersprachen

Ist Ihnen aufgefallen, dass ich zuvor von Programmiersprachen meist im Plural geschrieben habe? Tatsächlich gibt es nicht die eine, universelle Programmiersprache, sondern ziemlich viele. Wie viele genau, weiß vermutlich niemand. Man munkelt, dass es mindestens 1500 sind, aber nichts Genaues weiß man nicht.

Doch warum gibt es überhaupt so viele Programmiersprachen? Zunächst einmal hat dies historische Gründe. Als im 20. Jahrhundert die ersten einfachen Computer entwickelt wurden, konnten diese zunächst nur über den primitiven, umständlichen Maschinencode instruiert werden. Natürlich war schnell klar, dass man komfortablere Möglichkeiten zur Programmierung brauchte. Mehr als eine Forschergruppe machte sich daran, Ideen für erste höhere Programmiersprachen zu finden und umzusetzen.

So geschah es, dass in der zweiten Hälfte des vorigen Jahrhunderts mehrere unabhängig voneinander geschaffene Programmiersprachen das Licht der Welt erblickten. Die Sprache *Fortran*, die im Jahr 1957 die Marktreife erlangte, gilt als erste höhere Programmiersprache, die von einem größeren Anwenderkreis genutzt wurde.

Dabei blieb es nicht. Zum einen wurden die vorhandenen Programmiersprachen immer weiterentwickelt. Außerdem wurden neue Programmiersprachen geschaffen, die teilweise von den vorhandenen Sprachen inspiriert wurden.

So entstand im Laufe der Zeit eine Vielzahl an unterschiedlichen Programmiersprachen. Neben öffentlich verfügbaren Sprachen entstanden auch private, die zum Beispiel von Firmen entwickelt und extra auf deren Bedürfnisse zugeschnitten wurden. Ein Beispiel für eine solche *proprietäre* Programmiersprache ist das von SAP entwickelte ABAP.

Die heute populären Programmiersprachen sind teilweise recht jung, Microsofts *C#* beispielsweise wurde erst im Jahr 2001 veröffentlicht. Im Vergleich zu den frühen Programmiersprachen sind die heute am häufigsten verwendeten sehr komfortabel und nehmen dem Programmierer viele Aufgaben ab.

Auch heute noch sind die Sprachen einem lebhaften Wandel unterworfen. Oft werden neue Funktionalitäten in vorhandene Sprachen eingefügt, die das Programmieren noch komfortabler machen sollen oder gänzlich neue Möglichkeiten eröffnen.

So haben sich die populären Programmiersprachen teilweise schon recht deutlich aneinander angeglichen. Wurde eine Sprache mit einem neuen, nützlichen Feature erweitert, wird dieses nicht selten auch in andere Sprachen übernommen. Für Sie als Programmieranfänger birgt dies einen gewaltigen Vorteil: Kennen Sie erst einmal eine Programmiersprache, wird es Ihnen sehr viel leichter fallen, weitere zu erlernen. Bestimmte Grundkonzepte sind in den meisten Sprachen enthalten.

Populäre Programmiersprachen und ihre Unterschiede

In diesem Buch soll es weder um (vergleichsweise) uralte Programmiersprachen gehen, die heute kaum mehr eingesetzt werden, noch um Randgruppen-Sprachen, die keine weite Verbreitung gefunden haben. Stattdessen möchten Sie sicher mehr über aktuelle Programmiersprachen lernen, die auch tatsächlich im großen Stil verwendet werden. Dadurch schrumpft die Liste der wirklich relevanten Sprachen sehr, sodass gerade einmal eine zweistellige Anzahl übrig bleibt.

Für die Entwicklung von gewöhnlichen Anwendungen für Desktop-Computer werden die Sprachen C, C++, Java, Python und C# am häufigsten verwendet. Die Syntax dieser Sprachen ist recht ähnlich. Das heißt, viele Konzepte und Befehle sind in diesen Sprachen komplett deckungsgleich enthalten. Ich werde mich daher darauf konzentrieren, einige wichtige Unterschiede zwischen diesen Sprachen darzulegen.

Übersetzung und Ausführung von Code

In Kapitel 1 habe ich den groben Ablauf der Kommunikation mit dem Rechner skizziert: Der vom Programmierer geschriebene Quellcode wird mittels eines Compilers in den Maschinencode übersetzt, der vom Rechner ausgeführt werden kann. Das gilt so aber nicht für alle Programmiersprachen, in der Realität existieren einige Variationen davon.

Das Problem bei dieser Vorgehensweise ist nämlich, dass es den universellen Maschinencode gar nicht gibt, sondern dass unterschiedliche Rechner unterschiedliche Arten von Maschinencode verarbeiten. Der Maschinencode eines Windows-Rechners kann zum Beispiel nicht auf einem Linux-Rechner ausgeführt werden und umgekehrt. Man sagt deshalb, dass der Maschinencode plattformspezifisch ist.

Bei manchen Sprachen wird der Quelltext daher nicht direkt in den plattformspezifischen Maschinencode übersetzt, sondern es wird eine zusätzliche Zwischenstufe geschaffen. Diese wird meist als *Bytecode* bezeichnet. Ein vom Programmierer geschriebener Quelltext wird dann für gewöhnlich zunächst mal in den Bytecode übersetzt.

Der Bytecode ist plattformunabhängig. Daher kann man den Bytecode, den man auf einem Windows-Rechner erzeugt hat, auch auf anderen Plattformen nutzen, also zum Beispiel unter Linux oder Macintosh.

Um den Bytecode auszuführen, benötigt man dann aber noch ein zusätzliches Werkzeug: Jeder Rechner kann ja nur den plattformspezifischen Maschinencode ausführen und der Bytecode liegt in einer plattformunabhängigen Form vor. Daher muss der Bytecode je nach Plattform, auf der er ausgeführt werden soll, in den entsprechenden Maschinencode transformiert werden.

Meist wird dafür ein sogenannter Interpreter genutzt. Der Interpreter wandelt den Bytecode in den Maschinencode um und führt ihn in der Regel auch direkt aus. Das Programm wird also nicht im Maschinencode gespeichert, sondern der Transformationsschritt vom Bytecode zum Maschinencode wird jedes Mal bei der Ausführung des Programms erneut ausgeführt.

Der gesamte Ablauf der Kommunikation mit dem Rechner gestaltet sich in diesem Fall also wie folgt:

1. Der Programmierer verfasst den Quelltext in einer Programmiersprache.

2. Der Quelltext wird mithilfe eines Compilers in einen plattformunabhängigen Bytecode transformiert.

3. Der Bytecode kann auf unterschiedliche Plattformen verteilt werden.

4. Es wird ein plattformspezifischer Interpreter genutzt, um den Bytecode in den plattformspezifischen Maschinencode umzuwandeln und ihn dann direkt auszuführen.

Bei dieser Art der Programmerzeugung wird also neben dem Compiler noch ein zusätzliches Werkzeug benötigt: der Interpreter. Da auch der Interpreter (ebenso wie der Compiler) für gewöhnlich vom Herausgeber der Programmiersprache bereitgestellt wird, ändert sich für den Programmierer zunächst einmal nicht viel. Dennoch hat diese abgewandelte Art der Übersetzung sowohl Vorteile als auch Nachteile gegenüber dem traditionellen Verfahren. Zunächst die Vorteile:

- ✔ Die Erstellung von plattformunabhängigen Programmen wird erleichtert.

    Leider gibt es keine hundertprozentige Sicherheit, dass das Programm auf allen Plattformen fehlerfrei ausgeführt wird. In der Realität sollte man dies immer gründlich testen und wenn nötig Anpassungen vornehmen.

- ✔ Komponenten, die in verschiedenen Programmiersprachen geschrieben wurden, können zu einem einzigen Programm zusammengefügt werden.

    Das ist insbesondere ein Vorteil auf Microsofts Software- und Programmierplattform .NET.

    Die wichtigsten .NET-Sprachen sind C# und Visual Basic. Da der Bytecode, in den der Quellcode beider Sprachen umgewandelt wird, für beide Sprachen identisch ist, können Programme dieser Sprachen beliebig miteinander kombiniert werden.

Es gibt aber auch Nachteile, die die Bytecode-Kompilierung mit sich bringt:

- ✔ Programme, die direkt in Maschinencode übersetzt wurden, werden potenziell schneller ausgeführt als Programme, die nur als Bytecode vorliegen.

    Der Rechner selbst kann nur Maschinencode ausführen. Wenn ein Programm nur als Bytecode vorliegt und von einem Interpreter ausgeführt wird, muss dieser während der Ausführung jede Bytecode-Instruktion in Maschinencode-Instruktionen umwandeln. Daher ist die Zwischenschaltung eines Interpreters grundsätzlich etwas langsamer als die direkte Maschinencode-Ausführung.

    Als Abwandlung davon werden Bytecode-Programme manchmal auch gleich nach dem Start komplett in Maschinencode übersetzt. In diesem Fall dauert dann lediglich der Programmstart etwas länger, danach besteht aber kein Geschwindigkeitsnachteil mehr.

    Die Interpreter für die populären Programmiersprachen wurden im Laufe der Zeit immer weiter optimiert, sodass der Geschwindigkeitsnachteil heute bei vielen Programmen nur noch sehr klein ist.

- ✔ Programme, die im Bytecode vorliegen, können leichter *dekompiliert* werden als Maschinencode-Programme.

    Spätestens wenn Sie mit Ihren selbst geschriebenen Programmen Geld verdienen möchten, werden Sie daran interessiert sein, Mechanismen in die Programme einzubauen, die sicherstellen, dass nur diejenigen, die auch dafür zahlen, die Programme nutzen und weiterentwickeln können.

Das bringt aber nicht viel, wenn sich ein Programm leicht dekompilieren lässt. Dekompilieren bedeutet, dass ein vorliegender Maschinen- oder Bytecode zurück in den Quelltext transformiert wird. Man nennt das auch *Reverse Engineering*. Gelingt das einem Ihrer Kunden nämlich, kann er das Programm nach Belieben abändern und natürlich auch von Ihnen eingebaute Mechanismen entfernen. Damit könnte das Programm ohne Bezahlung weiter genutzt und die »gehackte« Version auch anderen zur Verfügung gestellt werden, zum Beispiel über eine der unzähligen Warez-Webseiten im Internet. Pfui!

Der für Menschen schwer verständliche Maschinencode bietet den Vorteil, dass er sich nur sehr schlecht in einen verständlichen Quellcode zurück übertragen lässt. Programme, die als Maschinencode an den Nutzer übermittelt werden, haben also einen natürlichen Schutz vor der vom Entwickler ungewünschten Rücktransformation.

Bytecode dagegen kann mit relativ wenig Aufwand mithilfe von im Internet frei verfügbaren Programmen in verständlichen Quellcode zurücktransformiert werden. Dadurch wird es für zahlungsunwillige Nutzer leichter, sich den Quellcode des Programms zu erschleichen.

Um dennoch einen gewissen Schutz vor Reverse Engineering zu haben, setzen Entwickler oft eine Reihe von Techniken ein, die die Rücktransformation von Bytecode zumindest erschweren. Solche Techniken werden als *Obfuskation* bezeichnet. Dabei wird der Bytecode auf verschiedene Arten abgeändert. Der obfuskierte Bytecode soll die gleiche Funktionalität liefern wie der ursprüngliche, jedoch schwerer verständlich sein.

Auf diese Weise lässt sich die Rücktransformation zwar nicht gänzlich verhindern. Eine sinnvolle Abänderung des Programms wird jedoch deutlich erschwert, wenn der resultierende zurücktransformierte Quelltext kaum verständlich ist.

Der Quellcode der Sprachen C und C++ wird direkt in Maschinencode übersetzt. Die Sprachen Java und C# setzen dagegen auf die Bytecode-Kompilierung.

Der vorherige Abschnitt war etwas zäh, oder? Wie wäre es dann hiermit?

Bill Gates hat eine Audienz beim Papst und macht ihm ein Angebot: »Ich biete Ihnen 100 Millionen Dollar, wenn Sie das Vaterunser ändern.« Der Papst ist neugierig: »Was haben Sie sich denn da so vorgestellt?«

Bill Gates erwidert: »Es sollte heißen: ›Unser tägliches Windows gib uns heute!‹« Der Papst überlegt kurz und greift dann zum Telefon: »Sofort den Vertrag mit den Bäckern kündigen!«

Speicherverwaltung

Im ersten Abschnitt dieses Kapitels habe ich Ihnen erklärt, dass sich bei Programmiersprachen alles um Variablen dreht. Variablen sind Werkzeuge, mit deren Hilfe sich *variable* Informationen innerhalb von Programmabläufen speichern lassen. Aber was genau heißt »speichern« überhaupt?

Wie Sie sicher wissen, besitzt so ziemlich jeder heute verkaufte Computer eine Festplatte zum Speichern von großen Datenmengen. Auch vom Arbeitsspeicher, dem *RAM* (englisch *Random Access Memory*), haben Sie vielleicht schon mal etwas gehört. Daneben gibt es noch ein paar andere Arten von Speicher, die ein Computer nutzen kann.

Diese verschiedenen Arten von Speicher unterscheiden sich anhand einer ganzen Reihe von Merkmalen. Die wichtigsten davon sind die Speicherkapazität und die Geschwindigkeit, mit der Daten gelesen und geschrieben werden können. Im Vergleich zu Festplatten bietet der Arbeitsspeicher eine sehr viel geringere Speicherkapazität an, kann dafür aber mit viel höherer Geschwindigkeit auf die Daten zugreifen.

Daten, die über einen längeren Zeitraum gespeichert werden sollen, werden in der Regel auf der Festplatte abgelegt. Dazu zählen beispielsweise Dokumente, Programme, Bilder und Videos. Die Daten, die während eines Programmlaufs benötigt werden, werden dagegen bevorzugt im Arbeitsspeicher gespeichert, da dort viel schneller darauf zugegriffen werden kann. Sollte einmal nicht genügend RAM-Speicher verfügbar sein (weil zum Beispiel zu viele Programme gleichzeitig ausgeführt werden), wird auf den langsameren, aber größeren Festplattenspeicher ausgewichen.

Die gute Nachricht für Sie als Programmierer ist, dass sich das Betriebssystem selbst darum kümmert, ob gespeicherte Daten während eines Programmlaufs im Arbeitsspeicher, auf der Festplatte oder einem anderen Speichermedium vorgehalten werden. Dennoch sind Sie als Programmierer dazu angehalten, Ihre Programme so zu gestalten, dass sie möglichst sparsam mit den vorhandenen Ressourcen umgehen. Gehen Sie beispielsweise zu verschwenderisch mit dem vorhandenen Speicherplatz um, kann dadurch das ganze System ausgebremst werden, weil womöglich auf den langsameren Festplattenspeicher ausgewichen werden muss.

Was den Umgang mit Ressourcen angeht, gibt es deutliche Unterschiede zwischen den populären Programmiersprachen. Manche Sprachen unterstützen eine *automatische Speicherverwaltung*. Dann brauchen Sie sich um all das nicht (oder zumindest nur am Rande) zu kümmern: Der Computer sorgt selbst für einen möglichst optimalen Speicherverbrauch.

Bei Sprachen mit *manueller Speicherverwaltung* dagegen müssen Sie als Programmierer selbst Hand anlegen:

✔ **Beim Anlegen von Variablen**

Wenn Sie eine Variable neu anlegen, müssen Sie dem Betriebssystem mitteilen, wie viel Speicherplatz für die darin zu speichernden Daten benötigt wird. Das Betriebssystem wird dann versuchen, einen bisher ungenutzten Speicherblock zu finden, der groß genug ist, und diesen für Ihre Variable reservieren. Danach teilt das Betriebssystem dem Programm die *Adresse* des Speicherblocks mit.

Den Speicher können Sie sich vorstellen wie einen großen Schrank mit vielen Fächern. Die Fächer wären dann zum Beispiel nummeriert, sodass jedes einzelne Fach gezielt angesprochen werden kann. Die Nummer eines Fachs entspräche der Adresse.

Wenn das Betriebssystem einen Speicherblock für ein bestimmtes Programm reserviert hat, merkt es sich dessen Adresse, sodass er nicht später noch versehentlich für ein anderes Programm reserviert wird. Nachdem das Programm vom Betriebssystem die Adresse des reservierten Speicherblocks erhalten hat, kann es direkt Daten in den Speicherblock schreiben und auch wieder auslesen.

✔ **Nach der Verwendung von Variablen**

Wenn ein Programm den Speicherplatz für eine Variable nicht mehr benötigt, ist es sehr wichtig, dass es diesen wieder *freigibt*. Freigeben bedeutet, dass dem Betriebssystem mitgeteilt wird, dass der Speicher nicht mehr benötigt wird. Das Betriebssystem kann den Speicher dann wieder für andere Programme reservieren.

Bei Sprachen mit manueller Speicherverwaltung muss der Programmierer dem Betriebssystem über eine Instruktion explizit mitteilen, dass der Speicherplatz für eine Variable nicht mehr benötigt wird.

Auf den ersten Blick erscheint es so, dass die automatische Speicherverwaltung gegenüber der manuellen grundsätzlich zu bevorzugen sei. Tatsächlich ist die manuelle Speicherverwaltung relativ fehleranfällig. Dabei kommt es nicht selten zu einem der folgenden Fehlertypen:

✔ **Zugriff auf den falschen Speicherbereich**

Das Betriebssystem ist dafür zuständig, die vorhandenen Speicherblöcke zwischen den laufenden Programmen aufzuteilen. Da man beim Programmieren mit manueller Speicherverwaltung direkten Zugriff auf den Speicher hat und einzelne Speicherblöcke per Adresse ansprechen kann, ist es möglich, dass man versehentlich versucht, auf einen Speicherblock zuzugreifen, der gar nicht für das eigene Programm bestimmt ist.

Das ist ein schwerer Fehler, der in der Regel zum Absturz des Programms führt. Um bei der Schrank-Metapher zu bleiben: Rütteln Sie an einem Fach, für das Sie keinen Schlüssel besitzen, kann der Schrank auch schon mal umkippen … Als Programmierer muss man also immer sehr genau Acht geben, dass man nur auf die Speicherblöcke zugreift, die auch dem eigenen Programm vom Betriebssystem zugeteilt wurden.

✔ **Daten in zu kleinen Speicherblock schreiben**

Beim Anlegen einer Variablen muss immer angegeben werden, wie groß der Block sein soll, der reserviert werden soll, damit die dafür vorgesehenen Daten genau hineinpassen. Schreibt man später dann aber mehr Daten in den Block, als eigentlich hineinpassen, werden die zusätzlichen Daten einfach im nächsten Speicherblock abgelegt.

Das Tückische daran ist, dass dies nicht unbedingt auffällt. Wenn auch der daneben liegende Speicherblock für das eigene Programm reserviert ist, wird das Programm einfach weiterlaufen. Erst wenn man die Daten, die ursprünglich im zweiten Speicherblock abgelegt wurden, auslesen will, könnte der Fehler auffallen, weil die gesuchten Daten inzwischen fälschlicherweise überschrieben wurden.

✔ **Nicht mehr verwendeten Speicher nicht freigeben**

Wenn eine Variable beziehungsweise der dazugehörige Speicherblock von einem Programm nicht mehr benötigt werden, ist es sehr wichtig, dies dem Betriebssystem mitzuteilen. Das Betriebssystem kann den Speicherblock dann anderen Programmen zuteilen.

Unterlässt man dies, entsteht ein sogenanntes *Speicherleck*: ein Bereich im Speicher, der zwar nicht mehr verwendet wird, aber auch nicht freigegeben wurde.

Das allein löst noch keinen Fehler aus. Geschieht das Ganze aber mehrfach, wird der vom Programm benötigte Speicher immer weiter aufgebläht. Dadurch kann das Programm irgendwann träge und langsam werden. Potenziell können auch andere Programme auf dem Computer dadurch beeinträchtigt werden, wenn irgendwann nicht mehr genug neuer Speicher zur Verfügung steht.

Außerdem kann es sein, dass das Betriebssystem dem Programm mit dem Speicherleck irgendwann den Saft abdreht, ihm also keinen neuen Speicherplatz mehr reserviert. Das würde dann zum Absturz des Programms führen.

Trotz der Probleme, die auftreten können, hat die manuelle Speicherverwaltung sehr wohl ihre Daseinsberechtigung: Durch die geschickte manuelle Verwaltung des Speichers kann ein Programm ressourcensparender konstruiert werden, als dies bei der automatischen Speicherverwaltung der Fall ist. Zudem ergeben sich durch die direkte Zugriffsmöglichkeit auf den Speicher Möglichkeiten, ein Programm performanter und schneller zu gestalten.

Die Sprachen C und C++ setzen auf die manuelle Speicherverwaltung. Java dagegen ist eine Programmiersprache mit automatischer Speicherverwaltung.

Die Programmiersprache C# kombiniert die beiden Modi: Zunächst mal wird der Speicher automatisch verwaltet. Bei Bedarf können allerdings in speziell gekennzeichneten Bereichen auch einige Instrumente der manuellen Speicherverwaltung eingesetzt werden.

Das war jetzt richtig harte Kost ... Zur Belohnung, weil Sie durchgehalten haben, gibt es nun einen weiteren Bill-Gates-Witz!

Nach einem langen, erfüllten Leben steht Bill Gates an der Eingangstür des Himmels. Petrus sagt: »Nun Bill, ich bin mir nicht sicher, ob ich dich in den Himmel oder die Hölle schicken soll. Einerseits hast du vielen Menschen mit deinen Programmen geholfen, andererseits hast du das schreckliche Windows 8 erfunden. Ich lasse dich selbst entscheiden, wohin du möchtest. Um dir eine Meinung zu bilden, darfst du vorher beide Orte besuchen.«

So geht Bill also zunächst in die Hölle, wo er märchenhafte Sandstrände, wunderschönes Wetter und leicht bekleidete Badenixen vorfindet. »Wenn das die Hölle ist, wie toll muss dann erst der Himmel aussehen?«, denkt der begeisterte Bill. Er macht sich auf den Weg in den Himmel, der sich als angenehmer, warmer Ort mit Engeln, die auf ihrer Harfe spielen, entpuppt. Nichtsdestotrotz ist Bill von der Hölle mehr angetan und wählt schlussendlich diese als seinen dauerhaften Aufenthaltsort.

Zwei Wochen später begibt sich Petrus in die Hölle, um einmal nach Bill zu sehen. Er findet ihn an eine Wand gefesselt und von bösen Dämonen gepeinigt. »Hier ist es schrecklich«, schreit Bill, »das hat nichts mit der Hölle zu tun, die ich zuvor besucht habe. Was zur Hölle ist nur mit diesem wundervollen Ort geschehen?«

Sichtlich erheitert entgegnet ihm Petrus: »Aber das war doch nur eine Demo!«

Die perfekte Sprache für Programmieranfänger

Da viele Sprachen sehr ähnliche Strukturen haben, kann man zum Glück bei der Wahl der ersten Programmiersprache nicht viel falsch machen. Hat man erst einmal eine Sprache gründlich erlernt, fällt das Erlernen von weiteren sehr viel leichter.

Ein wesentlicher Unterschied zwischen den Sprachen ist die zuvor erläuterte Speicherverwaltung. Sprachen mit automatischer Speicherverwaltung sind zunächst einfacher zu erlernen und zu handhaben. Die entstehenden Programme sind aber im Zweifel etwas weniger performant als Programme, die mittels manueller Speicherverwaltung erstellt wurden.

Da dies für Programmieranfänger nicht die allergrößte Rolle spielt, beginnen viele mit einer Sprache mit automatischer Speicherverwaltung, wie zum Beispiel Java. Es ist jedoch auch kein Fehler, mit einer der schwierigeren Sprachen mit manueller Speicherverwaltung zu beginnen. Auf diese Weise eignet man sich gleich zu Beginn ein tieferes Hintergrundwissen an, was sich auf den Programmierstil und das spätere Erlernen von weiteren Programmiersprachen eher positiv auswirken wird.

In diesem Buch werde ich mit Java und PHP zwei Sprachen mit automatischer Speicherverwaltung näher vorstellen. In Kapitel 7 werden Sie jedoch auch ein bisschen mehr über die manuelle Speicherverwaltung lernen.

Das Wichtigste in Kürze

✔ Programmiersprachen sind künstliche Sprachen, die nur einen kleinen Wortschatz mit wenigen Schlüsselwörtern haben.

✔ Zusätzlich ist es in Programmiersprachen möglich, Variablen anzulegen, um variable Daten abzuspeichern.

✔ Das Manipulieren von Variablen ist der Kern jeder Programmiersprache, die weiteren Elemente sind als Werkzeuge hierfür anzusehen.

✔ Es gibt unzählige Programmiersprachen, die sich seit der Mitte des vorigen Jahrhunderts immer weiterentwickelten.

✔ Moderne Programmiersprachen sind sich in vielerlei Hinsicht recht ähnlich.

✔ Die Sprachen C und C++ setzen auf eine direkte Übersetzung in den Maschinencode, was die Programme schneller und sicherer gegen Reverse-Engineering macht.

✔ Die Sprachen Java und C# setzen auf die Bytecode-Übersetzung, was die Erstellung von Programmen für verschiedene Betriebssysteme erleichtert.

   Außerdem können auf diese Weise Programme einfacher aus Teilprogrammen, die in unterschiedlichen Sprachen entwickelt wurden, zusammengesetzt werden.

✔ Die manuelle Speicherverwaltung, die von den Sprachen C und C++ unterstützt wird, ist für Programmierer etwas aufwendiger als die automatische.

Sie bietet dafür aber die Möglichkeit, performantere Programme zu erstellen. Allerdings ist die manuelle Speicherverwaltung auch deutlich fehleranfälliger.

✔ Java erleichtert den Einstieg in die Programmierung, da es auf automatische Speicherverwaltung setzt. Auch C# hat die automatische Speicherverwaltung integriert, stellt bei Bedarf aber auch Instrumente der manuellen Speicherverwaltung zur Verfügung.

Übung

In diesem Kapitel wurden die Unterschiede zwischen Bytecode-Kompilierung und Maschinencode-Kompilierung beschrieben.

Beurteilen Sie für die folgende Liste von Anwendungen, ob sie sich besser für Bytecode-Kompilierung oder Maschinencode-Kompilierung eignen. Begründen Sie Ihre Wahl kurz.

✔ Betriebssystem

✔ Freeware, die zum Beispiel über das Internet verteilt wird

✔ Kommerzielle Programme, zum Beispiel Spiele

✔ Open-Source-Programme

Hinweis: Open-Source-Programme sind solche, deren Quelltexte meist im Internet frei zur Verfügung stehen und bei denen jeder interessierte Programmierer eingeladen ist, bei der (Weiter-)Entwicklung mitzuhelfen.

> **IN DIESEM KAPITEL**
>
> Phasen beim Lernen einer Programmiersprache
>
> Hilfsmittel wie Bücher und Tutorials gezielt einsetzen

Kapitel 3
So lernen Sie programmieren

Was erwartet Sie eigentlich beim Erlernen einer Programmiersprache? In diesem Kapitel stelle ich die einzelnen Meilensteine vor, die Sie beim Erlernen erreichen wollen. Zudem erfahren Sie, welche Möglichkeiten zum Erlernen es überhaupt gibt – also neben diesem Buch natürlich!

Schritte beim Lernen einer Programmiersprache

Eine Programmiersprache zu lernen, ist eine interessante Aufgabe. Allerdings werden Sie nicht über Nacht zum Profi. Stattdessen ist es ein Prozess, der in mehrere Phasen unterteilt ist. In diesem Abschnitt möchte ich Ihnen die verschiedenen Schritte vorstellen.

Grundelemente der Sprache kennenlernen

Zuallererst müssen Sie sich mit den Grundelementen einer Sprache vertraut machen. Dazu zählen Variablen, Datentypen, einfache Kontrollstrukturen, Funktionen sowie der grundsätzliche Aufbau von Programmen.

Wenn Sie Ihre erste Programmiersprache lernen, wird dieser Schritt sicherlich etwas mehr Zeit beanspruchen, da Sie sich in einer komplett fremden »Umgebung« befinden. Sie müssen zunächst die grundlegende Vorgehensweise beim Umgang mit den Werkzeugen der Programmiersprache verinnerlichen und die Denkweise eines Programmierers verstehen.

Lassen Sie sich nicht davon abschrecken, wenn Sie sich bei diesem Schritt zunächst schwertun. Das geht (fast) jedem so, der zuvor noch keinen Berührungspunkt mit der Programmierung hatte! Niemand wird bereits als Programmierer geboren.

Stellen Sie es sich vor, als ob Sie zum ersten Mal in ein fremdes Land mit einer ganz anderen Kultur kommen. Das Unbekannte löst im ersten Moment eventuell etwas Unbehagen aus. Nachdem Sie es aber mal genauer kennengelernt haben, gewöhnen Sie sich mehr und mehr daran.

Wenn Sie eine zweite oder dritte Programmiersprache lernen, wird Ihnen dieser Schritt sehr viel weniger Probleme bereiten. Viele Programmiersprachen haben zahlreiche Gemeinsamkeiten. Kennen Sie erst einmal eine genauer, finden Sie auch in andere sehr viel schneller hinein, da viele Grundelemente einer Sprache in anderen Sprachen zumindest in ähnlicher Form ebenfalls vorhanden sind.

Die erste Phase beim Lernen einer neuen Programmiersprache haben Sie erfolgreich bewältigt, wenn Ihnen die folgenden Aktionen keine Probleme mehr bereiten:

- ✔ Sie wissen, wie Sie ein neues Programm anlegen und erstellen können.

- ✔ Sie können einfachen Code in der Programmiersprache schreiben, zum Beispiel Variablen anlegen und Werte zuweisen.

- ✔ Sie wissen, wie Programmcode strukturiert werden kann, zum Beispiel mithilfe von Kontrollstrukturen, Funktionen und Klassen.

Erste Übungen eigenständig lösen

Grau ist alle Theorie. Solange Sie nur über das Programmieren lesen, es aber nicht selbst tun, werden Sie es nie richtig erlernen. Beim Programmieren lernen ist es wichtig, dass Sie schon sehr früh selbst »Hand anlegen« und eigenständig Code schreiben.

Wenn Sie 1000 Seiten in einem Programmierbuch lesen, ohne eine einzige Zeile selbst zu schreiben, werden Sie sich (vermutlich) die wichtigen Dinge nicht wirklich einprägen können. Sie lesen dann mehr oder weniger darüber hinweg und schenken den kleinen Details kaum Beachtung.

Wenn Sie dagegen selbst Code schreiben, wissen Sie vermutlich nicht im Vorhinein genau, wie der Code aussehen soll.

- ✔ Welchen Datentyp muss ich benutzen?

- ✔ Welchen Operator benötige ich zur Berechnung?

- ✔ Klappt das so oder stürzt das Programm dann ab?

Wenn Sie eigenen Code schreiben, treten zwangsläufig immer irgendwann irgendwelche Probleme und Fragen auf, oder Sie sind zumindest nicht sicher, wie etwas gelöst werden soll.

Zur Lösung der Probleme müssen Sie zunächst einmal nachdenken und sich wirklich mit der Materie auseinandersetzen. Oft reicht jedoch auch das nicht aus, und Sie werden einfach verschiedene Lösungsmöglichkeiten nacheinander ausprobieren und dann prüfen, welche zum erhofften Resultat führt.

»Trial and Error« (Versuch und Irrtum) kommt beim Lernen von Programmiersprachen sehr häufig zum Einsatz. Und später übrigens auch noch.

Machen Sie davon gleich von Beginn an regen Gebrauch. Bevor Sie irgendwas nachschlagen – probieren Sie erst mal ein paar Möglichkeiten durch. Es wird schon nichts schief- oder kaputt gehen. Und falls doch – erzählen Sie bitte niemandem davon, dass Sie den Tipp dazu von mir haben!

Genau dieses Mit-der-Materie-Auseinandersetzen und das (langwierige) Ausprobieren von Möglichkeiten führen letztendlich zu Lernerfolgen. Wenn Sie einmal mehrere Stunden mit dem Lösen eines Problems zugebracht haben, werden Sie sich die Lösung sicher sehr gut einprägen.

Wenn Sie sich an Übungen versuchen und dafür sehr lange brauchen oder sie etwa überhaupt nicht lösen können, ist das also nichts Schlechtes. Stattdessen ist es ein wichtiger Bestandteil des Lernprozesses.

Gerade Anfänger neigen dazu, beim Auftreten von Problemen schnell zu resignieren oder gar ihre grundsätzliche Eignung für die Programmierung anzuzweifeln (»Ich bin zu dumm dafür.«). Lassen Sie sich aber gesagt sein, dass das Scheitern bei Übungsaufgaben ganz sicher kein Anzeichen dafür ist, dass Sie fürs Programmieren nicht geeignet sind. Auch erfahrene Programmierer kommen beim Schreiben von Programmcode immer wieder ins Stolpern und hängen an scheinbar banalen Kleinigkeiten stundenlang fest.

Im Vergleich zu erfahrenen Programmierern, die neue Programme erstellen, haben Sie als Anfänger den Vorteil, dass Ihnen zu Übungen oft auch Lösungsvorschläge zur Verfügung stehen. Aus den oben genannten Gründen ist es aber sinnvoll, dass Sie sich diese erst ansehen, wenn alle anderen Ansätze gescheitert sind und Sie sich lange erfolglos mit einer Aufgabe auseinandergesetzt haben. Schauen Sie dagegen direkt beim ersten Zweifel oder bei den ersten kleinen Problemchen in die Lösungsvorschläge, machen Sie damit einen Großteil des Lerneffekts einer Übung zunichte.

Haben Sie stattdessen Mut zum Risiko – probieren Sie ruhig verschiedene Ansätze aus und toben Sie sich aus. Alles, was Sie dabei kaputtmachen, kann aus den Ruinen neu erschaffen werden. Vermutlich …

Vertiefen der Kenntnisse einer Sprache

Nachdem Sie mit den Grundfunktionalitäten einer Programmiersprache auch in der Praxis vertraut sind, geht es ans Eingemachte. Jetzt ist es an der Zeit, die ganzen Details der Sprache zu erkunden.

Dazu zählen unter anderem fortgeschrittene Techniken wie Vererbung, generische Datentypen und Fehlerbehandlung. Sie werden lernen, wann und wie Sie diese Techniken einsetzen können und sollten.

Doch damit ist es noch lange nicht getan. Die meisten Programmiersprachen besitzen sogenannte *Klassenbibliotheken*. Diese können Sie sich vorstellen als eine Ansammlung von nützlichem Code, den Sie für Ihre eigenen Programme verwenden können.

Sie müssen also nicht bei jedem Programm, das Sie schreiben, das Rad komplett neu erfinden. Die Programmiersprachen stellen bereits umfangreiche Funktionalitäten für verschiedenste Zwecke zur Verfügung, die Sie bei Bedarf verwenden können.

Für gewöhnlich enthalten die Klassenbibliotheken zum Beispiel sogenannte *Collections*, mit deren Hilfe Listen verwaltet werden können. Darüber hinaus wird über die Klassenbibliotheken beispielsweise Zugriff auf Dateien und Netzwerkfunktionalitäten gewährt.

Die Klassenbibliotheken sind meist so umfangreich, dass es kaum Sinn macht, sich direkt mit wirklich allen Bestandteilen bis ins kleinste Detail vertraut zu machen. Normalerweise genügt es, wenn Sie sich zunächst nur mit den wichtigsten befassen und im Hinterkopf behalten, dass es bei Bedarf noch weitere Bestandteile der Bibliothek gibt, die Sie einsetzen können.

Eigene Ideen realisieren

Der letzte Schritt ist zugleich auch der wichtigste. Wenn Sie (fast) alle Details einer Sprache kennen, alle Übungen erfolgreich gemeistert haben, spätestens dann sollten Sie den Schritt wagen und eigene Ideen realisieren. Irgendwas hat ja fast jeder im Hinterkopf, das man umsetzen will, wenn man endlich programmieren kann. So ging es mir und so geht es vermutlich auch Ihnen.

Wählen Sie aber ein Projekt aus, das Sie auch realisieren können. Es nutzt nichts, wenn Sie ein Großprojekt umsetzen wollen, das aber von einem Einzelentwickler kaum zu bewältigen ist. Ihr erstes eigenes Programm muss also nicht gleich die Frage »nach dem Leben, dem Universum und dem ganzen Rest« beantworten können. (Die Antwort auf diese Frage finden Sie sowieso bereits in diesem Buch, nämlich ganz links oben auf Seite 42.)

Es sollte stattdessen ein kleines, einfaches Projekt sein, zu einem Thema, das Sie persönlich auch interessiert. Es ist auch nicht weiter schlimm, wenn es bereits ähnliche Programme gibt – Sie werden Ihr erstes selbst erstelltes Programm vermutlich sowieso nicht verkaufen. Stattdessen geht es um den Aha-Effekt, den Stolz, wenn man ein erstes eigenes Programm ganz allein gemeistert hat.

Jetzt können Sie nicht mehr auf vorgefertigte Lösungsvorschläge zurückgreifen, sondern müssen sich (fast) ganz ohne Hilfe durchwühlen. Wenn es einmal nicht so läuft wie gewollt, sollten Sie jedoch nicht zu sehr verkrampfen. Schalten Sie einmal ab, machen Sie etwas anderes und versuchen Sie sich später wieder daran. Nicht selten schafft man nach einer Pause einen Durchbruch.

Ansonsten kann es hilfreich sein, sich mit anderen Programmierern über ein Problem zu unterhalten oder das Internet zu befragen. Darauf werde ich in Kapitel 22 noch genauer eingehen.

Die vierte Phase beim Lernen einer Programmiersprache wird niemals enden. Die Sprachen sind so umfangreich, dass normalerweise niemand wirklich alle Details kennt. Zudem entwickeln sich Sprachen weiter, es werden neue Einsatzgebiete erschlossen – sprich: Die Welt der Programmierung ist ständig im Wandel und als Programmierer sollten Sie flexibel und offen für Neues sein.

Angebote zum Erlernen einer Programmiersprache

Viele Wege führen nach Rom und dies gilt auch für das Erlernen einer Programmiersprache. Je nach persönlicher Vorliebe und auch je nach Ziel, das Sie mit der Programmierung erreichen möchten, gibt es unterschiedliche Möglichkeiten, die Programmierung zu lernen. In diesem Abschnitt werde ich diese vorstellen.

Programmieren lernen mit Büchern

Zu den gängigen Programmiersprachen findet sich jeweils eine Reihe von Büchern, die sich an Einsteiger in die Sprache richten. Die Leser werden dabei an die Hand genommen und durch die ersten Schritte bei der Programmierung geführt. Dazu zählen das Einrichten der Entwicklungsumgebung – diese können Sie sich als eine Art Super-Editor mit vielen Zusatzfunktionen vorstellen – und das Erstellen von ersten, einfachen Programmen.

Gute Einsteiger-Bücher kosten je nach Umfang 10 bis 50 Euro. Gerade die kostspieligeren Bücher sind dabei sehr umfangreich und handeln auch viele Themen ab, die Sie als Sprachanfänger nicht unbedingt sofort lernen müssen. Aus der eigenen Erfahrung kann ich beitragen, dass ein umfangreiches Einsteiger-Buch eher selten in einem Rutsch gelesen wird. Wenn Sie erst einmal die Grundlagen gelernt haben, werden Sie möglicherweise lieber eigene Ideen umsetzen, anstatt sich noch ausführlich mit dem siebenunddrölften Spezialthema auseinanderzusetzen.

Die umfangreichen Bücher sind vielmehr auch als *Referenz* geeignet. Eine Referenz ist eine sachliche Auflistung möglichst aller Funktionalitäten. Sobald man eine bestimmte Funktionalität einmal braucht, kann man in der Referenz die genauen Details nachschlagen. Zuvor muss man sich nicht unbedingt damit beschäftigen.

Durch das Internet haben gedruckte Referenzen in den letzten Jahren an Bedeutung verloren. Vollständige Referenzen aller Sprachfeatures für die wichtigsten Sprachen sind im Internet vorhanden. Ein weiterer Vorteil der Veröffentlichung von Referenzen im Internet besteht darin, dass dort auch neue Features und Erweiterungen einer Sprache leicht aufgenommen werden können. Die Internet-Referenz ist also im Zweifel aktueller als die gedruckte Referenz.

Je nach Popularität der Programmiersprache finden sich auch Bücher, die sich nicht mehr speziell an Einsteiger richten, sondern die fortgeschrittene Techniken oder Teilaspekte einer Sprache ausführlich erklären.

Noch mehr Auswahl haben Sie, wenn Sie auch der englischen Sprache mächtig sind. Englisch ist die Sprache der Programmierer. In englischer Sprache findet sich sehr viel Fachliteratur – viel mehr als auf Deutsch.

Gerade bei weniger populären Sprachen wird es schwierig, gute deutsche Bücher zu finden. Wenn Sie dann auf ein englisches Buch ausweichen, verbessern Sie nebenbei auch noch Ihre Kenntnisse der englischen Sprache. I hope you have a little bit lucky with this!

Auf Englisch gibt es auch mehr Informatikerwitze: Why do programmers code on a dark background? – Because light attracts bugs!

Programmieren lernen mit Online-Tutorials

Zu den beliebtesten Programmiersprachen finden sich zahlreiche Tutorials im Internet. Diese sind oft sogar kostenlos verfügbar. So kommen Sie schnell, einfach und günstig an viel Material, das Sie zum Lernen von Programmiersprachen nutzen können.

Nicht selten werden pro Tutorial jedoch nur einzelne Themen abgehandelt und nicht alle wichtigen Grundlagen einer Sprache. Sie müssen sich dann die unterschiedlichen Themen in verschiedenen Tutorials zusammensuchen. Gerade für Einsteiger ist das vielleicht nicht die beste Vorgehensweise.

Ich persönlich bevorzuge zum Einstieg in eine neue Thematik ein Buch, das alle wichtigen Grundlagen enthält. Hat man diese verinnerlicht, kann man bei Bedarf mithilfe von kostenlosen Tutorials im Internet sein Wissen vertiefen.

Auch im Internet gilt: Das Angebot an englischsprachigem Lernmaterial ist bei Weitem größer als das deutschsprachige. Gerade zu exotischen oder sehr speziellen Themen finden sich oft nur Anleitungen in englischer Sprache.

Programmieren lernen im Rahmen von Ausbildung oder Studium

Wenn Sie besonders gründlich sein wollen, können Sie zum Beispiel Informatik an einer Universität oder Fachhochschule studieren. Dabei lernen Sie nicht bloß die Grundlagen der Programmierung, sondern noch viel mehr darüber hinaus.

Sie erfahren zum Beispiel, wie Compiler gebaut werden, und andere theoretische Grundlagen der Computer-Wissenschaft. Sie können später auch Ihr Wissen in bestimmten Bereichen vertiefen, zum Beispiel in künstlicher Intelligenz oder Computergrafik.

Verpflichtend sind im Informatik-Studium meist auch einige Mathematik-Vorlesungen. Diese erweisen sich als häufigster Stolperstein für Studenten. Studienabbrecher scheitern häufiger an den Mathematik-Prüfungen als am eigentlichen Kernstoff des Informatik-Studiums.

Wenn Sie mit dem Gedanken spielen, ein Informatik-Studium aufzunehmen, sollten Sie in den ersten Semestern besonderes Augenmerk auf die Mathematik-Vorlesungen legen.

Statt ein Studium aufzunehmen, können Sie natürlich auch eine Ausbildung in einem Unternehmen machen. Der Vorteil liegt darin, dass Sie in diesem Fall anders als beim Studium auch schon Geld verdienen. Dafür sind Sie allerdings viel weniger flexibel und müssen einen straffen Zeitplan einhalten.

Zwei Studenten unterhalten sich: »Wie spät ist es denn?« – »Donnerstag!« – »So genau wollte ich es eigentlich gar nicht wissen. Nur, ob Sommer- oder Wintersemester …«

Kurse im Internet belegen

Die Programmierung ist geradezu prädestiniert, um sie im Rahmen eines Fernkurses am eigenen Computer zu erlernen. Verschiedene Fernuniversitäten in Deutschland bieten Kurse an, mit denen Sie eine Programmiersprache von A bis Z erlernen können.

Solche Kurse sind meist auf eine Studienzeit von ein bis zwei Jahren ausgerichtet. Sie erhalten umfangreiche Lernmaterialien und die Möglichkeit, sich bei Problemen und Fragen an einen Ansprechpartner zu wenden. Sie sind beim Lernen recht flexibel und können sich die Zeit nach Ihren eigenen Bedürfnissen einteilen. Je nach eigener Vorliebe können Sie das Studium schneller oder langsamer absolvieren.

Ein solches Fernstudium ist nicht ganz billig, für gewöhnlich wird ein vierstelliger Betrag fällig. Deutlich günstiger kommen Sie weg, wenn Sie sich einen normalen Videokurs kaufen. Dieser wird nicht von Fernuniversitäten bereitgestellt, sondern von sonstigen Programmierern.

Im Vergleich zum Lernen mit einem Buch bekommen Sie beim Videokurs alle Schritte detailliert gezeigt. Ein Videokurs kann also eine Alternative sein, wenn Sie sich unsicher fühlen und mehr Hilfe bei der Bedienung der Werkzeuge benötigen. Rechnen Sie hier mit Ausgaben von 50 bis 100 Euro für einen mehrstündigen Videokurs.

Das Wichtigste in Kürze

✔ Beim Lernen einer Programmiersprache steht zunächst das Kennenlernen der Grundelemente im Vordergrund.

✔ Diese Phase dauert besonders bei Ihrer ersten Programmiersprache recht lange. Bei weiteren Sprachen bewältigen Sie diese Phase sehr viel schneller.

✔ Danach sollten Sie ein Gefühl für die praktische Handhabung der Sprache entwickeln, indem Sie eigenständig erste Übungen lösen.

✔ Anschließend ist es Zeit, die Sprache genauer kennenzulernen und sich mit Klassenbibliotheken zu befassen.

✔ Letztendlich sind Sie bereit dafür, eigene Ideen in der Sprache umzusetzen.

✔ Das Lernen mit einem Buch ist weit verbreitet und zudem recht günstig.

✔ Internet-Tutorials eignen sich besonders, um später die Kenntnisse in Teilbereichen zu vertiefen.

✔ Möchten Sie die Programmierung zu Ihrem Beruf machen, sollten Sie über ein Studium oder eine entsprechende Ausbildung nachdenken.

✔ Fernkurse im Internet sind zwar relativ teuer, dafür aber auch sehr gründlich. Sie erlauben, in einem für Sie angenehmen Tempo zu lernen.

> **IN DIESEM KAPITEL**
>
> Welche Geräte lassen sich programmieren?
>
> Welche Anwendungen sind möglich?
>
> Welche Sprachen werden eingesetzt?
>
> Welche Verdienstmöglichkeiten bestehen?

Kapitel 4
Was sich alles programmieren lässt

Die Frage, welche Geräte sich denn programmieren lassen, kann eigentlich ganz einfach beantwortet werden: so ziemlich alle. Wenn Sie es ein bisschen genauer wissen wollen, finden Sie in diesem Kapitel eine Vorstellung der verschiedenen Bereiche der Programmierung.

Anwendungsentwicklung für Desktop-Computer

Wenn man von Programmierung sprach, war noch bis vor Kurzem hauptsächlich die Entwicklung von Programmen für gewöhnliche Desktop-Computer und Notebooks gemeint. Die Palette der Anwendungen, die für Desktop-Computer entwickelt werden, ist sehr breit. Es werden unter anderem die folgenden Arten von Programmen für gewöhnliche Computer geschrieben:

- ✔ Einfache Werkzeuge, zum Beispiel Taschenrechner, Währungsrechner, Programme zum Komprimieren von Dateien und so weiter

- ✔ Programme zum Ansehen, Laden und Versenden von Dokumenten, zum Beispiel Webbrowser, PDF-Viewer, E-Mail-Programme und so weiter

- ✔ Programme, die bei der Arbeit benötigt werden. Dieser Bereich umfasst selbst wiederum sehr viele Teilbereiche, zum Beispiel:
  - Office-Anwendungen (Textverarbeitung, Tabellenkalkulation und so weiter)
  - Programme zum Erstellen und Bearbeiten von Grafiken und Videos

- Spezialprogramme, die für bestimmte Tätigkeiten benötigt werden, wie beispielsweise Entwicklungsumgebungen für Programmierer, Programme zur Verwaltung von Lagerbeständen, Programme zum Analysieren von Webseiten, Programme zur Unterstützung bei der Anfertigung der Steuererklärung und viele mehr. Dieser Teilbereich ist nahezu unendlich groß.

✔ Programme, die zu Unterhaltungszwecken eingesetzt werden

- Programme zum Abspielen von Medien (zum Beispiel Windows Media Player, DVD- und Blu-Ray-Player)
- Spiele

Gerade im Unterhaltungsbereich ist die Verwendung von gewöhnlichen Computern rückläufig. Durch die wachsende Leistungsfähigkeit von mobilen Geräten wie Smartphones und Tablets werden diese heute mehr und mehr zu Unterhaltungszwecken eingesetzt. Zudem weichen Spieler gerne auf Konsolen wie die PlayStation oder die Xbox aus, statt am Computer zu spielen.

Im Business-Bereich ist der Desktop-Computer aber nach wie vor unersetzlich und wird regelmäßig verwendet. Hier bieten sich für Programmierer weiterhin gute Möglichkeiten, mit neuen Programmen zur Unterstützung der Arbeitsprozesse zu punkten.

Programmierung unter verschiedenen Betriebssystemen

Bei der Programmierung von Anwendungen für gewöhnliche Computer ist es zu empfehlen, für die Programmierung das gleiche Betriebssystem zu nutzen wie das, auf dem die Programme später ausgeführt werden sollen. Möchten Sie ein Windows-Programm erstellen, sollten Sie also auch einen Windows-Computer zum Programmieren verwenden.

Wenn Sie eine plattformunabhängige Programmiersprache wie *Java* verwenden, können Sie die erzeugten Programme grundsätzlich unter verschiedenen Betriebssystemen einsetzen, zum Beispiel unter den am häufigsten verwendeten Systemen Windows, Linux und macOS. Dennoch sollten solche Programme auf jeden Fall unter allen Betriebssystemen getestet werden, um sicher zu sein, dass auch alle Features einwandfrei funktionieren.

Für die Erstellung von Java-Programmen kann auf allen Betriebssystemen die Entwicklungsumgebung *Eclipse* verwendet werden. In Teil II des Buchs werde ich diese genauer vorstellen.

Windows

Ansonsten gibt es für jedes Betriebssystem (mehr oder weniger) bevorzugte Programmiersprachen. Für Windows, dem Microsoft-Betriebssystem, sind dies die Sprachen *C++* und *C#*.

Um neben reiner Programmlogik auch grafische Benutzeroberflächen (also Fenster, Schaltflächen, Eingabefelder und so weiter) erstellen zu können, gibt es unter C++ verschiedene

Möglichkeiten. Empfehlenswert ist der Einsatz der Bibliothek *Qt*: Diese steht auch unter anderen Betriebssystemen zur Verfügung und erleichtert damit bei Bedarf die *Portierung* des Codes auf andere Betriebssysteme. Unter Portierung versteht man die Änderungen, die am Code durchgeführt werden müssen, um ihn unter anderen Betriebssystemen »zum Laufen zu bringen«.

Um Benutzeroberflächen für C#-Programme zu erstellen, ist die *WPF*-Bibliothek die beste Wahl. Diese ist jedoch derzeit absolut inkompatibel zu allen anderen Betriebssystemen außer Windows.

Für die Erstellung von C++- und C#-Programmen unter Windows kann Microsofts Entwicklungsumgebung *Visual Studio* verwendet werden.

macOS

Programme für macOS, dem Apple-Betriebssystem, können auch in der Programmiersprache *C++* erstellt werden. Das ist aber nicht die beste Option. Für die Programmierung im gesamten Apple-Universum wurde von *Apple* die Programmiersprache *Swift* entwickelt. Zuvor wurden macOS-Programme hauptsächlich in der Sprache *Objective-C* erstellt.

Apple hat für die komfortable Entwicklung von Programmen auch eine Entwicklungsumgebung bereitgestellt: *Xcode* ist hier erste Wahl.

Linux

Unter dem freien Betriebssystem Linux werden viele Programme mit den Programmiersprachen *C* und *C++* erstellt. Nicht selten verzichten Programmierer dabei komplett auf grafische Benutzeroberflächen. Stattdessen werden die Programme mithilfe von Konfigurationsdateien oder Kommandozeilen-Parametern gesteuert.

Wird dennoch eine grafische Benutzeroberfläche benötigt, kann wie auch unter Windows die Bibliothek *Qt* verwendet werden.

Es gibt zahlreiche Entwicklungsumgebungen für die Programmierung unter Linux. Dazu gehören *Netbeans*, *Eclipse* (das mit Plug-ins erweitert werden muss, um C++-Programmierung zu unterstützen) und *Code::Blocks*. Mittlerweile steht Microsofts *Visual Studio* auch für Linux-Anwender zum Download bereit.

Komplexität der Anwendungen

Die Komplexität der Anwendungen für Desktop-Computer variiert stark. Einfache Programme können von einzelnen Programmierern erstellt werden. Ganz einfache Projekte, wie ein Währungsrechner, können dabei sogar innerhalb von wenigen Stunden abgeschlossen werden. Aber auch größere Tools können von einem einzelnen Programmierer innerhalb eines Zeitrahmens von Tagen bis mehreren Wochen oder Monaten erstellt werden.

Umfangreichere Programme wie Office-Anwendungen oder Spiele werden aber so gut wie immer von großen Entwickler-Teams erstellt.

Reich werden mit Desktop-Programmierung

Wer Programmieren lernen möchte, sieht darin meist nicht nur ein Hobby, sondern möchte auch irgendwann einmal Geld damit verdienen. In diesem Abschnitt gehe ich daher kurz auf die wichtigsten Möglichkeiten ein, wie Sie durch Entwicklung von Desktop-Programmen zu Ruhm und Reichtum gelangen können.

- ✔ Kommerzielle Software wird meist von Firmen entwickelt, die dazu unterschiedlich große Teams von Programmierern anstellen.

  Der einzelne Entwickler erhält also ein Gehalt als Angestellter eines Unternehmens.

- ✔ Zudem gibt es eine Vielzahl von freiberuflich tätigen Entwicklern.

  Diese treten zum Beispiel über spezielle Webportale in Kontakt mit Auftraggebern, die eigene Projekte realisieren möchten.

  Bezahlt wird der Programmierer dann nach Vereinbarung mit dem Auftraggeber entweder zum Festpreis für ein komplettes Projekt oder je nach tatsächlich angefallenem Aufwand zu einem Stundensatz.

  Beispiele für Webportale, auf denen die sogenannten *Freelancer* mit Auftraggebern in Kontakt kommen, sind `www.freelance.de` oder `www.twago.de`.

  Auf den Portalen kann entweder der Programmierer ein Profil erstellen, in dem seine Fähigkeiten hinterlegt sind, und so Auftraggebern ermöglichen, ihn direkt zu kontaktieren. Oder aber Auftraggeber können ihre Projekte dort inserieren und darauf warten, dass daran interessierte Programmierer sich melden.

- ✔ Schwer haben Sie es als Desktop-Programmierer immer noch, wenn Sie eine eigene Programmidee selbst umsetzen und vermarkten möchten.

  Durch das Internet ist es heute zwar viel einfacher als beispielsweise noch in den 1990er-Jahren, das eigene Programm zum interessierten Kunden zu bekommen. Auch die Zusammenarbeit mit Zahlungsdienstleistern, die das Geld beim Kunden einsammeln und beim Anbieter abliefern, ist längst kein Hexenwerk mehr.

  Das Problem besteht vielmehr darin, überhaupt genügend interessierte Kunden zu finden. Als Einzelkämpfer ist es sehr schwer, sich gegen die große Konkurrenz durchzusetzen und überhaupt wahrgenommen zu werden.

  Es gibt zwar mittlerweile von Microsoft auch einen *Windows Store*, in dem Programmierer ihre eigenen Programme zum Verkauf anbieten können. Dieser hat aber noch lange nicht die Bedeutung wie der *App Store* auf den *iOS*-Geräten und der *Google Play Store* auf *Android*-Geräten.

  Aber immerhin: Der Anfang ist gemacht, und vielleicht bietet der Windows Store ja in der Zukunft einmal ähnlich gute Vermarktungschancen für eigene Anwendungen, wie es heute schon bei den Stores von Apple und Google der Fall ist.

Mobile Apps

Ausgelöst durch die Vorstellung des ersten *iPhone*s im Jahr 2007 entstand in der Folgezeit ein regelrechter Boom bei der Entwicklung von Anwendungen für mobile Endgeräte, die heute meist kurz als *Apps* (abgeleitet vom englischen Wort *application*) bezeichnet werden. Recht schnell sprang auch Google auf diesen Zug auf und stellte sein Betriebssystem *Android* vor, das sowohl auf *Smartphones* als auch auf *Tablets* genutzt werden kann. Das Handy mutierte vom reinen Kommunikationsinstrument zum digitalen Alleskönner.

Leicht überspitzt formuliert, kann man den Unterschied zu Desktop-Computern wie folgt zusammenfassen: Jeder hat (mindestens) eins und trägt es jederzeit bei sich. Das Smartphone kann in wirklich jeder Lebenssituation genutzt werden.

Bei der Programmierung für mobile Geräte gibt es einige wichtige Unterschiede zur gewöhnlichen Desktop-Programmierung.

✔ Smartphones sind nicht ganz so üppig bestückt wie Desktop-Rechner, was Speicherkapazität und Rechenpower angeht.

Als Programmierer sind Sie dazu angehalten, möglichst sparsam mit diesen Ressourcen umzugehen.

Apropos Speicherkapazität. Wie viel Platz wurde eigentlich in der EU frei, nachdem der Brexit abgeschlossen war? – 1 GB!

✔ Insbesondere müssen Programme so konzipiert sein, dass sie nur wenig Rechenzeit beanspruchen.

Im Gegensatz zu Desktop-Rechnern hängen Smartphones meistens nicht direkt am Stromnetz, sondern sind auf einen Akku angewiesen. Eine App, die den Akku schnell leer frisst, wird recht bald wieder vom Gerät gelöscht werden.

✔ Smartphones haben ein wesentlich kleineres Display als Desktop-Rechner oder auch Tablets. Es muss bereits beim Entwurf einer Anwendung bedacht werden, dass Informationen anders dargestellt werden müssen als auf größeren Displays.

Was sich auf dem Desktop-Computer bequem in einem Fenster anzeigen lässt, muss in einer App unter Umständen auf mehrere Bildschirm-Ansichten verteilt werden, die logisch miteinander verknüpft werden müssen.

✔ Moderne Smartphones besitzen eine ganze Reihe an sogenannten *Sensoren*, die unentwegt Daten sammeln. Es gibt zum Beispiel die folgenden Sensoren:

- GPS-Sensor zur Bestimmung der aktuellen Position

- Mikrofon zum Erstellen von Audioaufnahmen

- Kamera zum Aufnehmen von Bildern und Videos

- Beschleunigungssensor zum Herausfinden, ob das Gerät aktuell bewegt wird und in welche Richtung und in welcher Geschwindigkeit

- Fingerabdrucksensor zur Identifizierung des rechtmäßigen Geräteeigentümers

- Gyroskop zum Feststellen der aktuellen Orientierung des Geräts, auch Unterscheidung von Hochkant- und Querausrichtung

- Barometer und Thermometer zum Bestimmen des Luftdrucks und der Temperatur

- Bluetooth zum drahtlosen Übertragen von Daten über kurze Strecken

- Magnetsensor zum Aufspüren von Magneten

- Helligkeitssensor zum Messen der Umgebungshelligkeit (um zum Beispiel die Bildschirmhelligkeit entsprechend anzupassen)

- Näherungssensor, der auf Annäherung reagiert und herausfinden kann, ob das Smartphone ans Ohr gehalten wird

- WLAN

- und einige mehr

Beim Erstellen von eigenen Apps können Sie mit den Daten, die von den Sensoren ermittelt wurden, arbeiten. Natürlich ist das rein optional, Apps können auch ohne den Zugriff auf irgendwelche Sensordaten erstellt werden.

Das Spektrum der möglichen Anwendungen ist bei der App-Programmierung nochmals sehr viel breiter als bei der Desktop-Programmierung. Eine vollständige Auflistung aller Bereiche ist gar nicht möglich, ich möchte nur einige Beispiele nennen:

✔ Apps zur Kommunikation stehen hoch im Kurs, zum Senden von Text-, Sprach-, Bild- und Videonachrichten

✔ Shopping-Apps

✔ Banking- und Bezahl-Apps

✔ Unterhaltungs-Apps zum Abspielen von Musik, Videos, Pay-TV, internationalen Radiosendern, zum Auflisten des Fernseh- oder Kinoprogramms

✔ Informations-Apps mit Nachrichten, Zugang zu aktuellen Zeitungsartikeln, Wetter-Informationen

✔ Spiele

✔ Sport-Apps zum Abfragen von Ergebnissen, zur Bereitstellung von Nachrichten oder zur Erfassung von eigenen sportlichen Leistungen

✔ Viele Apps sind dafür ausgelegt, den Nutzer während einer Reise oder bei der Planung derselben beizustehen:

Übersetzer, Apps zum Buchen von Fahrkarten und Tickets, Apps zum Finden der richtigen Verbindung, Apps zum Buchen von Taxis, Reiseführer-Apps, die zu den Sehenswürdigkeiten führen, und so weiter

✔ *Augmented Reality* (AR). Für AR-Anwendungen wird mithilfe der Kamera ein Videobild der Umgebung aufgenommen und dieses um virtuelle Elemente ergänzt.

Die bisher vielleicht bekannteste AR-Anwendung ist Pokémon GO, aber auch abseits solcher Spielereien gibt es nützliche Anwendungen. Ein bekanntes schwedisches Möbelhaus ermöglicht es zum Beispiel mittlerweile, das eigene Wohnzimmer zu fotografieren und dann darin die Möbel aus dem Angebot zu platzieren. Auf diese Weise kann man bereits vor dem Kauf ausgiebig prüfen, wie Möbel im eigenen Zimmer aussehen werden.

✔ *Virtual Reality* (VR). Für VR-Anwendungen wird eine dreidimensionale Umgebung komplett neu generiert, wie zum Beispiel in einem Computerspiel. Aufgrund der Sensordaten erkennen die VR-Apps Bewegungen und stellen dann einen anderen Ausschnitt dar.

Durch die Nutzung von VR-Brillen für Smartphones können Sie sich komplett in eine generierte Umgebung hineinversetzen lassen. Das Smartphone wird in eine Halterung gesteckt, die Sie wie eine Brille vor den Augen befestigen.

Sie sehen dann nur noch Teile des Smartphone-Displays, alle anderen Lichtquellen werden durch die Brille verdeckt. Die VR-App berechnet für jedes Auge das anzuzeigende Bild, das bei jeder Kopfbewegung (die von den Sensoren des Smartphones erfasst werden) angepasst wird.

In vielen Bereichen, wie zum Beispiel bei AR und VR, stehen wir derzeit erst ganz am Anfang der Entwicklung. Hier sind in den kommenden Jahren noch viele Verbesserungen der Hardware zu erwarten, die weitere neue Möglichkeiten eröffnen.

Mobile Plattformen

Wenn von mobilen Anwendungen die Rede ist, geht es fast ausschließlich um *iOS-* oder *Android*-Apps. Auf über 99 Prozent der neuen Smartphones läuft, Stand 2025, eines dieser beiden Betriebssysteme. Selbst Microsoft musste kapitulieren und hat seine *Windows Phone*-Sparte eingestellt.

Solange sich kein weiterer großer Player neben Google und Apple auf diesem Markt positioniert, macht es für Entwickler also kaum Sinn, für andere Plattformen als Android und iOS zu programmieren. Anders als bei der Desktop-Programmierung gab es allerdings lange keine Möglichkeit, plattformübergreifende Apps zu erstellen – Anwendungen also, die sowohl unter Android als auch iOS lauffähig sind. Dies hat sich inzwischen zum Glück geändert. Sie können nun mit einer App alle Mobilnutzer ansprechen, ohne diese sowohl für iOS als auch für Android komplett neu entwickeln zu müssen.

Android

Google ist mit seinem Betriebssystem *Android* inzwischen mit weitem Abstand Marktführer im Mobil-Bereich. Auf sieben bis acht von zehn verkauften Smartphones läuft, Stand 2021, das Betriebssystem des Suchmaschinen-Giganten. Wenn Sie mit einer App möglichst viele Menschen erreichen möchten, sollten Sie also zuallererst eine Android-Version erstellen.

Bei der Programmierung für Android setzte Google lange voll auf die Programmiersprache *Java*. Android-Apps wurden hauptsächlich in Java geschrieben. Das macht die Sprache natürlich noch attraktiver: Neben Anwendungen, die auf allen Desktop-Betriebssystemen ausgeführt werden können, können auch mobile Apps mit Java erstellt werden. Mittlerweile wird die junge Sprache *Kotlin* von Google als erste Wahl promotet. Android-Anwendungen können aber weiterhin mit Java erstellt werden.

Früher erfolgte die Android-Programmierung mithilfe der Entwicklungsumgebung *Eclipse*, die auch zum Erstellen von Desktop-Anwendungen in Java verwendet werden kann. Mittlerweile hat Google mit dem *Android Studio* eine eigene Entwicklungsumgebung zur Verfügung gestellt, die eigens auf die App-Entwicklung ausgerichtet ist.

Android Studio steht für alle relevanten Betriebssysteme zur Verfügung. Android-Apps können also problemlos auf Rechnern, auf denen Windows, Linux oder macOS läuft, erstellt werden. Da dieselbe Entwicklungsumgebung unter allen Betriebssystemen genutzt werden kann, unterscheiden sich die genauen Abläufe bei der Programmierung auch kaum.

Das Betriebssystem Android ist kein starres Gebilde, sondern wird von Google kontinuierlich weiterentwickelt. Mit jeder neuen Android-Version kommen neue Features und Werkzeuge hinzu, die Entwickler nutzen können.

Allerdings haben nicht alle Android-Nutzer die Möglichkeit, sofort auf die neueste Version zu aktualisieren. In der Regel muss jede Version vom Hersteller des Smartphones noch an das jeweilige Gerät angepasst werden.

Das bedeutet, dass normalerweise nur wenige Nutzer die jeweils neueste Android-Version einsetzen. Auf vielen Geräten laufen sogar noch Android-Versionen, die schon relativ alt und eigentlich »überholt« sind.

Der Entwickler einer App muss bei ihrer Erstellung festlegen, für welche Android-Version sie geeignet sein soll. Hierbei muss eine Abwägung erfolgen:

- ✔ Wird für eine neuere Android-Version entwickelt, können mehr Android-Features genutzt und möglicherweise umfangreichere und bessere Apps erstellt werden.

    Viele Nutzer können diese App dann jedoch gar nicht verwenden, da sie eine ältere Android-Version auf ihrem Gerät haben.

- ✔ Wird für eine ältere Android-Version entwickelt, werden mehr Nutzer erreicht, die die App nutzen können. Dafür können neuere Android-Features bei der Programmierung nicht eingesetzt werden.

Um den Entwickler bei der Entscheidung zu unterstützen, stellt Google Informationen zur Verbreitung der einzelnen Android-Versionen zur Verfügung. Diese konnten früher online abgerufen werden. Mittlerweile wird die Verbreitung der Versionen nur noch in einem Diagramm direkt in Android Studio angezeigt. Bei der Erstellung eines neuen Projekts können Sie sich anzeigen lassen, wie viel Prozent der Nutzer Sie mit einer bestimmten Version erreichen.

iOS

Apple fährt mit seinen Geräten eine andere Strategie als Google. Hier wird gleich in mehrfacher Hinsicht auf Exklusivität gesetzt. Durch den recht hohen Preis der Produkte wird der Nutzerkreis klein gehalten. Zudem sind Apple-Geräte mit Elementen außerhalb des Apple-Universums oft nicht kompatibel.

Schon die Verwendung einer SD-Karte zur Speichererweiterung ist nicht ohne Weiteres möglich. Auch das Verwalten von Dateien auf den Geräten ist hin und wieder ein K(r)ampf, insbesondere wenn man die Synchronisierungsfunktion nicht verwenden möchte.

Leider setzt sich die Exklusivität auch bei der Entwicklung von *iOS*-Apps fort. Die Programmierung erfolgt in der von Apple vorgestellten Sprache *Swift*. Zuvor wurde hauptsächlich die Sprache *Objective-C* verwendet. Die Entwicklungsumgebung *Xcode* wird von Apple zur Programmierung von iOS-Apps (und Anwendungen für das restliche Apple-Universum) bereitgestellt. Allerdings gibt es die Entwicklungsumgebung (Stand Januar 2025) nur für das Betriebssystem *macOS*.

Unter Windows können also nicht ohne Weiteres iOS-Apps erstellt werden. Um unter anderen Betriebssystemen Anwendungen für das Apple-Universum zu erstellen, muss zum Beispiel mithilfe von Virtualisierungssoftware zunächst das Betriebssystem macOS zum Laufen gebracht werden. Das ist nicht wirklich was für Anfänger.

Komplexität der Anwendungen

Prinzipiell sind auch auf mobilen Geräten Anwendungen von unterschiedlichen Komplexitätsstufen möglich. Im Vergleich zur Desktop-Programmierung liegt der Fokus aber stärker auf einfacheren Anwendungen.

Es ist also üblich, dass mobile Apps von einzelnen Programmierern oder kleinen Entwickler-Teams erstellt werden.

Reich werden mit Apps

Als App-Entwickler stehen Ihnen grundsätzlich die gleichen Möglichkeiten offen wie den Desktop-Entwicklern, um ihre Fähigkeiten zu monetarisieren. Sie können in einer Firma arbeiten, die mobile Anwendungen erstellt, und von dieser ein monatliches Gehalt beziehen. Sie können als Freelancer auf Auftragsbasis arbeiten. Oder Sie können eigene Ideen realisieren und zum Beispiel über eine eigene Webseite verkaufen.

Sowohl Google (*Google Play*) als auch Apple (*App Store*) stellen für ihre Plattformen zentrale Shops zur Verfügung, über die Entwickler ihre Apps verkaufen können. Da diese Shops von nahezu allen Gerätebesitzern benutzt werden, besteht ein riesiges Potenzial für die Verbreitung der eigenen Apps.

Es muss jedoch beachtet werden: Auch die Konkurrenz ist riesig. Um überhaupt wahrgenommen zu werden, muss die eigene App ein nützliches Alleinstellungsmerkmal besitzen, um aus der großen Masse herauszustechen. Mit einer weiteren Taschenlampen-App werden Sie also wohl kaum reich werden.

Die »Kostenlos«-Mentalität hat im Übrigen auch vor der Entwickler-Branche nicht haltgemacht. Viele Menschen sind nicht bereit, für Computer-Programme und insbesondere Apps Geld auszugeben. In den Shops von Google und Apple werden deshalb viele Apps kostenlos angeboten. In diese Apps ist dann meist Werbung integriert, über die die Entwickler doch noch ein bisschen Geld verdienen können.

Außerdem werden oft *Light*-Varianten zum kostenlosen Download angeboten. Der Nutzer wird erst dann zur Kasse gebeten, wenn er zusätzliche Features freischalten oder die (werbefreie) Vollversion nutzen möchte.

Programmierung für das Internet

Das Internet hat in den letzten Jahren immer mehr an Bedeutung gewonnen und ist mittlerweile ein fester Bestandteil des täglichen Lebens. Dank der rasant gestiegenen Performance des Internets können jetzt auch umfangreiche Programme, wie zum Beispiel Microsoft Office, vom Desktop ins Web verlagert werden. Musste ein Anwender die Software früher zwingend auf seinem eigenen Rechner installieren, ist sie jetzt oft »in der Cloud« verfügbar und kann einfach mit einem Browser angesurft werden.

Aber auch »gewöhnliche« Webseiten sind heute nicht mehr einfach statische Dokumente, die zum Abruf bereitgehalten werden. Stattdessen werden sie dynamisch mithilfe von Programmen erzeugt. Stellen Sie sich zum Beispiel einmal die Startseite einer Nachrichten-Website vor. Diese liegt auf dem Webserver nicht als statische Datei, sondern wird bei jedem Aufruf dynamisch mit den neuesten Nachrichten gefüllt.

Programmierung spielt aber nicht nur beim Erzeugen einer Webseite eine Rolle, sondern auch bei ihrer Anzeige auf dem Rechner des Nutzers. Eine Webseite ist zunächst einmal nichts anderes als eine Textdatei, die ein Benutzer mit einem Browser von einem Webserver abruft. Die Textdatei mag auf dem Server dynamisch und mithilfe von Programmierung erzeugt worden sein – das, was letztendlich beim Benutzer ankommt, ist jedoch erst mal nur diese Textdatei. Um diese nutzerfreundlich und mit all dem Schnickschnack, den wir von aktuellen Webseiten kennen, darzustellen, sind jedoch noch weitere Schritte auf dem Rechner des Nutzers vonnöten.

Mit sogenannten *Skripten* wird Funktionalität zu Webseiten hinzugefügt. Insbesondere interaktive Webseiten, die eine Eingabe vom Anwender erwarten und dann entsprechend reagieren, werden auf diese Weise erstellt. Die Skripte werden im Webbrowser des Benutzers ausgeführt.

Zusammenfassend heißt das, dass Programme im Web an verschiedenen Stellen eingesetzt werden:

✔ Auf dem Webserver zum dynamischen Erstellen von Dokumenten (serverseitige Programmierung)

✔ Auf dem Rechner des Nutzers zur Darstellung der Dokumente und zum Bereitstellen zusätzlicher Funktionalität

Die Programmiersprachen des Internets

Je nach Anwendungsfall werden verschiedene Programmiersprachen im Internet eingesetzt:

✔ HTML

HTML ist gewissermaßen *die* Sprache des Internets. Genau genommen ist es jedoch keine Programmiersprache, sondern eine *Auszeichnungssprache*. HTML wird genutzt, um Inhalte zu strukturieren, zum Beispiel um ein Dokument in Abschnitte und Überschriften zu unterteilen und um Tabellen, Grafiken und Hyperlinks zu markieren.

Wenn ein Benutzer mit einem Browser eine Internetseite ansurft, wird vom Webbrowser ein HTML-Dokument vom Webserver abgerufen. Ein HTML-Dokument ist zunächst einmal nichts anderes als eine Text-Datei. Unter Zuhilfenahme bestimmter Techniken wird das abgerufene HTML-Dokument dann grafisch im Browser dargestellt.

✔ PHP, Ruby, Python, ASP.NET, Java und weitere

Um HTML-Dokumente auf dem Webserver dynamisch zu erzeugen, werden hauptsächlich die genannten Programmiersprachen eingesetzt. Am weitesten verbreitet ist die Programmiersprache PHP, diese wird bei etwa 80 Prozent aller Webseiten genutzt.

Tatsächlich muss nicht für jede Webseite das Rad neu erfunden und immer neu programmiert werden. Es stehen bereits viele *Content-Management-Systeme*, kurz CMS, bereit. Ein CMS ist ein Programm, mit dem man dynamische Webseiten erzeugen kann, zum Beispiel einen Webshop oder einen Blog, ohne in die Tiefen der Programmiersprache einsteigen zu müssen. Das vermutlich bekannteste CMS ist das mittels PHP realisierte *WordPress*.

Wenn Sie eine eigene Webseite erstellen wollen, müssen Sie also nicht unbedingt selbst programmieren, sondern können ein vorhandenes CMS nutzen. Ein gutes CMS wie WordPress zeichnet sich dadurch aus, dass es mithilfe von selbst programmierten *Plug-ins* um erwünschte Funktionalitäten erweitert werden kann.

Bei der serverseitigen Programmierung werden Sie also vermutlich eher selten ein komplett neues System entwickeln, sondern ein vorhandenes CMS nach eigenen Ansprüchen abändern oder erweitern.

✔ JavaScript

Um die Möglichkeiten von HTML in einem Browser zu erweitern und um einer Webseite zusätzliche Funktionen zu geben, wird die Programmiersprache JavaScript genutzt. Mit JavaScript kann zum Beispiel die Ansicht einer Webseite an die Bildschirmgröße angepasst oder es können interaktive Elemente eingebaut werden.

Beispiele hierfür sind das Nachladen von weiteren Inhalten, wenn der Benutzer bis zum Ende des vorhandenen Inhalts gescrollt hat, oder die Kommentarfunktion in sozialen Netzwerken. Auch der bekannte »Gefällt mir«-Button wurde mithilfe von JavaScript realisiert.

Reich werden mit dem Internet

Wie Sie sehen, wird Programmierung im Internet an verschiedenen Stellen gebraucht. Als Entwickler für das Web sollten Sie ein grundsätzliches Verständnis für alle Bereiche haben, auch wenn Sie sich auf einen spezialisiert haben.

Um Ihre Fähigkeiten in der Webprogrammierung zu Geld zu machen, stehen Ihnen verschiedene Wege offen:

✔ Sie können sich als Mitarbeiter einer Webagentur anschließen, die im Kundenauftrag individualisierte, auf den Kunden zugeschnittene Webseiten erstellt.

Hier arbeiten dann in der Regel mehrere Personen an einer Webseite. Der Vorteil besteht darin, dass jeder für einen Bereich zuständig ist.

Ein Programmierer wird beispielsweise am Code für das Generieren einer dynamischen Seite arbeiten. Ein anderer am JavaScript, das im Browser des Webseitenbesuchers ausgeführt werden soll. Das grundsätzliche Design der Webseite wird dagegen von Webseiten-Designern erstellt, die ihre Stärken im Vergleich zu einem Programmierer eher im grafischen Entwurf haben.

✔ Sind Sie dagegen mit allen Aspekten der Webseitenentwicklung bestens vertraut, können Sie im kleineren Rahmen auch Kundenprojekte als Ein-Mann-Unternehmen erledigen.

Sie können zum Beispiel über die bekannten Freelancer-Portale mit potenziellen Kunden in Kontakt treten – oder über eine eigene Webseite und eigene Werbemaßnahmen Kunden auf sich aufmerksam machen.

Oft werden von Kunden nicht komplette Webprojekte beauftragt, sondern nur einzelne Anpassungen. Je nach Umfang der Anpassungen kann sich ein solcher Auftrag für Sie als Einzel-Programmierer besonders eignen.

✔ Neben den genannten Möglichkeiten können Sie aber auch eigene Webseiten erstellen und diese zum Beispiel mithilfe von Werbung monetarisieren.

Das ist zwar die wohl lukrativste, aber auch schwierigste Art, um mit Webprogrammierung Geld zu verdienen. Denn dann müssen Sie nach der Erstellung der Webseite auch noch dafür sorgen, dass genügend Besucher den virtuellen Weg zu Ihrer Webseite finden. Bei der nahezu unendlichen Konkurrenz im Web ist das kein ganz einfaches Unterfangen.

Hardware-Programmierung

Desktop, Apps, Web – das sind die großen Bereiche, für die programmiert wird. Die Wahrheit ist jedoch: Das ist noch lange nicht alles. In nahezu allen elektronischen Geräten kommt in irgendeiner Form Code zum Einsatz. Man spricht dann von *Eingebetteten Systemen* (englisch *embedded systems*), weil ein Computer in ein größeres technisches Gerät eingebunden wird.

Bei den eingebetteten Systemen geht es meist nicht (nur) darum, Ausgaben auf einem Bildschirm zu erzeugen, sondern *Hardware* zu steuern. Als Hardware werden alle elektronischen Teile bezeichnet. Bei einem Computer sind dies zum Beispiel Festplatte und Monitor, bei einem Auto zählen Motor und Bremsen zur Hardware.

Einsatzgebiete

Eine Liste aller Bereiche zu erstellen, in denen Hardware programmiert wird, ist quasi nicht möglich, weil es so viele, völlig unterschiedliche Einsatzgebiete gibt. Zudem werden jetzt und in der Zukunft weiterhin viele neue elektronische Geräte erfunden, die ebenfalls programmiert werden wollen. In der folgenden Liste möchte ich daher nur exemplarisch einige Beispiele für Programmierung von Hardware aufzählen.

- ✔ Automobilindustrie

    Autos werden immer komfortabler und »schlauer«. Sie berechnen den aktuellen Kraftstoffverbrauch, kennen die kürzeste Route zum Ziel, erkennen Hindernisse und neuere Modelle können einfache Manöver wie Ein- und Ausparken sogar bereits selbstständig ausführen.

    All das wird durch Programme realisiert, die zum Beispiel Daten von Sensoren auslesen und auswerten.

- ✔ Eisenbahn und Flugzeug

    Nicht nur Autos, sondern auch andere Fortbewegungsmittel wie Züge und Flugzeuge setzen im großen Stil auf programmierte Hardware. Auch »rundherum« gibt es viel Potenzial für programmierte Systeme. Das Schienennetz wird über komplexe Programme gesteuert, auch in der Flugsicherung kommen spezialisierte Anwendungen zum Einsatz, zum Beispiel bei der Ortung von Flugzeugen.

- ✔ Medizintechnik

    Medizinische Geräte sind mit zahlreichen unterschiedlichen Sensoren ausgestattet, deren Daten ausgewertet und in anschaulicher Form dargestellt werden müssen.

✔ Betriebssysteme und Gerätetreiber

Auch das Erstellen von Betriebssystemen und Gerätetreibern (für Drucker, Scanner und andere Geräte) für gewöhnliche Computer zählt zur Hardware-Programmierung.

✔ Intelligente Häuser

Im sogenannten *Smart Home* können Haushalts- und Multimediageräte miteinander interagieren und auf unterschiedliche Arten ferngesteuert werden. Möglich ist zum Beispiel die Steuerung von unterwegs mithilfe des Smartphones (Rollläden schließen, Zimmer vorwärmen und so weiter). Zunehmend können Sie Ihren Geräten auch Sprachbefehle (»Licht an!«) geben.

Aktuelle Überwachungstechnik kann in das Smart Home integriert werden und sorgt so für einen Zugewinn an Sicherheit, zum Beispiel bei längerer Abwesenheit.

✔ LEGO

Gerade um Kinder früh für das Thema Programmierung zu begeistern, liefern Hersteller von Kinderspielzeug mittlerweile Bausätze aus, die einfach programmiert werden können.

Zu nennen ist hier die Produktserie *Mindstorms* von LEGO, mit der Kinder einfache Roboter zusammenbauen und programmieren können.

✔ Der Todesstern aus Star Wars

Sicher kennen Sie die große Zerstörungskraft, die die verschiedenen Todesstern-Modelle aus dem Star-Wars-Universum haben. Neben der entsprechenden Hardware war dafür auch eine umfangreiche und sehr sorgsame Programmierung vonnöten. Man möchte ja nur ungern durch einen Programmfehler aus Versehen das falsche Planetensystem zerstören ...

Was in der Zukunft alles programmiert werden kann, können wir uns heute vermutlich noch nicht mal vorstellen. Science-Fiction-Serien oder Filme geben einen Vorgeschmack darauf, was vielleicht irgendwann einmal möglich sein wird.

Werden Menschen in der Zukunft vielleicht tatsächlich mit Chip-Implantaten ausgestattet, die alle Sinneseindrücke aufnehmen und abspeichern? Machen es die Fortschritte in der Robotik tatsächlich einmal möglich, verstorbene Mitmenschen mithilfe von in den sozialen Netzwerken verbreiteten Inhalten und Robotertechnik komplett zu rekonstruieren? Blockieren wir unerwünschte Personen bald nicht nur im Internet, sondern auch im realen Leben?

Tja, ich weiß es nicht, ob und wann dies möglich sein wird. In einer Sache bin ich mir aber sicher: In gar nicht allzu ferner Zukunft wird Programmierung für Dinge eingesetzt werden, an die wir heute noch nicht mal im Traum denken würden. Mich macht das eher neugierig, als dass es mich beunruhigt. Und Sie?

Programmiersprachen

✔ Das verbreitete Betriebssystem Windows wurde hauptsächlich in den Sprachen C und C++ geschrieben.

Auch Gerätetreiber werden meist in diesen Sprachen erstellt.

✔ Bei der Hardware-Programmierung kommen auch sogenannte *Assembler*-Sprachen zum Einsatz.

Das sind solche Sprachen, die viel näher am Maschinencode sind als die klassischen Sprachen wie C, C++ und Java, die näher an der natürlichen Sprache liegen. Dadurch können die Anweisungen für den Prozessor viel direkter formuliert werden – was aber die Programme für Menschen auch sehr viel schwieriger zu verstehen macht.

✔ Hersteller, die zu programmierende Elektro-Produkte erstellen, verwenden oft nicht die gewöhnlichen Programmiersprachen, sondern erstellen eigene Sprachen, die auf ihre Produkte zugeschnitten sind.

Das Wichtigste in Kürze

✔ Programme werden in vielen verschiedenen Bereichen und auf unterschiedlichsten Geräten eingesetzt.

✔ Anwendungen können für unterschiedliche Betriebssysteme erstellt werden. Die am häufigsten genutzten Betriebssysteme sind Windows, Linux und macOS.

✔ Die Programmiersprache Java kann zur Erstellung von betriebssystem-unabhängigen Anwendungen erstellt werden. Mit anderen Sprachen erstellte Programme müssen meist jeweils an das Betriebssystem angepasst werden.

✔ Für Smartphones und Tablets können sogenannte mobile Apps entwickelt werden.

✔ Fast alle heute verkauften Mobilgeräte setzen eines der beiden Betriebssysteme Android und iOS ein.

✔ Webseiten sind meist keine statischen Dokumente, sondern werden bei jedem Seitenaufruf dynamisch von eigens dafür erstellten Programmen im Hintergrund erzeugt.

✔ Zum dynamischen Erzeugen von Webseiten werden meist Programmiersprachen wie PHP, Ruby oder ASP.NET verwendet.

✔ Zur Erstellung neuer Webseiten muss meist nicht programmiert werden, sondern es kann auf vorhandene Content-Management-Systeme (CMS) zurückgegriffen werden.

✔ Um Webseiten nutzerfreundlich darzustellen und interaktive Elemente hinzuzufügen, werden auf dem Rechner des Webseitenbesuchers sogenannte Skripte ausgeführt.

✔ Neben Desktop, App und Web gibt es viele weitere Bereiche, in denen programmiert wird. Nahezu jedes elektrische Gerät wird durch Programmcode gesteuert.

Übungen

1. Im Abschnitt über App-Programmierung werden viele Sensoren genannt, die in aktuellen Smartphones und Tablets verbaut sind.

   Überlegen Sie sich für jeden Sensor mindestens eine nützliche Anwendung, die auf Daten von dem jeweiligen Sensor zugreift.

2. Im Abschnitt über Webprogrammierung wurde die Startseite einer Nachrichten-Website als Beispiel für die dynamische Erzeugung von Inhalten genannt.

   Benennen Sie weitere Arten von Webseiten, bei denen eine dynamische Generierung von Inhalten Sinn macht.

3. Benennen Sie weitere Geräte oder Systeme (gerne auch fiktive), bei denen Komponenten mithilfe von Programmen gesteuert werden.

> **IN DIESEM KAPITEL**
>
> Mathematik als notwendiges Übel bei der Programmierung
>
> Algorithmen mithilfe von Variablen und Listen erstellen

Kapitel 5
Algorithmen erstellen

Im ersten Kapitel dieses Buchs haben Sie bereits einen einfachen Algorithmus gesehen. Dieser berechnete die Gesamtsumme aller in einer Liste enthaltenen Zahlen.

Wie Sie sich sicher vorstellen können, befindet sich dieses Problem eher am unteren Ende der Schwierigkeitsskala der von einem Computer lösbaren Probleme. Damit Sie einen besseren Eindruck davon bekommen, wie Algorithmen erstellt werden, zeige ich Ihnen in diesem Kapitel ein paar komplexere Beispiele.

Spaß mit Zahlen

Die Probleme, die Computer lösen sollen, haben sehr oft zumindest in irgendeiner Weise etwas mit Mathematik zu tun. Selbst wenn das manchmal für den Anwender nicht direkt ersichtlich ist, werden oft im Hintergrund irgendwelche Berechnungen durchgeführt.

Der Vorteil beim Programmieren ist, dass Sie die mathematischen Operationen nicht selbst ausführen müssen, sondern diese lästige Aufgabe an den Computer abgeben können. Um einen Algorithmus zu entwickeln, sollten Sie aber dennoch zumindest einige mathematische Grundkenntnisse besitzen. Immerhin sollen Sie ja herausfinden, mit welchen mathematischen Operationen Sie der Lösung eines Problems näherkommen.

Mathe war (oder ist) in der Schule Ihr Lieblingsfach? Dann werden Sie dieses Kapitel lieben. Doch bekanntlich ist die Mathematik nicht jedermanns beliebtestes Hobby. Daher sollten Sie es als notwendiges Übel ansehen, das Ihnen dabei hilft, Ihrem Ziel (der Erstellung von Computerprogrammen) etwas näher zu kommen. In diesem Buch werde ich auch nur relativ einfache mathematische Operationen verwenden. Es wird weder abgeleitet, integriert noch werden Differenzialgleichungen gelöst.

Machen Sie sich keine Sorgen, wenn Sie letztendlich dennoch nicht alles verstehen, was Ihnen in diesem Kapitel präsentiert wird. Ich möchte Ihnen hier lediglich ein paar Anregungen geben, wie Algorithmen erstellt werden können. Wenn Sie die eine oder andere Idee aus diesem Kapitel mitnehmen, ist alles gut.

Mathematische Probleme lösen

Im ersten Beispiel möchte ich einen Algorithmus entwickeln, der eine mathematische Operation ausführen kann: die sogenannte *Fakultät*. Fakultäten können für natürliche Zahlen berechnet werden, also Zahlen wie 0, 1, 2, 3 und so weiter. Für negative Zahlen wie −5 oder −128 ist die Fakultät nicht definiert. Auch für nicht ganzzahlige Werte (wie 2,7) kann keine Fakultät berechnet werden.

Die Fakultät wird im mathematischen Kontext durch ein Ausrufezeichen dargestellt. Wenn die Fakultät einer Zahl *n* berechnet werden soll, schreibt man deshalb *n!*. Um eine Fakultät mit dem Taschenrechner zu berechnen, müssen Sie dort die Taste, die mit *n!* beschriftet ist, suchen. Die Fakultät können Sie auch mithilfe der Suchmaschine Google berechnen, indem Sie dort die gewünschte natürliche Zahl gefolgt von einem Ausrufezeichen angeben (zum Beispiel *6!*).

Die Fakultät einer natürlichen Zahl *n* ist das Produkt der ersten *n* natürlichen Zahlen. Die Fakultät von 6 berechnet sich zum Beispiel als

$$fak(6) = 6! = 1 \cdot 2 \cdot 3 \cdot 4 \cdot 5 \cdot 6 = 720$$

Die Fakultät von 0 wird per Definition als 1 festgesetzt (also *0! = 1*), für alle anderen nicht-positiven Zahlen ist der Wert nicht definiert.

Problem: Für eine natürliche Zahl n soll deren Fakultät berechnet werden

Wie ließe sich das Problem lösen? Tatsächlich geht das sogar relativ ähnlich wie das Berechnen der Summe aller Zahlen einer Liste (wie in Kapitel 1 gesehen).

Eine Variable, die das aktuelle Zwischenergebnis speichert, wird angelegt und zum Beginn mit 1 (der Fakultät von 0) belegt. Danach wird der Wert dieser Variablen nacheinander mit allen Zahlen von 1 bis *n* multipliziert. Schon hat man das Endergebnis.

Im Unterschied zum Berechnen der Summe aller Elemente einer Liste ist diesmal keine Liste vorhanden, aus der Werte zum Durchführen einer Multiplikation entnommen werden können. Stattdessen muss jetzt eine Zählvariable für diesen Zweck verwendet werden.

Die Zählvariable wird zu Beginn auf 1 gesetzt und in jedem Schritt um eins vergrößert. Bei jedem Schritt wird die Zählvariable mit dem aktuellen Wert des Zwischenergebnisses multipliziert.

Der Algorithmus zum Berechnen der Fakultät von *n* müsste demnach die folgenden Arbeitsschritte enthalten:

1. Prüfe, ob die Zahl *n* negativ oder keine Ganzzahl ist.

   Ist das der Fall, wird die Ausführung des Algorithmus mit einer Fehlermeldung beendet.

2. Prüfe, ob die Zahl *n* gleich 0 ist.

   Ist das der Fall, wird die Ausführung des Algorithmus beendet und 1 als Ergebnis geliefert.

3. Lege zwei Variablen `ergebnis` und `zähler` an. Setze beide Variablen jeweils auf den Wert 1.

4. Solange der Wert der Variablen `zähler` kleiner oder gleich n ist, führe jeweils die folgenden Arbeitsschritte aus:

   - Multipliziere `ergebnis` mit `zähler` und setze das Ergebnis der Multiplikation als neuen Wert von `ergebnis`.

   - Vergrößere die Variable `zähler` um 1.

5. Beende die Ausführung des Algorithmus und liefere den aktuellen Wert der Variablen `ergebnis` als Endresultat.

Was passiert aus welchem Grund?

✔ Die ersten beiden Schritte dienen dazu, zunächst die Sonderfälle abzuhandeln.

  Da für negative und nicht-ganzzahlige Werte keine Fakultät definiert ist, wird das im ersten Schritt geprüft und gegebenenfalls die Ausführung des Algorithmus bereits beendet.

✔ Auch der Wert 0 nimmt eine Sonderstellung ein, diesem wird per Definition die Fakultät 1 zugeordnet.

  Der zweite Schritt des Algorithmus behandelt diesen Fall und liefert umgehend das Endresultat.

✔ Die restlichen Schritte widmen sich der gewöhnlichen Berechnung der Fakultät einer natürlichen Zahl.

✔ Die Variable `ergebnis` wird zum Speichern des Zwischenergebnisses verwendet. Sie wird zunächst auf 1 gesetzt, denn jede Fakultätsberechnung startet mit 1.

✔ Die Variable `zähler` wird als Zählvariable verwendet, die nacheinander mit den Werten 1 bis *n* belegt wird, deren Gesamtprodukt berechnet werden soll.

✔ Der entscheidende Schritt 4 des Algorithmus enthält zwei Unterschritte, die so lange ausgeführt werden, wie die Zählvariable noch im gewünschten Bereich liegt.

  Zunächst wird die Zählvariable mit dem bisherigen Zwischenergebnis multipliziert. Danach wird sie vergrößert.

✔ Auf diese Weise wird die Ergebnisvariable nacheinander mit allen Werten von 1 bis *n* multipliziert.

Sie enthält demnach am Ende das gewünschte Resultat, nämlich die Fakultät der Zahl *n*.

✔ In Schritt 5 wird der Algorithmus daher beendet und der Inhalt der Variablen ergebnis als Endergebnis geliefert.

Abschließend werde ich den Ablauf des Algorithmus noch an einem Beispiel demonstrieren. Mithilfe des vorgestellten Algorithmus soll die Fakultät der Zahl 3 berechnet werden. Alle Vorkommen von *n* im Algorithmus werden also durch 3 ersetzt.

1. Zunächst wird in Schritt 1 geprüft, ob 3 negativ oder keine Ganzzahl ist.

   Da weder das eine noch das andere zutrifft, wird in Schritt 1 keine Aktion ausgeführt.

2. In Schritt 2 wird geprüft, ob 3 gleich 0 ist.

   Da das nicht der Fall ist, wird in Schritt 2 keine Aktion ausgeführt.

3. In Schritt 3 werden zwei Variablen angelegt.

   Deren Werte sind ergebnis = 1 und zähler = 1.

4. In Schritt 4 wird geprüft, ob zähler (aktueller Wert: 1) kleiner oder gleich 3 ist.

   Da dies der Fall ist, werden die beiden Unterschritte von Schritt 4 ausgeführt.

   - In Schritt 4.1 wird das Produkt von ergebnis (aktueller Wert: 1) und zähler (aktueller Wert: 1) berechnet.

     Das Ergebnis 1 wird als neuer Wert der Variablen ergebnis gesetzt.

   - In Schritt 4.2 wird die Variable zähler um 1 vergrößert, ihr neuer Wert beträgt damit 2.

   Jetzt wird Schritt 4 erneut ausgeführt. Es wird geprüft, ob zähler (aktueller Wert: 2) kleiner oder gleich 3 ist.

   Da dies der Fall ist, werden die beiden Unterschritte von Schritt 4 erneut ausgeführt.

   - Bei der erneuten Ausführung von Schritt 4.1 wird das Produkt von ergebnis (aktueller Wert: 1) und zähler (aktueller Wert: 2) berechnet.

     Das Ergebnis 2 wird als neuer Wert der Variablen ergebnis gesetzt.

   - In Schritt 4.2 wird die Variable zähler um 1 vergrößert, ihr neuer Wert beträgt damit 3.

   Nun geht es abermals zurück zu Schritt 4. Es wird wieder geprüft, ob zähler (aktueller Wert: 3) kleiner oder gleich 3 ist.

   Da das immer noch der Fall ist, werden die beiden Unterschritte von Schritt 4 abermals ausgeführt.

- In Schritt 4.1 wird das Produkt von ergebnis (aktueller Wert: 2) und zähler (aktueller Wert: 3) berechnet.

  Das Ergebnis 6 wird als neuer Wert der Variablen ergebnis gesetzt.

- In Schritt 4.2 wird die Variable zähler um 1 vergrößert, ihr neuer Wert beträgt damit 4.

  Jetzt wird Schritt 4 wieder ausgeführt. Diesmal schlägt die Prüfung fehl: zähler (aktueller Wert: 4) ist jetzt nicht mehr kleiner oder gleich 3.

5. Damit wird die Ausführung des Algorithmus beendet und der aktuelle Wert von ergebnis (6) als Endergebnis geliefert.

   Das ist das richtige Ergebnis, tatsächlich ist

   $fak(3) = 1 \cdot 2 \cdot 3 = 6$

Treffen sich zwei Informatik-Studenten. Einer von ihnen hat ein neues Fahrrad. Meint der andere: »Tolles Fahrrad, was hat das denn gekostet?« – »War kostenlos!« – »Wie das?« – »Na ja, ich bin gestern durch den Park der Informatik-Fakultät flaniert. Da kommt eine Frau auf dem Fahrrad vorbei, hält an, reißt sich die Kleider vom Leib und sagt, ich solle mir nehmen, was ich will.« Darauf der andere wieder: »Echt gute Wahl, in Frauenkleidern hättest du wahrscheinlich eh bescheuert ausgesehen!«

Problem: Eine Liste aus beliebigen Zahlen soll aufsteigend sortiert werden

Das Sortieren von Listen ist eine Aufgabenstellung, die man beim Erstellen von Programmen sehr häufig antrifft. Die meisten Programmiersprachen bringen diese Funktionalität bereits mit. Als Programmierer müssen Sie sich also normalerweise nicht mit den Details herumschlagen. Es genügt, mittels Quellcode zu sagen: »Sortiere mir diese Liste doch mal!«

Dennoch ist das Erstellen eines Sortieralgorithmus eine gute Übung, um das eigene algorithmische Denken etwas zu trainieren. Denn wie sortiert man eine Liste überhaupt?

Klar, eine (kurze) Liste von Zahlen zu sortieren, stellt für einen Menschen kein großes Problem dar. Die Liste [5, 9, 7, 1, 23, 4] zum Beispiel lässt sich leicht und intuitiv sortieren: [1, 4, 5, 7, 9, 23]. Wenn eine solche Liste aber größer wird (zum Beispiel 1000 Einträge hat), wird das Ganze schon deutlich schwieriger, und man braucht eine genau durchdachte Strategie, um die Liste zu sortieren.

Tatsächlich gibt es viele verschiedene Algorithmen zum Sortieren von Listen. Diese unterscheiden sich vor allem in Hinblick auf ihre Geschwindigkeit – manche Algorithmen sortieren Listen schneller als andere.

Ich möchte hier einen konzeptionell sehr einfachen Algorithmus zum Sortieren von Listen zeigen. In der Praxis wird er zwar selten genutzt, da er deutlich langsamer als andere Algorithmen ist. Da er aber relativ einfach zu verstehen ist, eignet er sich bestens als Beispiel in einem Anfängerbuch.

Die Idee hinter *Insertionsort* (so wird der Algorithmus genannt): Man erstellt eine neue, zunächst leere Liste. In diese neue Liste fügt man ein Element nach dem anderen aus der ursprünglichen Liste ein, und zwar so, dass jedes neue Element sofort an seinem richtigen Platz eingefügt wird. Die neue Liste ist damit zu jeder Zeit sortiert, und es muss bei jedem Einfügevorgang nur die richtige Position für ein einzelnes Element herausgefunden werden.

Andere Sortieralgorithmen arbeiten zwar schneller als Insertionsort, sind aber etwas komplizierter in der Umsetzung und daher schwerer zu verstehen. Ein Beispiel dafür ist *Mergesort*. Dabei wird eine Liste in zwei ungefähr gleich große Teile zerteilt und diese werden separat sortiert, wobei jeweils wieder der Mergesort-Algorithmus zum Einsatz kommt. Auch die Teillisten werden also wieder gesplittet und so weiter.

Nachdem beide Teillisten komplett sortiert sind, müssen diese nur noch gemischt werden. Das klingt zwar etwas komplizierter als die Idee hinter Insertionsort, ist in der Ausführung aber tatsächlich schneller.

Der allgemeine Algorithmus zum Sortieren einer Liste L enthält die folgenden Arbeitsschritte:

1. Es wird eine leere Liste LNeu = [] erzeugt.

2. Solange die Liste L nicht leer ist, führe folgende Schritte aus:

    - Entferne das erste Element der Liste L und speichere es in einer Variablen next.
    - Gehe beginnend mit dem ersten Element alle Elemente der Liste LNeu durch und finde das erste Element, das größer als next ist.
    - Falls ein solches Element gefunden wurde, füge next vor diesem Element in die Liste LNeu ein. Wurde kein solches Element gefunden, füge next am Ende in die Liste LNeu ein.

3. Beende den Algorithmus und liefere die Liste LNeu als Endergebnis.

Das waren wirklich verblüffend wenige Schritte, oder? Ich werde den Algorithmus nun am Beispiel der Liste L = [5, 9, 7, 1] durchgehen und zeigen, wie die Liste mit seiner Hilfe sortiert wird.

1. In Schritt 1 wird lediglich die leere Liste LNeu erzeugt.

    Damit sehen die beiden Listen aktuell wie folgt aus: L = [5, 9, 7, 1], LNeu = []

2. In Schritt 2 wird geprüft, ob die Liste L leer ist.

    Da das nicht der Fall ist, werden danach die drei Unterschritte von Schritt 2 ausgeführt.

    - Das erste Element der Liste L wird entfernt und in der Variablen next gespeichert (Schritt 2.1).

        Damit ist next = 5 und L = [9, 7, 1].

- Da die Liste LNeu noch leer ist, kann kein Element gefunden werden, das größer als next (5) ist (Schritt 2.2).

- Deshalb wird der Wert von next, 5, an das Ende der Liste LNeu eingefügt (Schritt 2.3).

  Es ist derzeit damit das einzige Element der Liste LNeu = [5].

In Schritt 2 wird erneut geprüft, ob die Liste L leer ist.

Da das nicht der Fall ist, werden die drei Unterschritte von Schritt 2 wieder ausgeführt.

- Das erste Element der Liste L wird entfernt und in der Variablen next gespeichert (Schritt 2.1).

  Jetzt ist next = 9 und L = [7, 1].

- Die Liste LNeu enthält derzeit nur das Element 5. Daher gibt es kein Element, das größer als next (9) ist. (Schritt 2.2).

- Deshalb wird der Wert von next, 9, an das Ende der Liste LNeu eingefügt (Schritt 2.3).

  Damit ist LNeu = [5, 9].

Nun wird wieder Schritt 2 ausgeführt. Da die Liste L immer noch nicht leer ist, werden die Unterschritte abermals ausgeführt.

- Das erste Element der Liste L wird entfernt und in der Variablen next gespeichert (Schritt 2.1).

  Jetzt ist next = 7 und L = [1].

- Beim Durchsuchen der Liste LNeu wird an der zweiten Position mit der 9 das erste Element gefunden, das größer als next (7) ist (Schritt 2.2).

- Deshalb wird der Wert von next, 7, vor dem bisherigen zweiten Element in die Liste LNeu eingefügt (Schritt 2.3).

  Damit ist LNeu = [5, 7, 9].

Schritt 2 wird erneut ausgeführt. Die Liste L ist noch nicht leer, deshalb werden die Unterschritte nochmals ausgeführt.

- Das erste Element der Liste L wird entfernt und in der Variablen next gespeichert (Schritt 2.1).

  Jetzt ist next = 1 und L = [].

- Beim Durchsuchen der Liste LNeu wird an der ersten Position mit der 5 das erste Element gefunden, das größer als next (1) ist (Schritt 2.2).

- Deshalb wird der Wert von next, 1, ganz an den Anfang in die Liste LNeu eingefügt (Schritt 2.3).

    Damit ist LNeu = [1, 5, 7, 9].

    Schritt 2 wird wieder ausgeführt. Da die Liste L jetzt leer ist, werden die Unterschritte von Schritt 2 nicht mehr ausgeführt.

3. In Schritt 3 wird die Liste LNeu = [1, 5, 7, 9] als Endergebnis geliefert.

Der Algorithmus hat die Eingabeliste also wie gewünscht aufsteigend sortiert.

Probleme aus dem wahren Leben lösen

Die zuvor beschriebenen Probleme mit den dazugehörigen Algorithmen waren eher grundlegender und mathematischer Natur. Jetzt soll einmal gezeigt werden, wie ein Problem aus dem Alltag mithilfe eines Algorithmus gelöst werden kann. Aufgrund von Fußballergebnissen soll eine Tabelle erstellt werden, die die Rangreihenfolge der beteiligten Mannschaften wiedergibt.

Der Clou: Beim Lösen eines Problems können natürlich auch Algorithmen, die für andere Probleme erstellt wurden, verwendet werden. Um die Fußballtabelle zu erstellen, müssen am Ende die Mannschaften nach irgendwelchen Kriterien sortiert werden. Dafür kann der Algorithmus aus dem vorherigen Abschnitt, leicht angepasst, verwendet werden.

Das ist ein wichtiges Prinzip beim Erstellen von Algorithmen für Anwendungsprobleme. Oftmals lassen sich zumindest Teile von solchen Problemen mit mathematischen Mitteln lösen. Dann können Sie Algorithmen, die Sie zuvor entwickelt haben, benutzen. Für mathematische Probleme stellen die meisten Programmiersprachen auch viele einsatzfertige Algorithmen zur Verfügung. Auch diese können Sie zur Lösung Ihrer eigenen Probleme verwenden.

Der Algorithmus für das Erstellen der Fußballtabelle wird am besten in mehrere Teile aufgeteilt:

✔ Zunächst müssen aus den Spielergebnissen alle überhaupt teilnehmenden Teams extrahiert werden.

✔ Danach werden alle Spielergebnisse einzeln überprüft.

   Das Gewinner-Team erhält jeweils drei Punkte, das Verlierer-Team keine Punkte. Endet eine Partie unentschieden, erhalten beide Teams jeweils einen Punkt.

✔ Für jedes Team liegt nun eine Gesamtpunktzahl vor. Die Liste der Teams wird jetzt absteigend nach Gesamtpunktzahlen sortiert.

Hinweis: In der Realität würde auch das Torverhältnis noch eine Rolle beim Erstellen der Tabelle spielen. Das soll aber hier vorerst außen vor gelassen werden, um die Sache nicht unnötig kompliziert zu machen.

Der Algorithmus, mit dem aus einer Liste `Erg = [Spiel1, Spiel2, ...]` eine Tabelle erstellt wird, benötigt die folgenden Arbeitsschritte:

1. Es wird zunächst eine leere Liste `Teams = []` angelegt.

2. Es werden alle Elemente der Liste `Erg` durchgegangen:

    - Wir gehen mal davon aus, dass die Elemente in der Liste `Erg` so dargestellt werden: `Teamname1 - Teamname2, ToreTeam1 : ToreTeam2`.

    - Wenn `Teamname1` noch nicht in der Liste `Teams` enthalten ist, wird es an das Ende der Liste eingefügt.

    - Wenn `Teamname2` noch nicht in der Liste `Teams` enthalten ist, wird es an das Ende der Liste eingefügt.

3. Die Liste `Teams` wird jetzt erweitert. Zu jedem Team wird die Gesamtpunktzahl angegeben. Zunächst hat jedes Team 0 Punkte.

    Die Liste `Teams` sieht damit folgendermaßen aus: `[Team1 = 0, Team2 = 0, Team3 = 0, ...]`.

4. Es werden alle Elemente (`Teamname1 - Teamname2, ToreTeam1 : ToreTeam2`) der Liste `Erg` durchgegangen:

    - Wenn `ToreTeam1` größer als `ToreTeam2` ist, werden dem Eintrag von `Teamname1` in der Liste `Teams` drei Punkte hinzugefügt.

    - Wenn `ToreTeam2` größer als `ToreTeam1` ist, werden dem Eintrag von `Teamname2` in der Liste `Teams` drei Punkte hinzugefügt.

    - Wenn keine der beiden vorgenannten Bedingungen erfüllt ist (wenn `ToreTeam1` also gleich `ToreTeam2` ist), werden den beiden Einträgen von `Teamname1` und `Teamname1` in der Liste `Teams` jeweils ein Punkt hinzugefügt.

5. Die Einträge der Liste `Teams` werden mit dem modifizierten Sortieralgorithmus (der die Einträge jetzt *absteigend* ordnet) sortiert.

6. Der Algorithmus wird beendet und liefert die Liste `Teams` als Endergebnis.

Das Wichtigste in Kürze

✔ Bei der Programmierung werden oft Algorithmen benötigt, die mathematische Probleme lösen können.

✔ Die meisten Programmiersprachen stellen bereits eigene Funktionalität bereit, mit der mathematische Probleme gelöst werden können.

✔ Bei der Erstellung von eigenen Algorithmen können Variablen zum Ablegen von Zwischenergebnissen verwendet werden.

✔ Auch Listen kommen in Algorithmen oft zum Einsatz. In Listen können mehrere Elemente auf einmal gespeichert werden.

✔ Probleme aus dem alltäglichen Leben, die mit Computern gelöst werden sollen, können oft auf mathematische Probleme zurückgeführt werden. So können die allgemeinen mathematischen Algorithmen zur Lösung eigener Probleme verwendet werden.

Übungen

1. Entwickeln Sie einen Algorithmus, der die Summe der ersten n natürlichen Zahlen berechnet.

    $sum(n) = 1 + 2 + 3 + \ldots + n$

    Beispielsweise ist

    $sum(4) = 1 + 2 + 3 + 4 = 10$.

2. Ändern Sie den Sortieralgorithmus so ab, dass er eine Liste mit Zahlen absteigend sortiert.

> **IN DIESEM KAPITEL**
>
> Ersten einfachen Code erstellen
>
> Mit Variablen rechnen
>
> Ablauf eines Programms steuern

Kapitel 6
Wichtige Konzepte in Programmiersprachen

In diesem Kapitel lernen Sie zum ersten Mal die verschiedenen Elemente von Programmiersprachen kennen, aus denen Quellcode erstellt wird. Zunächst soll dabei noch keine bestimmte Programmiersprache verwendet werden. Die vorgestellten Elemente sind in vielen Programmiersprachen vorhanden, gegebenenfalls werde ich auf mögliche Unterschiede bei der Verwendung in unterschiedlichen Programmiersprachen hinweisen.

Pseudocode

Pseudocode ist eine Mischung aus natürlicher Sprache und Quellcode. Er wird oft dazu verwendet, um Ideen oder Algorithmen schnell und einfach zu vermitteln.

Es gibt keine verbindlichen Regeln, wie Pseudocode auszusehen hat. Er kann auch nicht in Maschinencode umgewandelt werden, da er tatsächlich nur beim Entwurf genutzt wird, um Ideen schnell zu Papier zu bringen.

In diesem Kapitel werde ich Pseudocode verwenden, um die vorgestellten Konzepte zu demonstrieren. In den einzelnen Programmiersprachen können die Abläufe leicht abweichen, die Ideen dahinter bleiben jedoch immer dieselben.

Der von mir verwendete Pseudocode ist größtenteils an die Sprachen C++ und Java angelehnt. Sie werden also keine Probleme haben, die gezeigten Konzepte später beim »richtigen« Programmieren wiederzuerkennen.

In den Übungen zu diesem Kapitel sind Sie eingeladen, selbst ein bisschen mit Pseudocode zu experimentieren. Der Vorteil für Sie dabei ist, dass es bei Pseudocode kein Richtig und Falsch gibt. Solange der Pseudocode die zugrunde liegende Idee vermitteln kann, hat er seinen Zweck erfüllt.

Datentypen, Variablen und Zuweisungen

Wie schon in Kapitel 2 erwähnt, sind Variablen das Herzstück jedes Programms. Sie ermöglichen es, Zwischenergebnisse zu speichern, auf die innerhalb eines Programmlaufs bei Bedarf zugegriffen werden kann.

Der sogenannte *Datentyp* einer Variablen gibt an, welche Art von Daten eine Variable speichern kann. Gängige Datentypen sind Ganzzahlen, Gleitkommawerte, Zeichen und Zeichenketten. Eine Ganzzahl-Variable kann ganze Zahlen wie 17 oder -8 speichern, eine Gleitkomma-Variable auch Dezimalzahlen wie 7,12 oder 132,8. Eine Zeichen-Variable speichert ein einzelnes Zeichen wie zum Beispiel »p«, eine Zeichenkette dagegen eine beliebige Anzahl an Zeichen, zum Beispiel »Hallo«.

Die genannten Datentypen existieren in allen modernen Sprachen, lediglich die genaue Bezeichnung kann je nach Sprache leicht variieren. Die Namen der Datentypen werden oft von englischen Wörtern abgeleitet:

- ✔ float heißt in vielen Sprachen der Datentyp, der Gleitkommazahlen speichern kann. Dies ist von dem englischen Begriff *floating point value* abgeleitet.

- ✔ Der Datentyp, der Ganzzahlen speichern kann, heißt in vielen Programmiersprachen int. Das ist vom englischen Wort *integer* abgeleitet.

Zu beachten ist, dass für die meisten numerischen Datentypen Einschränkungen gelten. Es lassen sich nämlich nicht beliebige Ganzzahlen oder Gleitkommawerte in Variablen speichern.

Jeder numerische Datentyp hat einen Wertebereich. Nur Werte, die innerhalb des Bereichs liegen, können in einer entsprechenden Variablen gespeichert werden.

Auch die Genauigkeit von Gleitkommawerten ist eingeschränkt. Es kann nur eine bestimmte Anzahl an Nachkommastellen gespeichert werden.

Daher gibt es in den meisten Programmiersprachen mehr als einen Datentyp für Ganzzahlen. Auch unterschiedliche Gleitkommatypen sind in den gängigen Programmiersprachen die Regel.

Datentypen mit größerem Wertebereich und höherer Genauigkeit verbrauchen jedoch mehr Speicherplatz als die »einfachen« Typen. Daher gilt es für den Programmierer immer genau abzuwägen, ob ein kleinerer Wertebereich ausreicht oder ob unbedingt der größere Datentyp benötigt wird.

- ✔ Mit dem Datentyp char, der in vielen Sprachen bereitsteht, lassen sich einzelne Zeichen abspeichern. Das englische Wort *character* ist der Namensgeber für diesen Typ.

- ✔ In Variablen vom Typ string lassen sich in vielen Sprachen Zeichenketten speichern. *String* ist das englische Wort für Kette.

- ✔ Unverzichtbar in allen Programmiersprachen sind die sogenannten *Wahrheitswerte*. Das sind Variablen, die nur zwei mögliche Zustände speichern können: *wahr* oder *falsch*.

Der entsprechende Datentyp heißt in den meisten Sprachen `bool` und ist vom Namen des englischen Logikers George Boole abgeleitet. Die beiden Werte, die in solchen Variablen gespeichert werden können, sind `true` und `false` und entsprechen den Zuständen wahr und falsch.

Variablen anlegen

In vielen Sprachen muss eine Variable explizit angelegt und dabei der gewünschte Datentyp angegeben werden. Wurde einer Variablen erst einmal ein Datentyp zugewiesen, kann sie nur noch dem Datentyp entsprechende Elemente aufnehmen. Eine `char`-Variable kann also beispielsweise keine Zeichenkette abspeichern.

Das gilt allerdings nicht für alle Sprachen. Manchmal muss der Typ einer Variablen nicht explizit angegeben werden. In einigen Sprachen wird der Datentyp einer Variablen automatisch erkannt, wenn sie zum ersten Mal einen Wert erhält. In diesem Fall kann der Typ einer Variablen auch leicht geändert werden, indem man einfach einen Wert eines anderen Datentyps darin speichert.

Die bekanntesten Sprachen wie C, C++ und Java setzen aber alle auf das *strenge* Konzept, bei dem der Typ einer Variablen genau festgelegt werden muss.

Die Instruktion zum Anlegen einer Variablen besteht in vielen Programmiersprachen aus der Angabe des gewünschten Typs und einem (relativ frei wählbaren) Namen für die neue Variable:

```
int x;
```

In diesem Beispiel wird eine Variable mit dem Namen x angelegt, in der ein ganzzahliger Wert gespeichert werden kann.

Das Semikolon wird in vielen Programmiersprachen genutzt, um einzelne Anweisungen abzuschließen. Da meistens eine Anweisung pro Zeile geschrieben wird, findet es sich oft am Ende einer Zeile.

In natürlicher Sprache ausformuliert würde die obige Anweisung (an den Computer) also lauten:

Lege eine neue Variable an, in der ein ganzzahliger Wert gespeichert werden kann. Die Variable soll den Namen x haben. Ende der Anweisung.

Es ist auch möglich, mehrere Variablen desselben Typs in einer Anweisung anzulegen. Dafür wird der Typ nur einmal angegeben und die gewünschten Namen für die neu anzulegenden Variablen durch Kommas getrennt:

```
int a, b, c;
```

Im Beispiel werden drei Variablen vom Typ `int` mit den Namen a, b und c angelegt.

In Sprachen, die die Typisierung von Variablen nicht so streng handhaben, wird statt des gewünschten Datentyps oft das Schlüsselwort `var` verwendet. So wird dann nur eine unbestimmte neue Variable erzeugt, deren Datentyp nicht festgelegt ist:

```
var y;
```

Werte in Variablen ablegen

Um anschließend Daten in der neu angelegten Variablen zu speichern, müssen Sie eine sogenannte *Zuweisung* durchführen. Eine Zuweisung besteht aus zwei Elementen: der Variablen, in der Daten gespeichert werden sollen, sowie den tatsächlichen Daten, die abgespeichert werden sollen. Zuweisungen werden in vielen Programmiersprachen mit dem Gleichheitszeichen durchgeführt:

```
x = 2;
```

Die Variable x, die zu Beginn angelegt wurde, wird auf diese Weise mit dem Wert 2 belegt. In natürlicher Sprache ausformuliert lautet diese Anweisung an den Computer:

Speichere den Wert 2 in der Variablen mit dem Namen x. Ende der Anweisung.

Der gespeicherte Wert kann auch wieder ausgelesen werden, zum Beispiel um denselben Wert auch in anderen Variablen zu speichern:

```
int z;
z = x;
```

Hier wird zuerst eine neue Variable mit dem Namen z angelegt, danach wird in z der Wert gespeichert, der schon in x gespeichert war.

Ausformuliert lauten die beiden Anweisungen an den Computer:

Lege eine neue Variable an, in der ein ganzzahliger Wert gespeichert werden kann. Der Name der Variablen soll z lauten. Ende der Anweisung.

Speichere in der Variablen z den Wert, der derzeit in x gespeichert ist. Ende der Anweisung.

In der Variablen z ist nun ebenfalls der Wert 2 gespeichert.

Der in einer Variablen gespeicherte Wert kann jederzeit wieder geändert werden.

```
x = 3;
x = 4;
```

Wenn an eine Variable, die bereits einen Wert speichert, eine neue Zuweisung erfolgt, wird der zuvor gespeicherte Wert sofort überschrieben. Im Beispiel wird zunächst der Wert 3 in die Variable x geschrieben. Danach wird der Wert aber wieder überschrieben, denn anschließend wird der Wert 4 in der Variablen gespeichert.

Wenn an Gleitkomma-Variablen Werte mit Nachkommastellen übergeben werden, ist es wichtig, dafür die in der englischsprachigen Welt verbreitete Notation mit einem Punkt statt einem Komma zu verwenden:

```
float gleitkomma1;
gleitkomma1 = 17.2;
```

✔ Wie Sie sehen, müssen Namen für Variablen nicht nur aus einem einzigen Buchstaben bestehen.

Tatsächlich ist es sogar wünschenswert, längere Namen zu verwenden, aus denen man den Zweck der Variablen bestenfalls ableiten kann. Auf diese Weise wird der Quellcode für andere Leser besser verständlich.

✔ Variablen, die einzelne Zeichen (Datentyp char), Zeichenketten (Datentyp string) oder Wahrheitswerte (Datentyp bool) speichern, können fast analog angelegt und verwendet werden.

Zu beachten ist lediglich, dass einzelne Zeichen in den meisten Sprachen innerhalb von Hochkommas angegeben werden und Zeichenketten innerhalb von gewöhnlichen Anführungszeichen.

```
char zeichen;
zeichen = 'a';
string kette;
kette = "Was ist gefährlich? - Niesen bei Durchfall!";
bool wahrheitswert = true;
```

Arrays

In einer Variablen kann zu jeder Zeit immer maximal ein Wert gespeichert sein. Wenn Sie mehrere Werte speichern möchten, müssten Sie also eine entsprechende Anzahl von Variablen anlegen.

Jede Programmiersprache besitzt zusätzlich jedoch Strukturen, in denen mehr als ein Wert auf einmal gespeichert werden kann. Diese Strukturen nennt man *Arrays*, oder auf Deutsch, *Felder*.

Beim Anlegen eines Felds müssen zwei Dinge angegeben werden:

✔ Der Datentyp der Werte, die gespeichert werden sollen

✔ Die Anzahl der Werte, die in dem Feld gespeichert werden sollen

Ein Feld speichert also in der Regel nur Werte desselben Datentyps. Zudem muss die Anzahl der Elemente, die gespeichert werden sollen, schon direkt beim Anlegen des Felds angegeben werden. Diese lässt sich danach auch nicht mehr ändern.

Je nach Programmiersprache kann dies variieren: Manche Programmiersprachen bieten Felder an, bei denen die Elemente nicht auf einen einzigen Datentyp beschränkt sind. Zudem gibt es Arrays, die mitwachsen, wenn neue Elemente darin gespeichert werden.

Werte werden *geordnet* in Feldern gespeichert. Das bedeutet, jeder Wert wird an einer bestimmten Position innerhalb des Felds gespeichert. Über die Position kann später wieder auf den Wert zugegriffen werden.

Die Position eines Werts innerhalb eines Felds wird durch einen sogenannten *Index* angegeben. Ein Index ist eine fortlaufende Nummer, wobei die Reihe immer bei 0 beginnt. Auf das erste Element eines Felds kann also mit dem Index 0 zugegriffen werden, auf das zweite Element mit dem Index 1, auf das dritte Element mit dem Index 2 und so weiter.

Viele Programmiersprachen verwenden eckige Klammern, um Felder anzulegen. Innerhalb der Klammern wird die Anzahl der Elemente, die im Feld gespeichert werden sollen, angegeben.

```
int[3] intFeld;
```

Die gezeigte Anweisung erstellt ein neues Array mit dem Namen intFeld, das drei ganzzahlige Werte speichern kann.

Um Werte in dem Feld zu speichern, müssen diese, wie im vorigen Abschnitt gezeigt, zugewiesen werden. Zusätzlich zum Namen des Felds, an das die Zuweisung erfolgen soll, muss noch der Index angegeben werden, um klarzumachen, an welcher Position der neue Wert gespeichert werden soll.

```
intFeld[0] = 12;
intFeld[1] = 5;
intFeld[2] = 7;
```

Bei einem Feld, das drei Elemente speichern kann, reichen die Indizes von 0 bis 2. Im Beispiel wird an der ersten Position des Felds der Wert 12 gespeichert, an der zweiten der Wert 5 und an der dritten der Wert 7.

Analog kann auf die gespeicherten Werte zugegriffen werden:

```
int x;
x = intFeld[1];
intFeld[2] = intFeld[0];
```

✔ In dem Beispiel wird zunächst eine neue Variable x angelegt.

✔ Anschließend wird der Wert mit dem Index 1 – der also an zweiter Stelle im Feld gespeichert ist – in der neu erstellten Variablen x gespeichert.

Die Variable x enthält nun den Wert 5.

✔ Die nächste Anweisung speichert einen neuen Wert an der dritten Position (Index 2) des Felds.

Dort wird der Wert gespeichert, der auch an der ersten Position (Index 0) gespeichert ist. Zunächst wird also der Wert an Index 0 ausgelesen (12) und danach an Index 2 gespeichert.

An der dritten Position des Felds ist damit schlussendlich der Wert 12 gespeichert.

Je nach Programmiersprache unterscheidet sich die Art und Weise, wie ein Feld angelegt wird. In den folgenden Abschnitten werde ich die Feld-Erzeugung vereinfachen, indem ich direkt beim Anlegen eines Felds die Werte, die es speichern soll, angebe:

```
int[3] iArray = {2, 7, 4};
```

Mit dieser Anweisung wird ein int-Array erstellt, das die drei Werte 2, 7 und 4 speichert. Auf die Werte kann wie zuvor auch mit Indizes zugegriffen werden. Die Abfrage iArray[1] liefert zum Beispiel den Wert 7.

Arrays kommen in vielen verschiedenen Programmen zum Einsatz. Ein Beispiel wäre ein Programm, das für Sie prüft, ob Sie im Lotto gewonnen haben. Ein Array würde die von Ihnen getippten Zahlen speichern, ein anderes die gezogenen Zahlen. Die beiden Arrays würden dann auf Übereinstimmungen geprüft.

Operatoren und Ausdrücke

Mit den bisher gezeigten Werkzeugen lassen sich noch nicht wirklich sinnvolle Algorithmen und Programme entwickeln. Es werden Hilfsmittel benötigt, mit denen verschiedene Variablen oder Werte miteinander verknüpft werden können.

Dafür existieren in allen gängigen Programmiersprachen sogenannte *Operatoren*. Ein Operator verknüpft (in der Regel) zwei oder mehrere Variablen oder Werte miteinander und liefert als Ergebnis der Verknüpfung einen neuen Wert. Eine Verknüpfung von mehreren Variablen mithilfe von Operatoren nennt man einen *Ausdruck*.

Arithmetische Operatoren

Die am häufigsten genutzten Operatoren sind die *arithmetischen Operatoren*. Mit diesen können Additionen, Subtraktionen, Multiplikationen und Divisionen durchgeführt werden, und zwar relativ intuitiv mit den bekannten Symbolen +, -, * und /.

```
int zahl1, zahl2, zahl3;
int ergebnis1, ergebnis2, ergebnis3, ergebnis4;

zahl1 = 12;
zahl2 = 6;
zahl3 = 5;

ergebnis1 = zahl1 + zahl2;
ergebnis2 = zahl1 - 8;
ergebnis3 = zahl1 / zahl2;
ergebnis4 = zahl1 / zahl3;
```

Im Beispiel werden zunächst einige Variablen angelegt, in denen die zu verknüpfenden Werte gespeichert werden (`zahl1` bis `zahl3`) sowie einige Variablen, in denen die Ergebnisse der Verknüpfungen gespeichert werden sollen (`ergebnis1` bis `ergebnis4`).

Anschließend werden die Werte, die in den beteiligten Variablen gespeichert sind, ausgelesen und entsprechend des verwendeten Operators verknüpft.

- ✔ Für die Berechnung von `ergebnis1` werden die Variablen `zahl1` (12) und `zahl2` (6) ausgelesen und die Summe dieser Werte gebildet.

  Das Ergebnis 18 wird in der Variablen `ergebnis1` gespeichert.

✔ Die Berechnung von ergebnis2 erfolgt fast analog. Hier wird lediglich im Gegensatz zur ersten Berechnung der Subtraktionsoperator – verwendet.

Außerdem wird der zweite Operand nicht aus einer Variablen ausgelesen, sondern der zu verwendende Wert direkt angegeben.

Das ist generell bei der Verwendung von Operatoren so: Als Operanden können Variablen eines passenden Typs dienen oder direkt die zu verwendenden Werte.

Im Beispiel wird die Variable ergebnis2 nach der Subtraktion den Wert 4 speichern.

✔ Im dritten Beispiel kommt der Divisionsoperator / zum Einsatz. Er teilt den Wert 12, der in der Variablen zahl1 gespeichert ist, durch den Wert 6, der in der Variablen zahl2 gespeichert ist.

Das Ergebnis 2 wird dann in der Variablen ergebnis3 gespeichert.

✔ Etwas kniffliger wird es im vierten Beispiel. Es wird erneut eine Division durchgeführt, nämlich mit den Variablen zahl1 (12) und zahl3 (5). Die Division 12 / 5 ergibt eigentlich 2,4. Das Ergebnis wird jedoch einer int-Variablen zugewiesen, die bekanntlich nur ganze Zahlen aufnehmen kann.

Tatsächlich ist es so, dass bei einer Operation mit zwei int-Operanden das Ergebnis immer ein int-Wert ist. Bei Additionen, Subtraktionen und Multiplikationen fällt dies nicht weiter auf. Die Division mit int-Operanden liefert hingegen nur den ganzzahligen Anteil zurück. Der Nachkommaanteil wird abgeschnitten.

Im Beispiel wird die Variable ergebnis4 nach Abschluss der Operation also den Wert 2 speichern.

Ist dagegen an einer Operation mindestens ein Gleitkommawert beteiligt, ist das Ergebnis selbst wieder ein Gleitkommawert. Um den exakten Wert einer Division herauszufinden, muss also mindestens einer der beiden Operanden als Gleitkommawert angegeben werden:

```
int intWert1;
float floatWert1, ergebnis;

intWert1 = 12;
floatWert1 = 5.0;

ergebnis = intWert1 / floatWert1;
```

Zusätzlich gibt es in den meisten Programmiersprachen noch einen weiteren Operator, den sogenannten *Restwert-Operator*. Im Fachjargon nennt man diesen auch den Modulo-Operator. Damit kann der bei einer ganzzahligen Division abgeschnittene Restwert ermittelt werden. Sie kennen das vielleicht noch aus der Grundschule: 17 : 5 = 3 Rest 2.

Als Symbol für diesen Operator wird in vielen Sprachen das Prozentzeichen genutzt:

```
int restwert;
restwert = 17 % 5;
```

Im Beispiel hat die Variable restwert nach Beendigung der Operation den Wert 2.

Ein Beispiel für ein Programm, das die arithmetischen Operatoren nutzt, wäre ein Programm zum Berechnen der Zinsen, die auf einem Konto innerhalb eines Jahrs angefallen sind. Dieses würde (etwas vereinfacht) den Kontostand mit einem Zinssatz multiplizieren und den errechneten Zinswert mit einer Addition dem aktuellen Guthaben auf dem Konto hinzufügen.

Vergleichsoperatoren

Mit *Vergleichsoperatoren* können Vergleiche zwischen (meist numerischen) Elementen durchgeführt werden. Das Ergebnis eines Vergleichs ist immer ein Wahrheitswert (wahr oder falsch) und kann in einer `bool`-Variablen gespeichert werden.

In den meisten Programmiersprachen stehen die Vergleichsoperatoren *kleiner, kleiner gleich, gleich, ungleich, größer gleich* und *größer* zur Verfügung:

✔ Der Operator *kleiner* wird mit dem Kleiner-Zeichen ‹ realisiert.

✔ Der Operator *kleiner gleich* wird durch die Kombination des Kleiner- und des Gleichheitszeichens realisiert: ‹=.

✔ Die Operatoren *größer* und *größer gleich* werden analog mithilfe des Größer-Zeichens realisiert: › und ›=.

✔ Der Operator *gleich* wird durch ein doppeltes Gleichheitszeichen realisiert: ==.

Zuweisungen zu Variablen werden mit einem einfachen Gleichheitszeichen durchgeführt. Daher wird der Gleichheitsoperator mit zwei Gleichheitszeichen realisiert, um eine Verwechslung mit dem Zuweisungsoperator zu vermeiden.

✔ Der Operator *ungleich* wird in den meisten Sprachen durch die Kombination eines Ausrufezeichens mit einem Gleichheitszeichen realisiert: !=.

In manchen Sprachen werden zur Realisierung des Operators *ungleich* das Kleiner- und das Größer-Zeichen kombiniert: ‹›.

Die Vergleichsoperatoren können ähnlich wie die arithmetischen Operatoren relativ intuitiv auf numerische Operanden angewendet werden. Dabei kann ein Operand abermals entweder direkt als Wert angegeben werden oder als Variable, in der ein Wert gespeichert ist.

```
int operand1, operand2;
operand1 = 10;
operand2 = 15;

bool ergebnis1, ergebnis2, ergebnis3, ergebnis4;
ergebnis1 = operand1 < operand2;
ergebnis2 = operand1 >= 20;
ergebnis3 = operand1 == 10;
ergebnis4 = operand2 != operand1;
```

Im Beispiel werden vier Vergleiche durchgeführt und die Ergebnisse in den Variablen ergebnis1 bis ergebnis4 gespeichert.

✔ Der erste Vergleich liefert true als Ergebnis, da 10 (operand1) kleiner als 15 (operand2) ist.

✔ Der zweite Vergleich liefert false als Ergebnis, da 10 (operand1) nicht größer oder gleich 20 ist.

✔ Der dritte Vergleich liefert true als Ergebnis, da 10 (operand1) gleich 10 ist.

✔ Der vierte Vergleich liefert true als Ergebnis, da 15 (operand2) ungleich 10 (operand1) ist.

Ein Beispiel für ein Programm, das Vergleichsoperatoren benutzt, wäre eine Software, die den ordnungsgemäßen Zutritt zum *Adult-Bereich* einer Streaming-Plattform überwacht. Das Programm würde zunächst das Alter des Plattformbesuchers herausfinden. Dann würde mithilfe eines Vergleichs geprüft, ob die Person mindestens 18 Jahre alt ist.

Logische Operatoren

Mit den *logischen Operatoren* können Wahrheitswerte miteinander verknüpft werden. Diese Operatoren operieren also auf bool-Variablen. Als Ergebnis liefern die logischen Operatoren wiederum Wahrheitswerte.

Es gibt vier logische Operatoren. Drei davon operieren jeweils auf zwei logischen Variablen, der andere operiert nur auf einer logischen Variablen.

Negationsoperator

Der Negationsoperator negiert den Inhalt eines einzelnen Wahrheitswerts. Ist der Eingabewert true, liefert der Negationsoperator false. Ist der Eingabewert false, liefert der Negationsoperator true. Der Negationsoperator wird in der Regel durch ein Ausrufezeichen dargestellt. Dieses wird dem zu negierenden Eingangswert vorangestellt.

```
bool wahrheitswert1;
wahrheitswert1 = false;

bool wahrheitswert2;
wahrheitswert2 = !wahrheitswert1;
```

Im Beispiel hat die Variable wahrheitswert2 am Ende den Wert true.

Und-Operator

Der Und-Operator verknüpft zwei Wahrheitswerte und liefert genau dann true, wenn beide Eingangswerte ebenfalls true sind. In allen anderen Fällen liefert der Operator false als Ergebnis.

KAPITEL 6 Wichtige Konzepte in Programmiersprachen

Der Und-Operator wird in der Regel durch ein doppeltes kaufmännisches Und-Zeichen && realisiert.

```
bool wahrheitswert1, wahrheitswert2, wahrheitswert3;
wahrheitswert1 = true;
wahrheitswert2 = false;
wahrheitswert3 = true;

bool ergebnis1, ergebnis2;
ergebnis1 = wahrheitswert1 && wahrheitswert2;
ergebnis2 = wahrheitswert1 && wahrheitswert3;
```

Im Beispiel hat die Variable `ergebnis1` am Ende den Wert `false`, die Variable `ergebnis2` den Wert `true`.

Oder-Operator

Der Oder-Operator verknüpft zwei Wahrheitswerte und liefert `true`, wenn mindestens einer der beiden Eingangswerte `true` ist. Der Operator liefert also nur dann `false`, wenn beide Eingangswerte `false` sind, sonst immer `true`.

Der Oder-Operator wird in der Regel durch einen doppelten vertikalen Strich || realisiert. Auf der Computertastatur müssen Sie dafür [AltGr] und gleichzeitig die Taste [<] drücken.

```
bool wahrheitswert1, wahrheitswert2;
wahrheitswert1 = false;
wahrheitswert2 = true;

bool ergebnis1, ergebnis2, ergebnis3;
ergebnis1 = wahrheitswert1 || wahrheitswert2;
ergebnis2 = wahrheitswert1 || false;
ergebnis3 = 5 > 3 || false;
```

Das Beispiel zeigt, dass die zu kombinierenden Wahrheitswerte auch direkt angegeben werden können. Es ist sogar möglich, Ausdrücke mit Vergleichsoperatoren als Operanden zu benutzen.

Die Variable `ergebnis1` hat demnach am Ende den Wert `true`, die Variable `ergebnis2` den Wert `false` und `ergebnis3` den Wert `true`.

Ein Informatiker schiebt einen Kinderwagen durch den Park. Kommt ein älteres Ehepaar vorbei und fragt: »Junge oder Mädchen?« Darauf der Informatiker: »Richtig!«

Entweder-Oder-Operator

Der Entweder-Oder-Operator verknüpft zwei Wahrheitswerte und liefert `true`, wenn genau einer der beiden Eingangswerte `true` ist. In den anderen Fällen (wenn keiner oder beide Eingangswerte `true` sind) liefert er `false` als Ergebnis. Der Operator wird durch einen *Zirkumflex* ^ realisiert.

Das Zeichen befindet sich auf Tastaturen links neben der `1`. Beim Eintippen muss es normalerweise mit einem Buchstaben wie a oder o kombiniert werden (ô, â): Erst, wenn noch ein Buchstabe getippt wurde, wird es sichtbar. Um dennoch ein einzelnes Zirkumflex zu erhalten, tippen Sie nach dem Druck auf die `^`-Taste die `Leertaste`.

```
bool entwederoder1, entwederoder2;
entwederoder1 = true ^ true;
entwederoder2 = true ^ false;
```

Im Beispiel hat die Variable entwederoder1 am Ende den Wert false, die Variable entwederoder2 den Wert true.

Die Auswertungen der drei letztgenannten logischen Operatoren lassen sich am übersichtlichsten in einer Wertetabelle darstellen (siehe Tabelle 6.1).

a	b	a && b	a || b	a ^ b
false	false	false	false	false
true	false	false	true	true
false	true	false	true	true
true	true	true	true	false

Tabelle 6.1: Die logischen Operatoren

Operatoren kombinieren

Beim Schreiben eines Ausdrucks sind Sie nicht auf einen Operator pro Ausdruck beschränkt. Sie können in einem Ausdruck beliebig viele Operatoren verwenden.

```
int ergebnis1, ergebnis2;
ergebnis1 = 2 + 3 + 4 - 5;
ergebnis2 = 4 + 20 / 3 - 8 * 2;
```

Sobald ein Ausdruck mehr als einen Operator enthält, stellt sich die Frage, in welcher Reihenfolge sie ausgewertet werden. Für die arithmetischen Operatoren gilt: Punktrechnung vor Strichrechnung, darüber hinaus erfolgt die Auswertung von links nach rechts.

Für die Beispiele bedeutet das, dass die Variable ergebnis1 am Ende den Wert 4 hat, die Variable ergebnis2 den Wert -6.

Enthält ein Ausdruck nun noch zusätzlich Vergleichsoperatoren und logische Operatoren, wird es schnell sehr unübersichtlich. Zwar gibt es auch hierfür Regeln, die die Reihenfolge der Auswertung festlegen. Um Fehler zu vermeiden, empfiehlt es sich aber, Klammern zur Festlegung der gewünschten Auswertungsreihenfolge zu setzen. Das ist auch sinnvoll bei längeren Ausdrücken, die nur arithmetische Operatoren verwenden.

```
int ergebnis3;
ergebnis3 = (4 + 20) / (3 - 8) * 2;
```

```
bool ergebnis4;
ergebnis4 = (9 > 4 || 2 * 12 != 25) && 5*3 > 17;
```

Im Beispiel hat die Variable `ergebnis3` am Ende den Wert -8 und die Variable `ergebnis4` den Wert `false`.

Kontrollfluss

Mit den bisher gezeigten Elementen lassen sich bereits einfache Programme erstellen. Jedoch wären diese Programme sehr *linear*, das heißt, es würden bei jedem Programmlauf genau dieselben Instruktionen ausgeführt.

Tatsächlich möchte man Programme aber so gestalten können, dass sie unter verschiedenen Bedingungen unterschiedlich ablaufen können. Im Extremfall gleicht dann kein Programmlauf einem anderen.

Verzweigungen

Die Möglichkeit, dass ein Programm bei verschiedenen Programmläufen unterschiedlich abläuft, wird sogar bei relativ einfachen Programmen benötigt: Denken Sie einmal zurück an den Algorithmus für das Berechnen der Fakultät einer Zahl n in Kapitel 5.

Wird mithilfe dieses Algorithmus die Fakultät einer negativen Zahl berechnet, soll der Algorithmus sofort stoppen, da die Fakultät für negative Zahlen nicht definiert ist. Alle weiteren Schritte des Algorithmus sollen in diesem Fall komplett übersprungen werden.

Abbildung 6.1 zeigt ein sogenanntes *Flussdiagramm*, das die ersten Schritte des Fakultät-Algorithmus darstellt.

Ein Flussdiagramm visualisiert den Ablauf eines Programms. Bei einem rein linearen Ablauf würden alle Schritte von oben nach unten nacheinander ausgeführt. Im Beispiel wird jedoch auch eine sogenannte *Verzweigung* dargestellt: Abhängig von einer Vorbedingung nimmt der weitere Ablauf des Programms einen von zwei Pfaden.

In den meisten Programmiersprachen gibt es für diesen Zweck das sogenannte *if-Konstrukt*. Mit diesem lässt sich eine Verzweigung im Programmcode realisieren:

```
if (BEDINGUNG)
{
  Anweisung1;
  Anweisung2;
  ...
}
else
{
  Anweisung3;
  Anweisung4;
  ...
}
```

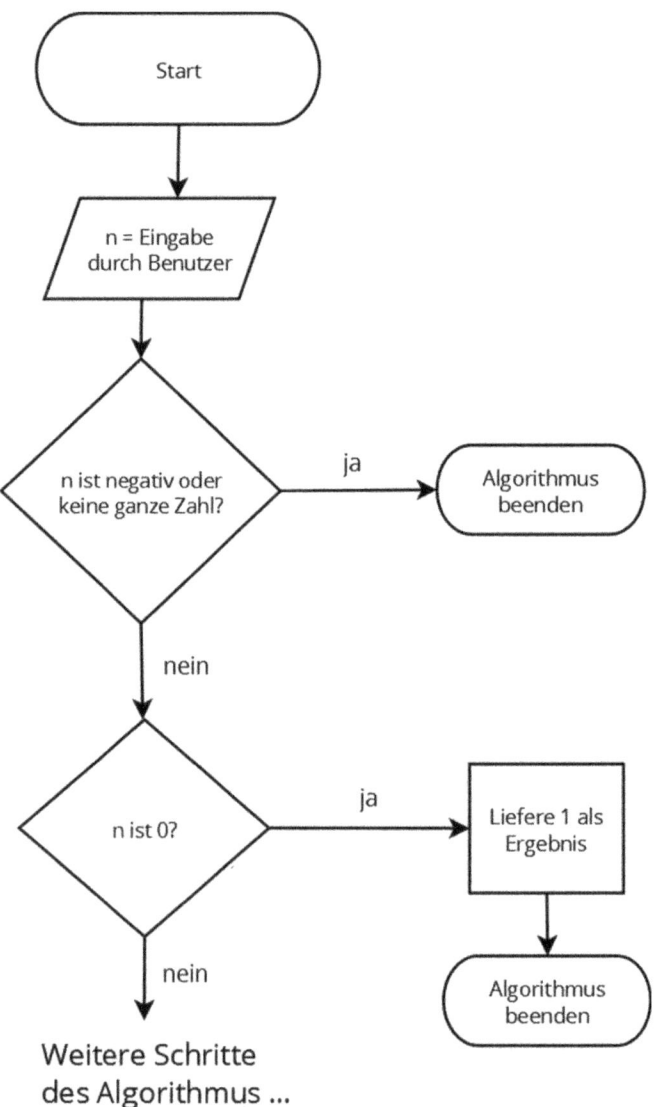

Abbildung 6.1: Flussdiagramm des Fakultät-Algorithmus

Was passiert hier genau?

✔ Ein if-Konstrukt wird immer eingeleitet durch das Schlüsselwort if.

✔ Nach diesem folgt innerhalb von Klammern die Bedingung, anhand derer die Verzweigung erfolgen soll.

Eine Bedingung ist ein beliebiger *boolescher Ausdruck* – also entweder eine Variable vom Typ bool oder ein Ausdruck, der mithilfe von Vergleichs- oder logischen Operatoren gebildet wurde.

✔ Bei der Ausführung eines if-Konstrukts wird zunächst die Bedingung ausgewertet.

Ist die Bedingung wahr, werden die Anweisungen ausgeführt, die direkt nach dem *Header* (auch Kopf genannt) des if-Konstrukts folgen.

Die geschweiften Klammern werden dabei zur Gruppierung der Anweisungen genutzt: Ein Paar von geschweiften Klammern markiert einen Codeblock. Ist die Bedingung erfüllt, werden die Anweisungen 1, 2 und folgende ausgeführt.

✔ Nach dem Codeblock, der auf den Header des if-Konstrukts folgt, findet sich das Schlüsselwort else und danach ein weiterer Codeblock.

Dieser Codeblock wird ausgeführt, wenn die geprüfte Bedingung nicht wahr ist.

Dieser Teil des if-Konstrukts ist optional: Es muss nicht zwingend ein else-Teil vorhanden sein. Fehlt der else-Teil und ist die Bedingung falsch, wird der komplette Programmteil nach dem if-Header einfach ausgelassen.

Übrigens: Bei einem Codeblock, der nur aus einer einzelnen Anweisung besteht, können Sie die geschweiften Klammern weglassen. Erst wenn wirklich mehrere Anweisungen gruppiert werden sollen, müssen Sie die geschweiften Klammern setzen.

Es ist jedoch kein Fehler, wenn Sie die geschweiften Klammern dennoch bei einzelnen Anweisungen nach einem if oder else verwenden.

Mit dem if-Konstrukt lässt sich der in Abbildung 6.1 gezeigte Teil des Fakultät-Algorithmus wie folgt als Pseudocode realisieren:

```
int n;
n = Eingabe_durch_Benutzer();

if (n < 0)
{
  Algorithmus abbrechen;
}

if (n == 0)
{
  Liefere 1 als Ergebnis;
}

Weitere Schritte ...
```

Listing 6.1 Fakultät-Algorithmus im Pseudocode

In Listing 6.1 sehen Sie jetzt auch einmal den Pseudo-Charakter des Codes: Es wird auf eine Eingabe des Benutzers verwiesen. Wie genau diese realisiert wird, ist im Algorithmus noch nicht ausgeführt, daher wird im Pseudocode lediglich informell darauf hingewiesen, dass eine Eingabe vom Benutzer erwartet wird.

✔ Als Bedingung für das erste `if`-Konstrukt in Listing 6.1 wird der Ausdruck `n < 0` verwendet.

Wenn der Benutzer eine negative Zahl eingibt, soll das Programm also abgebrochen werden.

✔ Im ursprünglichen Algorithmus gab es noch die zusätzliche Beschränkung, dass nur für ganze Zahlen eine Fakultät berechnet werden kann und bei Gleitkommawerten der Algorithmus ebenfalls abgebrochen werden soll.

Durch die Verwendung des Datentyps `int` ist jedoch bereits sichergestellt, dass ausschließlich ganze Zahlen eingegeben werden. Daher braucht dies nicht nochmals in dem `if`-Konstrukt überprüft zu werden.

✔ Das zweite `if`-Konstrukt prüft, ob `n` gleich 0 ist.

Wenn das der Fall ist, wird gemäß der Definition der Fakultät direkt 1 als Ergebnis geliefert.

Ein Softwareentwickler möchte zusammen mit seiner Frau frühstücken. Sie: »Schatz, wir haben kein Brot mehr. Könntest du bitte rüber in den Supermarkt gehen und eins holen? Und wenn sie Eier haben, bring sechs mit!« Kurz darauf ist er mit sechs Broten zurück. Sie: »Warum hast du denn jetzt sechs Brote gekauft?« Er: »Sie hatten Eier!«

Schleifen

Verzweigungen ermöglichen es, Codeblöcke in Abhängigkeit von einer Bedingung auszuführen oder zu überspringen. Mit den sogenannten *Schleifen* stellen die Programmiersprachen Möglichkeiten bereit, Codeblöcke mehrmals auszuführen.

Die einfachste Form einer Schleife, die `while`-Schleife, stellt damit eine Erweiterung einer Verzweigung dar: In Abhängigkeit von einer Bedingung wird ein Codeblock so lange ausgeführt, wie die Bedingung wahr ist.

Im Gegensatz zu einer Verzweigung gibt es jedoch keine Möglichkeit, Code anzugeben, der nur ausgeführt wird, wenn die Bedingung nicht erfüllt ist. Bei einer Schleife gibt es also keinen `else`-Teil. Wenn die Bedingung nicht erfüllt ist, wird die Schleife einfach übersprungen.

Die allgemeine Syntax einer `while`-Schleife ist die folgende:

```
while (BEDINGUNG)
{
  Anweisung1;
  Anweisung2;
  ...
}
```

Der Aufbau ist ähnlich wie bei einem if-Konstrukt ohne else-Teil. Statt mit dem Schlüsselwort if wird die Schleife mit dem Schlüsselwort while eingeleitet.

Danach folgt die Bedingung. Diese kann wieder, wie beim if-Konstrukt auch, ein beliebiger boolescher Ausdruck sein.

Der Ablauf einer solchen Schleife ist wie folgt:

1. Zunächst wird im Header überprüft, ob die Bedingung erfüllt ist.

    Ist das nicht der Fall, wird die Schleife beendet. Ist die Bedingung erfüllt, geht es weiter mit Schritt 2.

2. Der *Schleifenrumpf* wird ausgeführt.

    Als Rumpf wird der Codeblock bezeichnet, der dem Header folgt.

3. Es erfolgt ein Sprung zurück zu Schritt 1, wo mit der Ausführung fortgefahren wird.

Insgesamt wird der Schleifenrumpf also so lange ausgeführt, wie die Bedingung erfüllt ist. Abbildung 6.2 zeigt eine while-Schleife als Flussdiagramm.

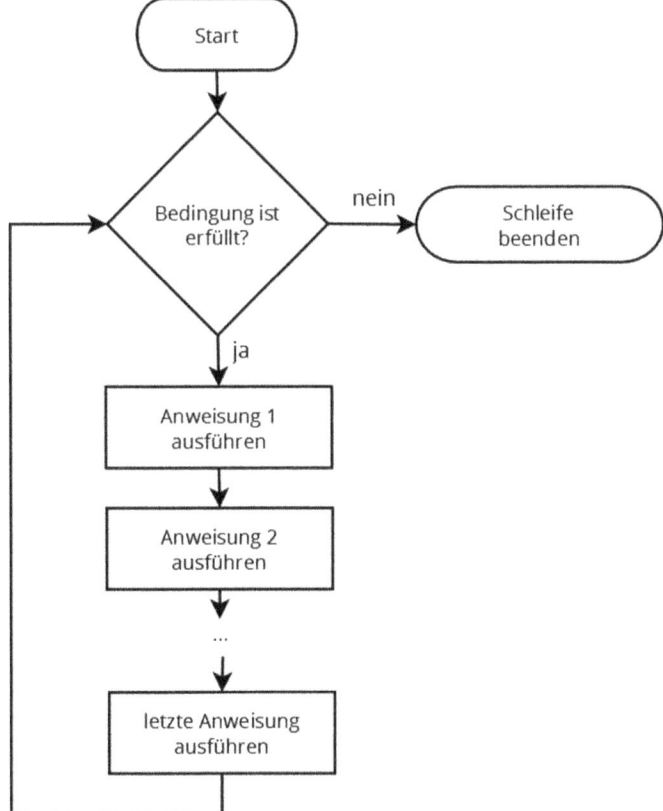

Abbildung 6.2: Flussdiagramm einer while-Schleife

Beim Erstellen einer while-Schleife ist es wichtig, dass die Bedingung irgendwann nicht mehr erfüllt ist. Gelingt dies nicht, geraten Sie in eine sogenannte *Endlosschleife* – eine Schleife also, die niemals beendet wird. Je nach Programmiersprache und System führt das dazu, dass sich das Programm entweder aufhängt oder abstürzt. Beides sind Szenarien, die Sie als Programmierer unter allen Umständen verhindern möchten.

Eine Endlosschleife mit einer Bedingung, die immer erfüllt ist, lässt sich sehr leicht konstruieren, indem Sie einfach true als Bedingung verwenden:

```
while (true) { }
```

Normalerweise verwendet man in der Bedingung einer Schleife eine Variable, die im Schleifenrumpf geändert wird. So ist es möglich, dass die Bedingung zu Beginn erfüllt ist, irgendwann später durch wiederholte Änderungen an der Variablen aber nicht mehr.

Die Möglichkeit, Schleifen zu erstellen, ist der letzte Mosaikstein, der für die Umsetzung des Fakultät-Algorithmus aus Kapitel 1 in Pseudocode noch gefehlt hat.

Die Fakultät einer natürlichen Zahl n ist das Produkt der ersten n natürlichen Zahlen. Eine natürliche Zahl ist eine positive ganze Zahl, also 1, 2, 3, 4 und so weiter.

Die Fakultät von 0 ist 1. Die Fakultät von negativen sowie nicht ganzzahligen Werten ist nicht definiert.

```
int n;
n = Eingabe_durch_Benutzer();
if (n < 0)
{
  Algorithmus abbrechen;
}
if (n == 0)
{
  Liefere 1 als Ergebnis;
}
int zaehler, ergebnis;
zaehler = 1;
ergebnis = 1;
while (zaehler <= n)
{
  ergebnis = ergebnis * zaehler;
  zaehler = zaehler + 1;
}
Liefere die Variable ergebnis als Ergebnis;
```

Listing 6.2 Vollständiger Fakultät-Algorithmus als Pseudocode

Das Wichtigste in Kürze

✔ Datentypen geben an, welche Art von Daten eine Variable speichern kann.

✔ Viele Programmiersprachen haben integrierte Datentypen für Ganzzahlen (`int`), Gleitkommazahlen (`float`), Zeichen (`char`), Zeichenketten (`string`) und Wahrheitswerte (`bool`).

✔ Pseudocode ist eine Mischung aus natürlicher Sprache und Quellcode. Er wird oft verwendet, um Ideen oder Algorithmen schnell und einfach zu veranschaulichen.

✔ Um eine Variable anzulegen, muss in vielen Programmiersprachen der gewünschte Datentyp und ein frei zu wählender Name angegeben werden.

✔ Mit dem Zuweisungsoperator = können Variablen mit konkreten Werten belegt werden.

✔ Felder sind spezielle Variablen, in denen mehr als ein einzelner Wert gespeichert werden kann.

✔ Mittels Operatoren können mehrere Variablen verknüpft werden.

✔ Arithmetische Operatoren erlauben die Durchführung von mathematischen Berechnungen.

✔ Vergleichsoperatoren ermöglichen Vergleiche zwischen Variablen.

✔ Die logischen Operatoren können zum Kombinieren von Wahrheitswerten verwendet werden.

✔ Verzweigungen erlauben das bedingte Ausführen von Codeblöcken in Abhängigkeit von Bedingungen.

✔ Schleifen ermöglichen das mehrfache Ausführen von Codeblöcken in Abhängigkeit von Bedingungen.

Übungen

1. In den Übungen zu Kapitel 5 haben Sie einen Algorithmus zum Berechnen der Summe der ersten n positiven ganzen Zahlen entwickelt. Setzen Sie diesen Algorithmus in Pseudocode um.

2. Betrachten Sie den folgenden Ausdruck:

   `a || b && c`

   a, b und c sollen Variablen vom Typ `bool` sein. Die Auswertung dieses Ausdrucks kann durch das Setzen von Klammern auf zwei verschiedene Arten erfolgen:

   `a || (b && c)` sowie `(a || b) && c`

Geben Sie eine Belegung für die Variablen a, b und c an, sodass die beiden Auswertungsvarianten unterschiedliche Ergebnisse liefern.

3. Schreiben Sie den Pseudocode für ein Programm, das den »größten gemeinsamen Teiler« (ggT) von zwei natürlichen Zahlen liefert.

Der ggT zweier Zahlen ist die größte natürliche Zahl, durch die sich beide Zahlen ohne Rest teilen lassen.

Beispiele:

- ggT(12, 9) = 3
- ggT(98, 56) = 14

Ob sich eine Zahl durch eine andere teilen lässt, kann mithilfe des Restwert-Operators herausgefunden werden. Erstellen Sie eine Schleife, die »rückwärts« nacheinander alle möglichen Teiler durchprobiert. Beginnen Sie das Durchprobieren mit der kleineren der beiden Eingangszahlen.

> **IN DIESEM KAPITEL**
>
> Wiederverwendbare Funktionen erstellen
>
> Programmierung mit Klassen und Objekten
>
> Effiziente Programmierung durch manuelle Speicherverwaltung

Kapitel 7
Fortgeschrittene Programmiertechniken

Sie kennen jetzt die Grundbestandteile von Programmen. Theoretisch lassen sich damit bereits beliebige Probleme lösen. Um das Programmieren komfortabler zu machen, gibt es jedoch eine Reihe von zusätzlichen Techniken. Diese ermöglichen es, auch sehr komplexe Probleme zu lösen.

Dieses Kapitel stellt fortgeschrittene Programmiertechniken vor und geht auf Unterschiede bei der Umsetzung in verschiedenen Programmiersprachen ein.

Im letzten Abschnitt dieses Kapitels geht es um die gefürchtete Zeigerarithmetik. Dieser Abschnitt wird für das Durcharbeiten der nachfolgenden Kapitel nicht benötigt. Sie können diesen Abschnitt also auch überspringen oder später lesen.

Funktionen und Prozeduren

Mit den Schleifen haben Sie im vorigen Kapitel bereits eine Möglichkeit kennengelernt, wie Codeblöcke mehrfach ausgeführt werden können. Das geht aber immer nur an Ort und Stelle – wenn Sie einen Codeblock zu einem späteren Zeitpunkt oder an einer ganz anderen Stelle im Programm erneut ausführen möchten, müssten Sie ihn erneut komplett aufschreiben.

Schauen Sie sich dazu das Flussdiagramm in Abbildung 7.1 einmal an. Die Anweisungen 1 und 2 werden mehrfach ausgeführt, dabei jedoch von der Anweisung 3 unterbrochen. Mit einer einfachen Schleife lässt sich diese Code-Dopplung also nicht vermeiden.

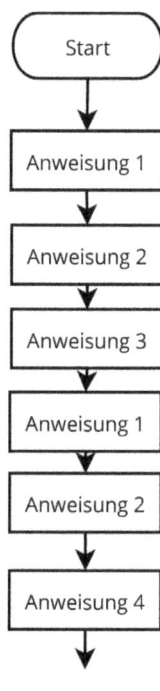

Abbildung 7.1: Folge von Anweisungen mit Dopplung

Um solche Dopplungen von Code dennoch zu vermeiden, gibt es in Programmiersprachen die sogenannten *Prozeduren*. Je nach Programmiersprache werden Prozeduren manchmal auch *Funktionen* oder *Methoden* genannt. Egal, ob von Prozeduren, Funktionen oder Methoden gesprochen wird – gemeint ist immer dasselbe Konzept.

Die Idee dahinter ist einfach: Der Code, der mehrfach ausgeführt werden soll, wird in eine Prozedur ausgelagert. Die Prozedur kann dann von beliebigen Stellen im Programm aufgerufen werden. Jedes Mal, wenn das geschieht, werden alle Anweisungen, die in die Prozedur ausgelagert wurden, ausgeführt. Insbesondere wird der in einer Prozedur enthaltene Code *nur* dann ausgeführt und nicht etwa schon, wenn die Prozedur angelegt wird.

Abbildung 7.2 zeigt das geänderte Flussdiagramm aus Abbildung 7.1 bei Verwendung einer Prozedur zur Auslagerung der wiederholt auszuführenden Anweisungen.

Der Vorteil bei der Verwendung von Prozeduren geht aber noch über die Vermeidung von Code-Dopplungen hinaus. Prozeduren können sehr flexibel eingesetzt werden:

✔ Beim Aufruf können Daten in die Prozedur hineingereicht werden.

✔ Nach Abschluss der Prozedur können Daten an die aufrufende Stelle zurückgegeben werden.

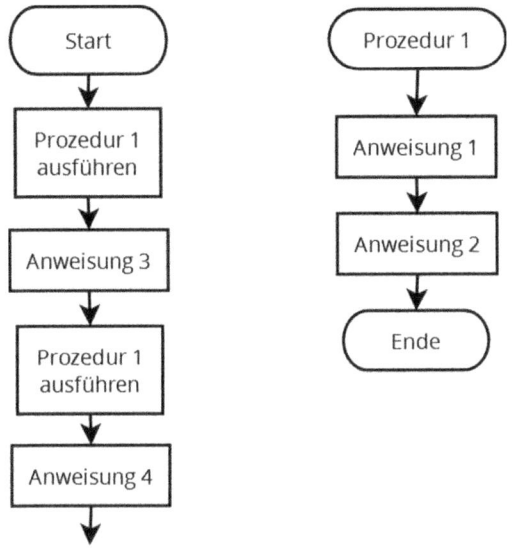

Abbildung 7.2: Folge von Anweisungen mit Prozedur

Deshalb werden Prozeduren auch Funktionen genannt, weil sie ähnlich zu verwenden sind wie mathematische Funktionen: Aus einer Eingabe berechnet eine Funktion ein Ergebnis.

Betrachten Sie dazu einmal die einfache mathematische Funktion $f(x) = x^2$. Diese Funktion kann mit verschiedenen *Parametern* aufgerufen werden und berechnet bei jedem Aufruf das Quadrat des übergebenen Parameters. Als Parameter wird dabei der Wert bezeichnet, dessen Quadrat berechnet werden soll.

Wird die gezeigte Funktion *f* zum Beispiel mit dem Parameter 2 aufgerufen, liefert sie 4 als Ergebnis. Wird sie mit dem Parameter 5 aufgerufen, liefert sie 25 als Ergebnis.

Genau so funktionieren auch Prozeduren in Programmiersprachen. Allerdings können sie sogar mehr als gewöhnliche mathematische Funktionen.

✔ Die Anzahl der übergebenen Parameter ist nicht beschränkt – es kann also auch mehr als ein Parameter verwendet werden.

✔ Die Datentypen der Parameter können bei der Erstellung einer Prozedur frei gewählt werden. Es müssen also nicht zwingend Zahlen sein, auch andere Datentypen wie Zeichenketten oder Wahrheitswerte sind möglich.

Ein weiteres Beispiel für eine Prozedur wäre eine, die die Anzahl der Vokale in einer übergebenen Zeichenkette zählt und als Ergebnis zurückgibt.

Abbildung 7.3 zeigt das Flussdiagramm eines Programms, das mithilfe einer Funktion die Quadrate von mehreren Zahlen berechnet.

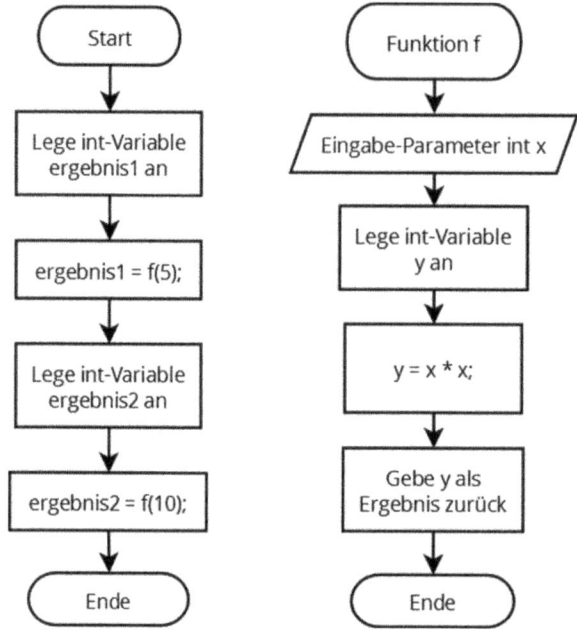

Abbildung 7.3: Flussdiagramm eines Programms mit einer Funktion

✔ Der rechte Ausführungsstrang des Diagramms zeigt die Funktion f.

Diese erhält einen Eingabeparameter vom Typ `int`. Um innerhalb der Funktion darauf zugreifen zu können, erhält der Parameter den Namen x.

Ein Parameter kann innerhalb einer Funktion wie eine gewöhnliche Variable verwendet werden.

- Innerhalb der Funktion wird eine neue `int`-Variable mit dem Namen y angelegt und in dieser das Quadrat des Parameters x gespeichert.

  Dieses wird durch den Ausdruck x * x berechnet.

- Das stellt auch schon das Ende der Funktion dar, diese gibt lediglich noch den Inhalt von y an die aufrufende Stelle zurück.

✔ Der linke Ausführungsstrang des Diagramms zeigt den Ablauf des »Hauptprogramms«.

- Zunächst wird eine `int`-Variable mit dem Namen ergebnis1 angelegt.
- Dann wird die Funktion f aufgerufen und die Zahl 5 als Parameter übergeben.
- Intern wird jetzt die Funktion f ausgeführt, wobei der Parameter x die Belegung 5 erhält.

  Diese berechnet das Quadrat von 5 und gibt es an die aufrufende Stelle zurück.

- Im Hauptprogramm wird der zurückgegebene Wert aufgegriffen und in der Variablen `ergebnis1` gespeichert.

  Die Variable enthält dann also den Wert 25.

- Danach wird im Hauptprogramm eine zweite Variable `ergebnis2` angelegt und die Funktion f erneut ausgeführt, diesmal allerdings mit der Zahl 10 als Parameter.

  Jetzt wird das Quadrat von 10 berechnet und zurück ans Hauptprogramm übergeben.

- Das Ergebnis 100 wird im Hauptprogramm in der Variablen `ergebnis2` gespeichert.

Funktionen erstellen

Jetzt kennen Sie das Konzept von Funktionen und Prozeduren, wissen aber noch nicht, wie Sie tatsächlich welche erstellen und nutzen.

Insgesamt besteht eine Funktion aus den folgenden Informationen:

✔ Einem (mehr oder weniger) frei wählbaren Namen, ähnlich wie das bei Variablen der Fall ist

✔ Der Angabe der Parameter, die beim Aufruf an eine Funktion übergeben werden

  Für jeden Parameter wird der Datentyp benötigt sowie ein frei wählbarer Name, mit dem innerhalb der Funktion auf den Parameter zugegriffen werden kann.

✔ Der Angabe des Rückgabe-Typs

  Wenn die Funktion Daten zurückgeben soll, muss der Datentyp angegeben werden. Eine Funktion muss aber nicht zwingend etwas zurückgeben.

✔ Dem Funktionsrumpf

  Der Rumpf enthält die Anweisungen, die ausgeführt werden, wenn die Funktion aufgerufen wird.

  Wenn die Funktion Daten nach ihrer Beendigung zurückgeben soll, muss auch dies innerhalb des Funktionsrumpfs angegeben werden.

Je nach Programmiersprache müssen beim Anlegen einer Funktion nicht zwingend alle diese Informationen angegeben werden. Manche Sprachen verzichten zum Beispiel auf den Zwang, die Datentypen von Parametern und Rückgabewerten anzugeben.

Die bekannten Programmiersprachen wie Java und C++ sind diesbezüglich aber sehr streng und erfordern die Angabe aller genannten Informationen. Ich werde im Folgenden in Listing 7.1 die Notation von Funktionen einführen, die so auch in Java und C++ verwendet wird.

```
Rückgabetyp Funktionsname(Liste_der_Parameter)
{
  Anweisung1;
  Anweisung2;
  ...
}
```
Listing 7.1: Grundriss einer Funktion

Die Bestandteile im Einzelnen:

✔ Rückgabetyp und Funktionsname entsprechen den vorherigen Erläuterungen zu den Bestandteilen einer Funktion.

Wenn eine Funktion keine Daten zurückgeben soll, wird der spezielle Rückgabetyp void verwendet.

✔ Die Liste der Parameter ist eine durch Kommas getrennte Aufzählung von *Datentyp-Name*-Paaren, also zum Beispiel (int alpha, string beta), wenn zwei Parameter von den Typen int und string mit den Namen alpha und beta übergeben werden sollen.

Die Namen sind auch nur innerhalb des Funktionsrumpfs gültig.

✔ Der Funktionsrumpf mit den auszuführenden Anweisungen ist durch ein Paar von geschweiften Klammern als Codeblock gekennzeichnet.

Die return-Anweisung

Bliebe noch die Frage, wie eine Funktion Daten an das aufrufende Programm zurückgeben kann. Dazu wird die return-Anweisung genutzt. Die return-Anweisung beendet zum einen die Funktion und gibt gleichzeitig die nach der return-Anweisung angegebenen Daten an die Aufrufstelle zurück.

Die mathematische Funktion $f(x) = x^2$ lässt sich deshalb auf folgende Weise mithilfe von Code verwirklichen:

```
int f(int x)
{
  int y;
  y = x * x;
  return y;
}
```
Listing 7.2: Eine einfache mathematische Funktion in Pseudocode

 Die Variablen x (die als Parameter übergeben wurde) und y (die erst innerhalb der Funktion angelegt wurde) sind nur innerhalb des Funktionsrumpfs gültig. Von anderen Stellen im Programm können Sie auf diese Variablen nicht zugreifen.

Mehrere return-Anweisungen verwenden

Es ist übrigens auch möglich, Funktionen zu erstellen, die mehrere `return`-Anweisungen enthalten:

```
int max(int x, int y)
{
  if (x > y)
    return x;
  return y;
}
```
Listing 7.3: Code einer Funktion, die die größere von zwei Zahlen bestimmt

Die gezeigte Funktion `max()` bestimmt, welche von den beiden als Parameter übergebenen Zahlen die größere ist, und gibt diese zurück.

- ✔ Zunächst wird geprüft, ob x größer als y ist.

  Ist das der Fall, wird die `return`-Anweisung verwendet, um die Variable x als Ergebnis an die aufrufende Stelle im Programm zurückzugeben.

  Da durch die `return`-Anweisung gleichzeitig die Ausführung der Funktion abgebrochen wird, wird der darauf folgende Code in diesem Fall nicht mehr ausgeführt.

- ✔ Ist der Wert der Variablen x nicht größer als y, wird die erste `return`-Anweisung nicht ausgeführt.

  Es wird stattdessen die nächste Anweisung nach dem kompletten `if`-Konstrukt ausgeführt. Da der Rumpf der `if`-Anweisung nicht geklammert ist, besteht dieser nur aus der ersten `return`-Anweisung. Demnach ist die erste Anweisung nach dem `if`-Konstrukt die zweite `return`-Anweisung.

  In diesem Fall wird der Wert der Variablen y als der größere der beiden von der Funktion zurückgegeben.

  Auch wenn beide Werte gleich groß sind, wird der Wert von y als Maximum zurückgegeben – was ja auch korrekt ist.

Zu wenige oder zu viele return-Anweisungen ...

Was die `return`-Anweisung angeht, steckt der Teufel im Detail, zumindest bei den »strengen« Programmiersprachen wie Java und C++. Wenn Sie eine Funktion erstellen, für die ein Rückgabetyp angegeben ist, müssen Sie darauf achten, dass alle Codepfade auch tatsächlich ein Ergebnis mit der `return`-Anweisung zurückgeben.

```
int max_fehlerhaft(int x, int y)
{
  if (x > y)
    return x;
}
```
Listing 7.4: Fehlerhafte Funktion

Listing 7.4 zeigt eine fehlerhafte Umsetzung der max()-Funktion. Lediglich wenn x größer als y ist, wird ein Ergebnis zurückgegeben. Für den Fall, dass y größer oder gleich x ist, gibt es keine return-Anweisung.

Eine solche Funktion würde von Programmiersprachen wie Java oder C++ als fehlerhaft zurückgewiesen – das heißt, der Code ließe sich nicht mit dem Compiler übersetzen.

Aber auch der genau umgekehrte Fall würde bemängelt. Wenn in einer Funktion, die eigentlich kein Ergebnis zurückliefern sollte, versucht wird, ein Ergebnis zurückzuliefern, wäre das ein Fehler im Programmcode.

Dass eine Funktion kein Ergebnis an die aufrufende Stelle zurückliefern soll, erkennen Sie daran, dass als Rückgabetyp der spezielle Typ void verwendet wird.

Das folgende Listing 7.5 würde also ebenso zu einem Übersetzungsfehler führen.

```
void ohneRueckgabe()
{
  return 5;
}
```
Listing 7.5: Fehlerhafte void-Funktion

Dennoch kann die return-Anweisung ohne Angabe eines Rückgabewerts in einer void-Funktion verwendet werden, um die Ausführung der Funktion vorzeitig abzubrechen.

```
void voidMitReturn(int x)
{
  if (x > 5)
    return;

  Weitere Anweisungen ...
}
```
Listing 7.6: void-Funktion mit return-Anweisung

Wenn an die in Listing 7.6 gezeigte Funktion ein Wert, der größer als 5 ist, übergeben wird, wird die Ausführung der Funktion abgebrochen. Andernfalls werden die nachfolgenden Anweisungen noch ausgeführt.

Funktionen einsetzen

Funktionen können grundsätzlich an jeder Stelle im Programm verwendet werden. Bei manchen Programmiersprachen kann es aber Einschränkungen geben.

Eine Funktion kann ganz einfach aufgerufen werden, nach der folgenden allgemeinen Syntax:

```
Funktionsname(Liste_der_Parameter);
```

Anders als bei der Erstellung der Funktion müssen bei der Übergabe der Parameter nicht mehr die Datentypen angegeben werden, sondern nur noch die Daten, die übergeben werden sollen, beispielsweise in Form einer Variablen oder durch direkte Angabe eines Werts.

Der Aufruf einer Funktion, die einen Rückgabewert besitzt, kann auch einer Variablen zugewiesen werden:

```
int z;
z = f(5);
```
Listing 7.7: Verwendung einer Funktion

In Listing 7.7 wird die zuvor gezeigte Funktion f aufgerufen. Diese war ja so konstruiert, dass sie das Quadrat des übergebenen Werts berechnet.

✔ Da beim Aufruf der Funktion der Wert 5 als Parameter übergeben wird, wird innerhalb der Funktion das Quadrat von 5 berechnet und über die return-Anweisung an die aufrufende Stelle zurückgegeben.

✔ Der Funktionsaufruf wird für eine Zuweisung verwendet, deshalb wird in der Variablen z der von der Funktion zurückgegebene Wert 25 gespeichert.

Rekursion

Wenn eine Funktion sich selbst aufruft, spricht man von *Rekursion*. Listing 7.8 zeigt ein einfaches Beispiel dafür.

```
int rekursionBeispiel()
{
  return rekursionBeispiel() + 1;
}
```
Listing 7.8: Rekursion

Das Beispiel zeigt eine Funktion rekursionBeispiel, die als Ergebnis einen int-Wert zurückliefern soll. Im Rumpf der Funktion findet sich nur eine return-Anweisung, die die Funktion selbst wieder aufruft und dazu 1 addiert.

Das Problem bei diesem Beispiel: Da die Funktion sich bei jedem Aufruf wieder selbst aufruft, wird die Rekursion niemals enden. Man spricht dann auch von Endlosrekursion.

Listing 7.8 zeigt also, wie Sie es nicht machen sollten. In der Realität würde der Aufruf einer solchen Funktion mit Endlosrekursion einen Absturz des Programms verursachen.

Stattdessen sollte eine rekursive Funktion so konstruiert sein, dass die Rekursion irgendwann endet. Das bedeutet, dass in einer rekursiven Funktion eine Verzweigung enthalten sein sollte, damit nicht in allen Fällen ein erneuter Aufruf der Funktion erfolgt.

Mittels Rekursion lassen sich manche Probleme sehr elegant lösen. Die Grundidee ist dabei immer dieselbe: Man versucht, ein Problem zu lösen, indem man es auf ein ähnliches, aber kleineres Problem reduziert.

Ein sehr gutes Beispiel hierfür ist die Berechnung der Fakultät einer Zahl, also das Produkt der ersten n natürlichen Zahlen. In Kapitel 6 habe ich bereits gezeigt, wie sich dieser Wert mit einer Schleife berechnen lässt. Listing 7.9 zeigt die Realisierung mithilfe von Rekursion.

```
int fak(int n)
{
  if (n < 0)
    Beende mit Fehler;

  if (n == 0)
    return 1;

  return n * fak(n-1);
}
```
Listing 7.9: Rekursive Fakultät-Funktion

✔ In der gezeigten Funktion werden zunächst die Abbruchbedingungen festgelegt:

   Für negative Zahlen ist die Fakultät nicht definiert, für die Zahl 0 ist 1 als Fakultät festgelegt.

✔ Für alle anderen Zahlen macht man sich die rekursive Definition der Fakultät zunutze:

   fakultät(n) = n · fakultät(n-1)

Wenn die Funktion mit einer positiven ganzen Zahl aufgerufen wird, ruft die Funktion sich zwar selbst wieder auf, aber mit einem kleineren Parameter. Wenn der Parameter irgendwann 0 erreicht, findet kein weiterer Aufruf der Funktion mehr statt, da für den Parameter 0 direkt ein Ergebnis angegeben wurde. Damit ist sichergestellt, dass es nicht zu einer Endlosrekursion kommt.

Zur Veranschaulichung zeige ich jetzt noch, wie ein konkretes Beispiel bei der rekursiven Definition der Funktion ausgewertet wird. Die Fakultät von 3 wird wie folgt berechnet:

$$fak(3) = 3 \times fak(2) = 3 \times (2 \times fak(1)) = 3 \times (2 \times (1 \times fak(0)))$$
$$= 3 \times (2 \times (1 \times 1)) = 3 \times 2 \times 1 = 6$$

In den populären Programmiersprachen wie Java, C und C++ wird Rekursion übrigens eher selten eingesetzt. Aus Sicht des Programmierers ermöglicht die Rekursion zwar relativ elegante Lösungen. Der Speicheraufwand ist aber durch die sehr vielen Funktionsaufrufe sehr hoch und die Performance schlecht. In der Regel werden daher Lösungen, die auf Schleifen statt auf Rekursion setzen, bevorzugt.

Objektorientierte Programmierung

Mit den bisher gezeigten Mitteln ließe es sich bereits recht komfortabel programmieren. Bei wirklich großen, umfangreichen und komplexen Programmen treten aber zunehmend einige Probleme auf:

- **Programme werden fehleranfälliger**

  Das ist natürlich nur logisch – je komplexer ein Programm ist, desto höher ist die Wahrscheinlichkeit, dass der Programmierer (unbemerkt) einen oder mehrere Fehler eingebaut hat.

- **Programme werden schwerer wartbar**

  Die Wartung von Programmen ist ein wesentlicher Bestandteil der Aufgaben eines Programmierers. Das Warten umfasst sowohl das Entfernen von Fehlern, die in eine veröffentlichte Version »durchgerutscht« sind, als auch das Hinzufügen von neuen Funktionalitäten.

  Das Problem besteht bei großen Programmen insbesondere darin, sich zu einem späteren Zeitpunkt wieder in das Programm »hineinzudenken«. Das erschwert das Auffinden von Fehlern sowie das Erstellen von neuen Funktionalitäten.

- **Das parallele Arbeiten von mehreren Programmierern am selben Programm ist schwierig**

  Ein Programm ist letztlich immer noch eine Reihe von Anweisungen. Wenn mehrere Programmierer gleichzeitig daran rumschrauben, kommt man sich schnell in die Quere.

  Gleichzeitig ist es aber unerlässlich, dass Programme von, auch größeren, Teams erstellt werden. Aufwendige Software wie ein Betriebssystem oder ein modernes Computerspiel lässt sich nicht von einem einzigen Programmierer allein entwickeln.

Idee der objektorientierten Programmierung

Eine Lösung für die genannten Probleme besteht darin, das Programm bereits vor der Programmierung in logische, voneinander unabhängige Bereiche aufzuteilen. Das ermöglicht es zum einen, dass mehrere Programmierer unabhängig voneinander an unterschiedlichen Bereichen des Programms arbeiten.

Zum anderen wird die Komplexität des Programms reduziert, da der einzelne Programmierer jetzt nicht mehr das Programm als Ganzes verstehen und bearbeiten muss, sondern sich auf einen Teilbereich beschränken kann. Dadurch sinkt die Fehleranfälligkeit, und das Programm wird leichter wartbar.

In der Praxis wird diese Aufteilung eines Programms durch die sogenannte *objektorientierte Programmierung* erreicht. Dabei wird ein Programm nicht mehr bloß als eine Reihe von Anweisungen angesehen, sondern eher als eine Menge von autonomen Objekten, die miteinander interagieren.

Man versucht also, ein Programm der realen Welt nachzuempfinden, in der es auch verschiedene Objekte gibt, die zwar eigenständig funktionieren, aber auf vielfältige Weise miteinander interagieren können (zum Beispiel Frühaufsteher und Kaffeemaschine, Fernbedienung und Fernsehgerät oder Mann und Frau zu Zwecken der Fortpflanzung).

Ein Objekt zeichnet sich dadurch aus, dass es eine Reihe von Eigenschaften hat (zum Beispiel Größe, Gewicht, Leistungsstärke, Entfernung zum Saturn und so weiter) und bestimmte Aktionen ausführen kann (zum Beispiel gehen, laufen, fahren, Kuchen backen, eine Invasion starten ...).

Bei der Programmierung kann man sich nun nacheinander den unterschiedlichen Objekten widmen und diese erstellen. Objekte können dabei auch *inkrementell* aufgebaut werden: Man beginnt mit kleinen Objekten und setzt größere Objekte aus mehreren kleineren zusammen. Stellen Sie sich das vor wie eine Maschine in der realen Welt. Diese besteht aus vielen einzelnen Bauteilen, die alle ihre spezielle Funktion haben und eventuell mit anderen Bauteilen der Maschine interagieren.

Bei der objektorientierten Programmierung müssen am Ende »nur noch« die verschiedenen Objekte zu einem Gesamtprogramm zusammengeführt werden.

Auf diese Weise ist es übrigens möglich (und sinnvoll und notwendig), ein Programm bis ins kleinste Detail zu planen – das heißt zu überlegen, welche Objekte existieren und in welcher Beziehung sie zueinander stehen –, bevor eine einzige Zeile Code geschrieben wurde.

Nicht alle Programmiersprachen unterstützen die objektorientierte Programmierung. In den Sprachen Java und C# muss sie zwingend angewendet werden, in C++ kann sie bei Bedarf verwendet werden. Der Vorläufer von C++, die Sprache C, bietet dagegen keine Möglichkeit, objektorientiert zu programmieren.

Realisierung mithilfe von Klassen

Objektorientierte Programmierung wird im Code mithilfe der sogenannten *Klassen* realisiert. Eine Klasse ist ein eigener Datentyp, den Sie als Programmierer nach eigenem Gutdünken gestalten können. Sie fasst damit ähnliche Objekte zusammen, wie das auch bei den in die Programmiersprachen integrierten Datentypen wie `int` oder `string` ist:

- ✔ Der Datentyp `int` fasst die ganzen Zahlen zusammen.

- ✔ Der Datentyp `string` fasst die Zeichenketten zusammen.

- ✔ Die fiktive, selbst erstellte Klasse `Mensch` fasst alle Menschen zusammen.

- ✔ Die fiktive, selbst erstellte Klasse `Spielergebnis` fasst alle (Fußball-)Spielergebnisse zusammen.

- ✔ Die fiktive, selbst erstellte Klasse `Tabellenzeile` fasst alle Zeilen in einer Tabellenkalkulation zusammen.

Ebenso wie bei den gewöhnlichen Datentypen ist es bei Klassen möglich, Variablen zu erstellen, in denen konkrete Objekte der Klasse gespeichert werden können. Die konkreten Objekte werden auch *Instanzen* einer Klasse genannt. Für die Klasse Mensch wären beispielsweise *Opa Jakob*, *Mario Götze* oder *Tronald Dump* konkrete Instanzen, für die Klasse Spielergebnis wären *1 : 7* und *1 : 0 nach Verlängerung* mögliche konkrete Instanzen.

Charakteristisch für Klassen ist, dass alle Instanzen einer Klasse dieselben Arten von Eigenschaften besitzen, die konkreten Werte der Eigenschaften sich aber von Instanz zu Instanz unterscheiden können.

Betrachten Sie zum Beispiel einmal die Klasse Mensch. Alle Instanzen (also alle Menschen) haben die Eigenschaften *Größe*, *Gewicht* und *Intelligenz*. Die tatsächlichen Werte unterscheiden sich aber von Instanz zu Instanz. Die Instanz *Goliat* hat beispielsweise höhere Werte für *Größe* und *Gewicht* als die Instanz *David*, dafür kann Letztgenannter seinen Konkurrenten aber in der Kategorie *Intelligenz* ausstechen.

Ein weiteres entscheidendes Merkmal von Klassen ist, dass ihre Instanzen Aktionen ausführen können. Jede Instanz einer Klasse kann dieselben Aktionen ausführen. Die Ergebnisse dieser Ausführungen können sich aber wieder von Instanz zu Instanz unterscheiden.

Die Klasse Mensch könnte zum Beispiel eine Aktion *Kuchen backen* besitzen. Ausführen könnte diese Aktion jede Instanz, das Ergebnis würde aber natürlich je nach Fähigkeit des Individuums variieren.

Insgesamt kann mithilfe von Klassen und Instanzen eine eigene Welt simuliert werden. Die Objekte der Welt (die Instanzen) haben verschiedene Eigenschaften und können mithilfe von Aktionen miteinander interagieren. Durch das Ausführen von Aktionen können sich die Eigenschaften der Objekte ändern (zum Beispiel die Eigenschaft *Gewicht* beim Ausführen der Aktion *Kuchen essen*) und die simulierte Welt damit in einen neuen Zustand versetzen.

Umsetzung im Programmcode

Eine Klasse hat im Wesentlichen drei Merkmale:

- ihren Namen
- ihre Eigenschaften
- ihre Aktionen

Im Pseudocode werde ich in Listing 7.10 eine Klasse anlegen, wie es auch (mit leichten Variationen) in den beliebten Programmiersprachen Java, C++ und C# geschehen kann.

Eine neue Klasse wird eingeleitet durch das Schlüsselwort class. Danach folgt der selbst gewählte Name der Klasse. Diesem »Klassenkopf« folgt innerhalb von geschweiften Klammern der Rumpf der Klasse, der die Eigenschaften und Aktionen enthält.

```
class Klassenname
{
   ... Eigenschaften und Aktionen ...
}
```
Listing 7.10 Anlegen einer Klasse

Attribute, Methoden und Konstruktoren

- ✔ Eigenschaften werden innerhalb von Klassen wie gewöhnliche Variablen angelegt, also mit einem festgelegten Datentyp und einem selbst gewählten Namen.

  Man nennt diese Eigenschaften dann auch *Attribute*.

- ✔ Aktionen werden in der objektorientierten Programmierung durch Funktionen realisiert.

  Man spricht in diesem Zusammenhang dann nicht mehr von Funktionen, sondern von *Methoden* einer Klasse.

  Innerhalb einer Methode kann zum Beispiel auf die Attribute zugegriffen werden. Dabei können auch Änderungen an den Attributen vorgenommen werden.

- ✔ Außerdem besitzen Klassen sogenannte *Konstruktoren*.

  Das sind spezielle Methoden, die genutzt werden, um Klasseninstanzen neu zu erstellen. Dabei können beispielsweise die Attribute mit sinnvollen Werten vorbelegt werden.

Ich möchte die Erstellung einer Klasse an einem ersten einfachen Beispiel demonstrieren. Die Klasse Spielstand soll Informationen zu einem (Zwischen-)Ergebnis einer Sportveranstaltung speichern. Dazu besitzt sie zwei int-Attribute, die jeweils die Anzahl der durch das Heim- und das Auswärtsteam erzielten Tore angibt.

```
class Spielstand
{
  int anzahlToreHeimteam;
  int anzahlToreAuswaertsteam;
}
```
Listing 7.11: Die Klasse Spielstand mit ihren Attributen

Als Nächstes soll die Klasse einen Konstruktor erhalten. Der Konstruktor kann eine neue Instanz der Klasse, also ein neues Objekt, erstellen. Dabei werden beide Attribute mit dem Wert 0 *initialisiert*.

Ein Konstruktor wird erstellt wie eine Funktion, die denselben Namen wie die Klasse hat und für die kein Rückgabetyp angegeben ist. Es ist auch möglich, einem Konstruktor wie einer gewöhnlichen Funktion Parameter zu übergeben. Das ist jedoch optional und kein Muss, wie in Listing 7.12 zu sehen.

```
class Spielstand
{
  ...
  Spielstand()
  {
    anzahlToreHeimteam = 0;
    anzahlToreAuswaertsteam = 0;
  }
}
```

Listing 7.12: Konstruktor der Spielstand-Klasse

Schließlich benötigt die Klasse noch Methoden. Für die Klasse Spielstand machen zwei Methoden Sinn: je eine Methode, die aufgerufen werden soll, wenn eines der beiden Teams ein Tor geschossen hat und der Spielstand sich ändert.

```
class Spielstand
{
  ...
  void torHeimteam()
  {
    anzahlToreHeimteam = anzahlToreHeimteam + 1;
    // Ist der Zwischenstand grad angenehm, unterbricht es sich
    // doch recht bequem
    if (anzahlToreHeimteam > anzahlToreAuswaertsteam)
      Spielabbruch fordern;
  }

  void torAuswaertsteam()
  {
    anzahlToreAuswaertsteam = anzahlToreAuswaertsteam + 1;
  }
}
```

Listing 7.13: Methoden der Klasse Spielstand

In Listing 7.13 sehen Sie nebenbei noch einen sogenannten Kommentar. Eine Zeile, die mit einem Doppelslash // beginnt, wird bei der Übersetzung des Quellcodes ignoriert – das heißt, sie hat auf die Ausführung des Programms keinen Einfluss. Sie dient nur dazu, einem menschlichen Leser des Codes zusätzliche Informationen oder Erklärungen zu liefern. Solche Kommentare können in so gut wie allen Programmiersprachen verwendet werden.

Instanzen erstellen und verwenden

Nachdem Sie eine Klasse erstellt haben, können Sie auch Variablen anlegen und in diesen Instanzen der Klasse speichern. Der Datentyp der Variablen ist dann die Klasse.

`Spielstand spiel1;`

Das Erstellen einer Klassen-Instanz unterscheidet sich vom Erstellen von Elementen der einfachen Datentypen. Ein einfaches Element, zum Beispiel vom Typ `int`, ist einfach da – es braucht nicht erst erstellt zu werden.

Um eine Klassen-Instanz neu zu erstellen, wird der `new`-Operator verwendet. Der Aufruf des `new`-Operators bewirkt die Ausführung des Konstruktors und damit die Initialisierung der Attribute der neu erstellten Instanz.

`spiel1 = new Spielstand();`

Auf die Attribute einer Instanz kann mit dem Punkt-Operator zugegriffen werden. Der Zugriff erfolgt über die Syntax `objektname.attributname`:

```
int toreHeim;
toreHeim = spiel1.anzahlToreHeimteam;
```

Im Beispiel ist in der Variablen `toreHeim` der Wert 0 gespeichert, da das Attribut `anzahlToreHeimteam` der neu erstellten `Spielstand`-Instanz bisher lediglich im Konstruktor mit dem Wert 0 initialisiert wurde.

Auch auf die Methoden einer Instanz kann mit dem Punkt-Operator zugegriffen werden. Der Aufruf erfolgt über die Syntax `objektname.methodenname(parameterliste)`:

```
spiel1.torHeimteam();
spiel1.torHeimteam();
```

✔ Im Beispiel wird zweimal die Methode `torHeimteam` aufgerufen.

✔ Bei jedem Aufruf wird das Attribut `anzahlToreHeimteam` der Instanz `spiel1` um 1 vergrößert, sodass es schließlich den Wert 2 speichert.

✔ Das Attribut `anzahlToreAuswaertsteam` speichert weiterhin den Wert 0, sodass die Instanz `spiel1` zu diesem Zeitpunkt einen Spielstand von *2 : 0* darstellt.

Wenn Sie weitere Instanzen der Klasse `Spielstand` anlegen, beginnt die Zählung für diese Instanzen jeweils wieder bei *0 : 0*. Die Klassen-Attribute beziehen sich immer nur auf eine Instanz und sind daher völlig unabhängig von den Attributen anderer Instanzen.

 Warum lieben Männer objektorientierte Programmiererinnen? – Weil sie Klasse haben!

Konsistente Zustände durch Zugriffsschutz

Ich hatte es im vorherigen Abschnitt kurz angeschnitten: Auf die Attribute einer Klassen-Instanz kann mit dem Punkt-Operator zugegriffen werden. Aber nicht nur, um die darin gespeicherten Werte auszulesen, sondern auch, um sie zu ändern:

```
Spielstand spiel2;
spiel2 = new Spielstand();

spiel2.anzahlToreHeimteam = -5;
```
Listing 7.14: Interaktion mit einem Spielstand-Objekt

Nach der in Listing 7.14 gezeigten Interaktion repräsentiert das neue `Spielstand`-Objekt `spiel2` einen Spielstand von *-5 : 0*. Mir ist keine Sportart bekannt, in der negative Spielstände möglich sind. Mithin befindet sich das `Spielstand`-Objekt in einem ungültigen Zustand.

Eine Stärke der objektorientierten Programmierung ist es, dass Sie so etwas verhindern können. Sie können als Programmierer einer Klasse also Maßnahmen treffen, die verhindern, dass eine Instanz der Klasse irgendwann später einmal in einen ungültigen Zustand gerät.

Dazu sind zwei Maßnahmen nötig:

✔ **Der Zugriff auf manche Attribute wird eingeschränkt.**

Für jedes Attribut (und auch jede Methode) kann festgelegt werden, von wo darauf zugegriffen werden kann. Es wird dabei unterschieden zwischen *öffentlichen und privaten Attributen* (und Methoden).

Auf öffentliche Attribute und Methoden kann von überall zugegriffen werden, auf private dagegen nur innerhalb der Klasse selbst.

Indem Sie ein Attribut privat machen, kann es also nur noch innerhalb von Methoden derselben Klasse gelesen und geschrieben werden – jedoch nicht mehr wie zum Beispiel in Listing 7.14 durch eine simple Zuweisung von außen.

✔ **Für den Zugriff auf die Attribute werden eigens Methoden bereitgestellt.**

Änderungen an Attributen werden nur noch über spezielle Zugriffsmethoden erlaubt, mit denen man sicherstellen kann, dass zum Beispiel keine ungültigen Werte geschrieben werden.

Es ist also weiterhin möglich, »von außen« Änderungen an den Attributen durchzuführen. Diese sind jedoch nur noch über spezielle Zugriffsmethoden möglich, die so gestaltet sind, dass sich die Objekte auch nach einer Änderung in einem konsistenten Zustand befinden.

Um die Klasse `Spielstand` so zu gestalten, dass sie nicht mehr in einen ungültigen Zustand geraten kann, sind folgende Änderungen nötig:

1. Die beiden Attribute `anzahlToreHeimteam` und `anzahlToreAuswaertsteam` werden »privatisiert«.

   Die meisten Programmiersprachen verwenden dafür die sogenannten *Zugriffsmodifizierer*.

   Öffentliche Attribute und Methoden werden mit dem Zugriffsmodifizierer `public` markiert, private mit dem Zugriffsmodifizierer `private`. Der jeweilige Modifizierer wird beim Anlegen eines Attributs vor den Datentyp gestellt, beim Anlegen einer Methode vor den Rückgabetyp:

   ```
   private int anzahlToreHeimteam;
   public void torHeimteam() { }
   ```

2. Um die Werte der Attribute weiterhin lesen zu können, werden sogenannte `getter`-Methoden angelegt.

   Diese Methoden liefern lediglich den aktuell in einem Attribut gespeicherten Wert zurück.

   Indem der Wert eines Attributs nur noch als Rückgabewert einer Methode verfügbar ist, kann man von außen den Wert zwar in Erfahrung bringen, ihn aber nicht ändern.

   Wird für die Klasse `Spielstand` eine Methode `getToreHeimTeam()` angelegt, so kann darüber der Wert des zurückgegebenen Attributs nicht geändert werden, denn ein Methodenaufruf kann nicht auf der linken Seite einer Zuweisung stehen.

   Der Ausdruck `spiel1.getToreHeimTeam() = -5` würde also zu einem Übersetzungsfehler führen.

3. Um die Werte der Attribute ändern zu können, werden sogenannte `setter`-Methoden angelegt.

   Diese Methoden erlauben das Ändern von Attributen, fangen dabei aber ungültige Werte ab. Die `setter`-Methoden der Klasse `Spielstand` fangen negative Spielstände ab.

4. Die Konstruktoren einer Klasse werden meistens als `public` markiert.

   Wäre ein Konstruktor `private`, so könnte von außerhalb der Klasse selbst keine neue Instanz erstellt werden, da der Konstruktor nicht verwendet werden kann.

   Es gibt zwar Situationen, in denen das gewollt ist und auch Sinn macht, aber in den allermeisten Fällen ist das nicht der Fall. Die Verwendung von privaten Konstruktoren ist eine fortgeschrittene Technik, die nur von erfahrenen Programmierern eingesetzt wird.

Listing 7.15 zeigt die überarbeitete Klasse `Spielstand`.

```
class Spielstand
{
  private int anzahlToreHeimteam;
  private int anzahlToreAuswaertsteam;

  public Spielstand()
  {
    anzahlToreHeimteam = 0;
    anzahlToreAuswaertsteam = 0;
  }

  public void torHeimteam()
  {
    anzahlToreHeimteam = anzahlToreHeimteam + 1;
  }

  public void torAuswaertsteam()
  {
    anzahlToreAuswaertsteam = anzahlToreAuswaertsteam + 1;
  }

  public int getToreHeimTeam()
  {
    return anzahlToreHeimteam;
  }

  public int getToreAuswaertsTeam()
  {
    return anzahlToreAuswaertsteam;
  }

  public void setToreHeimTeam(int tore)
  {
    if (tore >= 0)
      anzahlToreHeimteam = tore;
  }

  public void setToreAuswaertsTeam(int tore)
  {
    if (tore >= 0)
      anzahlToreAuswaertsteam = tore;
  }
}
```
Listing 7.15: Klasse Spielstand mit Zugriffsschutz für Attribute

Zeigerarithmetik und manuelle Speicherverwaltung

Bei allen bisher vorgestellten Konzepten mussten Sie sich als Programmierer nicht mit Low-Level-Aufgaben wie zum Beispiel dem Reservieren von Speicherplatz für Variablen herumschlagen. Variablen wurden einfach angelegt, um die Details kümmert sich die jeweils verwendete Programmiersprache automatisch.

Einige, aber nicht alle, Programmiersprachen bieten Programmierern Techniken der *manuellen Speicherverwaltung* an. Damit erhält der Programmierer eine bessere Kontrolle über den Speicherplatz. Ein Programm kann auf diese Weise performanter werden.

Allerdings geht mit den zusätzlichen Möglichkeiten auch eine höhere Anfälligkeit für Programmierfehler einher. Aus großer Macht folgt große Verantwortung! Gerade Programmieranfänger tun sich deshalb oft schwer damit. Ich werde das Thema daher hier nur knapp einführen, damit Sie zumindest schon mal einen ersten Berührungspunkt damit hatten.

Wird Ihnen das irgendwann zu kompliziert, so ist das kein Problem: Dieser Abschnitt wird der einzige im Buch sein, der sich mit der manuellen Speicherverwaltung befasst. Sie können den Abschnitt daher problemlos überspringen, ohne dass Sie im weiteren Verlauf des Buchs deshalb Probleme bekommen.

Die Sprache Java, auf die ich im zweiten Teil des Buchs eingehe, verzichtet komplett auf die Techniken der manuellen Speicherverwaltung. Auch die Sprache PHP, die Sie im dritten Teil dieses Buchs näher kennenlernen werden, setzt auf automatische Speicherverwaltung.

Zeiger

Betrachten Sie den Code in Listing 7.16:

```
int a,b;

a = 1;
b = a;

a = 4;
```

Listing 7.16: Ein paar gewöhnliche Variablen

Was passiert?

- ✔ Es werden zwei Variablen a und b angelegt.

- ✔ Der Variablen a wird der Wert 1 zugewiesen, der Variablen b wird der Wert von a (also auch 1) zugewiesen.

- ✔ Danach wird der Variablen a der Wert 4 zugewiesen.

  Welcher Wert ist dann in Variable b gespeichert?

Die Antwort lautet: immer noch 1. Der Variablen b wurde lediglich der aktuelle Wert der Variablen a, der zu diesem Zeitpunkt 1 war, zugewiesen. Es wurde keine weiterführende Verbindung zwischen den Variablen hergestellt. Spätere Änderungen an a haben demnach keine Auswirkungen mehr auf die Variable b.

Mit den sogenannten *Zeigern* (für die oft auch einfach der englische Begriff *pointer* verwendet wird) gibt es eine Möglichkeit, dies anders zu handhaben und die beiden Variablen dauerhaft zu verknüpfen. Statt eines konkreten Werts kann eine Variable A auch die Speicheradresse einer anderen Variablen B beinhalten. Man sagt dann, die Variable A *zeigt* auf die Variable B, daher der Begriff Zeiger.

Abbildung 7.4 zeigt das Prinzip:

✔ Die Variable B, die an der (willkürlich gewählten) Speicheradresse #101 gespeichert ist, enthält den Wert 37.

✔ Die Variable A enthält dagegen keinen eigenen Wert, sondern lediglich die Speicheradresse #101 von Variable B.

✔ Wenn eine Änderung an der Variablen B vorgenommen wird, kann auch über den Zeiger in Variable A auf diese Änderung zugegriffen werden.

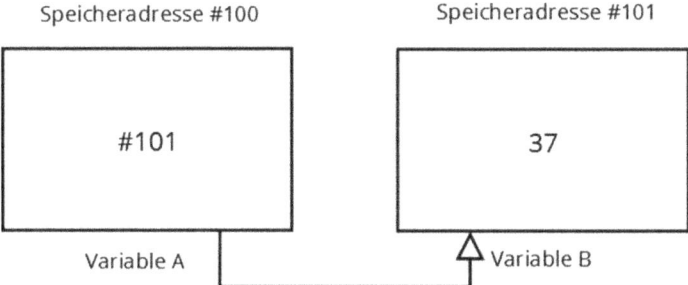

Abbildung 7.4: Variablen mit Zeigerarithmetik

Realisierung im Code

Um Zeiger im Code zu realisieren, müssen zwei Dinge erledigt werden:

✔ Es wird ein spezieller Datentyp benötigt, der Zeiger anstatt normaler Werte speichern kann.

Solche Datentypen können in vielen Programmiersprachen mit dem *Stern-Operator* * erzeugt werden. Durch das Nachstellen eines Sterns wird aus einem »normalen« Datentyp ein Zeiger-Datentyp erzeugt:

```
int* iZeiger;
```

Im Beispiel wird eine Variable iZeiger erzeugt, die einen Zeiger auf einen int-Wert speichern kann.

✔ Es wird eine Möglichkeit benötigt, mit der auf die Speicheradresse einer Variablen zugegriffen werden kann.

Dies gelingt in vielen Programmiersprache mithilfe des sogenannten *Referenzierungsoperators* beziehungsweise *Adress-Operators* &:

```
int B;
B = 37;

int* A;
A = &B;
```

Listing 7.17: Code zu Abbildung 7.4

Der Stern-Operator wird nicht nur zum Anlegen von Zeiger-Typen verwendet, sondern auch zum *Dereferenzieren*. Das ist das Gegenteil von Referenzieren: Bei der Dereferenzierung wird auf den Inhalt einer Variablen mithilfe eines Zeigers zugegriffen.

In Listing 7.18 wird so zum Beispiel über die Zeiger-Variable A auf den Inhalt von B zugegriffen.

```
*A = 47;

int C;
C = *A;
```

Listing 7.18: Zugriff auf Inhalte über einen Zeiger

In Listing 7.18 wird zweimal dereferenziert:

✔ Zunächst wird der Inhalt, auf den der Zeiger verweist, geändert.

In der Variablen B ist danach der Wert 47 gespeichert (denn in Listing 7.17 wurde in Variable A ein Zeiger gespeichert, der auf Variable B zeigt).

✔ Schließlich wird eine neue Variable C angelegt und in dieser ebenfalls über eine Dereferenzierung der Inhalt der Variablen B gespeichert.

Die Variable C enthält schlussendlich ebenfalls den Wert 47.

Zusammenspiel von Feldern und Zeigern

Besonders bei der Benutzung von Feldern werden gerne Zeiger verwendet. Felder werden in den meisten Programmiersprachen so angelegt, dass die Speicherzellen für ihre einzelnen Elemente direkt nebeneinanderliegen. Daher ist es mithilfe eines Zeigers möglich, die Speicherzellen nacheinander zu durchlaufen.

Abbildung 7.5 zeigt das Prinzip.

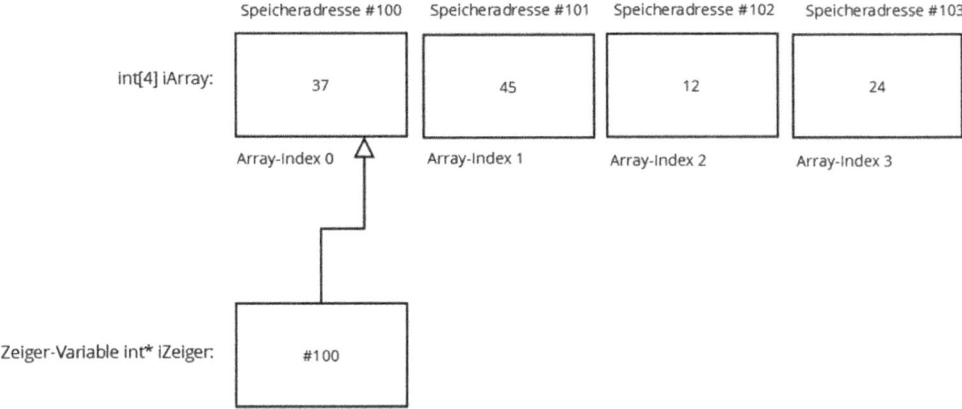

Abbildung 7.5: Über einen Zeiger auf Feldinhalte zugreifen

Im Code wird dies folgendermaßen realisiert:

✔ Nach dem Erstellen des Felds `iArray` wird ein `int`-Zeiger `iZeiger` angelegt, der auf das erste Element des Felds zeigt.

Es wird also mithilfe des Referenzierungsoperators & die Adresse der Speicherzelle des ersten Feld-Elements ermittelt:

```
int[4] iArray = { 37, 45, 12, 24 };
int* iZeiger;

iZeiger = &iArray[0];
```

✔ Mit dem Stern-Operator kann der Zeiger dereferenziert werden, also auf den Inhalt zugegriffen werden.

Der Zeiger zeigt zu Beginn auf das erste Element des Felds, in dem der Wert 37 gespeichert ist. Bei der ersten Dereferenzierung wird dieser Wert auf 35 geändert.

```
*iZeiger = 35;
```

✔ Um auf die weiteren Feld-Elemente zuzugreifen, wird einfach eine Addition auf der Zeiger-Variablen durchgeführt.

```
iZeiger = iZeiger + 1;
```

Danach wird der Zeiger um eine Speicherzelle verschoben, er zeigt nun also auf das zweite Element des Felds.

✔ Es wird wiederum eine Dereferenzierung vorgenommen und der Wert auf 43 geändert.

```
*iZeiger = 43;
```

Zum Schluss enthält das Feld `iArray` also die Werte 35, 43, 12 und 24.

Manuelle Speicherverwaltung

In den bisher gezeigten Beispielen wurden Variablen oder Felder gewöhnlich angelegt und danach Zeiger erzeugt, die auf die Variablen oder Elemente des Felds zeigen.

Bei manueller Speicherverwaltung ist es aber auch möglich, Zeiger zu erstellen, die auf einen ganz neuen, eigens dafür angeforderten Speicherbereich zeigen. Auf diesen Speicherbereich kann dann ausschließlich über den Zeiger zugegriffen werden.

Bei normalen Variablen war es nicht nötig, sich darum zu kümmern, dass der entsprechende Speicherplatz wieder freigegeben wird, wenn die Variable nicht mehr benötigt wird. Bei der manuellen Speicherverwaltung ist dies anders: Der angeforderte Speicherplatz muss explizit freigegeben werden, wenn er nicht mehr benötigt wird.

Um dynamisch Speicher anzufordern, wird der new-Operator verwendet. Man nennt dies auch *Speicher allozieren*. Um nicht mehr benötigten Speicher wieder freizugeben, existiert der Operator delete.

Listing 7.19 zeigt, wie die beiden Operatoren verwendet werden, um dynamisch Speicher für eine int-Variable anzufordern und wieder freizugeben.

```
int* dynInt;
dynInt = new int;

*dynInt = 57;

int normalInt;
normalInt = *dynInt;

delete dynInt;
```
Listing 7.19: Manuelle Speicheranforderung für eine int-Variable

Im Einzelnen:

- ✔ Zunächst wird eine Variable dynInt angelegt, die einen Zeiger auf eine int-Variable speichern kann.

- ✔ Danach wird mithilfe des new-Operators ein Speicherplatz für einen int-Wert beim Betriebssystem angefragt.

- ✔ In der Variablen dynInt wird dann die Adresse dieses Speicherplatzes abgelegt.

- ✔ Über eine Dereferenzierung von dynInt wird der Wert 57 in der Speicherzelle abgelegt.

- ✔ Danach wird eine gewöhnliche Variable normalInt angelegt, in der dann durch eine erneute Dereferenzierung ebenfalls der Wert 57 gespeichert wird.

- ✔ Jetzt wird der zu Beginn angeforderte Speicherplatz nicht mehr benötigt und durch Aufruf des delete-Operators wieder freigegeben.

Vielleicht fragen Sie sich, was der Vorteil dieser komplizierten Herangehensweise ist. Schließlich haben Sie zuvor bereits gesehen, dass Variablen auch ohne diesen ganzen Firlefanz angelegt und genutzt werden können.

Aber auch wenn Sie auf normalem Wege Variablen anlegen, muss Speicherplatz reserviert werden, der später wieder freigegeben wird. Nur müssen Sie sich dann nicht selber darum kümmern, sondern die Programmiersprache erledigt das für Sie.

Doch möglicherweise macht die Programmiersprache dies nicht so gut, wie es ein Programmierer tun würde. Als Programmierer sind Sie dazu angehalten, bei der manuellen Speicherverwaltung den Speicherplatz sofort freizugeben, wenn er nicht mehr benötigt wird.

Macht die Programmiersprache dies automatisch, ist nicht gewährleistet, dass die Freigabe zum frühestmöglichen Zeitpunkt geschieht. Es kann also sein, dass Speicher erst freigegeben wird, nachdem er schon lange nicht mehr benötigt wurde.

Bei Programmen, bei denen die Speicherauslastung wirklich wichtig ist, kann es deshalb ein Vorteil sein, die Speicherverwaltung selbst in die Hand zu nehmen.

Zeigerchaos im Kopf? Keine Sorge!

Wie Sie sich sicher vorstellen können, wird das Hantieren mit Speicherplätzen, Zeigern und Referenzen schnell unübersichtlich und führt nicht selten zu schwer aufzufindenden Programmierfehlern und üblen Programmabstürzen. Auch erfahrene Programmierer kommen dabei immer wieder ins Schleudern.

Es gibt unterschiedliche Meinungen, ob sich Programmieranfänger direkt mit dieser komplizierten Thematik befassen sollten:

✔ Einerseits erlangen Sie dadurch ein besseres Verständnis von Programmiersprachen und Speicherverwaltung.

✔ Andererseits können die zwangsläufig auftretenden Fehler schnell zu Frustration und Resignation bei Anfängern führen, sodass diese eventuell sogar komplett die Freude und das Interesse an der Programmierung verlieren.

In diesem Buch habe ich daher einen Mittelweg gewählt: Ich habe Ihnen die grundlegenden Prinzipien der manuellen Speicherverwaltung gezeigt. Im weiteren Verlauf des Buchs werde ich Sie aber nicht weiter mit dieser Thematik »quälen«. Die Programmiersprachen Java und PHP, die ich in den folgenden Teilen des Buchs näher vorstellen werde, kommen ganz ohne die Konzepte der manuellen Speicherverwaltung und der Zeigerarithmetik aus.

Wenn Sie Ihre Reise durch die Welt der Programmierung nach der Lektüre dieses Buchs fortsetzen, so werden Ihnen sicherlich früher oder später die manuelle Speicherverwaltung und die Zeigerarithmetik erneut über den Weg laufen. Ich hoffe, ich konnte mit dieser kurzen Einführung ein wenig die Berührungsängste abbauen.

Das Wichtigste in Kürze

✔ Code, den Sie an verschiedenen Stellen im Programm verwenden möchten, sollten Sie in Funktionen auslagern.

✔ Funktionen können durch Verwendung von Parametern bei jedem Aufruf unterschiedliche Daten verarbeiten.

✔ Durch Aufteilung eines Programms in kleinere Einzelteile wird die Komplexität der Programmierung verringert, da zunächst jeder Programmteil einzeln betrachtet werden kann.

In der Praxis wird die Aufteilung eines Programms durch die Verwendung von Klassen und Objekten realisiert.

✔ Eine Klasse fasst unterschiedliche Objekte desselben Typs zusammen.

✔ Klassen besitzen Attribute, die die Eigenschaften von konkreten Objekten repräsentieren.

✔ Klassen besitzen Methoden, mit denen ein Objekt bestimmte Aktionen durchführen kann.

✔ Um Objekte in einem konsistenten Zustand zu halten, kann der Zugriff auf bestimmte Attribute oder Methoden eingeschränkt werden.

✔ Mit Zeigern ist es möglich, in einer Variablen die Speicheradresse einer anderen Variablen zu speichern.

✔ Auf diese Weise können zum Beispiel die Elemente eines Felds schnell durchlaufen werden.

✔ Bei der manuellen Speicherverwaltung kann der Speicherplatz für eine Variable dynamisch vom Betriebssystem angefordert und später wieder freigegeben werden.

✔ Zeigerarithmetik und manuelle Speicherverwaltung sind nicht in allen Programmiersprachen vorhanden.

Übungen

1. Erstellen Sie eine Funktion bmi(), die den sogenannten Body-Mass-Index (kurz BMI) einer Person berechnet. Der BMI berechnet sich mithilfe der Körpergröße L in Metern und der Masse M in Kilogramm wie folgt:

$$BMI(L,M) = \frac{M}{L^2}$$

Bei einer Größe von 1,70 Metern und einem Gewicht von 65 Kilogramm beträgt der BMI also $\frac{65}{1{,}7^2} = 22{,}49$.

Achten Sie darauf, ungültige Werte (zum Beispiel negative Größe oder negative Masse) abzufangen und in diesem Fall 0 als Ergebnis zu liefern.

2. Erstellen Sie eine Funktion `fib()`, die zu einer Zahl n die zugehörige Fibonacci-Zahl berechnet.

   Die Fibonacci-Zahlen sind eine unendliche Folge von Zahlen, bei der sich jedes Element der Folge als Summe der beiden unmittelbar vorausgehenden Elemente berechnet.

   Die ersten beiden Elemente der Folge (das heißt `fib(1)` und `fib(2)`) werden jeweils als 1 festgesetzt, alle anderen Elemente berechnen sich wie erwähnt als Summe der beiden Vorgängerelemente.

   Beispiele:

   - *fib(3) = fib(1) + fib(2) = 1 + 1 = 2*
   - *fib(4) = fib(2) + fib(3) = 1 + 2 = 3*
   - *fib(5) = fib(3) + fib(4) = 2 + 3 = 5*

3. Erstellen Sie eine Klasse `BasketballSpielstand`, die im Vergleich zur ursprünglichen Klasse `Spielstand` einige Besonderheiten aufweist:

   - Der Spielstand wird nicht mehr als Anzahl von Toren angegeben, sondern als Anzahl von Punkten.
   - Wenn eine Mannschaft einen Korb erzielt, erhält sie zwei Punkte.
   - Wenn eine Mannschaft einen Korb aus großer Entfernung erzielt, erhält sie drei Punkte (»Dreier«).
   - Bei bestimmten Regelverstößen der gegnerischen Mannschaft erhält eine Mannschaft eine variable Anzahl an Freiwürfen zugesprochen.

     Wird aus einem Freiwurf ein Korb erzielt, so erhält die Mannschaft einen zusätzlichen Punkt.

   Erstellen Sie für die genannten Situationen Methoden der Klasse `BasketballSpielstand`, die jeweils aufgerufen werden, wenn die Situationen (entweder für das Heim- oder das Auswärtsteam) eintreten.

Teil II
Programmieren mit Java

IN DIESEM TEIL ...

✔ Installieren Sie Java-Werkzeuge

✔ Lernen Sie die Grundlagen der Programmiersprache kennen

✔ Programmieren Sie objektorientiert

✔ Verwenden Sie fortgeschrittene Techniken und Benutzeroberflächen

> **IN DIESEM KAPITEL**
>
> Ausführbare Programme aus Quellcode erstellen
>
> Den Komfort von Entwicklungsumgebungen nutzen

Kapitel 8
Compiler und Entwicklungsumgebung

Bevor Sie selbst mit der Erstellung von Programmen loslegen, erfahren Sie in diesem Kapitel alles über Compiler und Entwicklungsumgebungen.

Einen Compiler werden Sie benötigen, um aus dem Quellcode ein für den Computer ausführbares Programm zu erzeugen. Entwicklungsumgebungen machen den gesamten Prozess der Programmierung für Sie komfortabler, indem sie Ihnen an verschiedenen Stellen unter die Arme greifen.

Compiler

Das einzige absolut unverzichtbare Werkzeug für die Programmierung ist der *Compiler* (deutsch: Übersetzer), der den von Ihnen geschriebenen Quellcode in Maschinencode umwandelt, der dann von einem Computer ausgeführt wird. Während alle anderen Werkzeuge bei der Programmierung optional sind, ist der Compiler also essenziell.

Ein Compiler ist selbst ein Programm, das normalerweise auch vom Entwickler der Programmiersprache bereitgestellt wird. Es gibt also keinen universellen Compiler für alle Programmiersprachen, sondern es wird für jede Sprache ein eigener Compiler benötigt.

Zum Glück gibt es für alle wichtigen Programmiersprachen kostenlose Compiler. Sie brauchen also kein Geld zu investieren, um mit ersten eigenen Programmen in die Welt der Programmierung zu starten. Über das Internet können Sie einen Compiler in wenigen Minuten auf Ihren Rechner herunterladen und dort installieren.

Solange Sie allen Quellcode für ein Programm in eine einzelne Datei schreiben, geht das Übersetzen mit dem Compiler recht schnell und einfach. Der Compiler erstellt dann normalerweise aus einer Quelltextdatei eine ausführbare Datei, unter Windows also eine *.exe-Datei*.

Java-Programme werden abweichend davon *nicht* als .exe-Dateien abgelegt, sondern in Bytecode-Dateien. Sie sind nämlich, wie in Kapitel 2 erläutert, nicht direkt ausführbar, sondern benötigen zusätzlich einen Java-Interpreter, um ausgeführt zu werden. Da ein solcher normalerweise auf jedem Windows-Rechner bereits vorhanden ist, stellt das aber keine Einschränkung dar.

Compiler werden normalerweise mithilfe von Textbefehlen gesteuert. Unter Windows funktioniert das mit der *Eingabeaufforderung*. Die Eingabeaufforderung ist ein Relikt aus alten MS-DOS-Tagen, als Computer ausschließlich über Textbefehle gesteuert wurden. Heute kann sie über den Ordner WINDOWS-SYSTEM im Startmenü aufgerufen werden.

Wie Sie später noch sehen werden, unterteilt man den Quelltext eines Programms für gewöhnlich in viele verschiedene Dateien. Und das macht die Übersetzung schon etwas kniffliger. Nun muss jede Datei für sich zunächst übersetzt und die Ergebnisse müssen danach zu einem Programm zusammengefügt werden.

Glücklicherweise gibt es Hilfsmittel, die Ihnen bei der Übersetzung und Verknüpfung unter die Arme greifen. Im nächsten Abschnitt zeige ich Ihnen, wie Sie sich durch die Verwendung von integrierten Entwicklungsumgebungen bei der Programmierung unterstützen lassen können – unter anderem auch bei der Übersetzung von Quellcode.

Entwicklungsumgebungen

Eine *integrierte Entwicklungsumgebung* (englisch *Integrated Development Environment*, kurz *IDE*) ist ein Programm, das Ihnen bei der Programmierung viele Aufgaben abnimmt, sodass Sie sich ganz auf den eigentlichen Kern Ihrer Arbeit konzentrieren können.

Für alle gängigen Programmiersprachen gibt es zum Glück sehr brauchbare und dazu kostenlose Entwicklungsumgebungen. Es spricht also nichts dagegen, von vorneherein den ganzen Komfort, den eine Entwicklungsumgebung bietet, zu nutzen. Dank Internet ist auch der Zugang recht einfach, in kurzer Zeit haben Sie die Entwicklungsumgebung Ihrer Wahl installiert.

Im Folgenden werde ich Ihnen anhand der beliebten Umgebung *Eclipse* einige nützliche Funktionen von Entwicklungsumgebungen demonstrieren. Sie brauchen Eclipse jetzt übrigens noch nicht zu installieren. Im nächsten Kapitel, wenn es mit der Java-Programmierung losgeht, werde ich Ihnen ganz genau zeigen, wie Sie diese Entwicklungsumgebung auf Ihren Rechner bekommen.

Syntax-Hervorhebung

Entwicklungsumgebungen unterstützen Programmierer bei der visuellen Erfassung von Quellcode. Schon während Sie den Code schreiben, wird von der IDE dessen Struktur analysiert und verschiedene Code-Bestandteile automatisch unterschiedlich dargestellt.

In der Entwicklungsumgebung Eclipse, die für die Java-Programmierung verwendet wird, werden Schlüsselwörter wie `if` oder `class` zum Beispiel fett und lila dargestellt. Inhalte von Zeichenketten werden dagegen in einem saftigen Blau gedruckt.

Die unterschiedliche Darstellung von Code-Bestandteilen ist für die Übersetzung des Codes ohne Belang. Sie soll lediglich dem menschlichen Leser dabei helfen, den Code visuell schneller zu erfassen.

In Listing 8.1 und Listing 8.2 sehen Sie den Code zur Berechnung der Fakultät sowohl mit als auch ohne Syntax-Hervorhebung. Obwohl die Möglichkeiten in einem schwarz-weiß gedruckten Buch im Vergleich zu einem Highend-Ultra-44K-Farbmonitor eingeschränkt sind, sollten die Vorzüge der Syntax-Hervorhebung erkennbar sein.

```
int n;
n = Eingabe_durch_Benutzer();

if (n < 0)
{
    return 0;
}

if (n == 0)
{
    return 1;
}

int zaehler, ergebnis;
zaehler = 1;
ergebnis = 1;

while (zaehler <= n)
{
    ergebnis = ergebnis * zaehler;
    zaehler = zaehler + 1;
}

return ergebnis;
```

Listing 8.1: Fakultät-Code mit Syntax-Hervorhebung

```
int n;
n = Eingabe_durch_Benutzer();

if (n < 0)
{
return 0;
}

if (n == 0)
{
return 1;
}
```

```
int zaehler, ergebnis;
zaehler = 1;
ergebnis = 1;

while (zaehler <= n)
{
ergebnis = ergebnis * zaehler;
zaehler = zaehler + 1;
}

return ergebnis;
```

Listing 8.2: Fakultät-Code ohne Syntax-Hervorhebung

Sind Ihnen die Einrückungen in Listing 8.1 aufgefallen? Für gewöhnlich rückt man Codezeilen, die sich im Rumpf einer if-Anweisung oder einer while-Schleife befinden, um einen Tabulator oder mehrere Leerzeichen ein. Auch mit Codezeilen innerhalb von Funktionsrümpfen verfährt man auf diese Weise. Die Einrückungen sind für die Übersetzung des Codes abermals ohne Belang, sie unterstützen lediglich die visuelle Erfassung.

Die Einrückungen werden von den Entwicklungsumgebungen automatisch eingefügt. Wenn Sie zum Beispiel eine if-Anweisung schreiben, wird die folgende Zeile automatisch eingerückt.

Automatisches Vervollständigen

Während Sie Code in einer Entwicklungsumgebung schreiben, »denkt« diese mit und macht Vorschläge zum Vervollständigen von Code-Konstrukten. Die Vorschläge werden in Form einer Liste eingeblendet, aus der Sie bei Bedarf das von Ihnen beabsichtigte Code-Konstrukt auswählen können, das dann automatisch in den Code übernommen wird.

In Kapitel 7 haben Sie eine Klasse Spielstand gesehen. Hätten Sie diese beispielsweise in Java mit der IDE Eclipse realisiert, könnten Sie den Klassennamen nach Eingabe der ersten Buchstaben automatisch vervollständigen lassen. Auf diese Weise können Sie sich viel mühselige Tipparbeit ersparen, insbesondere bei langen Klassennamen.

Abbildung 8.1 zeigt die automatische Vervollständigung in der Entwicklungsumgebung Eclipse. Nach dem Eintippen der ersten drei Buchstaben der gewünschten Klasse kann über die Tastenkombination [Strg] + [Leertaste] eine Liste der Vorschläge zum Vervollständigen aufgerufen werden.

Die Liste enthält nicht nur selbst erstellte Klassen, sondern auch andere Klassen, die zum Beispiel direkt in der Programmiersprache enthalten sind. Aus der Liste kann mit der Maus oder mithilfe der Pfeiltasten auf der Tastatur die gewünschte Klasse ausgewählt werden.

Je nach Entwicklungsumgebung erfolgt der Aufruf der Vorschlagsliste auf verschiedene Weisen. Bei Microsofts Visual Studio, das für die Programmierung in den Sprachen C++ und C# oft verwendet wird, erscheint die Liste zum Beispiel während des Tippens automatisch.

Das Ganze funktioniert übrigens nicht nur mit Klassennamen, sondern auch genauso für Namen von Variablen.

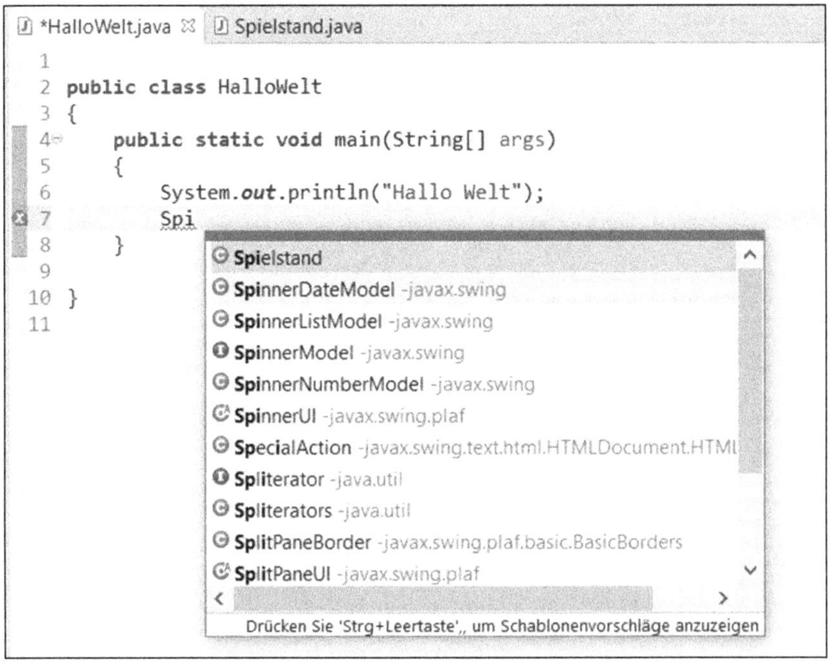

KAPITEL 8 Compiler und Entwicklungsumgebung

![Screenshot der Eclipse-Vervollständigung mit Klasse HalloWelt und Vorschlagsliste beginnend mit Spielstand, SpinnerDateModel, SpinnerListModel usw.]

Abbildung 8.1: Automatisches Vervollständigen in Eclipse

Doch die automatische Vervollständigung kann noch mehr. Haben Sie einmal eine Instanz einer Klasse erstellt, hilft Ihnen das Feature auch dabei, die gewünschten Methoden oder Attribute zu finden. Verwenden Sie bei einer Klassen-Instanz den Punkt-Operator zum Zugriff auf eine Methode oder ein Attribut, erscheint automatisch eine Liste der vorhandenen Methoden und Attribute (siehe Abbildung 8.2).

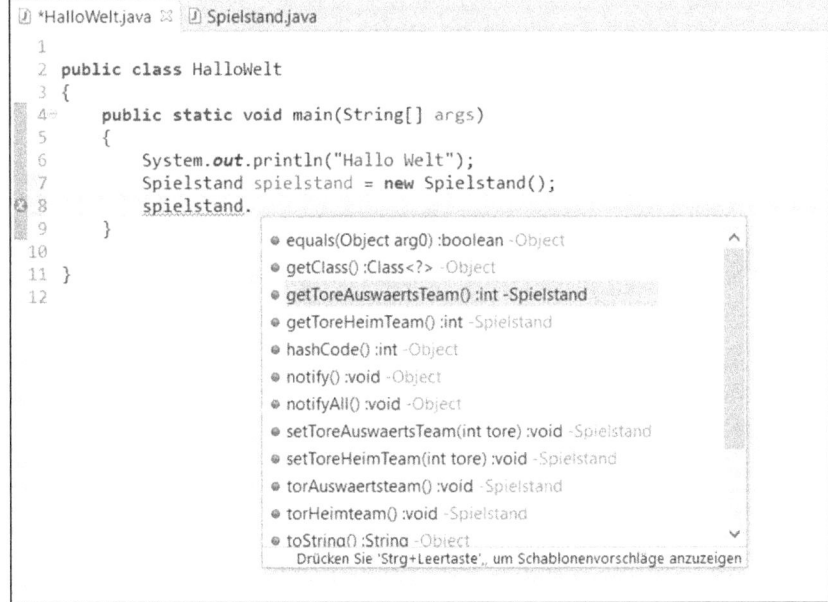

Abbildung 8.2: Vervollständigen mit Methoden einer Klasse

Code umgestalten

Entwicklungsumgebungen bieten in der Regel umfangreiche Möglichkeiten, um Code umzugestalten. Denken Sie dabei zunächst an eine einfache Variable. Möchten Sie deren Namen ändern, müssen Sie den Namen überall dort, wo die Variable verwendet wird, ebenfalls anpassen.

Solange eine Variable nur in einer einzigen Quelltextdatei verwendet wird, ist das noch ein überschaubarer Aufwand. Soll aber zum Beispiel der Name einer Klassenmethode oder eines Klassenattributs geändert werden, kann dies Änderungen an vielen verschiedenen Quelltextdateien vonnöten machen, nämlich überall dort, wo die zu ändernde Methode oder das Attribut verwendet wird.

Auch hierbei greift Ihnen die Entwicklungsumgebung unterstützend unter die Arme. Da das komplette Projekt in der IDE verwaltet wird, kennt diese alle Stellen, an denen ein Attribut oder eine Methode verwendet wird. Sie müssen deshalb lediglich den gewünschten neuen Namen angeben, und die Entwicklungsumgebung passt den Namen automatisch an allen Stellen an, an denen er verwendet wird.

Diese Funktion ist bei der Entwicklungsumgebung Eclipse über ein Kontextmenü erreichbar:

1. **Klicken Sie zunächst den Namen, der geändert werden soll, mit der linken Maustaste an.**
2. **Öffnen Sie danach das Kontextmenü über einen Rechtsklick.**
3. **Wählen Sie REFACTORING und dann UMBENENNEN.**

    Jetzt kann direkt an Ort und Stelle der Name abgeändert werden.

4. **Schließen Sie mit der ⏎-Taste die Umbenennung ab.**

    Die IDE übernimmt den neuen Namen danach automatisch an allen Stellen, an denen der Name verwendet wird.

Übersetzen des Quellcodes

In der IDE wird, wie schon erwähnt, das gesamte Projekt verwaltet. Neue zum Projekt gehörende Quelltextdateien werden direkt über die Umgebung angelegt. So weiß diese über alle Quelltextdateien Bescheid und kann selbstständig die nötigen Übersetzungsschritte einleiten, um aus den Quelltexten ein ausführbares Programm zu erzeugen.

In der Regel lässt sich ein Programm daher direkt aus der IDE heraus starten. So können Sie nach Änderungen am Quellcode schnell und einfach prüfen, ob die Änderungen die gewünschte Wirkung zeigen.

Darüber hinaus bieten viele Entwicklungsumgebungen noch ein weiteres nützliches Feature an. Während Sie Code schreiben, wird dieser im Hintergrund bereits übersetzt. Sollten

Sie dabei einen syntaktischen Fehler machen, also zum Beispiel den Namen einer Variablen falsch schreiben, werden Sie umgehend darauf hingewiesen. Die fehlerhafte Stelle wird meist rot gekennzeichnet.

Beim Überfahren der Stelle mit dem Maus-Cursor werden in einem kleinen Fenster weitergehende Informationen über den Fehler bereitgestellt, sodass Sie diesen umgehend korrigieren können.

Abbildung 8.3 zeigt, wie das in Eclipse aussieht. Beim Eintippen des Variablennamens tore ist ein Tippfehler passiert. Das Programm versucht, auf die nicht vorhandene Variable tohre zuzugreifen.

Die Zeile wird von Eclipse markiert und die fragliche Variable unterschlängelt. In dem kleinen Fenster werden einige Aktionen zur Lösung des Problems vorgeschlagen. Mit einem Klick auf ERSETZEN DURCH 'TORE' lässt sich das Problem aus der Welt schaffen.

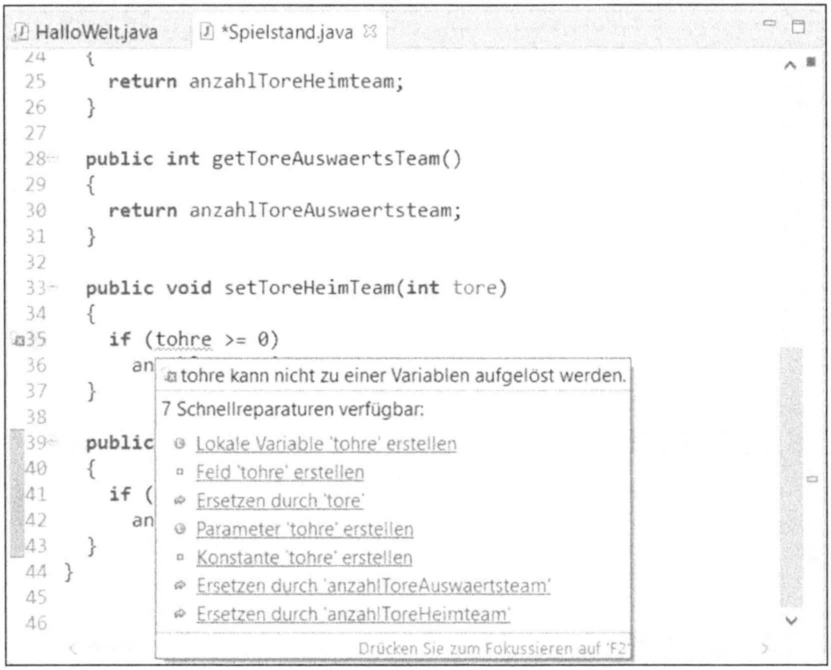

Abbildung 8.3: Eclipse erkennt fehlerhaften Code

Debuggen

Ein wesentlicher Teil der Arbeit eines Programmierers ist das Auffinden und Entfernen von Fehlern aus dem Quellcode. Und damit meine ich nicht die einfachen Tippfehler. Man nennt diesen Vorgang *Debuggen*.

Die Bezeichnung Debuggen stammt noch aus der Anfangszeit der Computer, als diese riesig und anfällig gegen Störungen von außen waren. Nicht selten kam es vor, dass Insekten oder Käfer (englisch: *bug*) ins Innere der Maschine gelangten und dort im schlimmsten Fall für Kurzschlüsse oder sonstige Fehler sorgten, die den Computer unbrauchbar machten.

Die Bezeichnung *Bug* wurde in den folgenden Jahren auch für gewöhnliche, durch schlechte Programmierung verursachte Programmfehler übernommen. Debuggen bezeichnet demnach das Entfernen von Fehlern aus dem Quellcode.

Manche Fehler im Quellcode sind einfach zu finden, bei anderen dagegen ist dies extrem schwierig. Entwicklungsumgebungen stellen Hilfsmittel bereit, die Sie bei der Suche nach Fehlern im Quellcode unterstützen.

Dazu zählt zum Beispiel die Möglichkeit, ein Programm schrittweise auszuführen, also eine Anweisung nach der anderen. Nach jedem Schritt wird das Programm unterbrochen. Sie haben dann die Möglichkeit, sich die Inhalte von allen Variablen anzuschauen. So können Sie prüfen, ob sich diese so entwickeln, wie es von Ihnen vorgesehen war. Auf diese Weise können Sie versuchen, dem Fehler auf die Spur zu kommen.

Wie dies genau mit Eclipse funktioniert, werde ich Ihnen in Teil IV zeigen, wenn Sie die Java-Programmierung etwas besser kennen als jetzt.

Das Wichtigste in Kürze

✔ Eine integrierte Entwicklungsumgebung nimmt dem Programmierer viel Arbeit ab.

✔ Durch Syntax-Hervorhebungen wird das visuelle Erfassen von Quellcode erleichtert.

✔ Entwicklungsumgebungen denken mit und machen automatisch Vorschläge zum Vervollständigen von Code-Konstrukten.

✔ Das Umbenennen von Variablen, Attributen und Methoden ist mit Entwicklungsumgebungen komfortabel möglich.

✔ Die Entwicklungsumgebung führt alle Übersetzungsschritte automatisch aus. Bereits während des Schreibens von Code wird auf Syntax-Fehler hingewiesen.

✔ Entwicklungsumgebungen beinhalten Werkzeuge, mit denen Programmierer Fehler innerhalb des Programmcodes aufspüren können.

> **IN DIESEM KAPITEL**
>
> Installation der wichtigsten Werkzeuge
>
> Erstellen und Ausführen von ersten, einfachen Programmen

Kapitel 9
Die ersten Schritte in der Java-Programmierung

Bevor es mit der Erstellung von Java-Programmen losgehen kann, benötigen Sie den Java-Compiler und die Entwicklungsumgebung Eclipse auf Ihrem Computer. Hier erfahren Sie, wie diese installiert werden.

Danach können Sie Ihre ersten Schritte in der Java-Programmierung gehen: An einem sehr einfachen Beispiel wird der grundlegende Aufbau von Programmen gezeigt.

Compiler und Entwicklungsumgebung installieren

Ein Java-Programm ist zunächst einmal nichts anderes als ein Text, der in einer Datei oder auf mehrere Dateien verteilt auf einem Computer gespeichert ist. Die verschiedenen Schritte, die notwendig sind, um aus diesem Text ein ausführbares Programm zu machen, wurden im allerersten Kapitel dieses Buchs beschrieben. Das wichtigste Hilfsmittel ist demnach der Compiler, der den Quellcode in eine vom Computer ausführbare Form bringt.

Das Drama mit den Java-Lizenzen

Lange Jahre wurde der Java-Compiler von der Firma Oracle, die Java verwaltet und weiterentwickelt, kostenlos zur Verfügung gestellt. Gerade deshalb wurde und wird die Sprache gern von Programmieranfängern verwendet – kaum ein Anfänger wird nämlich bereit sein, auch noch regelmäßig Lizenzgebühren zu zahlen, um eine Programmiersprache nutzen zu können.

> ### Übersetzung von Quellcode
>
> Was die Übersetzung von Quellcode angeht, unterscheidet sich die Programmiersprache Java ein bisschen von vielen anderen Sprachen. Der Java-Compiler übersetzt den Quellcode nicht direkt in den Maschinencode, den der Prozessor ausführen kann, sondern in eine Zwischensprache, den sogenannten *Bytecode*. Damit wird erreicht, dass Java-Programme plattformunabhängig sind. Das Endresultat einer Übersetzung, der Maschinencode, ist nämlich plattformspezifisch. Das bedeutet, dass sich Maschinencode von Windows-Systemen von dem von Linux- oder Macintosh-Systemen unterscheidet. Wurde ein Programm erst mal in den Maschinencode übersetzt, kann es nur noch auf einer bestimmten Plattform ausgeführt werden.
>
> Java wurde dagegen so entworfen, dass Programme prinzipiell plattformunabhängig sind. (Prinzipiell bedeutet dabei, dass Sie sich nicht blind auf diese Behauptung verlassen, sondern zumindest nachprüfen sollten, ob ein Programm tatsächlich auf den gewünschten Plattformen wie gewünscht funktioniert.) Daher wurde der Bytecode als Zwischenschritt bei der Übersetzung des Quellcodes eingeführt. Der Java-Compiler produziert aus dem Quellcode einen Bytecode, der für alle Plattformen gleich ist. Um den Bytecode auszuführen, wird allerdings ein weiteres Werkzeug benötigt: der sogenannte *Interpreter*. Ein Interpreter ermöglicht die Ausführung auf einer bestimmten Plattform, indem er den (plattformunabhängigen) Bytecode in Maschinencode dieser Plattform übersetzt.
>
> Um ein Java-Programm auf einem Computer auszuführen, wird daher ein Plattform-spezifischer Interpreter benötigt. Zum Glück gibt es diesen für so ziemlich alle heute verfügbaren Computer-Systeme. Auf Windows-Rechnern ist der Java-Interpreter normalerweise bereits vorinstalliert. Er macht sich meist für den Benutzer bemerkbar, wenn der Rechner wieder mal ein automatisches Update einspielen möchte.

Das Problem mit kostenlosen Angeboten: Diese können von einem Tag zum anderen verschwinden. Und in der Tat: Im Jahr 2018 hat die Firma Oracle beschlossen, das Lizenzierungsmodell von Java zu ändern. Seit Frühjahr 2019 wird nun in vielen Fällen eine kostenpflichtige Lizenz benötigt – in Situationen, in denen zuvor eine kostenlose Nutzung von Java möglich war. Letztlich möchte auch Oracle Geld verdienen und das geht nun mal mit kostenpflichtigen Angeboten besser als mit kostenlosen.

Die gute Nachricht: Es ist auch weiterhin möglich, Java kostenfrei zu nutzen. Allerdings wird das Ganze etwas komplizierter. Es gibt jetzt nämlich mehrere Optionen:

- ✔ Sie können eine sehr alte Version des Java-Compilers von Oracle verwenden. Ab Version 8 gilt das neue Lizenzierungsmodell, alle vorherigen Versionen können weiterhin uneingeschränkt kostenlos verwendet werden.

  Da für solche alten Versionen aber keinerlei Sicherheitspatches und Updates mehr erstellt werden, ist das nicht unbedingt empfehlenswert.

✔ Oracle stellt mit dem sogenannten *OpenJDK* auch weiterhin eine kostenlose Alternative zu seinem kommerziellen Java-Compiler zur Verfügung.

   Allerdings gibt es sehr häufig Updates von OpenJDK. Nach jeweils einem halben Jahr gibt es eine neue Version. Vorherige Versionen werden dann von Oracle nicht mehr aktualisiert, sodass es auch dort dann keine Sicherheitspatches mehr geben wird.

   Kommerzielle Nutzer wären gezwungen, ihre Programme zweimal jährlich an die jeweils neue Java-Version anzupassen.

✔ Glücklicherweise sind einige andere Firmen in die Bresche gesprungen und stellen eigene Java-Compiler zur Verfügung. Diese basieren ebenfalls auf Oracles OpenJDK.

   Diese Anbieter bieten auch langfristigen Support für ihre Compiler an, sodass Sie als Entwickler nicht gezwungen sind, Ihre Programme ständig an eine jeweils neue Java-Version anzupassen.

Ich werde Ihnen im nächsten Abschnitt zeigen, wie Sie den Java-Compiler der Firma *Amazon* installieren können. Dieser wird dann auch im weiteren Verlauf des Buchs verwendet.

Den Compiler installieren

Der bekannte amerikanische Onlineversandhändler Amazon stellt unter dem Namen *Amazon Corretto* einen kostenlosen Java-Compiler bereit. Dieser basiert auf dem »offiziellen« Java-Compiler von Oracle, wird aber, wie im vorherigen Abschnitt erklärt, auch über eine längere Laufzeit mit Sicherheitsupdates und Patches versorgt.

Amazon Corretto übernimmt dabei jeweils die Versionsnummer des Oracle-Compilers. Amazon Corretto 8 basiert demnach auf Oracles Java 8, Amazon Corretto 11 auf Oracles Java 11 und so weiter. Da der Oracle-Compiler in sehr engen Abschnitten in neuen Versionen zur Verfügung gestellt wird, wird nicht jede Version von Amazon Corretto übernommen. Zum Zeitpunkt des Schreibens dieses Buchs sind die Amazon-Corretto-Versionen 8, 11, 15 und 16 verfügbar, aber keine Version dazwischen. Mit Amazon Corretto müssen Sie also etwas länger warten, bis Sie auf eine neue Java-Version zugreifen können. Das ist aber für Sie als Anfänger nicht weiter schlimm. Die neu hinzugefügten Features werden Sie als Einsteiger sowieso nicht benutzen. Selbst fortgeschrittene Programmierer müssen nicht zwingend sofort auf eine neue Version umsteigen.

Im Rahmen dieses Buchs werde ich Amazon Corretto 8 verwenden. Warum Version 8 und nicht die neueste zur Verfügung stehende Version 16? Auch das hat in gewisser Weise mit dem Chaos um die Änderungen bei den Lizenzen zu tun. Im Normalfall sollten neuere Versionen von Programmiersprachen immer abwärtskompatibel sein. Das bedeutet, Code, der mit einer bestimmten Version der Programmiersprache erstellt wurde, sollte auch mit späteren Versionen noch funktionieren. Leider wurde jedoch im Rahmen der ganzen Umstrukturierungen in Java 11 eine wichtige Bibliothek aus dem Standardumfang von Java entfernt. In Kapitel 15 dieses Buchs werde ich diese Bibliothek verwenden, um grafische

Benutzeroberflächen zu erstellen. Zwar könnte man diese dann manuell wieder einbinden – das ist jedoch ziemlich umständlich und daher möchte ich Ihnen das ersparen.

Ich werde daher hier beschreiben, wie Sie die Java-Version 8 auf Ihrem Windows-Rechner installieren können. Java 8 wird von Amazon mindestens bis 2026 unterstützt.

Der Java-Compiler ist Bestandteil des sogenannten *Java Development Kit*, kurz JDK. Sie finden es auf der Amazon-Corretto-Webseite unter https://aws.amazon.com/de/corretto/. Sollte der Link irgendwann einmal veraltet sein, führt eine kurze Google-Suche nach download java corretto schnell zur aktuellen Download-Seite.

Ab hier gehen Sie (unter Windows) wie folgt vor:

1. **Wählen Sie zunächst auf der rechten Seite die zu installierende Version aus.**

   Im Beispiel in Abbildung 9.1 ist das die Version 8.

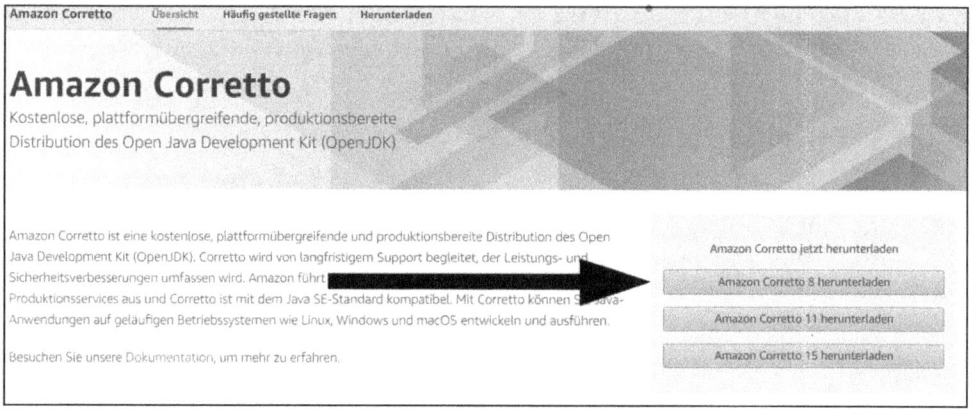

Abbildung 9.1: Version auswählen

2. **Auf der nächsten Seite scrollen Sie etwas nach unten, bis Sie eine Tabelle mit vielen Links sehen. Suchen Sie in der Zeile WINDOWS X64 den ersten Link in der Spalte DOWNLOAD LINK. Das ist der Link, der mit** `.msi` **endet (siehe Abbildung 9.2). Klicken Sie auf den Link, um den Download zu starten.**

3. **Starten Sie danach die heruntergeladene Datei. Sie können sich durch den Installations-Assistenten jeweils mit NEXT, WEITER und INSTALL durchklicken (siehe Abbildung 9.3) und brauchen keine Einstellungen zu ändern.**

4. **Nach Abschluss der Installation schließen Sie den Assistenten durch einen Klick auf FINISH.**

KAPITEL 9 Die ersten Schritte in der Java-Programmierung

These links can be used in scripts to pull the latest version of Amazon Corretto 8.

Platform	Type	Download Link	Checksum (MD5)
Linux aarch64	JDK	https://corretto.aws/downloads/latest/amazon-corretto-8-aarch64-linux-jdk.deb	https://corretto.aws/corretto-8-aarch64-li
		https://corretto.aws/downloads/latest/amazon-corretto-8-aarch64-linux-jdk.rpm	https://corretto.aws/corretto-8-aarch64-li
		https://corretto.aws/downloads/latest/amazon-corretto-8-aarch64-linux-jdk.tar.gz	https://corretto.aws/corretto-8-aarch64-li
Windows x64	JDK	https://corretto.aws/downloads/latest/amazon-corretto-8-x64-windows-jdk.msi	https://corretto.aws/corretto-8-x64-windc
		https://corretto.aws/downloads/latest/amazon-corretto-8-x64-windows-jdk.zip	https://corretto.aws/corretto-8-x64-windc
	JRE	https://corretto.aws/downloads/latest/amazon-corretto-8-x64-windows-jre.zip	https://corretto.aws/corretto-8-x64-windc
Windows	JDK	https://corretto.aws/downloads/latest/amazon-	https://corretto.aws/

Abbildung 9.2: Download-Link anklicken

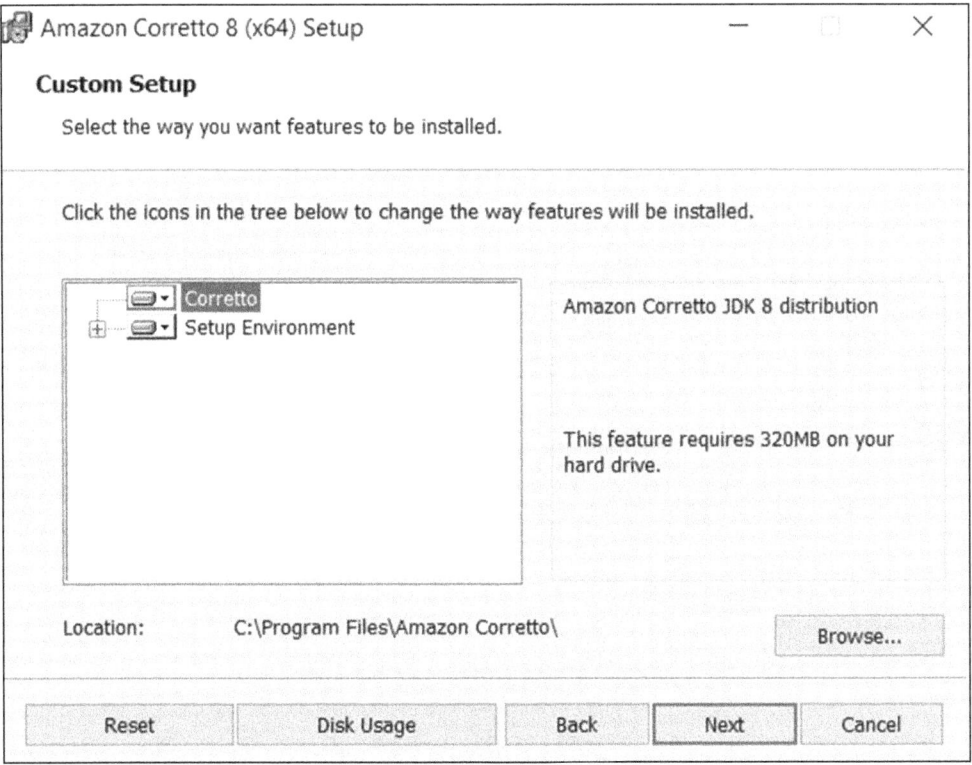

Abbildung 9.3: Installation von Amazon Corretto

Eclipse installieren

Der Java-Compiler ist nun auf Ihrem System installiert, und Sie könnten direkt beginnen, Quellcode zu schreiben und diesen mithilfe des Compilers in eine ausführbare Form zu bringen. Tatsächlich benutzen Programmierer aber normalerweise eine integrierte Entwicklungsumgebung (englisch *Integrated Development Environment*, kurz IDE). Diese nimmt dem Entwickler viele Aufgaben ab und unterstützt das Entwickeln von Programmen ungemein, zum Beispiel, indem alle Übersetzungsschritte automatisch ausgeführt werden. Im vorigen Kapitel hatte ich einige Vorteile von Entwicklungsumgebungen bereits kurz vorgestellt.

Für die Java-Programmierung gibt es verschiedene sehr gut geeignete Entwicklungsumgebungen, beispielsweise *Eclipse* oder *NetBeans*. Ich werde im Rahmen dieses Buchs Eclipse verwenden und die auszuführenden Schritte jeweils anhand von Eclipse demonstrieren.

An dieser Stelle sei noch einmal der Hinweis erlaubt: Papier ist geduldig. Auch Entwicklungsumgebungen sind Programme, die sich im Laufe der Zeit verändern können. Wenn sich ein hier beschriebener Schritt einmal nicht ganz exakt reproduzieren lässt, liegt das möglicherweise daran, dass ein Feature von Eclipse in der Zwischenzeit verändert wurde.

Ich werde im Rahmen dieses Buchs nur die Grundfunktionen von Eclipse verwenden, sodass ich davon ausgehe, dass alle genannten Funktionalitäten auch in Zukunft (eventuell leicht abgewandelt) zur Verfügung stehen.

Die Entwicklungsumgebung Eclipse kann unter `https://www.eclipse.org/downloads/packages/` kostenlos heruntergeladen werden. Wählen Sie hier die Option ECLIPSE IDE FOR JAVA DEVELOPERS aus. Klicken Sie dafür auf der rechten Seite neben der Beschriftung WINDOWS auf den mit x86_64 gekennzeichneten Link und auf der nächsten Seite dann auf DOWNLOAD.

Das heruntergeladene ZIP-Archiv müssen Sie nun nur noch entpacken. Es ist keine Installation nötig. Rufen Sie die Datei `eclipse.exe` auf, um die Entwicklungsumgebung zu starten.

Denken Sie daran, eine Verknüpfung auf dem Desktop zu erstellen, um Eclipse direkt von dort starten zu können.

Alternativ können Sie auf der Download-Seite von Eclipse übrigens auch den Installer herunterladen und verwenden. Dieser legt dann Verknüpfungen im Start-Menü und auf dem Desktop an.

Eclipse einrichten

Nach dem Start von Eclipse werden Sie als Erstes gefragt, welcher WORKSPACE verwendet werden soll.

Der WORKSPACE ist gewissermaßen der Arbeitsbereich, in dem alle Projekte gesammelt werden. Ein Projekt entspricht in etwa einem Programm. Innerhalb des WORKSPACE können Sie schnell zwischen den Quellcode-Dateien von verschiedenen Programmen hin und her wechseln.

1. **Geben Sie als WORKSPACE ein beliebiges Verzeichnis innerhalb des Dateisystems an.**

   Im WORKSPACE werden von Eclipse neue Projekte gespeichert. Alle innerhalb dieses Verzeichnisses gespeicherten Projekte werden in der Eclipse-Oberfläche angezeigt.

   Beim erstmaligen Starten von Eclipse wird ein Verzeichnis als WORKSPACE vorgeschlagen, dies können Sie in der Regel einfach übernehmen.

   Nachdem Sie einen WORKSPACE ausgewählt haben und Eclipse komplett geladen ist, werden Sie von einem Start-Bildschirm begrüßt.

2. **Klicken Sie auf die Schließen-Schaltfläche des WELCOME-Tabs oben links, um den Start-Bildschirm zu schließen.**

   Zu sehen ist danach die Arbeitsoberfläche von Eclipse, diese sollte in etwa aussehen wie in Abbildung 9.4.

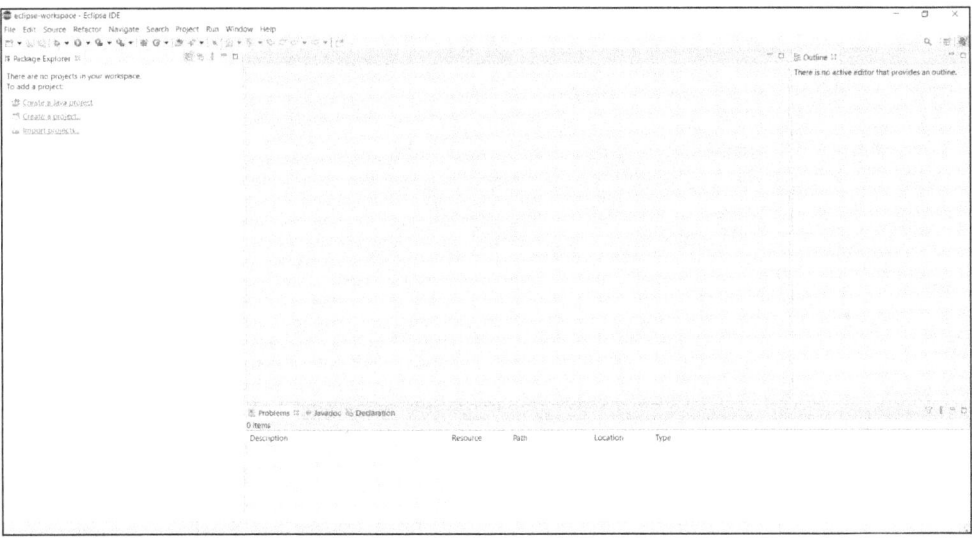

Abbildung 9.4: Die Arbeitsoberfläche von Eclipse

Eclipse ist komplett in Englisch. Es verfügt jedoch über ein Plug-in-System, mit dem nach Belieben Funktionalitäten erweitert oder ausgetauscht werden können. Sie können bei Bedarf ein deutsches Sprachpaket installieren. Gehen Sie dazu folgendermaßen vor:

1. **Gehen Sie zunächst zu** http://www.eclipse.org/babel/downloads.php.

   Dort ist der Download-Link für das Babel-Repository, das die Sprachpakete enthält, im Abschnitt INSTALLING THE LANGUAGE PACKS zu finden.

   Die Entwickler von Eclipse haben den verschiedenen Eclipse-Versionen ursprünglich lustige, spacig-klingende Namen wie Oxygen, Neon oder Mars gegeben. Nachdem ihnen die Ideen für solche Namen ausgegangen sind, sind sie auf langweilige *Jahr-und-Monat-der-Veröffentlichung*-Kombinationen umgestiegen. Eventuell unterscheiden sich die

Download-Links je nach Version. Welche Version Sie verwenden, wird beim Start von Eclipse angezeigt. Außerdem können Sie sich die Version über das HELP-Menü anzeigen lassen.

Vielleicht haben Sie sich gerade gefragt, was zur Hölle ist eigentlich ein »Babel-Repository«? Zunächst, ein Repository ist laut Wikipedia ein »verwaltetes Verzeichnis zur Speicherung digitaler Objekte«. So weit, so gut. Doch warum Babel?

Tatsächlich ist das kein Geschöpf der Hölle, sondern eher des Himmels. Die Bezeichnung ist eine Reminiszenz an den Turmbau zu Babel aus der Bibel. Die Legende besagt, dass Gott über den Bau dieses Turms so erzürnt war, dass er zur Strafe die verschiedenen Sprachen erfand und damit für eine Sprachverwirrung sorgte. Die Menschen konnten sich nun plötzlich nicht mehr miteinander verständigen und der Bau des Turms kam zum Erliegen.

Babel wird daher oft als Bezeichnung im Zusammenhang mit Projekten verwendet, die Übersetzungen in verschiedene Sprachen bereitstellen.

2. **Wählen Sie den Link für Ihre Eclipse-Version.**

   Für die zum Zeitpunkt des Schreibens dieses Buchs aktuellste Eclipse-Version *2021-03* lautet der Link https://download.eclipse.org/technology/babel/update-site/R0.18.3/2021-03/. Je nachdem, wie viel Wasser in der Zwischenzeit den Rhein hinabgeflossen ist, kann es mittlerweile auch eine neuere Version von Eclipse geben – derzeit geschieht das alle drei Monate.

   Notieren Sie sich auf jeden Fall den Link für Ihre Eclipse-Version.

3. **Wählen Sie jetzt im Eclipse-Menü HELP und dann INSTALL NEW SOFTWARE.**

4. **Im sich öffnenden Fenster klicken Sie auf ADD, danach tragen Sie bei LOCATION den Download-Link aus Schritt 2 ein.**

5. **Klicken Sie auf ADD und warten Sie, bis alle Sprachpakete gefunden und aufgelistet wurden.**

   Das kann schon mal ein Weilchen dauern.

6. **Setzen Sie danach ein Häkchen bei BABEL LANGUAGE PACKS IN GERMAN (oder bei einer beliebigen anderen Sprache, die Sie installieren möchten). Bestätigen Sie die Auswahl, indem Sie zweimal auf NEXT klicken.**

7. **Akzeptieren Sie die Lizenz-Bedingungen und starten Sie dann die Installation durch einen Klick auf FINISH.**

   Die Pakete werden im Hintergrund installiert. Rechts unten in der Statusleiste sehen Sie den Fortschritt der Installation.

   Während der Installation können Warnmeldungen angezeigt werden, diese bestätigen Sie mit OK oder INSTALL ANYWAY.

8. **Starten Sie Eclipse neu, nachdem die Installation abgeschlossen ist.**

   Danach steht es Ihnen in deutscher Sprache zur Verfügung.

Die Oberfläche von Eclipse kann an die eigenen Vorstellungen angepasst werden.

✔ Sie können einzelne Bereiche jeweils durch Klick auf den Schließen-Button aus der Arbeitsoberfläche entfernen.

   Über das Menü Fenster|Sicht anzeigen können sie später wieder geöffnet werden.

✔ Die Bereiche Aufgabenliste (falls überhaupt vorhanden) und Gliederung werden für die Arbeit mit diesem Buch nicht benötigt und können daher geschlossen werden.

✔ Stattdessen sollten Sie den Bereich Konsole über das Menü aktivieren. Er wird daraufhin als zusätzlicher Tab im unteren Bereich der Arbeitsoberfläche eingeblendet.

Auf der linken Seite sehen Sie den Paket-Explorer. In diesem werden alle Projekte, die Teil des Workspace sind, in einer Baumansicht dargestellt. Zu einem Projekt gehören meist mehrere Quelltextdateien – im Paket-Explorer finden Sie alle Quelltextdateien Ihrer Projekte übersichtlich sortiert. Durch einen Doppelklick auf eine Quelltextdatei wird diese im Editor, der großen freien Fläche im Zentrum der Arbeitsoberfläche, geöffnet.

Momentan ist jedoch sowohl der Paket-Explorer als auch der Editor komplett leer, da noch keine Projekte existieren.

Bevor es mit der Programmierung losgeht, sollten Sie noch eine Einstellung in Eclipse vornehmen. Eclipse wird teilweise Codestücke für Sie generieren, hierfür sollte das Format anfängergerecht abgeändert werden. Das geht folgendermaßen:

1. **Wählen Sie im Menü Fenster|Benutzervorgaben, danach in der Spalte links Java|Codedarstellung|Formatierungsprogramm.**

2. **Klicken Sie auf Bearbeiten.**

3. **Im sich öffnenden Dialog klappen Sie den Eintrag Positionen von Geschweiften Klammern auf, indem Sie auf das kleine Dreieck davor klicken.**

4. **Ändern Sie oben im Fenster den Profilnamen ab.**

   Der Profilname könnte beispielsweise `Eclipse Anfängergerecht` lauten.

5. **Ändern Sie bei allen Einträgen unter der Überschrift Positionen von geschweiften Klammern den ausgewählten Wert jeweils von Gleiche Zeile in Nächste Zeile (siehe Abbildung 9.5).**

6. **Klicken Sie zunächst auf Anwenden, danach auf OK.**

7. **Schließen Sie auch das Einstellungsfenster durch Klick auf OK oder Anwenden und Schliessen.**

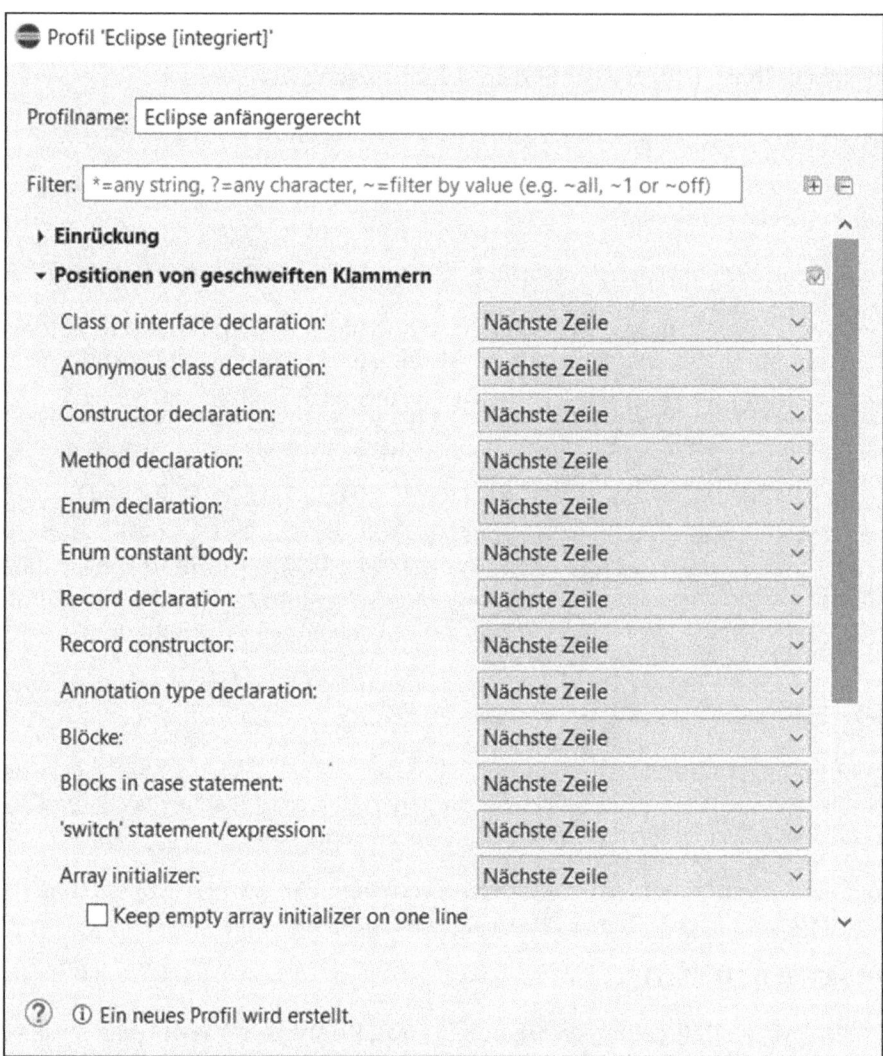

Abbildung 9.5: Formatierungen festlegen

Das »Hallo Welt«-Programm

Java-Programme werden in Eclipse durch Projekte repräsentiert. Ein Projekt kann über das Eclipse-Menü erstellt werden:

1. **Klicken Sie auf DATEI|NEU|JAVA-PROJEKT.**

   Im sich öffnenden Dialog muss nun ein Name für das Projekt angegeben werden, alle anderen Voreinstellungen können übernommen werden.

2. **Geben Sie als Namen für das erste Projekt HalloWelt an.**

3. **Im Bereich JRE wählen Sie die mittlere Option PROJEKTSPEZIFISCHE JRE VERWENDEN und danach in dem Auswahlfeld daneben den Eintrag, der mit `jdk1.8` beginnt.**

   1.8 steht für die Java-Version 8. Bei der offiziellen Zählung der Versionen hat man in grauen Vorzeiten irgendwann mal mit 1.0, 1.1., 1.2 und so weiter angefangen. Später hat man das aber aufgegeben und nur noch den zweiten Wert verwendet.

   Wenn Sie das erste Mal ein Projekt in Eclipse erstellen, kann es übrigens sein, dass Eclipse das zuvor installierte Amazon-Corretto-JDK noch nicht kennt und der `jdk1.8`-Eintrag in dem Auswahlfeld noch nicht vorhanden ist.

   Klicken Sie in diesem Fall direkt darunter auf JREs KONFIGURIEREN. Im nächsten Dialog dann auf der rechten Seite auf SUCHEN. Jetzt geben Sie das Verzeichnis an, in das Amazon Corretto installiert wurde. Normalerweise ist das `C:\Program Files\Amazon Corretto\` oder `C:\Programme\Amazon Corretto\`.

   Eclipse sucht nun in diesem Verzeichnis nach Java-Installationen. Sobald diese Suche abgeschlossen ist, kommen Sie mit einem Klick auf ANWENDEN UND SCHLIESSEN zurück zum Projekterstellungsdialog. Dort können Sie jetzt auch einen Eintrag, der mit `jdk1.8` beginnt, auswählen. Falls nicht, schließen Sie den Projekterstellungsdialog einmal und öffnen ihn erneut.

4. **Klicken Sie auf FERTIGSTELLEN.**

   Das Projekt wird erzeugt und im Paket-Explorer angezeigt.

Es ist in Programmierbüchern seit Jahrzehnten Tradition, zunächst das einfachste mögliche Programm zu erstellen, das lediglich eine kurze Mitteilung (»Hallo Welt«) ausgibt. Ausgeben bedeutet im Fall von Java, dass eine Ausgabe auf der *Konsole* gemacht wird.

Die Konsole ist ein textbasierter Eingabebereich, mit dem eine Software gesteuert werden kann. Auch Ausgaben der Software erfolgen in Textform auf der Konsole.

Bevor die Windows-Ära begann, war MS DOS das verbreitete Betriebssystem von Microsoft. Dieses hatte keine grafische Benutzeroberfläche mit Fenstern, sondern musste ausschließlich über Textbefehle gesteuert werden.

Mit dem Siegeszug von Windows geriet diese umständliche Art der Programmsteuerung größtenteils in Vergessenheit. Bei Bedarf kann jedoch auch unter Windows noch eine Konsole verwendet werden.

Dafür steht die sogenannte Eingabeaufforderung zur Verfügung (siehe Abbildung 9.6). Sie kann über das Windows-Startmenü gestartet werden und findet sich dort im Unterordner WINDOWS-SYSTEM. Mit ihr kann man beispielsweise von Verzeichnis zu Verzeichnis springen (Befehl `cd`) oder den Inhalt von Verzeichnissen anzeigen lassen (Befehl `dir`).

In Eclipse ist für das komfortablere Handling eine Konsole direkt integriert. In dieser werden die Textausgaben der Programme angezeigt, die direkt aus Eclipse gestartet werden.

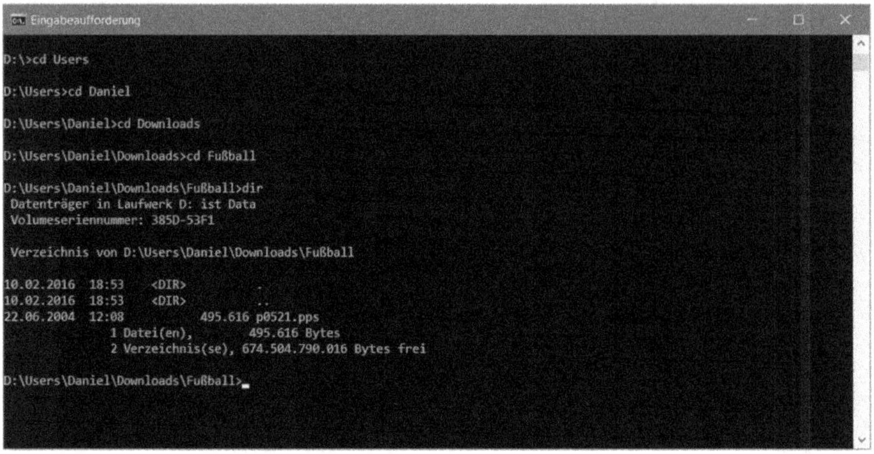

Abbildung 9.6: Die Eingabeaufforderung

Konsolenprogramme entwickeln

Auf Konsolen können nur Texte ausgegeben werden. Mit Java können jedoch auch Anwendungen mit *grafischen Benutzeroberflächen* erstellt werden. Das sind solche Anwendungen, wie Sie sie ganz überwiegend von Windows kennen: mit größenveränderlichen Fenstern, Menüs, Schaltflächen und Buttons.

Um die Grundlagen einer Programmiersprache zu lernen, sind Konsolenprogramme aber nach wie vor die erste Wahl, da grafische Oberflächen deutlich komplexer in der Erstellung sind. In diesem Buch werde ich die Grundelemente von Java also hauptsächlich mittels einfachen Konsolenprogrammen zeigen, die lediglich Textzeilen ausgeben.

Am Ende des Teils über die Java-Programmierung werde ich auch noch kurz in die Erstellung von grafischen Oberflächen einführen. Schließlich wollen Sie sicher kein ganzes Programmierbuch lesen, nur um hinterher sagen zu können: »Endlich kann ich tolle textbasierte Konsolenprogramme schreiben!«

Der Aufbau eines Java-Programms

Während Java viele schöne Eigenschaften hat, die es zu einer sehr guten Wahl für die erste Programmiersprache machen, hat es auch einen gewaltigen Nachteil. Das kleinste mögliche Java-Programm, das Sie als Einsteiger als Erstes sehen werden, ist leider etwas aufgebläht: Es müssen darin schon einige Konzepte enthalten sein, die Sie eigentlich erst später genauer kennenlernen werden.

Denken Sie noch einmal zurück an meine Erläuterungen der imperativen Programmierung aus Kapitel 2. Der Computer erhält eine Reihe von Anweisungen, die er der Reihe nach abarbeitet. Daher benötigt jedes Programm einen genau definierten Einstiegspunkt, an dem diese Anweisungen zu finden sind.

Der Nachteil von Java ist, dass dieses Festlegen des Einstiegspunkts recht umständlich ist und einiges an Programmcode erfordert. Es gibt jedoch auch eine gute Nachricht: Eclipse kann dieses Grundgerüst, das für jedes Programm benötigt wird, automatisch generieren. Sie müssen als Programmierer dann »nur noch« die Anweisungen, die der Prozessor ausführen soll, an der richtigen Stelle einfügen.

Gehen Sie zum Generieren des Grundgerüsts folgendermaßen vor:

1. **Klicken Sie im Paket-Explorer auf das kleine Dreieck neben dem Eintrag** `HalloWelt`.

   Es erscheint ein Ordner src. Das src steht für *Sources* (Quellen), in diesem Ordner werden alle Quelltextdateien gespeichert.

2. **Öffnen Sie das Kontextmenü durch einen Klick mit der rechten Maustaste auf den Eintrag src. Wählen Sie jetzt Neu|Klasse.**

3. **Tragen Sie im sich öffnenden Dialog im Name-Feld** `HalloWelt` **ein.**

4. **Aktivieren Sie die Auswahlbox bei public static void main(String[] args).**

5. **Klicken Sie auf Fertigstellen.**

   Es wird jetzt eine Quelltextdatei erstellt (siehe Abbildung 9.7) und im Editor geöffnet.

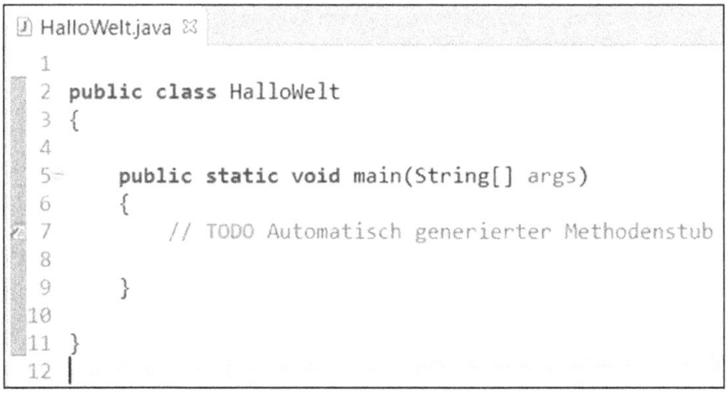

```
HalloWelt.java
 1
 2  public class HalloWelt
 3  {
 4
 5      public static void main(String[] args)
 6      {
 7          // TODO Automatisch generierter Methodenstub
 8
 9      }
10
11  }
12
```

Abbildung 9.7: Die automatisch generierte Quelltextdatei

Anhand dieser Quelltextdatei möchte ich einige Grundelemente von Java erläutern.

✔ **Leerraum**
   Sowohl Leerzeichen als auch Zeilenumbrüche können in beliebiger Weise in den Quelltext eingefügt werden. Leerraum dient lediglich dazu, den Code visuell besser zu strukturieren, hat aber keinen Einfluss auf die Ausführung des Programms.

✔ **Kommentare**
   Zeilen, die mit dem Doppelslash // beginnen, sind sogenannte Kommentare. Auch diese werden bei der Ausführung eines Programms ignoriert.

Sie dienen dazu, einem Quelltext Anmerkungen in natürlicher Sprache hinzuzufügen (zum Beispiel um den Code für spätere Leser zu erklären).

Kommentare können sich auch über mehrere Zeilen erstrecken. Mehrzeilige Kommentare werden mit der Zeichenfolge */ eingeleitet und durch */ beendet.

✔ **Codeblöcke**

Ein Paar von geschweiften Klammern {} kennzeichnet einen Codeblock. Alle Codezeilen, die sich innerhalb eines Klammerpaars befinden, gehören zum Codeblock. Wofür das gut ist, werde ich Ihnen später noch zeigen.

Es können auch mehrere Codeblöcke ineinander verschachtelt werden. Im von Eclipse generierten Quellcode ist das der Fall: Der äußere Codeblock wird durch die Klammern in Zeile 3 und Zeile 11 begrenzt, der innere von den Klammern in Zeile 6 und 9.

Bleiben noch die beiden Zeilen, die jeweils mit public beginnen. Hierzu möchte ich derzeit noch nicht ins Detail gehen, nur so viel:

✔ Die erste public-Zeile erstellt eine neue Klasse.

Alles, was sich im Codeblock befindet, der direkt in der nächsten Zeile beginnt, gehört zur Klasse.

✔ Die zweite public-Zeile erstellt den Einstiegspunkt des Programms.

Man nennt diesen auch die Hauptfunktion – daher das main. Alle Anweisungen innerhalb des nachfolgenden Codeblocks gehören zur Hauptfunktion.

Die Hauptfunktion stellt das Grundgerüst eines ausführbaren Java-Programms dar. Wenn das Programm gestartet wird, werden alle Anweisungen der Hauptfunktion ausgeführt. Danach wird das Programm beendet. Man sagt auch, das Programm *terminiert*.

Die generierte Hauptfunktion enthält derzeit lediglich einen Kommentar. Wenn das Programm in der aktuellen Form gestartet würde, führte es demnach keine Aktion aus, sondern würde sofort wieder beendet. Es ist die Aufgabe des Programmierers, der Hauptfunktion Anweisungen hinzuzufügen und damit dem Programm Leben einzuhauchen.

Es gibt sehr viele verschiedene Arten von Anweisungen, die dem Programm hinzugefügt werden können. Einige davon werden Sie in den nächsten Abschnitten und Kapiteln kennenlernen.

Ihr erstes Java-Programm soll eine kurze Mitteilung auf der Konsole ausgeben. Dafür gibt es die Java-Funktion System.out.println(). Damit kann beliebiger Text über die Konsole ausgegeben werden.

Dazu »übergibt« man der Funktion den auszugebenden Text, indem man ihn innerhalb von Anführungszeichen zwischen die nachfolgenden Klammern schreibt. Die Mitteilung »Hallo Welt« kann also auf folgende Weise über die Konsole ausgegeben werden:

```
System.out.println("Hallo Welt");
```

Beachten Sie das Semikolon am Ende der Zeile. Einzelne Anweisungen in Java werden in der Regel immer mit einem Semikolon abgeschlossen.

1. **Übernehmen Sie den Aufruf der Funktion `System.out.println()` jetzt in die Hauptfunktion der von Eclipse generierten Quelltextdatei.**

2. **Löschen Sie die Kommentarzeile.**

   Damit haben Sie Ihr erstes vollständiges Java-Programm geschrieben (siehe Listing 9.1).

   ```java
   public class HalloWelt
   {
     public static void main(String[] args)
     {
       System.out.println("Hallo Welt");
     }
   }
   ```
   Listing 9.1 Das komplette »Hallo Welt«-Programm

Ein Programm ausführen

Zu Beginn des Kapitels wurde kurz erwähnt, welche Transformationsschritte der Quellcode eines Programms durchlaufen muss, um tatsächlich ausgeführt werden zu können. Eclipse macht es dem Programmierer leicht, denn es übernimmt all dies und ermöglicht die Ausführung von Quellcode mit nur wenigen Klicks.

1. **Sorgen Sie zunächst dafür, dass die Quelltextdatei, deren Hauptfunktion ausgeführt werden soll, im Editor geöffnet ist.**

2. **Wählen Sie im Menü AUSFÜHREN und dann erneut AUSFÜHREN.**

3. **Wenn Sie die Quelltextdatei vorher nicht gespeichert haben, werden Sie dazu aufgefordert, es jetzt zu tun. Sie können dies mit OK bestätigen.**

   Dann werden alle Übersetzungsschritte von Eclipse ausgeführt und das Programm wird gestartet.

Im Konsolen-Bereich im unteren Teil der Arbeitsfläche sind jetzt alle Ausgaben des Programms zu sehen (siehe Abbildung 9.8).

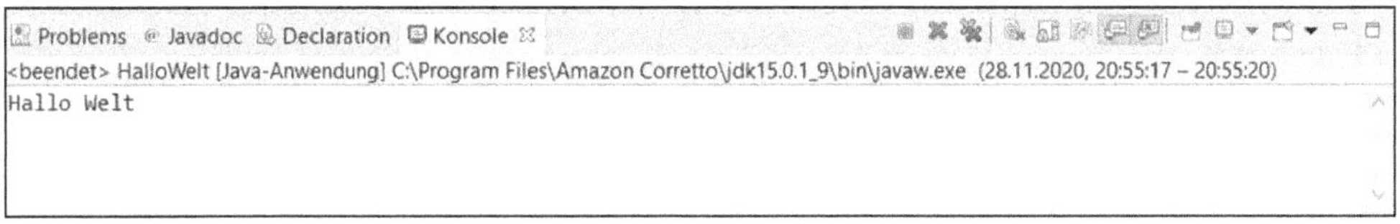

Abbildung 9.8: Ausgabe des »Hallo Welt«-Programms

Das Wichtigste in Kürze

✔ Java ist frei verfügbar und kann aus dem Internet heruntergeladen werden.

✔ Eine kostenlose Entwicklungsumgebung wie Eclipse erleichtert das Erstellen von Programmen.

✔ Ein ausführbares Java-Programm benötigt ein bestimmtes Grundgerüst mit einer Hauptfunktion. Dieses Grundgerüst kann von Eclipse generiert werden.

✔ Wenn ein Java-Programm gestartet wird, arbeitet es der Reihe nach alle Anweisungen seiner Hauptfunktion ab.

✔ Die Java-Anweisung `System.out.println()` wird dazu genutzt, Text über die Konsole auszugeben.

✔ Mittels Eclipse kann erstellter Java-Quelltext schnell und einfach ausgeführt werden. Ausgaben eines Programms auf der Konsole werden direkt innerhalb der Eclipse-Arbeitsfläche angezeigt.

> **IN DIESEM KAPITEL**
>
> Daten innerhalb von Java-Programmen speichern
>
> Berechnungen durchführen

Kapitel 10
Variablen und Datentypen in Java

Schon in Kapitel 5 konnten Sie mit Datentypen und Variablen im Pseudocode ein bisschen herumexperimentieren. Jetzt lernen Sie, wie diese Konzepte in einer richtigen Programmiersprache umgesetzt werden.

Eine Variable wird verwendet, um veränderliche Daten im Speicher des Rechners abzulegen. Auf die in einer Variablen gespeicherten Daten kann später wieder zugegriffen werden, die Daten können sogar ausgetauscht werden.

Jede Variable benötigt einen genau festgelegten Datentyp. Der Datentyp gibt an, welche Art von Daten in einer Variablen gespeichert werden können, zum Beispiel Zahlen, Buchstaben oder Wörter.

Programmierer können selbst neue Datentypen erschaffen. In diesem Kapitel geht es aber zunächst um die Datentypen, die Java von Haus aus bereits mitbringt.

Neue Variablen anlegen

Um eine Variable neu anzulegen, wird zunächst der Datentyp angegeben und danach ein (von einigen Einschränkungen abgesehen) beliebig wählbarer Name für die Variable. Abgeschlossen wird die sogenannte *Variablendeklaration* mit einem Semikolon:

```
Datentyp Variablenname;
```

Durch die Deklaration wurde lediglich ein Speicherplatz für die Variable angelegt, es wurden aber noch keine Daten dort gespeichert. Das gelingt mit dem sogenannten Zuweisungsoperator =. Die *Zuweisung* erfolgt nach folgendem Muster:

```
Variablenname = Zu_speichernde_Daten;
```

Sollen in einer Variablen direkt beim Anlegen Daten gespeichert werden, lassen sich die beiden zuvor gezeigten Schritte auch kombinieren:

`Datentyp Variablenname = Zu_speichernde_Daten;`

Im Übrigen können auch mehrere Variablen desselben Datentyps in einer einzigen Anweisung angelegt werden:

`Datentyp Variable1, Variable2, Variable3;`

Hier werden drei Variablen des Typs `Datentyp` mit den Namen `Variable1`, `Variable2` und `Variable3` angelegt.

Das ist die verallgemeinerte Vorgehensweise beim Anlegen von neuen Variablen. Der folgende Abschnitt zeigt konkret, welche Datentypen bereits in Java integriert sind und wie Variablen jeweils angelegt werden.

In den folgenden Abschnitten und Kapiteln werde ich häufig Code-Beispiele zeigen. Diesen Code können Sie aus dem Buch abtippen und in Ihrer Eclipse-Installation selbst ausführen.

Ich stelle Ihnen den gesamten Code aber auch über die Webseite zum Buch unter `https://www.wiley-vch.de/ISBN9783527718511` zum Download bereit. Dort wird auch erklärt, wie Sie den Code in Eclipse importieren können.

So können Sie sich die mühsame Tipparbeit sparen und den Code dennoch selbst ausprobieren. Sie sind übrigens dazu eingeladen, mit dem Code zu spielen, ihn zu verändern und zu beobachten, wie sich dadurch die Ergebnisse ändern. So entwickeln Sie ein Gefühl für die Programmiersprache Java.

Primitive Datentypen

Java besitzt, wie die meisten anderen Programmiersprachen auch, ein gewisses Grundgerüst an Datentypen, die man beim Programmieren verwenden kann. Die in Java integrierten Datentypen ermöglichen das Speichern von ganzzahligen Werten, Gleitkommazahlen, Zeichen und Wahrheitswerten. Diese Datentypen werden in Java *Primitive Datentypen* genannt. Die Bezeichnung wird verwendet, weil die primitiven Datentypen nur einfache Werte speichern können und keine komplexeren Objekte.

Einen Datentyp zum Speichern von Zeichenketten gibt es in Java zwar auch, dieser zählt dort allerdings nicht zu den primitiven Datentypen. Daher werde ich ihn erst in Kapitel 12 genauer vorstellen.

Wahrheitswerte

Wahrheitswerte werden in Java mithilfe des Datentyps `boolean` dargestellt. Eine `boolean`-Variable kann nur die beiden Werte `true` (für wahr) und `false` (für falsch) speichern.

`boolean boolVariable1 = true;`

Im Beispiel wird eine Variable mit dem Namen `boolVariable1` angelegt, in der der Wahrheitswert `true` gespeichert wird.

Zahlen

Beim Speichern von Zahlen unterscheidet Java zwischen ganzen Zahlen (also Zahlen wie 0, 1, 2, 5 oder -180) und Gleitkommawerten (wie 2,8 oder -17,5). Auch die ganzen Zahlen und die Gleitkommawerte werden ihrerseits nochmals unterteilt. Aber wie das?

In der Realität ist es so, dass es unendlich viele ganze Zahlen und auch unendlich viele Gleitkommawerte gibt. Egal, wie groß eine Zahl ist, Sie können sie immer noch größer machen, indem Sie einfach eine weitere Ziffer hinten anhängen.

Computer dagegen haben es nicht so sehr mit der Unendlichkeit. Angenommen, Sie haben einen Speicherbereich, in den fünf Ziffern hineinpassen. In diesen können natürlich nicht unendlich viele unterschiedliche Zahlen hineingeschrieben werden, sondern nur 10^5 = 100.000: Da es nur 10 verschiedene Ziffern gibt und der Speicherbereich 5 Ziffern aufnehmen kann, können maximal 100.000 unterschiedliche Zahlen hineingeschrieben werden.

In Java gibt es daher verschiedene Datentypen für Zahlen mit mehr oder weniger Speicherplatz im Angebot. Die »größeren« Datentypen können mehr unterschiedliche Zahlen speichern als die »kleineren«.

Jeder Datentyp hat damit aber auch nur einen bestimmten Wertebereich, den er abdeckt. Ein ultra-kleiner Datentyp könnte zum Beispiel den Bereich von -10 bis 10 abdecken, ein etwas größerer den Bereich von -100 bis 100 und so weiter.

Ganze Zahlen

In Java gibt es vier Datentypen für ganze Zahlen.

- ✔ Der kleinste Datentyp für ganze Zahlen nennt sich `byte`.

    In diesen können ganze Zahlen im Bereich von -128 bis 127 gespeichert werden.

- ✔ Der nächste Datentyp ist `short`.

    Dieser speichert ganze Zahlen im Bereich von -32768 bis 32767.

- ✔ Der zweitgrößte Datentyp ist `int`.

    Dieser speichert Zahlen im Bereich von -2147483648 bis 2147483647.

- ✔ Der größte Datentyp für ganze Zahlen in Java ist `long`.

    Mit diesem können Zahlen im Bereich von -2^{63} bis 2^{63} - 1 (auf gut Deutsch: Zahlen im Bereich von Minus Riesig bis Plus Riesig) gespeichert werden.

Dazu ein paar Anmerkungen: Zum einen ist jeder kleinere Datentyp vollständig im nächstgrößeren Datentyp enthalten. Es würde keinen Sinn machen, mit einem Datentyp einen Bereich von 0 bis 100 abzudecken und mit dem nächsten den Bereich von 101 bis 200.

Die Datentypen sind auch so konstruiert, dass sie fast die gleiche Anzahl an negativen und positiven Zahlen abdecken. Es ist immer eine negative Zahl mehr in einem Datentyp enthalten: Der Datentyp byte umfasst zum Beispiel 128 negative Zahlen und 127 positive – und dazu die Null, also 256 Zahlen insgesamt.

Beim Programmieren müssen Sie darauf achten, einen Datentyp auszuwählen, der Ihren Anforderungen genügt. Wenn Sie zum Beispiel in einer Variablen eine Jahreszahl speichern wollen, ist der Datentyp byte definitiv zu klein.

Je größer der verwendete Datentyp ist, desto mehr Speicherplatz benötigt er und damit auch das ganze Programm. Um ein möglichst speichereffizientes Programm zu erstellen, sollten Sie also im Optimalfall den kleinstmöglichen Typ wählen, der für den beabsichtigten Zweck ausreicht.

In der Praxis verwendet man allerdings am häufigsten den Datentyp int für ganzzahlige Werte. Dieser deckt mit dem Bereich von unter -2 Milliarden bis über 2 Milliarden viele Anwendungsfälle ab und geht gleichzeitig nicht so verschwenderisch mit dem Speicherplatz um wie der größte Datentyp long.

```
int ganzeZahl = 7;
```

Gleitkommawerte

Noch ein bisschen komplizierter wird die Geschichte, wenn Sie Gleitkommawerte speichern möchten. Schon zwischen den beiden ganzen Zahlen 0 und 1 befinden sich unendlich viele Gleitkommazahlen (zum Beispiel 0,1 und 0,11 und 0,111 und 0,1111 und so weiter). Trotzdem können in einer Gleitkomma-Variablen nur eine bestimmte Anzahl an verschiedenen Zahlen gespeichert werden.

Die Gleitkomma-Datentypen haben daher nicht nur einen begrenzten Wertebereich, sondern auch eine begrenzte Genauigkeit. Das bedeutet zum Beispiel, dass weiter hinten stehende Stellen irgendwann einfach abgeschnitten werden.

In Java gibt es zwei verschiedene Datentypen für die Speicherung von Gleitkommawerten: float und double. Der größere Typ double hat sowohl einen größeren Wertebereich als auch eine größere Genauigkeit als float.

In der Praxis verwendet man meistens den Datentyp double, da man mit float ansonsten sehr schnell Probleme wegen der geringeren Genauigkeit bekommt.

Zur Abtrennung der Dezimalstellen verwendet man statt eines Kommas den im englischen Sprachraum üblichen Punkt:

```
double gleitkommaWert = 7.66;
```

Zeichen

Einzelne Zeichen können in Java in Variablen vom Typ char gespeichert werden. Bei der Zuweisung eines Werts zu einer Variablen wird das Zeichen innerhalb von Hochkommas angegeben:

```
char zeichen1 = 'A';
```

Mit Variablen rechnen

In Kapitel 6 habe ich bereits einige Operatoren vorgestellt, mit deren Hilfe man Variablen *manipulieren* (Fachchinesisch für verändern) kann. Diese gibt es alle auch für Java-Variablen:

✔ Mit den arithmetischen Operatoren können einfache mathematische Berechnungen durchgeführt werden.

Als Operanden können dabei entweder andere Variablen oder direkt die Werte angegeben werden:

```
int iWert1 = 5;
int iWert2 = iWert1 + 3;      // 8
iWert2 = iWert2 + 1;          // 9
int iWert3 = iWert2 / 4;      // 2
double dWert1 = iWert2 / 4.0; // 2.25
double dWert2 = dWert1 * 2;   // 4.5
```

Zum besseren Verständnis habe ich am Ende jeder Zeile das Ergebnis der Berechnung in einem Kommentar angegeben.

Alles, was in einer Zeile nach einem Doppelslash folgt, wird vom Compiler ignoriert und ist nur für den menschlichen Leser des Codes bestimmt.

Bei einer Division, an der nur ganzzahlige Werte beteiligt sind, erhält man als Resultat abermals einen ganzzahligen Wert. Dabei wird das exakte Ergebnis nicht gerundet, sondern der Nachkomma-Anteil einfach abgeschnitten (Berechnung von `iWert3`).

Wenn an einer Berechnung mindestens eine Gleitkommazahl beteiligt ist, erhält man als Ergebnis abermals eine Gleitkommazahl, die auch die Nachkommastellen beinhaltet (Berechnung von `dWert1`).

✔ Mit dem Restwert-Operator % wird der Rest bei einer ganzzahligen Division ermittelt (zum Beispiel 10 geteilt durch 3 ergibt 3 Rest 1):

```
int iWert4 = 10 % 3; // 1
```

✔ Mit den Vergleichsoperatoren können Wahrheitswerte erzeugt werden:

```
int iWert5 = 15;
boolean wahrheitswert1 = iWert5 < 20; // true
boolean wahrheitswert2 = 7 >= iWert5; // false
boolean wahrheitswert3 = 17 != 18;    // true
```

✔ Mit den logischen Operatoren können Wahrheitswerte verknüpft werden:

```
boolean wahr4 = wahrheitswert1 && true;
// true und true ergibt true
```

```
boolean wahr5 = wahr4 || false;
// true oder false ergibt true

boolean wahr6 = wahr4 ^ wahr5;
// entweder true oder true ergibt false

boolean wahr7 = !wahr6;
// nicht false ergibt true
```

✔ Operatoren können miteinander kombiniert werden.

Wenn für eine Operation zum Beispiel ein Wahrheitswert als Operand benötigt wird, muss dafür nicht zwingend ein konkreter Wert oder eine Variable vom Typ boolean verwendet werden. Stattdessen kann ein anderer Ausdruck verwendet werden, der letztendlich zu einem Wahrheitswert auswertet:

```
boolean wahr8 = 4 < 7 && true; // true
```

Hier wird als erster Operand ein Ausdruck 4 < 7 verwendet, der zum Wert true auswertet. Die Variable wahr8 wird demnach als true *und* true = true berechnet.

✔ Bei der Kombination von mehreren Operatoren empfiehlt es sich, zur Verdeutlichung Klammern zu setzen, um klarzustellen, in welcher Reihenfolge die Operatoren ausgewertet werden sollen:

```
int iWert6 = ((6 + 3) * ((2 - 5) * 4)) / 6; // -18
```

Sollten Sie für eine oder mehrere der hier gezeigten Operationen genauere Erklärungen benötigen, schauen Sie noch einmal im Abschnitt »Operatoren und Ausdrücke« in Kapitel 6 nach.

Stolperfallen vermeiden

Gerade bei der Verwendung von Zahlen gibt es einige Stolperfallen, die es bei der Programmierung zu umschiffen gilt.

Wertebereiche

Insbesondere für die Datentypen für ganze Zahlen gilt: Der abgedeckte Wertebereich ist jeweils begrenzt. Achten Sie darauf, dass Sie bei Berechnungen die Grenzen des Wertebereichs nicht versehentlich übertreten.

Der Datentyp int zum Beispiel reicht von −2147483648 bis 2147483647. Was passiert, wenn Sie in einer Variablen den maximalen Wert speichern und den Wert danach um 1 vergrößern?

```
int intMax = 2147483647;
intMax = intMax + 1;
System.out.println(intMax);
```

In den Begleitmaterialien zum Buch unter https://www.wiley-vch.de/ISBN9783527718511 finden Sie innerhalb des Java-Arbeitsbereichs eine Datei IntMaxTest.java, in der sich der obige Code befindet. Wenn Sie diese Datei in Eclipse ausführen, finden Sie die Antwort auf die Eingangsfrage. Ansonsten sehen Sie sie aber auch in Abbildung 10.1.

In der Variablen intMax ist also nach dem Vergrößern plötzlich der kleinstmögliche Wert des int-Wertebereichs enthalten. Man nennt das einen *Überlauf* (englisch *overflow*). Wird der Wertebereich eines Datentyps bei einer Operation überschritten, findet man sich plötz-

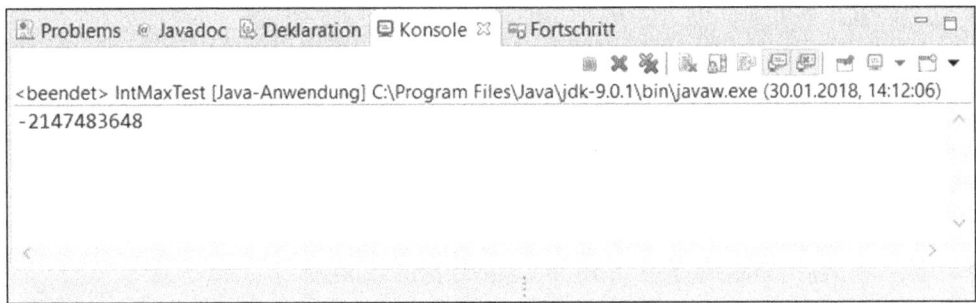

Abbildung 10.1: Konsolenausgabe des IntMaxTest-Programms

lich am anderen Ende des Wertebereichs wieder.

Ein solcher Überlauf tritt bei allen Operationen auf, die den Wertebereich überschreiten, nicht nur bei Additionen. Multiplizieren Sie den größtmöglichen int-Wert zum Beispiel mit zwei, erhalten Sie als Resultat −2. Um das zu verstehen, schauen Sie sich noch einmal genau an, was bei einem Überlauf passiert:

Der Wert int_{max} bleibt int_{max}.

Der Wert $int_{max} + 1$ wird zu int_{min}.

Der Wert $int_{max} + 2$ wird zu $int_{min} + 1$.

Der Wert $int_{max} + 3$ wird zu $int_{min} + 2$.

Und so weiter …

Der Wert $int_{max} + int_{max}$ wird zu $int_{min} + int_{max} - 1 = -2147483648 + 2147483647 - 1 = -2$.

Im Zusammenhang mit Überläufen können Operationen also sehr unerwartete Resultate liefern. Daher sollten Sie immer darauf achten, solche Überläufe zu vermeiden. Im gezeigten Fall ginge das einfach, indem anstatt des Datentyps int der größere Datentyp long verwendet wird. Damit würden alle gezeigten Operationen das korrekte Resultat liefern.

Genauigkeit

Der Datentyp double, mit dem Gleitkommazahlen dargestellt werden, hat einen viel größeren Wertebereich als die Datentypen für ganze Zahlen. Der Wertebereich von double geht bis über 10^{308} – das ist eine Eins mit 308 Nullen. Ich weiß nicht einmal, wie diese Zahl heißt (vermutlich irgendetwas mit Quadrintupelzillion oder so), geschweige denn, dass mir ein realistisches Anwendungsszenario einfiele, in dem eine so große Zahl benötigt würde.

Nun könnten Sie spitzbübisch ganz einfach generell den Datentyp double anstatt int oder long verwenden, um den Problemen mit den Wertebereichen dieser Typen aus dem Weg zu gehen. Das wäre allerdings keine besonders gute Idee!

Tatsächlich sind die Gleitkommazahlen in Java noch weitaus problematischer als die Datentypen für ganze Zahlen:

- ✔ Eine Variable vom Datentyp double belegt innerhalb des Speichers des Rechners 8 Byte.

  Das ist genauso viel wie eine Variable vom Datentyp long belegt.

- ✔ Das bedeutet: Mit double können genauso viele unterschiedliche Zahlen dargestellt werden wie mit dem Datentyp long, nämlich 2^{64}.

  Das sind etwas mehr als 10^{19}, also eine Eins mit 19 Nullen.

Wie aber kann der Wertebereich von double bis 10^{308} reichen, wenn nur 10^{19} verschiedene Zahlen darin gespeichert werden können? Die Antwort darauf lautet: Es können nicht alle beliebigen Zahlen in diesem Bereich gespeichert werden, sondern nur ein Teil davon.

Je kleiner die Zahl ist, desto genauer kann sie gespeichert werden, also zum Beispiel auch mit Nachkommastellen. Bei größeren Zahlen sind dann irgendwann nur noch wenige Nachkommastellen möglich und irgendwann auch gar keine mehr. Stattdessen können dann im sehr hohen Wertebereich nicht einmal mehr alle ganzen Zahlen unterschieden und gespeichert werden.

In der Realität ist es also so, dass weiter hinten stehende Stellen irgendwann einfach abgeschnitten werden. Bei kleinen Zahlen (zum Beispiel zwischen 0 und 1) können auch noch einige Nachkommastellen gespeichert werden:

```
double d = 0.1234567891234567891;
System.out.println(d);
// Ausgabe: 0.12345678912345678
```

Im Beispiel werden 17 Nachkommastellen gespeichert, die letzten beiden aber verworfen. Bei größeren Zahlen werden weniger Nachkommastellen gespeichert:

```
double d = 1000.1234567891234567891;
System.out.println(d);
// Ausgabe: 1000.1234567891235
```

Hier werden also 13 Nachkommastellen gespeichert und die restlichen verworfen. Genau genommen wird die letzte Nachkommastelle gerundet, also 345 wird gerundet zu 35.

Bei der Verwendung von Gleitkommawerten müssen Sie also immer im Hinterkopf behalten, dass nicht alle theoretisch möglichen Werte überhaupt dargestellt werden können.

Aber es kommt noch »besser«. Beim Rechnen mit Gleitkommawerten können bereits bei relativ einfachen Operationen Ungenauigkeiten auftreten. Betrachten Sie folgendes Beispiel:

```
double d3 = 42.3 + 0.58;
System.out.println(d3);
```

Es findet eine Addition der Zahlen 42,3 und 0,58 statt. Beide Zahlen können korrekt in `double`-Variablen gespeichert werden. Beim Addieren tritt dennoch bereits hier eine Ungenauigkeit auf, denn die Ausgabe lautet nicht wie erwartet 42.88, sondern 42.879999999999995.

Der Grund dafür liegt darin, wie Werte intern vom Computer gespeichert werden. Die Details sind an dieser Stelle nicht weiter interessant. Merken Sie sich nur eines: Operationen mit Gleitkommawerten können ungenau sein und unerwartete Ergebnisse liefern. Das kann gerade beim Einsatz der Vergleichsoperatoren zu Problemen führen:

```
double d3 = 42.3 + 0.58;
double d4 = 42.88;
boolean wahr1 = d3 == d4;
System.out.println(wahr1);
```

In der Variablen `wahr1` ist nicht der Wert `true` gespeichert, sondern `false`, weil die beiden Variablen `d3` und `d4` entgegen der eigentlichen Erwartung nicht denselben Wert enthalten.

Verwenden Sie wann immer möglich die Datentypen für ganzzahlige Werte anstatt die für Gleitkommazahlen. Wenn Sie dennoch Gleitkommazahlen benötigen, behalten Sie die Möglichkeit von Ungenauigkeiten im Hinterkopf.

Bei Anwendungen, die eine absolut korrekte mathematische Berechnung benötigen (zum Beispiel finanzmathematische Anwendungen), sollten Sie sich nicht auf die integrierten Datentypen von Java verlassen, sondern auf andere Hilfsmittel zurückgreifen. Die Java-Klassenbibliothek stellt zum Beispiel eine Klasse `BigDecimal` bereit, mit der genauere Berechnungen möglich sind.

Werte konvertieren

Bei den numerischen Datentypen ist eines auffällig: Manche Zahlen sind in allen Datentypen enthalten (zum Beispiel die Null oder die Eins). Folgendes ist daher ohne Weiteres möglich:

```
byte byte1 = 1;
short short1 = byte1;
int int1 = short1;
long long1 = int1;
```

Hier wird zunächst eine Variable vom kleinsten numerischen Typ, `byte`, angelegt und ein Wert darin gespeichert. Danach wird diese Variable einer neuen Variablen des nächstgrößeren Typs, `short`, zugewiesen. Das Muster wird wiederholt, bis es beim größten ganzzahligen Datentyp, `long`, angelangt ist.

In allen Variablen ist demnach am Ende der Wert 1 gespeichert. Diese Zuweisungskette ist möglich, weil jeder kleinere Datentyp komplett im nächstgrößeren enthalten ist. Wenn Sie das Beispiel leicht abändern und den umgekehrten Weg gehen, tritt aber direkt ein Problem auf (siehe Abbildung 10.2).

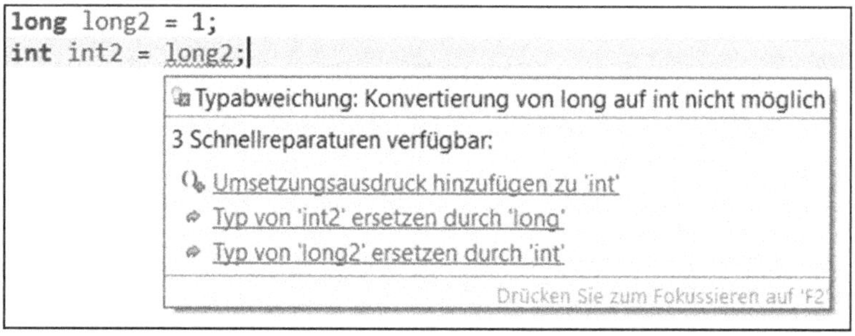

```
long long2 = 1;
int int2 = long2;
```
Typabweichung: Konvertierung von long auf int nicht möglich
3 Schnellreparaturen verfügbar:
- Umsetzungsausdruck hinzufügen zu 'int'
- Typ von 'int2' ersetzen durch 'long'
- Typ von 'long2' ersetzen durch 'int'

Drücken Sie zum Fokussieren auf 'F2'

Abbildung 10.2: Gescheiterte Zuweisung

In Eclipse wird die Stelle mit einer roten Wellenlinie markiert, um zu signalisieren, dass sich der Code so nicht übersetzen lässt. Fahren Sie mit der Maus darüber, erhalten Sie zusätzliche Informationen zum Fehler: Die Konvertierung vom Datentyp long in den Datentyp int ist nicht möglich.

Warum ist das so? Nun, der Datentyp long umfasst ja viele Zahlen, die im Datentyp int nicht enthalten sind. Wenn in einer long-Variablen ein Wert gespeichert wurde, kann dieser deshalb nicht so ohne Weiteres in einer int-Variablen gespeichert werden.

Dabei ist es auch unerheblich, ob der Wert, der in der long-Variablen gespeichert ist, zufällig dennoch in die int-Variable reinpassen würde. Allein die Tatsache, dass in der long-Variablen ein Wert gespeichert sein *könnte*, der nicht in eine int-Variable passt, macht eine solche Zuweisung unmöglich.

Um dennoch einen long-Wert in eine int-Variable (beziehungsweise generell einen Wert eines größeren Typs in eine Variable eines kleineren Typs) speichern zu können, muss eine sogenannte *explizite Typumwandlung* vorgenommen werden. Im Programmierer-Fachjargon nennt man so etwas einen *Cast*.

Ein Cast kann sehr einfach vorgenommen werden. Dazu stellen Sie der umzuwandelnden Variablen einfach den Zieltyp innerhalb von Klammern voran. Die zuvor fehlgeschlagene Zuweisung lässt sich demnach auf folgende Weise dennoch durchführen:

```
long long2 = 1;
int int2 = (int) long2;
```

Was passiert hier?

✔ Bei einer expliziten Typumwandlung versucht der Computer, den Wert, so gut es geht, dennoch irgendwie in einen kleineren Datentyp hinein zu »quetschen«.

✔ Im gezeigten Beispiel klappt das auch: Die Zahl 1 passt ja ebenfalls in eine int-Variable hinein.

Daher ist in der Variablen int2 nach Abschluss der Operation der Wert 1 gespeichert.

Interessant wird die Sache, wenn in der größeren Variablen ein Wert gespeichert ist, der nicht in die kleinere Variable hineinpasst. Der Bereich von int reicht zum Beispiel nur etwa bis 2,1 Milliarden. Was passiert also, wenn in einer long-Variablen zum Beispiel der Wert 3 Milliarden gespeichert ist und eine explizite Typumwandlung nach int durchgeführt wird?

```
long long3 = 3000000000L;
int int3 = (int) long3;
```

In diesem Fall tritt wieder ein Überlauf auf. Wenn ein Wert verwendet wird, der nicht in den Wertebereich hineinpasst, wird am anderen Ende des Wertebereichs weitergemacht (int_{max} + 1 wird zu int_{min} und so weiter). Im gezeigten Beispiel hat die Variable int3 nach Abschluss der Operation den Wert -1294967296.

Eventuell fragen Sie sich, warum bei der Angabe des Werts für die Variable long3 am Ende ein großes L zu finden ist. Nein, das ist kein Tippfehler.

Wenn Sie Werte angeben, die nicht im int-Bereich enthalten sind, müssen Sie über das Anhängsel L angeben, dass es sich um einen long-Wert handelt. Statt eines großen L ginge übrigens auch das kleine. Da dabei aber eine akute Verwechslungsgefahr mit der Zahl Eins bestünde, empfiehlt es sich, immer das große L zu verwenden.

Zeichen konvertieren

Im Übrigen können numerische Datentypen nicht nur in andere numerische Datentypen konvertiert werden. Konvertierungen sind auch in beiden Richtungen zwischen Zahlen und Zeichen möglich. Zeichen werden nämlich intern vom Computer als Zahlen gespeichert. Dafür wird (unter anderem) der sogenannte *ASCII-Code* verwendet.

Der ASCII-Code ordnet den am häufigsten verwendeten Zeichen eine Zahl im Bereich von 0 bis 127 zu. Das große A hat zum Beispiel den ASCII-Code 65, das große B den Code 66 und so weiter. Wenn der Computer ein Zeichen speichern soll, speichert er stattdessen den zugehörigen ASCII-Code. Wenn ein Zeichen auf dem Bildschirm dargestellt werden soll, wird der Code wieder in das konkrete Zeichen umgewandelt.

Über explizite Typumwandlungen kann zwischen Zeichen und zugehörigem Code hin und her gewechselt werden:

```
char ch = 'A';
int charToInt = (int) ch;               // 65
char intToChar = (char)(charToInt + 1); // B
```

Im Einzelnen:

✔ Im Beispiel wird zunächst das Zeichen A in einer Variablen gespeichert.

✔ Danach wird der Wert über eine explizite Typumwandlung in den zugehörigen ASCII-Code 65 konvertiert.

✔ Abschließend wird wieder eine Konvertierung zurück in ein Zeichen vorgenommen, dabei aber der ASCII-Code 66 verwendet.

So erhalten Sie das Zeichen B als Ergebnis.

Abkürzungen beim Programmieren nehmen

Programmiersprachen sind oft so gestaltet, dass sie dem Programmierer die Arbeit erleichtern. Dazu zählt auch, dass es für häufig verwendete Operationen Abkürzungen gibt, mit denen diese schneller ausgeführt werden können. Schneller bedeutet in diesem Zusammenhang »weniger Tipparbeit«.

Häufig wird bei einer Operation der Wert einer Variablen in Abhängigkeit von ihrem aktuellen Wert geändert. So kann zum Beispiel ein anderer Wert hinzuaddiert werden oder der aktuelle Wert wird multipliziert:

```
int int1 = 37;
int1 = int1 + 12;
int1 = int1 * 3;
```

Solche Ausdrücke können folgendermaßen verkürzt werden:

```
int int1 = 37;
int1 += 12;
int1 *= 3;
```

Wann immer der erste Operand einer Operation die Variable ist, in der das Endergebnis gespeichert werden soll, kann eine solche Verkürzung genutzt werden. Das geht auch mit den arithmetischen Operatoren für Subtraktion, Division und Restwertbildung. Sogar die logischen Operatoren, mit denen Wahrheitswerte verknüpft werden, können auf diese Weise verkürzt werden:

```
boolean wahr1 = true;
wahr1 &= false; // Abkürzung für wahr1 = wahr1 && false
```

✔ Besonders häufig wird der Wert einer Variablen um eins vergrößert oder verkleinert.

✔ Man nennt das *Inkrementieren* beziehungsweise *Dekrementieren*.

Für solche Operationen gibt es eine weitere Abkürzung.

- ✔ Um eine Variable zu inkrementieren, stellen Sie ihr ein doppeltes Pluszeichen (++) nach.
- ✔ Um sie zu dekrementieren, stellen Sie ihr ein doppeltes Minuszeichen (--) nach:

```
int int2 = 10;
int2++; // Abkürzung für int2 = int2 + 1
int2--; // Abkürzung für int2 = int2 - 1
```

Das Ganze funktioniert übrigens auch, wenn das doppelte Plus-/Minuszeichen der Variablen vorangestellt wird.

```
int int3 = 15;
++int3; // Abkürzung für int3 = int3 + 1
--int3; // Abkürzung für int3 = int3 - 1
```

Vielleicht fragen Sie sich jetzt, warum es zwei Abkürzungen gibt, die genau dasselbe machen. Und an dieser Stelle wird es etwas kompliziert.

Die beiden Operatoren für das Inkrementieren und das Dekrementieren wurden so entworfen, dass sie »nebenbei« benutzt werden können, während die Variable gerade in einem anderen Ausdruck ausgewertet wird.

Schauen Sie sich einmal das folgende Beispiel an:

```
int int4 = 20;
int int5 = int4 + 6;
int4++;
```

Was passiert?

- ✔ In der zweiten Zeile wird die Variable int4 in einem Ausdruck verwendet, um einen Wert für die Variable int5 zu berechnen.
- ✔ Danach wird die Variable int4 inkrementiert.
- ✔ Am Ende hat die Variable int4 den Wert 21 und die Variable int5 den Wert 26.

Dieser Code kann weiter verkürzt werden, indem die zweite und dritte Zeile zusammengefasst werden:

```
int int4 = 20;
int int5 = int4++ + 6;
```

Der Inkrement-Operator wird jetzt »nebenbei« in der zweiten Zeile verwendet.

Damit werden jetzt die zweite und die dritte Zeile aus dem initialen Beispiel kombiniert: Die Variable int4 wird dafür verwendet, einen neuen Wert für eine andere Variable zu berechnen. Danach wird int4 noch inkrementiert.

In diesem Szenario ist es von Bedeutung, ob der Inkrement-Operator der Variablen voran- oder nachgestellt wird:

✔ Wird der Operator (wie im Beispiel) nachgestellt, bedeutet dies, dass zunächst der ursprüngliche Wert für die Auswertung des Ausdrucks verwendet wird und die Variable danach erst inkrementiert wird.

✔ Wird der Operator vor die Variable gestellt, bedeutet dies, dass die Variable zuerst inkrementiert wird und der neue Wert dann für die Auswertung des Ausdrucks verwendet wird.

Wenn Sie im Beispiel den Inkrement-Operator vor die Variable int4 stellen, wird diese zuerst inkrementiert, und ihr neuer Wert 21 wird dann für die Auswertung des Ausdrucks verwendet.

In diesem Fall wäre der Wert der Variablen int5 am Ende 27 anstatt 26, wie zuvor.

```
int int4 = 20;
int int5 = ++int4 + 6;
```

Arrays

Mit *Arrays* (deutsch: Felder) gibt es in Java einen Mechanismus, um mehrere Elemente eines Datentyps in einer einzigen Struktur zu speichern. Ein Array ist so etwas wie eine Liste von Werten.

Beim Anlegen einer Variablen für ein Array wird im Vergleich zum Anlegen einer normalen Variablen der Index-Operator [] verwendet.

```
int[] intFeld;
```

Die Variable intFeld kann ein Array mit int-Werten speichern. Um das Array selbst zu erstellen, wird der new-Operator verwendet. Dabei wird auch angegeben, wie viele Elemente das Array aufnehmen können soll.

```
intFeld = new int[5];
```

In der Variablen intFeld ist jetzt ein Array gespeichert, das 5 int-Werte aufnehmen kann. Beim Erstellen eines neuen Felds werden alle Elemente mit 0 initialisiert.

✔ Mit dem Index-Operator [] kann sowohl lesend als auch schreibend auf die Elemente zugegriffen werden.

✔ Innerhalb der eckigen Klammern wird der Index des Elements angegeben, auf das zugegriffen werden soll.

✔ Indizes beginnen in der Informatik immer bei 0.

Das erste Element hat also den Index 0, das zweite den Index 1 und so weiter. Das letzte Element eines Felds mit fünf Elementen hat demnach den Index 4.

```
intFeld[0] = 27;
intFeld[2] = 88;
int meinWert = intFeld[0]; // 27
```

Bei einem vorhandenen Array kann auch ausgelesen werden, wie viele Elemente es aufnehmen kann. Das geht wie folgt:

```
int anzahlElemente = intFeld.length; // 5
```

Arrays sind übrigens nicht sonderlich flexibel.

Ist ein Array einmal angelegt, kann die Kapazität nicht mehr geändert werden. Wollen Sie ein Array nutzen, müssen Sie also die maximal zu speichernde Anzahl von Elementen schon zu Beginn kennen.

In Kapitel 14 werde ich deshalb noch andere, flexiblere Strukturen vorstellen, mit denen mehrere Elemente eines Datentyps gespeichert werden können.

Das Wichtigste in Kürze

✔ Die integrierten Datentypen in Java werden primitive Datentypen genannt. Es existieren Datentypen zum Speichern von Wahrheitswerten, Zahlen und Zeichen.

✔ Die Datentypen für ganze Zahlen decken jeweils einen Wertebereich ab, der bei Operationen nach Möglichkeit nicht überschritten werden sollte.

✔ Die Datentypen für Gleitkommazahlen besitzen einen größeren Wertebereich, sind allerdings bei Berechnungen nicht immer genau.

✔ Es ist möglich, Werte zwischen den verschiedenen numerischen Datentypen zu konvertieren.

✔ Auch eine Konvertierung zwischen Zeichen und numerischen Werten ist möglich. Dabei wird der sogenannte ASCII-Code verwendet.

✔ Für häufig genutzte Operationen gibt es Abkürzungen, die dem Programmierer Tipparbeit abnehmen.

Übungen

1. Erstellen Sie ein Programm, das die ganzzahlige Division wie aus der Grundschule bekannt, durchführt:

    12 durch 7 = 1 Rest 5

    Für zwei int-Operanden a und b sollen also zwei Ergebnisse berechnet werden: der ganzzahlige Ergebnisanteil E sowie der Rest R.

2. Ein Programm berechnet die Summe von zwei int-Variablen a und b:

    ```
    int ergebnis = a + b;
    ```

    Erklären Sie, wie allgemein herausgefunden werden kann, ob dabei ein Überlauf aufgetreten ist.

    Tipp: Schauen Sie sich die Vorzeichen der beiden Operanden sowie des Ergebnisses genau an.

3. Finden Sie den ASCII-Code der Zeichen 'a' bis 'z' heraus.

    Tipp: Der ASCII-Code ist ein fortlaufender Wert, das heißt zum Beispiel, dass der ASCII-Code von 'c' um 1 größer ist als der ASCII-Code von 'b'.

4. Betrachten Sie den folgenden Code.

    ```
    int a = 27;
    int b = 6;
    int ergebnis = (++a * 2) - (12 * b++);
    ```

    Geben Sie den Wert der Variablen ergebnis an, ohne den Code mithilfe von Eclipse auszuführen.

> **IN DIESEM KAPITEL**
>
> Code in Abhängigkeit von einer Bedingung ausführen
>
> Code mehrmals ausführen

Kapitel 11
Ablaufsteuerung in Java

Auch Java-Programme benötigen Instrumente, mit denen der Ablauf eines Programms gesteuert und variiert werden kann. Einige Instrumente wurden bereits in Kapitel 6 eingeführt. Im Folgenden werden Sie lernen, wie Sie diese und andere in Java einsetzen.

Bedingte Ausführung

Die einfachste Möglichkeit, den Programmablauf zu variieren, stellt auch in Java die if-Anweisung bereit. In Abhängigkeit von einer Bedingung wird einer von zwei Pfaden eingeschlagen.

```
if (wahr1)
{
   ...
}
else
{
   ...
}
```

Hat wahr1 den Wert true, wird der erste Codeblock ausgeführt. Hat wahr1 den Wert false, wird der zweite Codeblock ausgeführt. Enthält ein Codeblock mehr als eine Anweisung, muss ein Paar von geschweiften Klammern zur Abgrenzung verwendet werden. Besteht ein Codeblock nur aus einer einzelnen Anweisung, *kann* auf die Klammern verzichtet werden.

Der else-Teil kann auch ausgelassen werden. In dem Fall wird das gesamte if-Konstrukt übersprungen, wenn die Bedingung nicht wahr ist.

Die Bedingung entscheidet also darüber, ob überhaupt etwas ausgeführt wird und was. Es gibt drei Möglichkeiten, die Bedingung anzugeben:

✔ Die Bedingung wird als eine Variable vom Typ boolean angegeben.

```
boolean wahr1 = false;

if (wahr1) { ... }
```

✔ Die Bedingung wird als ein beliebiger komplexer Ausdruck angegeben, der letztlich zu einem Wahrheitswert ausgewertet wird.

```
boolean wahr2 = true;
int int1 = 12, int2 = 17;

if (wahr2 && int1 < int2) { ... }
```

✔ Außerdem ist es auch möglich, als Bedingung in einer if-Anweisung einen der Werte true oder false zu verwenden. Sinnvoll ist das jedoch nicht.

Der Sinn einer if-Anweisung liegt darin, dass je nach Programmlauf unterschiedliche Pfade eingeschlagen werden können. Dass also zum Beispiel bei einem Lauf der erste Codeblock ausgeführt wird, bei einem anderen Lauf dagegen der andere Codeblock.

Wenn jedoch als Bedingung in einer if-Anweisung kein variabler Wert angegeben wird, sondern true oder false, ist der Pfad immer derselbe. Die Grundidee der if-Anweisung wird damit ad absurdum geführt.

In Java können mehrere if-Anweisungen hintereinandergeschaltet werden. Das kann genutzt werden, wenn es je nach Vorbedingung mehr als zwei mögliche Ausführungspfade geben soll.

```
int variable = ... ;

if (variable == 1) { ... }
else if (variable == 2) { ... }
else if (variable == 3) { ... }
else { ... }
```

Das gezeigte Beispiel kann übrigens mit einer sogenannten switch-Anweisung etwas komfortabler realisiert werden. Die switch-Anweisung ist immer das Mittel der Wahl, wenn anhand des Werts einer einzelnen Variablen entschieden werden soll, welcher Codeblock ausgeführt werden soll:

```
int variable2 = ... ;

switch (variable2)
{
  case 1:
    ...
    break;
```

```
    case 2:
      ...
      break;
    case 3:
      ...
      break;
    default:
      ...
      break;
} .
```

Die Schritte im Einzelnen:

- ✔ Im Kopf der `switch`-Anweisung wird die Variable (im Beispiel `variable2`) angegeben, anhand derer die Unterscheidung vorgenommen werden soll.

- ✔ Ist in der Variablen der Wert 1 gespeichert, wird `case`-Block 1 ausgeführt.

- ✔ Ist in der Variablen der Wert 2 gespeichert, wird `case`-Block 2 ausgeführt.

  Und so weiter.

- ✔ Ist keiner der angegebenen Werte in der Variablen gespeichert (im Beispiel also weder 1 noch 2 oder 3), wird der `default`-Block am Ende ausgeführt.

  Dieser ist übrigens optional und kann weggelassen werden.

- ✔ Zudem werden Codeblöcke bei der `switch`-Anweisung nicht durch geschweifte Klammern begrenzt, sondern durch eine `break`-Anweisung am Ende des Blocks beendet.

  Wird in einer `switch`-Anweisung eine `break`-Anweisung erreicht, stoppt die Ausführung der `switch`-Anweisung.

- ✔ Das Weglassen einer `break`-Anweisung zum Ende eines Blocks ist in Java übrigens kein Fehler.

  In diesem Fall werden die folgenden Blöcke auch noch ausgeführt, bis eine `break`-Anweisung gefunden wird oder das Ende des `switch`-Konstrukts erreicht ist.

Schleifen

In Java gibt es verschiedene Arten von Schleifen, mit deren Hilfe Codeblöcke mehrmals ausgeführt werden können. Als Zünglein an der Waage fungiert dabei in allen Fällen eine Bedingung, wie sie bereits aus dem vorherigen Abschnitt bekannt ist. Ein Codeblock wird so lange ausgeführt, wie die Bedingung erfüllt ist.

Die while-Schleife

Die verschiedenen Schleifenarten in Java sind sich relativ ähnlich, nur in den Details unterscheiden sie sich leicht. Die while-Schleife kennen Sie bereits aus Kapitel 6.

Dabei wird die Bedingung zu Beginn geprüft. Ist sie erfüllt, wird der Schleifenrumpf ausgeführt. Danach wird die Bedingung wieder geprüft. Ist sie immer noch erfüllt, wird der Rumpf erneut ausgeführt. Dieses Spiel wiederholt sich so lange, bis die Bedingung nicht mehr erfüllt ist.

```
while (Bedingung)
{
   ...
}
```

Das ist wichtig:

✔ Als Bedingung fungiert dabei wie beim if-Konstrukt entweder

- eine boolean-Variable,
- ein Ausdruck, der zu boolean ausgewertet wird
- oder direkt ein Wahrheitswert von true oder false.

Letzteres führt jedoch so gut wie immer zu einem ungewollten Verhalten: Entweder der Schleifenrumpf wird gar nicht ausgeführt (wenn false verwendet wird) oder die Ausführung des Rumpfs wird niemals beendet (wenn true verwendet wird).

✔ Eine sinnvolle Schleife ist dagegen immer so konstruiert, dass ihre Ausführung irgendwann beendet wird, weil die Bedingung nicht mehr erfüllt wird.

In der Praxis wird das zum Beispiel dadurch erreicht, dass im Schleifenrumpf Änderungen an einer Variablen, die in der Bedingung verwendet wird, durchgeführt werden:

```
int zaehler = 1;

while (zaehler < 10)
{
   ++zaehler;
}
```
Listing 11.1: Eine einfache Schleife

In Listing 11.1 wird der Rumpf genau neunmal ausgeführt. Anhand des Werts der Variablen zaehler wird entschieden, ob der Schleifenrumpf ausgeführt wird. Im Rumpf selbst wird die Variable jeweils um 1 vergrößert.

Während der neunten Ausführung des Rumpfs wird die Variable zaehler von 9 auf 10 inkrementiert. Dadurch ist die Bedingung im Kopf der Schleife nicht mehr erfüllt und die Schleife *terminiert*.

Der Begriff »terminiert« ist übrigens Fachchinesisch für »wird beendet«. Um sich das zu merken, denken Sie einfach an den entsprechenden Film, wenn Ihnen der Begriff einmal begegnet. Wenn jemand oder etwas terminiert wurde, war das in der Regel das absolute Ende von dessen Existenz.

Die do-while-Schleife

Eine leichte Variation der while-Schleife ist die do-while-Schleife. Der einzige Unterschied zwischen den beiden Schleifen ist, dass bei der do-while-Schleife die Bedingung zu Beginn *nicht* geprüft wird.

Der Rumpf einer do-while-Schleife wird demnach immer mindestens einmal ausgeführt. Bei einer while-Schleife ist das nicht der Fall: Ergibt die initiale Prüfung der Bedingung false, wird der Rumpf der Schleife überhaupt nicht ausgeführt.

```
do
{
  ...
} while (Bedingung);
```

Bitte beachten Sie:

✔ Die do-while-Schleife wird lediglich mit dem Schlüsselwort do eingeleitet.

✔ Danach folgt der Schleifenrumpf.

✔ Die Bedingung wird erst am Ende angegeben.

Das entspricht auch der Ausführungsreihenfolge: Der Rumpf wird direkt zu Beginn ausgeführt, erst danach wird die Bedingung zum ersten Mal geprüft.

Beachten Sie auch, dass die do-while-Schleife, anders als die while-Schleife, mit einem Semikolon abgeschlossen wird.

Die for-Schleife

Oft werden für einen Codeblock eine bestimmte Anzahl an Durchläufen gebraucht (zum Beispiel 5, 10 oder 135). Es steht dann also die Anzahl der Durchläufe im Vordergrund und keine Bedingung. Einer Bedingung sieht man ja oft nicht auf Anhieb an, wie lange sie erfüllt sein wird.

Die sogenannte for-Schleife ist optimiert für den Fall, dass die Schleife für eine bestimmte Anzahl an Durchläufen sorgen soll.

Im Vergleich zur while-Schleife ist bei einer for-Schleife der Kopf dreigeteilt. Zusätzlich zu einer Bedingung werden dort noch ein Initialteil und ein Inkrementteil angegeben. Die drei Teile im Kopf der Schleife werden jeweils durch Semikolon getrennt:

```
for (Init; Bedingung; Inkrement)
{
    ...
}
```

Das ist wichtig:

- ✔ Der Initialteil wird ganz zu Beginn ein einziges Mal ausgeführt.

    Er wird daher in der Regel dazu verwendet, eine Zählvariable anzulegen.

- ✔ Der Inkrementteil wird nach jeder Ausführung des Schleifenrumpfs ausgeführt.

    Ich habe ihn deshalb Inkrementteil genannt, weil er in der Regel dazu verwendet wird, die Zählvariable zu inkrementieren.

Eine for-Schleife, deren Rumpf zehnmal ausgeführt werden soll, lässt sich demnach folgendermaßen konstruieren:

```
for (int zaehler = 0; zaehler < 10; ++zaehler)
{
    ...
}
```

Listing 11.2: Eine einfache for-Schleife

Die for-Schleife in Listing 11.2 macht also genau dasselbe wie die while-Schleife in Listing 11.1. Der Vorteil der for-Schleife liegt darin, dass die Zählvariable komplett in den Schleifenkopf verlagert wird. Sie wird im Initialteil der Schleife angelegt und im Inkrementteil der Schleife inkrementiert.

Besondere Anweisungen innerhalb von Schleifen

Es gibt in Java einige Anweisungen, mit denen innerhalb eines Schleifenrumpfs Einfluss auf die weitere Ausführung der Schleife genommen werden kann.

Angenommen, Sie konstruieren eine Schleife, mit der irgendetwas gesucht werden soll. Wenn zum Beispiel nach der Hälfte der geplanten Schleifendurchläufe das Gesuchte bereits gefunden wurde, ist es ja nicht mehr nötig, die weiteren Durchläufe dennoch durchzuführen.

Daher kann in einem solchen Fall die break-Anweisung verwendet werden. Durch die break-Anweisung wird die Ausführung einer Schleife sofort unterbrochen und es werden keine weiteren Durchläufe durchgeführt:

```java
boolean zahlGefunden = false;
int gesuchteZahl = 50;

for (int i = 0; i < 100; ++i)
{
  if (i == gesuchteZahl)
  {
    zahlGefunden = true;
    break;
  }
}
```
Listing 11.3: Schleife mit break-Anweisung

Es besteht auch die Möglichkeit, die Ausführung einer Schleife nicht komplett zu unterbrechen, sondern nur den aktuellen Schleifendurchlauf. Das gelingt mit der continue-Anweisung. Wird sie verwendet, wird die Ausführung des aktuellen Schleifendurchlaufs abgebrochen und mit dem nächsten Durchlauf weitergemacht.

```java
int summeGeraderZahlen = 0;

for (int i = 0; i <= 100; ++i)
{
  if (i % 2 != 0)
    continue;

  summeGeraderZahlen += i;
}
```
Listing 11.4: Schleife mit continue-Anweisung

Listing 11.4 zeigt ein Beispiel für die Verwendung der continue-Anweisung. Es soll die Summe aller geraden Zahlen zwischen 0 und 100 berechnet werden (also 2 + 4 + 6 + ...).

- ✔ Dazu wird eine for-Schleife angelegt, die über eine Zählvariable i von 0 bis 100 zählt.

- ✔ Im Schleifenrumpf wird der Restwert-Operator % verwendet, um festzustellen, ob eine Zahl gerade ist:

    Eine Zahl ist genau dann gerade, wenn der Restwert bei der Division durch zwei gleich 0 ist. (4 durch 2 ist 2 Rest 0. 6 durch 2 ist 3 Rest 0. Und so weiter.)

- ✔ Ist der aktuelle Wert der Zählvariablen i nicht gerade, wird die continue-Anweisung verwendet, um den aktuellen Durchlauf der Schleife zu beenden und mit dem nächsten fortzufahren.

✔ Die nachfolgende Addition wird demnach nur bei jedem zweiten Schleifendurchlauf ausgeführt.

So erreichen Sie letztendlich die gewollte Addition ausschließlich der geraden Zahlen.

Verschachtelte Schleifen

Es ist auch möglich, mehrere Schleifen zu verschachteln. Das bedeutet, dass innerhalb des Rumpfs einer Schleife eine weitere Schleife erzeugt wird.

Insbesondere bei for-Schleifen wird das gelegentlich verwendet, um zwei Zählvariablen hochzuzählen.

```
for (int i = 0; i < 2; ++i)
{
  for (int j = 0; j < 2; ++j)
  {
    System.out.println(i + " " + j);
  }
}
```

Listing 11.5: Verschachtelte Schleifen

In Listing 11.5 werden zwei for-Schleifen verschachtelt. Man spricht dann von der inneren und der äußeren Schleife. Im Rumpf der inneren Schleife befindet sich eine System.out.println()-Anweisung, die die beiden Variablen über die Konsole ausgibt.

Führen Sie das Programm aus, so erzeugt es die folgende Ausgabe:

```
0 0
0 1
1 0
1 1
```

In Listing 11.5 sehen Sie übrigens auch, wie mehrere Informationen auf einmal über eine System.out.println()-Anweisung ausgegeben werden können. Mehrere Variablen und Zeichenketten werden einfach mithilfe des Plus-Operators verkettet.

Mathematische Berechnungen

Zum Abschluss dieses Kapitels möchte ich Ihnen noch an einem konkreten Beispiel zeigen, wie if-Anweisungen und Schleifen verwendet werden können, um einfache mathematische Algorithmen umzusetzen. Ich möchte ein Programm erstellen, das herausfindet, ob es sich bei einer gegebenen Zahl um eine Primzahl handelt.

Eine Zahl ist eine Primzahl, wenn sie sich ohne Rest nur durch sich selber und durch 1 teilen lässt. 3 ist zum Beispiel eine Primzahl: Sie lässt sich nur durch 3 und durch 1 teilen, nicht jedoch durch 2. Auch die Zahl 5 ist eine Primzahl, sie kann nur durch 5 und durch 1 ohne Rest geteilt werden, nicht jedoch durch 2, 3 und 4.

Der Algorithmus, der herausfindet, ob eine Zahl x eine Primzahl ist, ist relativ simpel: Er probiert nacheinander alle infrage kommenden Teiler aus und prüft, ob die Zahl sich ohne Rest durch diese teilen lässt. Zu klären wäre lediglich noch, welches die infrage kommenden Teiler sind.

- ✔ Die kleinste Zahl, durch die eine Zahl x nicht teilbar sein darf, um eine Primzahl zu sein, ist die 2.

- ✔ Die größte Zahl, durch die sich die Zahl x nicht teilen lassen darf, um eine Primzahl zu sein, ist die Zahl x–1.

Theoretisch müssten Sie also alle Zahlen von 2 bis x–1 prüfen.

Das lässt sich jedoch noch ein bisschen optimieren. Eine Zahl, die größer als die Hälfte von x (und kleiner als x–1) ist, ist auf keinen Fall ein Teiler von x. Wäre x zum Beispiel 100, so ist von vornherein klar, dass die Zahlen 51 bis 99 keine Teiler von x sind. Um herauszufinden, ob eine Zahl x eine Primzahl ist, müssen also »nur« die Zahlen 2 bis x / 2 geprüft werden.

Listing 11.6 zeigt, wie sich dieser Algorithmus in Java realisieren lässt.

```java
int zuPruefendeZahl = ...;      // hier Zahl einsetzen
boolean isPrimzahl = true;

if (zuPruefendeZahl <= 1)
  isPrimzahl = false;

for (int i = 2; i <= zuPruefendeZahl / 2; ++i)
{
  if (zuPruefendeZahl % i == 0)
  {
    isPrimzahl = false;
    break;
  }
}
if (isPrimzahl)
  System.out.println(zuPruefendeZahl + " ist eine Primzahl");
else
  System.out.println(zuPruefendeZahl + " ist keine Primzahl");
```

Listing 11.6: Primzahl-Algorithmus in Java

Die Schritte wieder im Einzelnen:

- ✔ Die zu prüfende Zahl wird zu Beginn in einer Variablen gespeichert.

- ✔ Es wird zudem eine Variable vom Typ `boolean` angelegt, über die am Ende angegeben werden soll, ob es sich um eine Primzahl handelt (`true`) oder nicht (`false`).

✔ Zu Beginn wird diese Variable auf `true` gesetzt.

Später wird geprüft werden, ob es Gründe gibt, dass die Zahl keine Primzahl sein kann.

✔ Zunächst werden über eine `if`-Anweisung die negativen Zahlen (und die Null und die Eins) ausgeschlossen.

Negative Zahlen sind keine Primzahlen, daher kann bei einer negativen Zahl direkt `false` als Wert für `isPrimzahl` gesetzt werden.

 Die Eins wäre zwar bei strenger Auslegung der Definition (nur durch sich selbst und durch eins teilbar) eine Primzahl, ist aber ein Sonderfall, bei dem heute meist die Ansicht vertreten wird, dass es sich bei ihr nicht um eine Primzahl handelt.

Das ist nun aber wirklich mathematischer Schabernack und braucht Sie nicht weiter zu interessieren. Dies soll nur zur schnellen Erklärung dienen, warum im Algorithmus auch die Eins von der ersten `if`-Anweisung erfasst wird.

✔ Danach werden in einer `for`-Schleife alle Zahlen von 2 bis zur Hälfte der zu prüfenden Zahl getestet.

✔ Kann die zu prüfende Zahl durch eine dieser Zahlen ohne Rest geteilt werden, handelt es sich bei ihr nicht um eine Primzahl.

Daher wird in diesem Fall die Variable `isPrimzahl` auf `false` gesetzt und die Schleife abgebrochen.

Ein gefundener Teiler reicht für die Aussage, dass keine Primzahl vorliegt, bereits aus. Es sind keine weiteren Tests mehr nötig.

✔ Wenn es sich bei der zu prüfenden Zahl tatsächlich um eine Primzahl handelt, wird stattdessen keiner der Tests in der `for`-Schleife erfolgreich sein.

Das heißt, durch keine der zu testenden Zahlen kann ohne Rest geteilt werden. Daher hat die Variable `isPrimzahl` in diesem Fall auch am Ende noch den anfangs festgelegten Wert `true`.

Das Wichtigste in Kürze

✔ Mit der `if`-Anweisung kann Code in Abhängigkeit von einer Bedingung ausgeführt werden.

✔ Mehrere `if`-Anweisungen lassen sich kombinieren, um beliebig viele Ausführungsvarianten zu ermöglichen.

✔ Wenn die Ausführung in Abhängigkeit vom Wert einer einzelnen Variablen variiert werden soll, kann statt einer `if`-Anweisung auch ein `switch`-Konstrukt verwendet werden.

✔ Mit Schleifen können Codeblöcke in Abhängigkeit von einer Bedingung mehrfach ausgeführt werden.

✔ Es gibt in Java drei Arten von Schleifen, die sich jedoch nur leicht voneinander unterscheiden: die while-Schleife, die do-while-Schleife und die for-Schleife.

✔ Mit der besonderen Anweisung break kann eine Schleife frühzeitig abgebrochen werden.

✔ Mit der besonderen Anweisung continue kann der aktuelle Durchlauf einer Schleife abgebrochen werden. Die weiteren Durchläufe der Schleife finden jedoch statt.

Übungen

1. Schreiben Sie ein Java-Programm, das die Summe aller ungeraden Zahlen zwischen 1 und 100 errechnet (1 + 3 + 5 + ...).

2. Bearbeiten Sie Übung 1, ohne den Restwert-Operator % zu verwenden.

3. Schreiben Sie ein Programm, das die Summe aller Primzahlen zwischen 2 und 100 errechnet.

> **IN DIESEM KAPITEL**
>
> Einfache Klassen in Java erstellen
>
> Simulation der »echten« Welt durch interagierende Objekte

Kapitel 12
Objektorientierte Programmierung in Java

Die Objektorientierung spielt in Java eine sehr zentrale Rolle. In diesem Kapitel erfahren Sie alles, was Sie dazu wissen müssen. Von der Erstellung von eigenen Klassen über die Nutzung derselbigen bis hin zu echten Leckerbissen bei der objektorientierten Programmierung.

Idee der objektorientierten Programmierung

Objektorientierte Programmierung hat den Vorteil, dass größere Programme bereits beim Entwurf konzeptionell in kleinere Häppchen zerteilt werden können. Das macht die nachfolgende Programmierung einfacher: Wenn die Lösung eines Problems in kleineren Schritten angegangen werden kann, wird die Komplexität reduziert, und die Anfälligkeit für Fehler sinkt.

Die Aufteilung eines Problems in verschiedene Teilprobleme macht es zudem einfacher, das Gesamtproblem im Team zu lösen. Jedes Teammitglied kann sich zunächst einem einzelnen Teilproblem widmen, ehe dann die Einzellösungen zum großen Ganzen zusammengesetzt werden.

Realisiert wird eine solche Aufteilung in Java mithilfe von sogenannten *Klassen*. Eine Klasse ist ein selbst definierter Datentyp. Anders als bei den primitiven Datentypen (wie `int` oder `char`) können in Klassen-Variablen jedoch nicht nur einfache Werte gespeichert werden, sondern beliebige komplexe Objekte.

Eine Klasse können Sie sich vorstellen wie ein Sammelbecken für ähnliche Objekte. So ähnlich ist es ja auch bei den primitiven Datentypen: Der Datentyp `int` versammelt zum

Beispiel alle ganzen Zahlen (in einem bestimmten Bereich), der Datentyp char alle Zeichen. Da Klassen nach Belieben vom Programmierer selbst angelegt werden können, sind der Fantasie keine Grenzen gesetzt, welche Objekte in einer Klasse gesammelt werden.

Eine Klasse kann zum Beispiel als Code-Repräsentation von konkreten Gegenständen dienen. Eine Klasse Auto wäre in einer Rennsimulation denkbar, eine Klasse Fußballspieler in einer Fußballsimulation. Ein Programm, das die Entfernung von zwei Orten berechnet, braucht möglicherweise eine Klasse Ort.

Eine Klasse muss aber nicht immer als direkte Repräsentation eines konkreten Gegenstands dienen. Sie kann stattdessen auch genutzt werden, um eine bestimmte Funktionalität zu kapseln.

Ein Beispiel hierfür wäre eine Klasse MathematischeFunktionen. Diese könnte Code enthalten, mit dem verschiedene mathematische Operationen realisiert werden, beispielsweise Berechnungen von Sinus-Werten, Ableitungen oder Integrationen. (Und keine Angst, nichts davon kommt in diesem Buch vor.) An allen Stellen im Programm, an denen eine solche mathematische Operation benötigt wird, würde dann auf die Klasse MathematischeFunktionen zurückgegriffen.

Bei der objektorientierten Programmierung wird unterschieden zwischen *Klasse* und *Objekt*. Man sagt auch, ein Objekt sei eine *Instanz* einer Klasse. Wenn ein Programmierer eine Klasse entwirft, wird er danach immer auch Instanzen der Klasse erstellen. Beim zuvor verwendeten Beispiel der fiktiven Klasse Fußballspieler wären »Manuel Neuer« und »Thomas Müller« demnach mögliche konkrete Instanzen.

Programmiertechnisch besteht eine Klasse aus *Attributen* und *Methoden*.

✔ Die Attribute sind nichts anderes als einfache Variablen, in denen Eigenschaften von Objekten gespeichert werden können.

   Die Fußballspieler-Klasse aus der Fußballsimulation könnte zum Beispiel ein Attribut schusskraft besitzen, das angibt, wie fest ein Spieler gegen den Ball treten kann. Ein solches Attribut wird als int-Variable realisiert.

   - Der Wert 0 würde bedeuten, dass der Spieler sich bei dem Versuch, den Ball zu treten, lediglich den Fuß bricht.
   - Der maximale Wert von 100 dagegen verheißt nichts Gutes für die Familienplanung aller anderen Spieler, die sich bei einem Schuss des Spielers in der unmittelbaren Schusslinie des Balls befinden.

✔ *Methoden* werden in der objektorientierten Programmierung verwendet, um ausführbare Aktionen für Objekte zu realisieren.

   Für die Fußballspieler-Klasse wären zum Beispiel schiesseAufDasTor() und passeDenBallZumMitspieler() denkbare Methoden.

   Eine Methode ist nichts anderes als eine Ansammlung von Code, der jedes Mal ausgeführt wird, wenn die Methode aufgerufen wird.

Innerhalb von Methoden wird die Interaktion von Objekten mit anderen Objekten realisiert. Es können die Werte der eigenen Attribute geändert oder aber auf Methoden und Attribute von anderen Objekten zugegriffen werden.

Die Methode `schiesseAufDasTor()` der `Fußballspieler`-Klasse könnte zum Beispiel ein `Ball`-Objekt verwenden und dessen `position`-Attribut ändern.

Objekte einer Klasse zeichnen sich dadurch aus, dass sie alle dieselben Attribute (also Eigenschaften) haben, die Werte der Attribute sich aber von Instanz zu Instanz unterscheiden.

Ebenso sind für alle Instanzen einer Klasse dieselben Methoden möglich. Jede Instanz einer Klasse kann also dieselben Aktionen ausführen. Da bei der Ausführung der Methoden intern die Attribute der Instanz verwendet werden, kann sich das Ergebnis der Ausführung aber wieder von Instanz zu Instanz unterscheiden.

Um das zu verstehen, schauen Sie sich noch einmal die fiktive Klasse `Fußballspieler` an. Diese könnte ein Attribut `fähigkeitAlsTorwart` enthalten, das angibt, wie gut sich ein Spieler als Torwächter macht. Jede Instanz von `Fußballspieler` hat nun einen eigenen Wert für dieses Attribut. Je besser die Fähigkeiten der Instanz, desto höher der Wert des Attributs.

Und das kann auch die Ausführung der Methoden beeinflussen.

✔ Wenn die Klasse eine Methode `halteDenSchuss()` hat, die ausgeführt wird, wenn der Spieler einen Ball halten soll, weicht das Ergebnis je nach Wert des Attributs `fähigkeitAlsTorwart` ab.

✔ Bei der Instanz »Thomas Müller«, die einen niedrigen Attribut-Wert hat, wird das Ergebnis vermutlich »nicht gehalten« lauten.

✔ Die Instanz »Manuel Neuer« mit einem viel höheren Wert für `fähigkeitAlsTorwart` dagegen ist vermutlich in der Lage, einen geschossenen Ball zu halten.

Wenn die Methode `halteDenSchuss()` für die Instanz »Manuel Neuer« ausgeführt wird, kann das Ergebnis also durchaus »Ball gehalten« lauten.

Umsetzung in Java

Die Umsetzung von Klassen und Objekten in Java entspricht zum großen Teil dem, was ich schon in Kapitel 7 in der allgemeinen Vorstellung der objektorientierten Programmierung gezeigt habe. Ich werde an dieser Stelle dennoch die wichtigsten Teile kurz wiederholen und auf Unterschiede hinweisen.

Das Grundgerüst einer Klasse

Eine Klasse wird erstellt mit dem Schlüsselwort `class`, gefolgt von dem selbst gewählten Namen der Klasse. Der Name kann relativ frei gewählt werden. Normalerweise verwendet man Namen, die mit einem Buchstaben beginnen. Die Namen können außerdem noch Zahlen oder Unterstriche enthalten. Auf die deutschen Umlaute muss verzichtet werden.

Die Sichtbarkeit von Klassen kann in Java mithilfe von Zugriffsmodifizierern begrenzt werden. Da Klassen in der Regel öffentlich verwendbar sein sollen, wird fast immer der Modifizierer public verwendet. Der Zugriffsmodifizierer wird beim Anlegen einer Klasse noch vor das Schlüsselwort class gestellt.

Nach dem Kopf einer Klasse folgt der Rumpf, der von einem Paar von geschweiften Klammern begrenzt wird. Das äußere »Skelett« der Klasse Fussballspieler sähe demnach so aus:

```
public class Fussballspieler
{
   ...
}
```

Eine Besonderheit bei Java ist, dass jede Klasse in einer eigenen Quelltextdatei angelegt werden muss. Die Klasse Fussballspieler muss demnach in einer Datei mit dem Dateinamen Fussballspieler.java gespeichert werden.

Wenn Sie in Eclipse eine neue Klasse anlegen, werden die bisher beschriebenen Schritte übrigens automatisch von Eclipse erledigt.

1. **Klicken Sie zunächst im Paket-Explorer mit der rechten Maustaste auf den Projektnamen, um das Kontextmenü zu öffnen.**

2. **Wählen Sie Neu und dann Klasse.**

3. **Geben Sie im sich öffnenden Dialog den gewünschten Namen für Ihre neue Klasse ein und klicken Sie danach auf Fertigstellen.**

Jetzt wird die neue Klasse automatisch in einer eigenen Java-Datei angelegt und auch das zuvor gezeigte Grundgerüst der Klasse bereits erzeugt.

Attribute

Innerhalb der Klasse können danach die gewünschten Attribute wie einfache Variablen angelegt werden. Für jedes Attribut wird der gewünschte Datentyp und der Name angegeben und die Deklaration durch ein Semikolon abgeschlossen.

Zudem werden Attribute ebenfalls mit Zugriffsmodifizierern versehen. Die gebräuchlichsten sind private (für Attribute, auf die die »Außenwelt« keinen Zugriff haben soll) und public (für öffentliche Attribute, auf die von überall zugegriffen werden kann). Die Modifizierer werden vor den Datentyp, also jeweils an den Anfang der Deklaration gesetzt.

Der Klasse Fussballspieler können die bereits zuvor genannten Attribute (und weitere) wie folgt verpasst werden:

```
public class Fussballspieler
{
  private int schusskraft;
  private int faehigkeitAlsTorwart;
```

```
  private int passGenauigkeit;
  private boolean hatDenBall;
  public int rueckenNummer;
}
```

Konstruktoren

Um eine Klasse später verwenden zu können, müssen Instanzen davon erstellt werden. Wenn ein neues Objekt erstellt wird, müssen die Attribute in einen sinnvollen Anfangszustand gebracht werden. Man verwendet dafür sogenannte *Konstruktoren*, die immer dann ausgeführt werden, wenn ein neues Objekt erstellt werden soll.

Innerhalb eines Konstruktors wird Code gesammelt, der bei der Erstellung eines neuen Objekts als Erstes ausgeführt wird.

Konstruktoren werden nach folgendem Muster erstellt:

Zugriffsmodifizierer Name_der_Klasse(Parameterliste)
{
  ...
}

Als Zugriffsmodifizierer wird meistens `public` benutzt, sodass der Konstruktor auch von außerhalb der Klasse aufgerufen werden kann. Die Parameterliste ist optional. Über Parameter können Informationen in den Konstruktor hineingereicht werden, zum Beispiel die gewünschten Belegungen der Attribute. Die Parameter werden als durch Kommas getrennte Liste von `Datentyp NameDerVariable`-Paaren angegeben.

Wie ein Konstruktor für die Klasse `Fussballspieler` aussieht, zeigt Listing 12.1.

```
public Fussballspieler(int schuss, int torFaehigkeit,
             int pass, boolean hatBall, int ruecken)
{
  schusskraft = schuss;
  faehigkeitAlsTorwart = torFaehigkeit;
  passGenauigkeit = pass;
  hatDenBall = hatBall;
  rueckenNummer = ruecken;
}
```

Listing 12.1: Konstruktor der Fussballspieler-Klasse

Dieser Konstruktor ist sehr einfach. Er weist einfach allen Attributen die Werte zu, die über Parameter in den Konstruktor hereingereicht werden.

 Eine Klasse muss übrigens nicht zwingend einen Konstruktor besitzen. Wenn ein neues Objekt einer Klasse erstellt wird, die keinen Konstruktor besitzt, werden alle Attribute mit Standardwerten belegt. Numerische Attribute werden mit dem Wert 0 initialisiert, Wahrheitswerte mit dem Wert `false`.

Methoden

Über Methoden werden die Aktionen realisiert, die ein Objekt ausführen kann. Methoden haben eine gewisse Ähnlichkeit mit Konstruktoren: Konstruktoren enthalten Code, der beim Erstellen eines neuen Objekts ausgeführt wird. Methoden dagegen enthalten Code, der bei ihrem *Aufrufen* ausgeführt wird. Methoden können beliebig oft aufgerufen werden.

Im Vergleich zu Konstruktoren werden Methoden nach einem leicht veränderten Muster erzeugt:

✔ Der Name einer Methode kann frei gewählt werden.

✔ Methoden können Daten an die aufrufende Stelle zurückgeben.

   Dafür muss beim Anlegen der Methode angegeben werden, welchen Datentyp die zurückzugebenden Daten haben.

Eine Methode wird nach dem folgenden Schema angelegt:

```
Zugriffsmodifizierer Rückgabetyp Name(Parameterliste)
{
   ...
}
```

Als Rückgabetyp kann ein beliebiger Datentyp verwendet werden. Nicht jede Methode muss zwingend einen Wert zurückgeben. Soll eine Methode kein Ergebnis liefern, wird der spezielle Rückgabetyp void verwendet, um dies zu signalisieren.

Die Methode halteDenSchuss() der Klasse Fussballspieler kann beispielsweise wie folgt realisiert werden:

```
public boolean halteDenSchuss()
{
   return faehigkeitAlsTorwart > 70;
}
```

Listing 12.2: Die Methode halteDenSchuss() der Klasse Fussballspieler

Was passiert hier?

✔ Die Methode hat den Rückgabetyp boolean, sie soll also einen Wahrheitswert als Ergebnis liefern.

✔ Der Rückgabewert gibt an, ob der Schuss tatsächlich gehalten werden konnte (true) oder nicht (false).

✔ Die Methode selbst enthält nur eine einzelne Anweisung.

   Die return-Anweisung wird genutzt, um einen Wert an die aufrufende Stelle zurückzugeben.

Zurückgegeben wird der Ausdruck `faehigkeitAlsTorwart > 70`. Dieser wertet zu true aus, wenn das Attribut `faehigkeitAlsTorwart` größer als 70 ist. Ist das Attribut kleiner oder gleich 70, wertet der Ausdruck zu `false` aus.

Das bedeutet: Wenn der Attributwert des Spielers größer als 70 ist, kann er jeden Ball halten, da dann jede Ausführung der Methode `halteDenSchuss()` `true` als Ergebnis liefert. Andernfalls kann der Spieler keinen einzigen Schuss halten, da jede Ausführung der Methode `false` als Ergebnis liefert.

In dieser sehr einfachen Fußballsimulation ist die Welt also schwarz-weiß. Entweder Schimpf und Schande oder Glanz und Gloria – Grautöne gibt es nicht.

Neue Instanzen erstellen

In den vorangegangenen Abschnitten haben Sie gelernt, wie Sie eine neue Klasse erstellen. Jetzt zeige ich Ihnen noch, wie Sie eine Klasse mit Leben füllen, also, wie Sie neue Instanzen erstellen und verwenden.

Das Anlegen einer Variablen, in der ein Objekt gespeichert werden soll, funktioniert genauso wie das Anlegen einer Variablen für einen primitiven Datentyp. Zunächst wird der Typ angegeben, danach der gewünschte Name für die Variable. Ein einfaches Semikolon schließt die Variablendeklaration ab.

```
Fussballspieler torwart;
```

Bis jetzt ist das lediglich eine Variable, die ein Objekt speichern *kann*. Noch enthält sie aber kein Objekt.

Um ein neues Objekt zu erstellen, wird der sogenannte `new`-Operator verwendet. Mit dem `new`-Operator wird ein Konstruktor aufgerufen, der die neue Instanz initialisieren soll.

```
objektVariable = new Klassenname(Konstruktorparameter);
```

Wenn der verwendete Konstruktor Parameter annimmt, müssen diese beim Aufruf des Konstruktors angegeben werden. Die Parameter werden als durch Kommas getrennte Liste der zu verwendenden Werte angegeben. Statt direkt einen Wert als Parameter anzugeben, kann auch eine Variable verwendet werden, die den richtigen Datentyp hat. Außerdem kann jeder beliebige Ausdruck angegeben werden, der zum richtigen Datentyp auswertet.

Der Konstruktor der Klasse `Fussballspieler` kann zum Beispiel wie folgt verwendet werden, um eine neue `Fussballspieler`-Instanz zu erstellen:

```
torwart = new Fussballspieler(60, 75, 60, false, 1);
```

Durch diesen Aufruf wird der Konstruktor aus Listing 12.1 ausgeführt. Die Attribute der `Fussballspieler`-Instanz `torwart` werden also mit den übergebenen Werten belegt.

Sie können jetzt auch noch weitere Instanzen der Klasse anlegen. Die Instanzen existieren dann unabhängig voneinander, und jede Instanz erhält eigene Werte für die Attribute.

```
Fussballspieler feldspieler1 = new Fussballspieler(80, 12, 75, true, 5);
```

Das Attribut `schusskraft` der Instanz `torwart` hat so zum Beispiel den Wert 60, das der Instanz `feldspieler1` jedoch den Wert 80.

Nachdem eine Instanz einmal erstellt ist, kann sie übrigens mit einer einfachen Zuweisung auch in zusätzlichen Variablen gespeichert werden.

```
Fussballspieler feldspieler1Alternativ = feldspieler1;
```

Hier wird keine neue Instanz erstellt, sondern die Instanz, die in der Variablen `feldspieler1` gespeichert ist, wird zusätzlich noch in der Variablen `feldspieler1Alternativ` gespeichert. Es kann danach über beide Variablen auf dasselbe Objekt zugegriffen werden.

Auf Attribute und Methoden zugreifen

Richtig Spaß machen Objekte erst dann, wenn man auch auf ihre Attribute und Methoden zugreift. Auf private Attribute und Methoden kann man nur innerhalb der Klasse selbst zugreifen, auf öffentliche überall.

Wie Sie innerhalb einer Klasse selbst auf ein Attribut zugreifen können, haben Sie übrigens schon gesehen. In Listing 12.1 erfolgt im Konstruktor der Klasse `Fussballspieler` ein Schreibzugriff auf alle vier Attribute. In Listing 12.2 wird innerhalb der Methode `halteDenSchuss()` lesend auf das Attribut `faehigkeitAlsTorwart` zugegriffen.

Attribute können also innerhalb der eigenen Klasse wie normale Variablen über ihren Namen angesprochen werden. Um von außerhalb der Klasse ein Attribut zu lesen oder zu schreiben, muss zudem angegeben werden, zu welcher Instanz das Attribut gehört. Denn jede Klasseninstanz hat ja ihre eigenen Attribute.

Man verwendet dazu den *Punkt-Operator*: Durch einen Punkt getrennt werden Instanz und gewünschtes Attribut angegeben.

instanzVariable.attributName

Ein öffentliches Attribut kann auf diese Weise sowohl gelesen als auch geschrieben werden.

Die Klasse `Fussballspieler` besitzt nur ein einziges öffentliches Attribut, nämlich `rueckenNummer`. Dieses kann mit dem Punkt-Operator gelesen sowie auch neu gesetzt werden.

```
int rueckennummerTorwart = torwart.rueckenNummer;
feldspieler1.rueckenNummer = 6;
```

Auf ähnliche Weise können öffentliche Methoden aufgerufen werden:

instanzVariable.methodenname(Parameterliste)

Wie bei einem Konstruktoraufruf können Parameter entweder als Wert, Variable oder Ausdruck, der zum richtigen Datentyp auswertet, angegeben werden.

Aufrufe von Methoden, die Daten an die aufrufende Stelle zurückgeben, können auf der rechten Seite einer Zuweisung verwendet werden. Der zurückgelieferte Wert wird dann für die Zuweisung verwendet.

Die Methode `halteDenSchuss()` der Klasse `Fussballspieler` kann auf den beiden bisher erstellten Objekten wie folgt aufgerufen werden:

```
boolean torwartHaelt = torwart.halteDenSchuss();
boolean feldspielerHaelt = feldspieler1.halteDenSchuss();
```

Beachten Sie:

- ✔ Der Aufruf auf dem Objekt `torwart` liefert als Ergebnis `true`, da die Torwart-Fähigkeiten der Instanz hoch genug sind.

    Der Wert `true` wird also in der Variablen `torwartHaelt` gespeichert.

- ✔ Der zweite Aufruf der Methode auf dem Objekt `feldspieler1` dagegen liefert `false`, was abschließend in der Variablen `feldspielerHaelt` gespeichert wird.

Beim Aufruf von Methoden innerhalb der eigenen Klasse kann, ähnlich wie bei der Benutzung von Attributen, die Angabe der Klasseninstanz entfallen. Wird bei einem Methodenaufruf keine Klasseninstanz angegeben, beziehen sich Methodenaufrufe immer auf die eigene Instanz. Was bedeutet das?

- ✔ Angenommen, Sie haben eine Klasse `Mensch`, die eine Methode `essen()` besitzt.

    Diese Methode könnte folgendermaßen aussehen:

    ```
    public void essen()
    {
      geheZumKuehlschrank();
      ...
    }
    ```

- ✔ Zu Beginn der Methode wird eine weitere Methode der Klasse `Mensch` aufgerufen, nämlich `geheZumKuehlschrank()`.

- ✔ Gehen Sie nun davon aus, dass eine `Mensch`-Instanz `Peter` existiert.

    Auf dieser wird die Methode `essen()` aufgerufen.

- ✔ Innerhalb der Methode `essen()` wird ja bekanntlich die Methode `geheZumKuehlschrank()` verwendet.

    Da kein anderes Objekt angegeben ist, auf das sich diese Methode bezieht, wird die Methode `geheZumKuehlschrank()` ebenfalls auf der Instanz `Peter` ausgeführt.

    Der Methodenaufruf innerhalb von `essen()` bezieht sich also auf dieselbe Instanz, auf der die Methode `essen()` aufgerufen wurde.

Mithilfe des Punkt-Operators können aber selbstverständlich auch Methoden von anderen Instanzen aufgerufen werden.

```
public void schlaegereiAnzettelnMit(Mensch konkurrent)
{
  konkurrent.AufDenFussTreten();
  ...
}
```

Übrigens können Sie auch innerhalb einer Klasse den Punkt-Operator verwenden, um auf Attribute und Methoden der eigenen Instanz zuzugreifen. Dafür gibt es das spezielle Schlüsselwort this – dieses wird anstelle der Instanz-Variablen verwendet.

```
this.rueckenNummer = 10;
rueckenNummer = 10;
```

Die beiden Anweisungen führen dieselbe Operation aus. Die explizite Verwendung des Punkt-Operators in Verbindung mit this wird dazu verwendet, um noch einmal herauszustellen, dass es sich um den Zugriff auf ein Attribut der eigenen Instanz handelt. Zwingend nötig ist die Verwendung von this nicht.

Methoden und logische Operatoren

Auf einen Sonderfall bei der Benutzung von Methoden im Zusammenhang mit logischen Operatoren möchte ich noch kurz eingehen.

Logische Operatoren werden genutzt, um Wahrheitswerte miteinander zu verknüpfen. Mit dem *und*-Operator wird geprüft, ob zwei Wahrheitswerte gleichzeitig true sind; mit dem *oder*-Operator wird geprüft, ob mindestens einer von zwei Wahrheitswerten true ist.

Die Systematik von *und*- und *oder*-Operator bringt es mit sich, dass eventuell nach dem Auswerten des ersten Operanden schon feststeht, welches Ergebnis die Operation liefert. Betrachten Sie dazu folgendes Beispiel:

```
boolean wahr1 = true;
boolean ergebnis = false && wahr1;
```

In der zweiten Anweisung wird der *und*-Operator auf den beiden Eingabewerten false und wahr1 angewendet.

✔ Das Ergebnis kann nur dann true lauten, wenn beide Eingabewerte true sind.

✔ Nachdem mit false der erste Operand ausgewertet ist, steht bereits fest, dass nicht mehr beide Operanden true sein können.

✔ Damit steht das Endergebnis false der Operation schon vor dem Auswerten des zweiten Operanden fest.

Die Programmiersprachen sind so entworfen, dass sie unnötige Arbeitsschritte normalerweise gar nicht erst ausführen, damit das Programm möglichst effizient arbeitet. Wenn das Ergebnis einer Operation schon nach dem Auswerten des ersten Operanden feststeht, braucht der zweite Operand nicht mehr ausgewertet zu werden.

Ergo wird das auch nicht getan. In dem gezeigten Beispiel würde die Variable wahr1 nicht mehr ausgewertet, da es für die Operation egal ist, welcher Wert sich darin befindet. Vermutlich denken Sie jetzt: Na und?

Und Sie haben recht: Im gezeigten Fall ist das wirklich egal, ob der zweite Operand noch ausgewertet wird oder nicht. Aber: Als Operand muss nicht zwingend eine einfache Variable verwendet werden, es kann jeder beliebige Ausdruck verwendet werden, der zum richtigen Typ (in diesem Fall boolean) auswertet. Das kann also auch ein Aufruf einer Methode sein, die einen Wahrheitswert als Ergebnis liefert.

Betrachten Sie das konstruierte Szenario in Listing 12.3.

```java
public class Klasse1
{
  private int attribut1;

  public Klasse1()
  {
    attribut1 = 0;
  }

  private boolean methode1()
  {
    attribut1 = 17;
    return true;
  }

  public void methode2()
  {
    boolean wahr2 = false && methode1();
  }
}
```
Listing 12.3: Logischer Operator mit Methodenaufruf als Operand

In Listing 12.3 sehen Sie eine lieblos konstruierte Klasse mit nichtssagenden Attribut- und Methodennamen. Das einzige Attribut wird im Konstruktor der Klasse auf den Wert 0 gesetzt.

Von Interesse ist die methode2(). Darin wird ein Methodenaufruf als zweiter Operand eines logischen Operators verwendet. Da bei der Ausführung des logischen Operators bereits nach dem Auswerten des ersten Operanden feststeht, dass das Ergebnis false lauten wird, wird der zweite Operand gar nicht mehr ausgewertet.

In diesem Fall bedeutet das:

✔ Die methode1() wird nicht ausgeführt.

✔ Die Methode methode1() hätte aber nicht nur einen Wahrheitswert als Ergebnis geliefert, sondern nebenbei auch noch eine Änderung am Attribut der Klasse durchgeführt.

✔ In diesem Fall spielt es also eine entscheidende Rolle, dass nicht beide Operanden der logischen Operation ausgewertet werden.

Die Auswertung des zweiten Operanden hätte nämlich mit der Änderung des Attributs einen »Nebeneffekt« gehabt, der so ausbleibt.

Rufen Sie auf einer Instanz der Klasse die methode2() auf, hat das Attribut der Klasse danach immer noch den Wert 0. Würden innerhalb der methode2() die beiden Operanden vertauscht, der Methodenaufruf also an den Anfang gestellt, würde methode1() noch ausgeführt und damit auch das Attribut geändert.

Bei der Verwendung der logischen Operatoren ist also zu beachten, dass nicht zwingend alle Operanden ausgewertet werden. Das kann sich in Form von eventuell ausbleibenden Nebeneffekten der Auswertung bemerkbar machen.

Das gilt nicht nur für den *und*-Operator, sondern auch für den *oder*-Operator. Bei entsprechender Belegung der Operanden kann auch dort der Fall auftreten, dass der zweite Operand nicht mehr ausgewertet werden muss. Ich verweise dazu auf die Übungen.

Wollen Sie die Auswertung aller Operanden bei logischen Operatoren erzwingen, gibt es dafür in Java eine Möglichkeit. Der Operator && wird dafür durch den Operator & ersetzt, der Operator || durch den Operator |.

Die Ersatzoperatoren liefern immer dasselbe Ergebnis wie die ursprünglichen Operatoren, werten aber bei jeder Operation alle Operanden aus, auch wenn dies zur Bestimmung des Ergebnisses eigentlich nicht nötig wäre.

Wenn in methode2() in Listing 12.3 der Operator && durch den Operator & ersetzt würde, würde die methode1() bei jedem Aufruf von methode2() ausgeführt und damit der Wert des Attributs geändert.

Statische Attribute und Methoden

Bei der objektorientierten Programmierung werden Attribute und Methoden normalerweise immer für eine bestimmte Klasseninstanz angegeben. Jede Instanz hat ihre eigene Belegung für die Attribute. Aufrufe von Methoden führen (in der Regel) zu Änderungen an den Attributen der eigenen Instanz.

Eine Ausnahme davon sind *statische Attribute und Methoden*. Statische Attribute und Methoden existieren global nur einmal für die gesamte Klasse. Genutzt wird das zum Beispiel für Konstanten, die für alle Klasseninstanzen gültig sind.

Statische Attribute und Methoden werden angelegt, indem nach dem Zugriffsmodifizierer das Schlüsselwort `static` eingefügt wird.

```
public class Fussballspieler
{
  ...
  public static int maxFaehigkeitWert = 100;
  public static int begrenzeAttribut(int wert)
  {
    if (wert <= maxFaehigkeitWert)
      return wert;
    return maxFaehigkeitWert;
  }
  ...
  public Fussballspieler(int schuss, int torFaehigkeit,
              int pass, boolean hatBall, int ruecken)
  {
    schusskraft = begrenzeAttribut(schuss);
    faehigkeitAlsTorwart = begrenzeAttribut(torFaehigkeit);
    passGenauigkeit = begrenzeAttribut(pass);
    hatDenBall = hatBall;
    rueckenNummer = ruecken;
  }
  ...
}
```

Listing 12.4: Klasse mit statischem Attribut und statischer Methode

Listing 12.4 zeigt eine Erweiterung der Klasse `Fussballspieler` um ein statisches Attribut und eine statische Methode. Über ein statisches Attribut wird ein maximaler Wert für die verschiedenen Fähigkeitsattribute angegeben. Zudem wird eine statische Methode erzeugt, die sicherstellt, dass der Maximalwert nicht überschritten wird.

Auf das statische Attribut kann innerhalb der Klasse wie auf ein normales Attribut zugegriffen werden. Wichtiger Unterschied: Wenn das Attribut einmal geändert wird, gilt diese Änderung global bei allen `Fussballspieler`-Instanzen.

Statische Methoden haben keinen Zugriff auf nicht-statische Attribute und Methoden, da diese immer an eine bestimmte Instanz gebunden sind, die statische Methode aber global ist.

Die statische Methode kann innerhalb der Klasse selbst benutzt werden wie eine normale Methode, was in Listing 12.4 im Konstruktor auch getan wird.

Sofern statische Attribute und Methoden öffentlich sind, kann auch außerhalb der eigenen Klasse darauf zugegriffen werden. Dafür wird wie bei nicht-statischen Attributen und Methoden auch der Punkt-Operator verwendet. In diesem Fall wird aber keine Klasseninstanz vor dem Punkt angegeben, sondern der Name der Klasse.

```
Fussballspieler.maxFaehigkeitWert = 1000;
int faehigkeit = Fussballspieler.begrenzeAttribut(1001);
```

Besonderheiten der Objektorientierung in Java

Die objektorientierte Programmierung ist eigentlich eine fortgeschrittene Programmiertechnik, die insbesondere bei umfangreichen Programmen zum Einsatz kommt. In anderen Sprachen ist die Objektorientierung ein optionales Feature: Sie kann bei Bedarf eingesetzt werden. Sieht der Programmierer es aber als unnötig an, kann ein Programm auch ohne eine einzige Klasse erstellt werden.

In Java ist das etwas anders.

- ✔ Jeglicher Code muss sich innerhalb von Klassen befinden.

    Es ist nicht möglich, ein Java-Programm zu erstellen, ohne mindestens eine Klasse zu erstellen. Sie werden von der Sprache quasi dazu genötigt, die objektorientierte Programmierung einzusetzen.

- ✔ Sie können dies in gewisser Weise umgehen: Erstellen Sie einfach eine einzige Klasse und schreiben Sie jeglichen Code dort hinein.

    Damit halten Sie rein technisch das objektorientierte Paradigma ein. Dennoch ist der Sinn ad absurdum geführt, da der Hauptzweck der Objektorientierung die bessere Aufteilung des Programms ist.

- ✔ Wenn Sie nur ein sehr kleines Programm schreiben, spricht nichts dagegen, den gesamten Code in eine einzige Klasse zu packen.

    Die Unterteilung eines Programms, das nur aus zehn oder 20 Zeilen Code besteht, ist sinnlos. Das Programm würde dadurch nicht leichter verständlich oder übersichtlicher.

Um eine Klasse als möglichen Startpunkt in ein Programm festzulegen, muss der Klasse eine statische Methode main() hinzugefügt werden. In Kapitel 9 habe ich das schon einmal demonstriert. Die Methode erhält als Parameter ein Array aus String-Objekten, die bei einem Aufruf über die Kommandozeile mit den Argumenten des Aufrufs gefüllt werden. Meistens werden Sie diese Parameter aber gar nicht benötigen.

```
public static void main(String[] args)
{
    ...
}
```

Listing 12.5: Eine Startmethode als Einstieg in ein Programm

Eine Klasse mit einer solchen Hauptfunktion kann direkt aus Eclipse heraus gestartet werden. Öffnen Sie die Klasse dazu im Editor, wählen Sie im Menü AUSFÜHREN und dann noch einmal AUSFÜHREN.

Der Programmcode wird dann übersetzt und die Ausführung automatisch gestartet.

Zeichenketten als Objekte

Bei der Vorstellung der elementaren Datentypen in Java habe ich einen wichtigen ausgelassen. Den Datentyp String nämlich, der zum Speichern von Zeichenketten verwendet wird. In Java wird streng unterschieden zwischen primitiven Datentypen und Klassen, die auch komplexe Objekte repräsentieren können.

Tatsächlich ist der Datentyp String in Java als Klasse realisiert. Dadurch nimmt er gewissermaßen eine Sonderstellung ein. Eine Zeichenkette ist zwar ein Objekt mit Attributen und Methoden, kann aber erstellt werden wie ein Element eines primitiven Datentyps:

```
String meinErsterString =
   "Alle schlafen, einer spricht, sowas nennt man Unterricht.";
```

Instanzen von Klassen werden normalerweise mit dem new-Operator erstellt. Zeichenketten stellen die Ausnahme dar, sie können wie einfache Werte direkt zugewiesen werden. Als Begrenzung am Anfang und Ende der Zeichenkette werden normale Anführungszeichen verwendet. Die Anführungszeichen sind also nicht Teil der Zeichenkette, sondern kennzeichnen im Quelltext nur Start und Ende einer Zeichenkette.

Soll ein String tatsächlich Anführungszeichen beinhalten, muss eine sogenannte *Escape-Sequenz* verwendet werden. Mit Escape-Sequenzen können Sie innerhalb von Zeichenketten Zeichen darstellen, die nicht einfach über die Tastatur eingegeben werden können. Das trifft auf die Anführungszeichen zu (weil normale Anführungszeichen sonst als String-Begrenzung interpretiert werden), aber zum Beispiel auch auf Zeilenumbrüche.

Escape-Sequenzen werden immer mit einem Backslash eingeleitet; das darauf folgende Zeichen entscheidet, welches Zeichen durch die Escape-Sequenz dargestellt wird.

- ✔ Die Escape-Sequenz \" stellt ein Anführungszeichen dar.
- ✔ Die Escape-Sequenz \n stellt einen Zeilenumbruch dar.
- ✔ Da ein Backslash innerhalb einer Zeichenkette immer als Einleitung einer Escape-Sequenz gewertet wird, wird auch eine Escape-Sequenz benötigt, um tatsächlich einen Backslash in einer Zeichenkette darzustellen.

    Dies gelingt mit der Escape-Sequenz \\.

```
String zweiterString = "Homer sagte: \"Nein!!\"";
```

String-Objekte sind unveränderlich. Das bedeutet, wenn ein String-Objekt einmal erstellt ist, kann *dieses* Objekt nicht mehr verändert werden. Es können aber jederzeit neue String-Objekte erstellt werden, indem an vorhandene Zeichenketten weitere Zeichen angehängt werden.

```
String dritterString =
   "Was sind die letzten Worte eines Informatikers? ";
dritterString += "Ich bleibe hier, bis das Problem gelöst ist!";
```

Einer bestehenden String-Variablen kann auch einfach eine ganz neue Zeichenkette zugewiesen werden.

```
String vierterString =
  "Mike: »Du kannst keine Astronauten zur Sonne schicken!«";
vierterString = "Donald: »Und wenn sie abends fliegen?«";
```

Beachten Sie hier den Unterschied zwischen Variable und Objekt.

✔ Eine Variable ist ein Speicherplatz, an dem ein Objekt gespeichert werden kann.

Das in einer Variablen gespeicherte Objekt kann aber jederzeit gegen ein anderes Objekt ausgetauscht werden.

✔ Ein Objekt ist eine Datenstruktur, die aus verschiedenen anderen Datenstrukturen zusammengesetzt ist.

Ein String-Objekt ist zum Beispiel aus mehreren Zeichen zusammengesetzt.

Wenn Sie mit dem Plus-Operator ein String-Objekt erweitern, wird nicht das ursprüngliche Objekt angepasst, sondern es wird eine ganz neue Zeichenkette erstellt. Dieses neue String-Objekt kann in derselben Variablen gespeichert werden, die zuvor auch das ursprüngliche Objekt enthielt.

Zeichenketten können auf der Konsole ausgegeben werden. Dafür wird die integrierte Java-Funktion System.out.println() verwendet.

```
System.out.println(dritterString);
```

Methoden für Zeichenketten

Wie eingangs erwähnt, werden Zeichenketten in Java durch eine Klasse mit Attributen und Methoden realisiert. String-Objekte »können« also ein bisschen mehr, als einfach nur mehrere Zeichen zu speichern. Insbesondere existieren mehrere Methoden zum Analysieren von Zeichenketten. Im folgenden Beispiel zeige ich einige davon.

```
String meinWitz =
 "Letzte Worte des Sportlehrers:\"Alle Speere zu mir!\"";
int laenge = meinWitz.length();            // 51
char ch = meinWitz.charAt(3);              // z
String teil = meinWitz.substring(7, 11);   // Wort
boolean enthaelt = meinWitz.contains("Sport"); // true
int index = meinWitz.indexOf("Sport");     // 17
boolean gleich = teil.equals("Wort");      // true
```

Listing 12.6: String-Methoden

Manche der Methoden sind intuitiv verständlich, andere dagegen wollen erklärt werden.

✔ Zur ersten Gruppe gehören die Methoden `length()`, `contains()` und `equals()`.

   Die Methode `length()` bestimmt die Länge einer Zeichenkette (also Anzahl der Zeichen), die Methode `contains()` prüft, ob eine zweite Zeichenkette in der ursprünglichen Zeichenkette enthalten ist, die Methode `equals()`, ob eine Zeichenkette mit einer anderen übereinstimmt.

✔ Mit der Methode `charAt()` kann das Zeichen an einer bestimmten Position innerhalb einer Zeichenkette herausgefunden werden.

   Dabei ist zu beachten: In der Informatik wird eigentlich so gut wie immer beim Zählen mit der 0 begonnen. Man spricht dann auch oft von einem sogenannten *Index*.

   Das Zeichen mit dem Index 0 ist also das erste Zeichen der Zeichenkette, das mit dem Index 1 das zweite und so weiter. Das Zeichen mit dem Index 3 ist demnach das vierte Zeichen der Zeichenkette, im Beispiel also ein kleines z.

✔ Die Methode `substring()` kann verwendet werden, um aus einer Zeichenkette einen Teil »herauszuschneiden«.

   Als Parameter werden der inklusive Startindex der gewünschten Teilzeichenkette angegeben und der exklusive Endindex.

   Im Beispiel wird 7 als Startindex und 11 als Endindex angegeben. Das bedeutet, der Teilstring reicht vom achten bis zum elften Zeichen der Ursprungszeichenkette.

✔ Mit der Methode `indexOf()` kann geprüft werden, wo sich ein Teilstring innerhalb einer Zeichenkette befindet.

   Zurückgegeben wird dabei der Index des ersten Buchstabens der Teilzeichenkette. Im Beispiel wird nach dem Index von `Sport` innerhalb der Zeichenkette `meinWitz` gesucht. Das »S« von `Sport` befindet sich an der 18. Stelle innerhalb der Gesamtzeichenkette, deshalb wird der Index 17 zurückgegeben.

   Ist die Teilzeichenkette nicht in der Gesamtzeichenkette enthalten, wird -1 zurückgegeben.

Zeichenketten zusammensetzen

Zeichenketten werden so gut wie in jedem Programm benötigt, zum Beispiel um Ergebnisse von Berechnungen zu präsentieren. Oft werden Zeichenketten dabei aus verschiedenen Teilen zusammengesetzt, beispielsweise aus einem einleitenden Spruch (»Das Ergebnis ist …«) und dem darzustellenden Ergebnis.

Sie *können* für solche Zwecke den Additionsoperator + verwenden. Mit diesem können Sie Zeichenketten nach und nach zusammensetzen. In Hinsicht auf die Optimierung des Speicherverbrauchs des Programms ist diese Vorgehensweise aber eher suboptimal, da so für jeden Teilstring und jede Verkettungsoperation ein eigener Speicherbereich reserviert werden muss.

Stattdessen gibt es in Java verschiedene andere Möglichkeiten, Zeichenketten aus anderen Teilen zusammenzusetzen. Eine davon möchte ich hier vorstellen. Die Klasse String besitzt eine statische Methode format(), mit der verschiedene Elemente zu einer einzigen Zeichenkette zusammengebaut werden können. Die Methode erhält eine variable Anzahl an Parametern. Der erste Parameter ist die Basiszeichenkette, die das Gerüst des zu bildenden Strings vorgibt.

Die Basiszeichenkette enthält eine oder mehrere spezielle Markierungen, die im Endprodukt durch andere Elemente ersetzt werden. Die weiteren Parameter, die der Methode format() übergeben werden, sind diese ersetzenden Elemente. Die erste Markierung im Basisstring wird durch den zweiten Parameter der Methode format() ersetzt, die zweite Markierung durch den dritten Parameter und so weiter.

```
int a = 5, b = 7;
int ergebnis = a + b;
String meldung = String.format("%d + %d = %d", a, b, ergebnis);
```

Listing 12.7: Zeichenkette zusammensetzen

Listing 12.7 zeigt ein Beispiel. In der Basiszeichenkette wird die spezielle Markierung %d dreimal verwendet. Die weiteren Parameter der Methode format() werden dann nacheinander für diese drei Markierungen eingesetzt. Die Zeichenkette meldung lautet demnach am Ende »5 + 7 = 12«.

Welche Markierung im Basisstring verwendet wird, hängt übrigens davon ab, welchen Datentyp das ersetzende Element hat. Im Beispiel waren dies ausschließlich ganzzahlige Werte, dafür wird immer die Markierung %d verwendet. Soll ein Gleitkommawert eingesetzt werden, wird die Markierung %f verwendet. Um eine andere Zeichenkette einzusetzen, wird die Markierung %s verwendet.

```
String name = "Daniel";
double prozentzahl = 17.6;
String meldung =
   String.format("%s ist heute zu %f Prozent konzentriert. ",
   name, prozentzahl);
```

Packages

Wie Sie sich sicher vorstellen können, werden bei der Java-Programmierung sehr viele Klassen erstellt. Um den Überblick zu behalten, besteht die Möglichkeit, die Klassen thematisch in sogenannte *Packages* (deutsch: Pakete) einzuteilen. Packages können hierarchisch aufgebaut sein: Ein Paket kann neben konkreten Klassen auch weitere Unterpakete enthalten.

Klassen in Pakete packen

Ein Paket muss nicht explizit erstellt werden. Um eine Klasse zu einem Paket hinzuzufügen, genügt es, den gewünschten Paketnamen am Anfang der Quelltextdatei anzugeben:

```
package spielsimulation;
public class Fussballspieler { ... }
```

Hierarchie-Ebenen werden bei der Angabe von Paketnamen durch Punkte getrennt.

```
package spielsimulation.akteure;
```

In diesem Beispiel ist das Paket akteure ein Unterpaket des Pakets spielsimulation.

Eine Besonderheit bei der Verwendung von Packages ist, dass die Hierarchie auch auf Dateiebene realisiert werden muss. Eine Klasse muss ja immer in einer eigenen Quelltextdatei gespeichert werden, die als Dateinamen den Klassennamen (ergänzt um die Dateiendung .java) trägt. Soll eine Klasse zu einem Paket gehören, muss das Verzeichnis im Dateisystem, in dem die Quelltextdatei gespeichert ist, den Namen des Pakets tragen. Unterpakete werden dabei als Unterverzeichnisse realisiert.

Wenn die Klasse Fussballspieler sich im Paket spielsimulation.akteure befindet, muss sich die Quelltextdatei Fussballspieler.java in einem Verzeichnis akteure befinden, der selbst wiederum ein Unterverzeichnis eines Verzeichnisses spielsimulation ist.

Wenn Sie eine Klasse in Eclipse anlegen, wird dies alles übrigens automatisch für Sie erledigt. Im Dialog zur Erstellung einer neuen Klasse kann das gewünschte Paket angegeben werden (siehe Abbildung 12.1). Eclipse erstellt dann automatisch die dazugehörige Verzeichnisstruktur und ergänzt die Angabe des Paketnamens am Anfang der neu generierten Quelltextdatei.

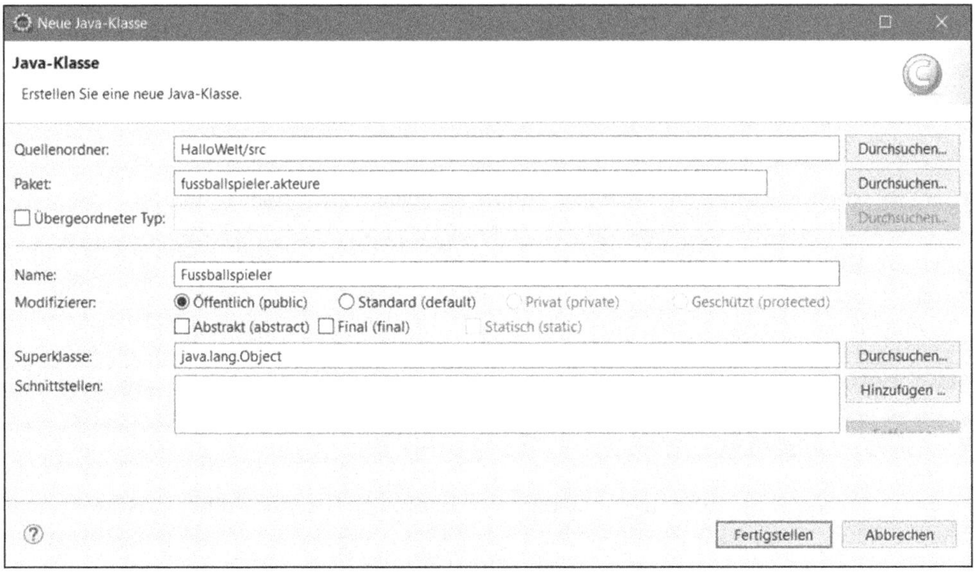

Abbildung 12.1: Paket beim Anlegen einer Klasse festlegen

Wenn Sie ein umfangreiches Programm erstellen, kann es also sinnvoll sein, für eine bessere Übersicht die erstellten Klassen thematisch in Pakete zu gliedern.

Im Übrigen wird diese Technik auch bei den Klassen der Java-Klassenbibliothek (von denen Sie einige später noch kennenlernen werden) angewendet. Nützliche Klassen, die Sie für Ihre Programme verwenden können, stehen in thematisch unterteilten Paketen bereit.

Pakete einbinden

Wenn Sie eine Klasse in einem Paket anlegen, wird der Name der Klasse automatisch mit dem Namen des Pakets ergänzt. Liegt die Klasse Fussballspieler in einem Paket spielsimulation.akteure, so lautet der vollständige Name der Klasse spielsimulation.akteure.Fussballspieler.

Die Unterteilung in Pakete macht die Programmierung übersichtlicher. Müssten Sie aber bei jedem Anlegen einer Variablen oder dem Erstellen einer neuen Instanz den (langen) vollständigen Namen angeben, wäre der Vorteil wieder dahin.

In der Realität ist es so, dass beim Erstellen einer Klasse alle anderen Klassen, die sich im selben Paket befinden, »bekannt« sind und über den einfachen Namen angesprochen werden können. Wenn Sie also weitere Klassen im Paket spielsimulation.akteure erstellen, können Sie innerhalb dieser Klassen immer den einfachen Namen der Klasse Fussballspieler verwenden, um auf diese zuzugreifen.

Zudem können auch Klassen aus anderen Paketen in einer Quelltextdatei bekannt gemacht werden. Dazu fügen Sie nach der Angabe des eigenen Pakets sogenannte import-Anweisungen hinzu:

```
package spielsimulation;
import sound.Kommentator;
import spiellogik.*;
```

Im Beispiel wird die Klasse Kommentator aus dem Paket sound eingebunden. Im folgenden Quelltext kann die Klasse Kommentator durch den einfachen Namen angesprochen werden, es muss nicht der vollständige Name sound.Kommentator verwendet werden.

Außerdem ist es auch möglich, alle Klassen eines Pakets einzubinden. Im Beispiel betrifft das das Paket spiellogik. Alle in diesem Paket enthaltenen Klassen werden durch den Stern eingebunden und können fortan mit ihren einfachen Namen verwendet werden.

Referenzen und Parameter

In diesem Abschnitt möchte ich einmal etwas genauer auf den Unterschied zwischen primitiven Datentypen und Klassen eingehen.

In Variablen von primitiven Datentypen werden nur einfache Werte (1, 2, 3, 100, false, 'c' und so weiter) gespeichert.

Das Speichern von Instanzen einer Klasse ist dagegen etwas komplizierter, da ein Objekt selbst ja wiederum aus beliebig vielen anderen Werten oder Objekten zusammengesetzt ist.

Intern wird das von Java so gehandhabt, dass das Objekt selbst *irgendwo* im Speicher und in der Klassenvariablen nur die Adresse des Objekts im Speicher abgelegt wird. Man sagt, die Variable speichert eine *Referenz* auf das Objekt.

Im Gegensatz zu Programmiersprachen mit manueller Speicherverwaltung können Sie in Java die Adresse des Objekts aber nicht auslesen oder sonstige Späße damit anfangen. Wenn Sie eine Klassenvariable verwenden, erkennt Java automatisch, dass es sich um eine Referenz handelt, und regelt alles Weitere für Sie so, dass Sie die Variable ganz intuitiv verwenden können.

Bis hierher kann es Ihnen als Programmierer also noch egal sein, ob eine Variable direkt den Wert enthält oder nur eine Referenz darauf – Java kümmert sich ja darum. Lediglich, wenn Variablen kopiert werden (zum Beispiel indem sie anderen Variablen zugewiesen werden), unterscheiden sich primitive Datentypen und Klassen.

Referenztypen und Wertetypen

Betrachten Sie zunächst die Klasse `Counter` in Listing 12.8. Diese besitzt eine Methode `incrementAnzahl()`, die zählt, wie oft sie aufgerufen wird. Die aktuelle Anzahl wird in einem Attribut `anzahlAufrufe` gespeichert.

```java
public int Counter
{
  public int anzahlAufrufe;
  public Counter() { anzahlAufrufe = 0; }

  public void incrementAnzahl() { ++anzahlAufrufe; }
}
```
Listing 12.8: Eine Klasse zum Zählen von Methodenaufrufen

Wird eine Instanz dieser Klasse erstellt und in einer Variablen gespeichert, wird die Instanz im Hintergrund *irgendwo* im Speicher des Computers abgelegt, und in der Variablen wird nur die Adresse abgespeichert. Wird danach eine neue Variable erstellt und der Wert der ersten Variablen der neuen zugewiesen, enthält auch die neue Variable die Adresse des Objekts im Speicher.

Es gibt also nicht zwei Objekte, sondern nur eines, das aber über zwei Variablen angesprochen werden kann. Listing 12.9 demonstriert das Prinzip: Eine Instanz der Klasse `Counter` ist über zwei Variablen ansprechbar. Wird auf einer der Variablen die Methode `increment-Anzahl()` aufgerufen, kann auch an der anderen Variablen abgelesen werden, dass dadurch das Zählattribut inkrementiert wurde.

Bei primitiven Datentypen ist das anders. Wird dort ein in einer Variablen gespeicherter Wert einer anderen Variablen zugewiesen, wird derselbe Wert einfach auch in die neue Variable geschrieben. Wird an einer der beiden Variablen danach eine Änderung durchgeführt, hat das auf die andere keine Auswirkung (siehe Listing 12.10).

```
Counter counter1 = new Counter();
Counter counter2 = counter1;

counter1.incrementAnzahl();
System.out.println(counter2.anzahlAufrufe);  // 1
```
Listing 12.9: Kopieren einer Variablen, die eine Instanz speichert

```
int zahl1 = 17;
int zahl2 = zahl1;

zahl2 = 29;
System.out.println(zahl1);    // 17
```
Listing 12.10: Kopieren einer Variablen, die einen primitiven Datentyp speichert

Man spricht deshalb von Wertetypen und Referenztypen.

✔ Alle primitiven Datentypen sind Wertetypen, weil in ihren Variablen direkt die Werte gespeichert werden.

✔ Alle selbst erstellten Klassen sind Referenztypen, weil in ihren Variablen nicht die Instanzen selber, sondern nur deren Adressen (Referenzen) gespeichert werden.

Die leere Referenz

Variablen, die Referenzen speichern, können auch die sogenannte *leere Referenz* enthalten. Die leere Referenz wird durch das Schlüsselwort `null` realisiert. Leer bedeutet in diesem Fall, dass die Referenz auf kein Objekt verweist.

✔ Programmierer nutzen die leere Referenz oft, wenn für eine neue Variable noch kein Objekt existiert.

Stattdessen wird `null` verwendet, um anzuzeigen, dass die Variable noch leer ist.

✔ Methoden werden oft dazu genutzt, ein Ergebnis zu finden oder zu berechnen.

Dieses Ergebnis wird oft in Form einer Klasseninstanz ausgeliefert. Denkbar wäre zum Beispiel, dass eine Methode den schnellsten Fußballspieler als Instanz der Klasse `Fussballspieler` ausliefern soll. Oder der Spieler, der im letzten Spiel das erste Tor geschossen hat, wird gesucht.

In einem solchen Fall kann es aber vorkommen, dass gar kein passendes Ergebnis existiert (zum Beispiel, wenn im vorigen Spiel gar kein Tor gefallen ist). Dann kann die leere Referenz `null` als Rückgabewert verwendet werden, um zu signalisieren, dass kein geeignetes Ergebnis gefunden wurde.

✔ Die leere Referenz kann nur im Zusammenhang mit Referenztypen verwendet werden.

Variablen, die Werte von primitiven Datentypen wie `int`, `char` oder `boolean` speichern, können nicht mit der leeren Referenz belegt werden.

Auf einer Variablen, die die leere Referenz enthält, dürfen allerdings auch keine Methoden aufgerufen werden. Auch ist es nicht möglich, auf Attribute zuzugreifen. Schließlich verweist die Variable ja nicht auf ein Objekt, sondern ins Nichts.

Versuchen Sie dies dennoch, wird das zu einem Programmabsturz führen. Das Programm wird damit gewissermaßen in den Abgrund gestürzt.

Wenn nicht klar ist, ob in einer Variablen eine leere Referenz enthalten ist, sollte dies vor Methodenaufrufen und Zugriffen auf Attribute immer geprüft werden, um Abstürze zu vermeiden.

```
Counter leererCounter = null;
if (leererCounter != null)
   leererCounter.incrementAnzahl();
```

Interagierende Objekte

Zum Abschluss dieses wichtigen Kapitels möchte ich Ihnen nun noch einmal an einem Beispiel zeigen, wie Klassen und interagierende Objekte genutzt werden, um die reale Welt zu simulieren.

Ich verwende dazu die Klasse `Fussballspieler`, die in diesem Kapitel bereits zum Einsatz kam. Ich werde Attribute und Methoden zu der Klasse hinzufügen. Listing 12.11 enthält den gesamten Code der überarbeiteten Klasse; danach erkläre ich, was ich geändert habe und warum.

Als Erstes wurden in Listing 12.11 zwei neue Attribute hinzugefügt.

✔ Ein `String`-Attribut, um den Namen eines Spielers zu speichern

✔ Zudem ein `int`-Attribut, das den Erschöpfungsgrad eines Spielers angeben soll

Beide Attribute werden im Konstruktor initialisiert. Das Namensattribut mit einem übergebenen Parameter, das Erschöpfungsattribut zu Beginn immer mit dem Wert 0.

Die Methode »laufen()«

Die neue Methode `laufen()` soll verwendet werden, wenn der Spieler eine bestimmte Strecke läuft.

✔ Die Laufdistanz wird der Methode als Parameter übergeben.

✔ Intern macht diese Methode nichts anderes, als den Wert des Erschöpfungsattributs anzupassen.

Wenn ein Spieler läuft, steigt dadurch die Erschöpfung.

Pro vier gelaufenen Metern wird das Erschöpfungsattribut um eins vergrößert. Läuft ein Spieler 40 Meter, steigt die Erschöpfung um den Wert 10.

```java
public class Fussballspieler
{
  private int schusskraft;
  private int faehigkeitAlsTorwart;
  private int passGenauigkeit;
  private boolean hatDenBall;
  public int rueckenNummer;
  private int erschoepfung;

  public String spielerName;

  public static int maxFaehigkeitWert = 100;

  public Fussballspieler(int schuss, int torFaehigkeit,
      int pass, boolean hatBall, int ruecken, String name)
  {
    schusskraft = begrenzeAttribut(schuss);
    faehigkeitAlsTorwart = begrenzeAttribut(torFaehigkeit);
    passGenauigkeit = begrenzeAttribut(pass);
    hatDenBall = hatBall;
    rueckenNummer = ruecken;
    erschoepfung = 0;
    spielerName = name;
  }

  public void laufen(int distanz)
  {
    erschoepfung += distanz/4;
    System.out.println(
      String.format("%s läuft mit dem Ball %d Meter.",
      spielerName, distanz));
  }

  public boolean halteDenSchuss(int schusskraft)
  {
    return faehigkeitAlsTorwart > schusskraft;
  }

  public boolean passeDenBallZu(Fussballspieler empfaenger, int distanz)
  {
    if (!hatDenBall)
      return false;

    hatDenBall = false;
```

```java
    if (passGenauigkeit - erschoepfung > distanz)
    {
      empfaenger.hatDenBall = true;
      System.out.println(
        String.format("%s spielt einen Pass über %d Meter zu %s.",
        spielerName, distanz, empfaenger.spielerName));

      return true;
    }
    System.out.println(
      String.format("%s spielt einen Fehlpass.", spielerName));
    return false;
  }

  public boolean schiesseAufsTor(Fussballspieler torwart)
  {
    if (!hatDenBall)
      return false;
    boolean isTor = !torwart.halteDenSchuss(schusskraft-erschoepfung);

    if (isTor)
    {
      System.out.println(
          String.format("%s schießt auf das Tor von %s und trifft."+
          " Tor!", spielerName, torwart.spielerName));
    }
    else
    {
      System.out.println(
          String.format("%s schießt auf das Tor,"+
          " doch %s kann den Ball halten.",
          spielerName, torwart.spielerName));
    }
    hatDenBall = false;

    return isTor;
  }

  public static int begrenzeAttribut(int wert)
  {
    if (wert <= maxFaehigkeitWert)
       return wert;
    return maxFaehigkeitWert;
  }
}
```

Listing 12.11: Die erweiterte Klasse Fussballspieler

✔ Zudem enthält die Methode noch eine weitere Anweisung, die eine Meldung auf der Konsole ausgibt.

Derartige Ausgabeanweisungen habe ich auch den anderen Methoden hinzugefügt. Sie dienen dazu, bei der späteren Ausführung der Simulation zu erfahren, welche Aktion genau ausgeführt wurde.

In der laufen()-Methode wird eine Meldung ausgegeben, die darüber informiert, welcher Spieler welche Distanz zurücklegt.

Die Methode »halteDenSchuss()«

Die Methode halteDenSchuss() wird leicht abgeändert. Es wird jetzt ein Wert übergeben, der angibt, mit welcher Schusskraft auf das Tor geschossen wird. Ein Torhüter kann einen Ball halten, wenn seine Torwartfähigkeiten größer als diese Schusskraft sind.

Die Methode »passeDenBallZu()«

Als Nächstes folgt eine neue Methode passeDenBallZu(). Diese Methode wird verwendet, wenn ein Spieler den Ball zu einem Mitspieler passen soll.

✔ Dazu wird der empfangende Mitspieler als Parameter übergeben sowie die Distanz, über die der Pass gespielt werden soll.

✔ Die Methode gibt einen Wahrheitswert zurück, der anzeigt, ob der Pass erfolgreich war oder ob der Pass als Fehlpass irgendwo in der Pampa versumpft ist.

✔ In der Methode wird zunächst geprüft, ob die eigene Instanz überhaupt den Ball hat (über das entsprechende Attribut).

Dazu wird das Attribut hatDenBall mithilfe des Negationsoperators überprüft. Dieses gibt an, ob der Spieler in Ballbesitz ist.

Ist das nicht der Fall, wird die ganze Aktion direkt abgebrochen, da ein Spieler natürlich nur dann einen Pass spielen kann, wenn er auch in Ballbesitz ist.

✔ Ist der Spieler in Ballbesitz, wird als Nächstes das Attribut, das den Ballbesitz signalisiert, auf false gesetzt.

Nach Abschluss der Operation wird der Spieler den Ball ja nicht mehr besitzen. Sowohl wenn der Pass beim Mitspieler ankommt als auch, wenn der Pass von einem Gegner abgefangen wurde.

✔ Nun »berechnet« die Methode, ob der Pass erfolgreich sein wird.

Dazu wird die Differenz aus dem Wert für die Passgenauigkeit und der Erschöpfung gebildet. Ist dieser Wert größer als die Distanz, über die der Pass gespielt werden soll, wird der Pass erfolgreich sein.

Das ist natürlich eine sehr primitive Art der Berechnung. Die grobe Idee dahinter sollte aber klar sein: Je höher die Passgenauigkeit, desto wahrscheinlicher ist es, dass der Pass ankommt. Je höher die Erschöpfung oder die Distanz, desto wahrscheinlicher ist es, dass der Pass verunglückt.

✔ Wenn der Pass erfolgreich ist, wird das Attribut, das den Ballbesitz signalisiert, beim Empfänger auf `true` gesetzt.

Zudem wird abermals eine Nachricht auf der Konsole ausgegeben, die den erfolgreichen Pass verkündet. Als Ergebnis der Operation wird `true` zurückgegeben.

✔ Ist der Pass nicht erfolgreich, wird die traurige Nachricht über die Konsole an den Programmbenutzer übermittelt und danach `false` als Ergebnis der Operation zurückgegeben.

Die Methode »schiesseAufsTor()«

Die neue Methode `schiesseAufsTor()` soll verwendet werden, wenn ein Spieler versucht, ein Tor zu erzielen, indem er den Ball in Richtung des gegnerischen Tors schießt.

✔ Als Parameter wird die `Fussballspieler`-Instanz übergeben, die den gegnerischen Torwart darstellt.

✔ Die Methode liefert einen Wahrheitswert als Ergebnis, der angibt, ob der Torschuss erfolgreich war (`true`) oder ob der Torwart den Schuss abwehren konnte (`false`).

✔ Die Methode prüft zunächst, ob der Spieler den Ball überhaupt hat.

Ist das nicht der Fall, kann er den Ball natürlich auch nicht aufs Tor schießen, und die Methode gibt sofort `false` als Ergebnis zurück.

✔ Hat der Spieler tatsächlich den Ball, wird geprüft, ob der Schuss erfolgreich ist.

Dazu wird die `halteDenSchuss()`-Methode auf dem Torwart-Objekt aufgerufen. Dieser Methode muss die für den Schuss verwendete Schusskraft angegeben werden.

Dafür wird der Wert des Attributs `schusskraft` des schießenden Spielers verwendet. Um das Szenario *etwas* realistischer zu machen, wird davon noch der aktuelle Erschöpfungswert des Spielers abgezogen.

Je erschöpfter ein Spieler ist, desto weniger wahrscheinlich ist es, dass der Schuss erfolgreich ist.

Der Schuss ist dann erfolgreich, wenn der Torwart den Ball nicht halten konnte. Daher wird der Negationsoperator verwendet, um den Rückgabewert der `halteDenSchuss()`-Methode zu negieren.

✔ Je nachdem, ob ein Schuss erfolgreich war oder nicht, werden entsprechende Meldungen generiert und über die Konsole ausgegeben.

✔ Schließlich wird das Attribut hatDenBall auf false gesetzt, da der Spieler jetzt natürlich nicht mehr im Ballbesitz ist.

✔ Abschließend wird über die return-Anweisung das Ergebnis des Schusses zurückgegeben.

Mehrere Spieler interagieren lassen

Die fertige Klasse kann jetzt benutzt werden, um einfache Spielzüge zu simulieren. Ich werde das an einem Beispiel zeigen.

Um dieses auszuführen, fügen Sie der Klasse Fussballspieler einfach eine Hauptmethode hinzu, sodass die Klasse ausführbar wird. Innerhalb der Hauptmethode erstellen Sie dann einige Fussballspieler-Instanzen und lassen sie interagieren.

Sie können den gesamten Code auch auf der Webseite zum Buch unter https://www.wiley-vch.de/ISBN9783527718511 herunterladen.

```
public static void main(String[] args)
{
  Fussballspieler tKroos =
    new Fussballspieler(90, 2, 90, true, 18, "T. Kroos");
  Fussballspieler aSchurrle =
    new Fussballspieler(85, 3, 87, false, 9, "A. Schürrle");
  Fussballspieler mGotze =
    new Fussballspieler(90, 1, 90, false, 19, "M. Götze");
  Fussballspieler sRomero =
    new Fussballspieler(50, 80, 50, false, 1, "S. Romero");

  tKroos.passeDenBallZu(aSchurrle, 10);
  aSchurrle.laufen(35);
  aSchurrle.passeDenBallZu(mGotze, 17);
  mGotze.schiesseAufsTor(sRomero);
}
```
Listing 12.12: Ein völlig zufällig erzeugter Spielzug ...

Über die Konsolenausgaben, die in die Methoden integriert sind, erfahren Sie als Benutzer auch, wie die Spielzüge verlaufen sind. Die Ausgabe als Text ist natürlich eine sehr einfache Form, um die Simulation zu visualisieren. In einer vollständigen Simulation würde man natürlich eine grafische Ausgabe erwarten. Fürs Erste genügt aber auch mal die Textausgabe.

Führen Sie das gezeigte Programm in Eclipse aus, wird die folgende Ausgabe auf der Konsole erzeugt:

```
T. Kroos spielt einen Pass über 10 Meter zu A. Schürrle.
A. Schürrle läuft mit dem Ball 35 Meter.
A. Schürrle spielt einen Pass über 17 Meter zu M. Götze.
M. Götze schießt auf das Tor von S. Romero und trifft. Tor!
```

Das Wichtigste in Kürze

✔ Eine Klasse besteht in Java im Wesentlichen aus Attributen, Konstruktoren und Methoden.

✔ Attribute sollen Eigenschaften von späteren Objekten darstellen.

✔ Mit Methoden sollen spätere Objekte Aktionen ausführen können.

✔ Konstruktoren werden verwendet, um neue Objekte zu erstellen.

✔ Auf Attribute und Methoden eines Objekts kann mithilfe des Punkt-Operators zugegriffen werden.

✔ Statische Attribute und Methoden beziehen sich nicht auf konkrete Objekte, sondern sind global für die gesamte Klasse gültig.

✔ Thematisch verwandte Klassen können in Packages gruppiert werden.

✔ Insbesondere bei der Verwendung von Variablen als Parameter bei Methodenaufrufen ist die Unterscheidung zwischen Wertetypen und Referenztypen wichtig.

Übungen

1. Betrachten Sie noch einmal Listing 12.3.

   Ändern Sie methode2() so ab, dass weiterhin die Situation eintreten kann, dass der Methodenaufruf nicht ausgeführt wird. Statt des *und*-Operators && soll nun aber in dem Ausdruck der *oder*-Operator || verwendet werden.

2. Simulieren Sie Ihren eigenen Lieblingsspielzug mit der Fussballspieler-Klasse aus Listing 12.11.

Projekt

Die Klasse Fussballspieler soll nun etwas realistischer gestaltet werden.

Dazu werden zwei int-Attribute eingeführt, die die aktuelle Position des Spielers auf einem Spielfeld angeben.

Abbildung 12.2 zeigt das Prinzip. Das Feld wird in mehrere Quadranten aufgeteilt. Horizontal gibt es 50 Abschnitte (0 bis 49), vertikal gibt es 100 Abschnitte (0 bis 99).

Befindet sich ein Spieler links unten auf dem Spielfeld, so ist seine aktuelle Position (0, 0). Befindet er sich rechts unten, so ist die Position (49, 0).

Analog dazu ist links oben Position (0, 99) und rechts oben Position (49, 99). Die Mitte des Spielfelds befindet sich an Position (25, 50).

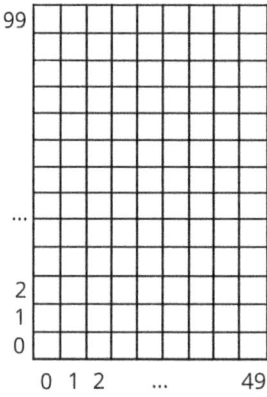

Abbildung 12.2: Das Spielfeld

1. Fügen Sie der Klasse Fussballspieler die beiden Attribute positionHorizontal und positionVertikal hinzu.

   Der Konstruktor der Klasse soll erweitert werden, sodass eine Anfangsposition angegeben werden kann.

2. Erstellen Sie eine Methode distanzZu(), die den Abstand der Instanz zu einem gegebenen Koordinatenpaar berechnet.

   ```
   private int distanzZu(int posHor, int posVert) { ... }
   ```

   Die Distanz lässt sich mithilfe der Formel für den euklidischen Abstand berechnen:

   $$abstand\left(\begin{pmatrix}x_1\\y_1\end{pmatrix},\begin{pmatrix}x_2\\y_2\end{pmatrix}\right) = \sqrt{(x_1-x_2)^2+(y_1-y_2)^2}$$

   Der Abstand der Koordinaten (4, 0) und (0, 3) berechnet sich zum Beispiel als

   $$abstand\left(\begin{pmatrix}4\\0\end{pmatrix},\begin{pmatrix}0\\3\end{pmatrix}\right) = \sqrt{(4-0)^2+(0-3)^2} = \sqrt{16+9} = \sqrt{25} = 5$$

   Hinweise:

   - Mit der statischen Methode sqrt() der Klasse Math aus dem Paket java.lang kann die Wurzel eines double-Werts berechnet werden, zum Beispiel Math.sqrt(25) ergibt 5.

   - Mit der statischen Methode pow() der Klasse Math aus dem Paket java.lang können Potenzrechnungen durchgeführt werden, zum Beispiel Math.pow(5, 2) ergibt 25.

   - Die Methode distanzZu() soll einen int-Wert als Ergebnis liefern. Verwenden Sie eine explizite Typumwandlung, um das exakte double-Ergebnis in einen int-Wert zu transformieren.

     ```
     return (int) (...);
     ```

3. Ändern Sie die Methode `laufen()` der Klasse `Fussballspieler` ab.

   Als Parameter soll nun nicht mehr die zu laufende Distanz übergeben werden, sondern zwei `int`-Werte, die die Zielposition angeben.

   - Berechnen Sie damit zunächst die Distanz, die der Spieler läuft, als Abstand der aktuellen Position des Spielers zur übergebenen Zielposition.

   - Mit dieser berechneten Distanz ändern Sie wie gewohnt das `erschoepfung`-Attribut.

   - Setzen Sie abschließend die Zielposition als neue aktuelle Position des Spielers.

4. Ändern Sie die Methode `passeDenBallZu()` der Klasse `Fussballspieler` ab.

   Die Distanz, über die der Ball gepasst wird, soll nun nicht mehr als Parameter übergeben werden, sondern als Abstand vom Empfänger des Passes berechnet werden.

   Davon abgesehen bleibt die Methode unverändert.

> **IN DIESEM KAPITEL**
>
> Zusätzliche Möglichkeiten, eigene Datentypen zu erstellen
>
> Abfangen von Fehlern und Vermeiden von Programmabstürzen

Kapitel 13
Weitere Features von Java

Sie kennen jetzt schon wesentliche Bestandteile der Programmiersprache Java. Dieses Kapitel enthält einen Überblick über weitere Eigenschaften der Sprache, von denen Sie als Anfänger auch schon mal gehört haben sollten, ohne dass Sie direkt alle Einzelheiten kennen und beherrschen müssen.

Aufzählungen

Manchmal möchte man einen Datentyp erschaffen, der von vornherein nur eine bestimmte Anzahl an Objekten besitzen kann. Sinn macht das zum Beispiel für einen Typ *Wochentag* oder einen Typ *Monat*. Charakteristisch für diese Datentypen ist, dass man ihre Elemente durchzählen kann (also zum Beispiel Montag, Dienstag, Mittwoch und so weiter).

In einem solchen Fall können Sie statt einer Klasse eine sogenannte *Enumeration* (deutsch: Aufzählung) erstellen. In Eclipse geht das einfach, indem Sie im Kontextmenü zum Erstellen eines neuen Objekts statt des Eintrags KLASSE den Eintrag AUFZÄHLUNG wählen.

Beim Anlegen einer Enumeration wird das Schlüsselwort `enum` anstatt des Schlüsselworts `class` verwendet. Im Rumpf der enum-Definition werden die Elemente der Aufzählung durch Komma getrennt angegeben.

```
public enum Monat
{
   Januar, Februar, Maerz, April, Mai, Juni,
   Juli, August, September, Oktober, November, Dezember
}
```

Sie können nun ganz normale Variablen erstellen und darin Werte des Enumerationstyps speichern:

```
Monat monat = Monat.November;

if (monat == Monat.Dezember)
  System.out.println("Bald kommt das Christkind!");
```

Vererbung

Programmierer mögen keine Wiederholungen. Statt denselben Code mehrmals auszuschreiben, lagern sie ihn in Klassen und Methoden aus und rufen dann nur noch diese auf. So vermeiden sie Code-Wiederholungen.

Aber auch Klassen selbst können Gemeinsamkeiten haben, die zu Code-Dopplungen führen.

```
public class Milch
{
  public int haltbarkeitTage;
  public double inhaltMenge;
  public boolean isPasteurisiert;

  public void trinken(double menge)
  {
    if (menge <= inhaltMenge)
      inhaltMenge -= menge;
    else
      inhaltMenge = 0;
  }
}
```

Listing 13.1: Die Klasse Milch

```
public class Bier
{
  public int haltbarkeitTage;
  public double inhaltMenge;
  public double alkoholGehalt;

  public void trinken(double menge)
  {
    if (menge <= inhaltMenge)
      inhaltMenge -= menge;
    else
      inhaltMenge = 0;
  }
}
```

Listing 13.2: Die Klasse Bier

Die Klassen `Milch` und `Bier` besitzen beide jeweils die Attribute `haltbarkeitTage` und `inhaltMenge`. Auch die Methode `trinken()` ist in beiden Klassen enthalten.

Das ist nicht nur wegen der vielen Schreibarbeit keine gute Lösung. Es wäre zudem möglich, dass Sie die Methode `trinken()` bei einer der Klassen später abändern, zum Beispiel wenn Ihnen eine bessere oder effizientere Realisierung dafür eingefallen ist. Möglicherweise denken Sie dann aber nicht daran, dass Sie noch eine ähnliche Klasse haben, die die gleiche Funktionalität besitzt.

Resultat wäre dann, dass Sie die Methode bei einer der Klassen abändern, in der anderen aber noch die ursprüngliche Version vorhanden ist.

Um solche Probleme (und die lästige Schreibarbeit) zu vermeiden, besteht die Möglichkeit, Klassen hierarchisch anzulegen. Dazu bündelt man die Gemeinsamkeiten von zwei zuvor unabhängigen Klassen in einer gemeinsamen *Basisklasse*.

Eine gemeinsame Basisklasse für die Klassen `Milch` und `Bier` könnte die Klasse `Getraenk` sein, die Sie in Listing 13.3 sehen.

```java
public class Getraenk
{
  public int haltbarkeitTage;
  public double inhaltMenge;

  public void trinken(double menge)
  {
    if (menge <= inhaltMenge)
      inhaltMenge -= menge;
    else
      inhaltMenge = 0;
  }
}
```
Listing 13.3: Die Basisklasse Getränk

Die Klasse `Getraenk` enthält jetzt genau die Attribute und Methoden, die die Klassen `Milch` und `Bier` gemeinsam hatten. Nun können Sie eine Technik einsetzen, die sich *Vererbung* nennt: Sie leiten von einer vorhandenen Klasse neue Klassen ab. Die abgeleiteten Klassen übernehmen automatisch alle Attribute und Methoden der Ursprungsklasse.

Um beim Erstellen einer neuen Klasse diese von einer vorhandenen Klasse abzuleiten, genügt es, nach der Angabe des Klassennamens das Schlüsselwort `extends` einzufügen und danach die Ursprungsklasse anzugeben (siehe Listing 13.4).

Man sagt, die Klassen `Milch` und `Bier` sind *Unterklassen* von `Getraenk`. Die Klasse `Getraenk` wird *Basisklasse* oder *Oberklasse* von `Milch` und `Bier` genannt.

```java
public class Milch extends Getraenk
{
  public boolean isPasteurisiert;
}

public class Bier extends Getraenk
{
  public double alkoholGehalt;
}
```
Listing 13.4: Die Klassen Milch und Bier als abgeleitete Klassen

Die neuen Klassen lassen sich jetzt genau so verwenden, als ob sie als unabhängige Klassen erstellt worden wären (siehe Listing 13.5).

```java
Milch milch = new Milch();
milch.inhaltMenge = 1.0;
milch.isPasteurisiert = true;
milch.trinken(0.15);

System.out.println("Der Kopf tut weh, die Füße stinken,"+
  "höchste Zeit, ein Bier zu trinken!");

Bier bier = new Bier();
bier.inhaltMenge = 0.75;
bier.alkoholGehalt = 5.5;
bier.trinken(0.2);
```
Listing 13.5: Abgeleitete Klassen sind von unabhängigen Klassen nicht zu unterscheiden.

Mittels Vererbung kann eine »ist-ein«-Beziehung zwischen Klassen realisiert werden. Bier ist ein Getränk, auch Milch ist ein Getränk. Auch für andere Klassen können mittels Vererbung solche Beziehungen realisiert werden.

Variablen von Basistypen

Wenn Sie eine Basisklasse erstellen, ist diese danach selbst auch ein vollwertiger Datentyp. Deshalb können dann auch Variablen vom Basistyp angelegt werden.

Eine Besonderheit ist, dass solche Variablen auch Objekte von einem beliebigen Untertyp speichern können. Eine Getraenk-Variable kann also sowohl Bier- als auch Milch-Objekte speichern.

```java
Getraenk bierAlsGetraenk = new Bier();
bierAlsGetraenk.inhaltMenge = 0.75;
```

Über eine Variable eines Basistyps besteht nur Zugriff auf diejenigen Attribute und Methoden, die auch zur Basisklasse gehören. Bei einem `Bier`-Objekt in einer `Getraenk`-Variablen besteht also beispielsweise kein Zugriff auf das `alkoholGehalt`-Attribut, denn das findet sich nur in der Klasse `Bier`, nicht aber in der Basisklasse `Getraenk`.

Die Daten gehen jedoch nicht verloren. Weist man ein Objekt wieder einer Variablen seines konkreten Untertyps zu, hat man Zugriff auf alle Attribute und Methoden. Bei der Zuweisung muss eine explizite Typanpassung vorgenommen werden:

```
Bier bierAlsBier = (Bier) bierAlsGetraenk;
bierAlsBier.alkoholGehalt = 6.0;
```

Wenn nicht klar ist, ob ein Objekt von einem bestimmten Typ ist, kann dafür der Operator `instanceof` verwendet werden. Dieser liefert einen Wahrheitswert, der angibt, ob in einer Variablen ein Objekt vom angegebenen Typ gespeichert ist.

```
Getraenk bier = new Bier();
boolean isBier = bier instanceof Bier;   // true
boolean isMilch = bier instanceof Milch; // false
```

Konstruktoren

Bei der Vererbung werden nur Attribute und Methoden in die neue Klasse übernommen, Konstruktoren jedoch nicht. Sofern gewollt, muss in der Unterklasse also ein neuer Konstruktor erstellt werden.

Zugriffsmodifizierer

Private Attribute und Methoden werden zwar beim Vererben übernommen, jedoch bleiben sie privat. Das bedeutet, dass die abgeleitete Klasse *keinen* Zugriff auf die privaten Attribute und Methoden ihrer Basisklasse hat.

Wenn dies nicht so wäre, könnte der Zugriffsschutz nämlich ganz einfach ausgehebelt werden. Um auf private Attribute oder Methoden zuzugreifen, bräuchten Sie lediglich eine neue Klasse ohne zusätzliche Funktionalität abzuleiten und hätten dann den Vollzugriff. Daher: Privat bleibt privat, auch beim Vererben.

Dennoch gibt es Situationen, in denen es sinnvoll ist, wenn eine abgeleitete Klasse Zugriff auf eigentlich private Attribute oder Methoden hat. Dafür gibt es einen weiteren Zugriffsmodifizierer: `protected`. Dieser bietet den gleichen Zugriffsschutz wie `private`, mit der Ausnahme, dass abgeleitete Klassen nun Zugriff haben.

Wenn es also nötig ist, dass eine abgeleitete Klasse auf ein Attribut oder eine Methode zugreifen kann, dann muss dieses Attribut oder diese Methode in der Basisklasse mit dem Modifizierer `protected` anstatt mit `private` markiert werden.

```
public class A
{
  protected int a;
}

public class B extends A
{
  public void doSomething()
  {
    a = 12;
  }
}
```
Listing 13.6: Attribut mit protected-Zugriffsschutz

Methoden überschreiben

Wenn Sie eine abgeleitete Klasse erzeugen, können Methoden bei Bedarf »überschrieben« werden. Das bedeutet, in der neuen Klasse wird nicht mehr die Version der Methode aus der Basisklasse verwendet, sondern die Version aus der abgeleiteten Klasse.

Generell haben Sie übrigens innerhalb von abgeleiteten Klassen mit dem Schlüsselwort `super` Zugriff auf Attribute und Methoden der Basisklasse.

```
public class Oberklasse
{
  public int getZahl()
  {
    return 5;
  }
}

public class Unterklasse extends Oberklasse
{
  public int getZahl()
  {
    return super.getZahl() * 2; // 10
  }
}
```
Listing 13.7: Überschreiben einer Methode

Abstrakte Klassen und Methoden

Im einleitenden Beispiel zur Vererbung wurde eine neue Klasse `Getraenk` geschaffen, um die Gemeinsamkeiten der Klassen `Milch` und `Bier` in eine gemeinsame Basisklasse auszulagern. Da die Klasse `Getraenk` damit eine vollwertige Klasse ist, können davon nun auch Instanzen angelegt werden.

Unter Umständen kann dieses Szenario aber ungewünscht sein. Instanzen von Klassen zu erstellen, die eigentlich nur als Basisklasse für andere Unterklassen dienen sollen, macht in vielen Situationen keinen Sinn.

Eine Klasse kann deshalb als *abstrakt* markiert werden. Von einer abstrakten Klasse können keine Instanzen erstellt werden, sie dient lediglich als Basisklasse für andere, konkrete Unterklassen. Um eine Klasse als abstrakt zu markieren, fügen Sie bei ihrem Anlegen nach dem Zugriffsmodifizierer das Schlüsselwort `abstract` ein.

```
public abstract class AbstrakteKlasse { ... }
```

Wenn Sie versuchen, eine Instanz einer abstrakten Klasse anzulegen (`new AbstrakteKlasse()`), wird dies zu einem Übersetzungsfehler führen.

Dieses Spiel lässt sich auch noch ein bisschen weiter treiben. Abstrakte Klassen (und nur abstrakte) können sogenannte *abstrakte Methoden* enthalten.

- ✔ Eine abstrakte Methode ist eine solche, die keine tatsächliche Implementierung, also keinen Rumpf besitzt, sondern nur Methodennamen, Parameter und Rückgabetyp festlegt.

- ✔ Da von abstrakten Klassen sowieso keine Instanzen erstellt werden können, ist es kein Problem, dass diese *leeren* Methoden existieren.

    Beim Ableiten von einer Klasse, die eine abstrakte Methode besitzt, muss die abstrakte Methode aber implementiert werden. In der konkreten Unterklasse, für die wieder Instanzen erstellt werden können, muss die abstrakte Methode also definiert sein.

- ✔ Das gilt *nicht*, wenn eine abgeleitete Klasse abermals als abstrakt markiert wird. Erst wenn eine Klasse nicht mehr abstrakt ist, müssen alle abstrakten Methoden der Basisklassen implementiert sein.

Der Mechanismus der abstrakten Methoden wird benutzt, um für spätere konkrete Unterklassen vorzugeben, welche Funktionalität sie besitzen müssen, ohne die Funktionalität selbst schon in der Oberklasse bereitzustellen.

- ✔ Eine abstrakte Methode wird analog zu einer abstrakten Klasse durch das Schlüsselwort `abstract` gekennzeichnet.

    Es wird nach dem Zugriffsmodifizierer eingefügt.

✔ Die Definition einer abstrakten Methode wird nach dem Methodenkopf durch ein Semikolon abgeschlossen, anstatt wie bei gewöhnlichen Methoden einen Codeblock als Methodenrumpf bereitzustellen.

```
public abstract class MeineAbstrakteKlasse
{
   public abstract void meineAbstrakteMethode();
}

public class MeineKlasse extends MeineAbstrakteKlasse
{
   public void meineAbstrakteMethode()
   {
      ...
   }
}
```

Listing 13.8: Eine abstrakte Klasse mit abstrakter Methode

Die Basisklasse Object

Die Basisklasse Object wird von Java automatisch für alle Klassen verwendet, für die bei der Erstellung der Klasse keine expliziten Oberklassen angegeben werden. Jede Klasse in Java ist also entweder direkt oder über mehrere Schritte von der Klasse Object abgeleitet.

Die Klasse Object enthält einige allgemeingültige Methoden, die demnach auf allen Objekten aufgerufen werden können. Dazu zählt die Methode toString(), die ein Objekt in eine Zeichenkette umwandelt. Auch die Object-Methode equals() wird oft verwendet, um zu prüfen, ob zwei Objekte gleich sind.

In der Klasse Object selbst sind nur sehr einfache Implementierungen für toString() und equals() enthalten. Möchten Sie diese Methoden nutzen, sollten Sie sie in der eigenen Klasse sinnvoll überschreiben.

Da alle Klassen direkt oder indirekt von Object abgeleitet sind, können in einer Object-Variablen alle beliebigen Objekte gespeichert werden. Das gilt allerdings nur für Objekte, nicht aber für Elemente der primitiven Datentypen wie int, boolean und so weiter.

Objekte vergleichen

Gleichheitsprüfungen bei primitiven Datentypen sind einfach. Fünf ist fünf und false ist false. Aber wie sieht das eigentlich bei Objekten aus?

Tatsächlich können Sie zum Prüfen der Gleichheit von Objekten ebenfalls den Gleichheitsoperator == verwenden oder die von der Basisklasse Object übernommene equals()-Methode. Sowohl der Operator als auch die Methode werden aber nicht das Ergebnis liefern, das Sie vermutlich erwarten. Verglichen werden nämlich nur die Referenzen (das heißt die Adressen der Objekte im Speicher) und nicht die Objekte selbst.

Die Gleichheitsprüfung liefert also wirklich nur dann true, wenn ein Objekt mit sich selbst verglichen wurde.

```java
public class Wrapper
{
  public int wert;
  public Wrapper(int _wert)
  {
    wert = _wert;
  }
}
```
Listing 13.9: Eine einfache Klasse

Listing 13.9 zeigt eine einfache Klasse, die nur ein einziges Attribut speichert. Erstellen Sie mehrere Instanzen dieser Klasse mit jeweils demselben Attributwert, erhalten Sie bei einer Gleichheitsprüfung dennoch den Wert false, da nur die Referenzen verglichen werden und keine inhaltliche Gleichheitsprüfung durchgeführt wird.

```java
Wrapper w1 = new Wrapper(10);
Wrapper w2 = new Wrapper(10);

boolean gleich1 = w1 == w2;        // false
boolean gleich2 = w1.equals(w2); // false
```
Listing 13.10: Gleichheitsprüfung bei Objekten

Um eine inhaltliche Gleichheitsprüfung durchzuführen, müssen Sie die equals()-Methode überschreiben. Dabei müssen Sie angeben, wie zwei Objekte auf Gleichheit überprüft werden sollen.

```java
public class Wrapper
{
  ...
  public boolean equals(Object other)
  {
    if (!(other instanceof Wrapper))
      return false;
    Wrapper otherWrapper = (Wrapper) other;
    return this.wert == otherWrapper.wert;
  }
}
```
Listing 13.11: Eine equals-Methode für die Klasse Wrapper

Was passiert?

- ✓ Über die `equals()`-Methode kann ein Objekt mit jedem beliebigen anderen Objekt verglichen werden, es muss sich also nicht zwingend um ein Objekt vom selben Typ handeln.

    Daher wird in Listing 13.11 das Vergleichsobjekt als `Object`-Instanz an die Methode übergeben.

- ✓ Wenn es sich bei dem Vergleichsobjekt jedoch nicht um ein `Wrapper`-Objekt handelt, können beide Objekte nicht gleich sein.

    Daher wird das zuerst geprüft und direkt `false` zurückgegeben, wenn das Vergleichsobjekt kein `Wrapper` ist.

- ✓ Danach wird das `Wrapper`-Vergleichsobjekt mithilfe einer expliziten Typanpassung in einer `Wrapper`-Variablen gespeichert, damit Sie Zugriff auf das Attribut erhalten.

- ✓ Zwei `Wrapper`-Objekte sollen dann als gleich angesehen werden, wenn beide denselben Wert in ihrem Attribut `wert` speichern.

    Daher wird dies abschließend geprüft und als Rückgabewert verwendet.

Der Aufruf `w1.equals(w2)` in Listing 13.10 würde also `true` als Ergebnis liefern, nachdem die `equals()`-Methode wie in Listing 13.11 gezeigt umgesetzt wurde.

Fehler abfangen

Beim Programmieren erzeugt man immer mal ungewollte oder zumindest ungewöhnliche Situationen. Einer der »Klassiker« ist dabei der Zugriff auf eine Variable, die lediglich die leere Referenz `null` enthält. Obwohl in einer Variablen kein Objekt gespeichert ist, wird dennoch versucht, auf Methoden oder Attribute zuzugreifen (siehe Listing 13.12). Auch der Versuch, auf einen nicht existierenden Index eines Arrays oder einer Zeichenkette zuzugreifen, gehört zu den absoluten Rennern unter den Programmierfehlern.

```
Bier meinErstesBier = null;
meinErstesBier.trinken(1); // Kabumm
```

Listing 13.12: Zugriff auf eine Methode einer null-Referenz

Solange Sie als Programmierer nichts gegen solche Situationen unternehmen, wird das Resultat ein sehr unerfreuliches sein: Das Programm wird abstürzen. Das ist natürlich der absolute Worst Case. Ein abstürzendes Programm beim Kunden sollte unter allen Umständen vermieden werden.

Nun könnten Sie sich fragen, warum Java so gestaltet ist, dass Programme abstürzen, wenn Sie zum Beispiel versuchen, auf Attribute oder Methoden von leeren Referenzen zuzugreifen. Tatsächlich aber stürzt das Programm nicht einfach nur ab, sondern es wird eine sogenannte *Ausnahme* (englisch: *exception*) geworfen.

✔ Eine Ausnahme signalisiert einen außergewöhnlichen Programmzustand.

Während der Ausführung des Programms ist ein unerwartetes, ungewöhnliches oder ungünstiges Ereignis eintreten.

✔ Es gibt in Java viele verschiedene Arten von Ausnahmen.

Der Zugriff auf nicht existente Arrayindizes und der Zugriff auf Attribute einer leeren Referenz sind also nur einige wenige Beispiele.

✔ Um in einem solchen Ausnahmefall den Absturz des Programms zu verhindern, bietet Java einen Mechanismus an, mit dem solche Ausnahmen *abgefangen* (englisch: *catch*) werden können.

✔ Wird eine Ausnahme abgefangen, stürzt das Programm nicht ab.

Stattdessen kann der Programmierer angeben, wie die unerwartete Ausnahmesituation sinnvollerweise gehandhabt wird, damit die Ausführung des Programms fortgesetzt werden kann.

✔ Das Konstrukt, mit dem Ausnahmen abgefangen werden können, nennt sich *try-catch*.

✔ Es besteht aus genau einem `try`-Block, in dem sich der Code befindet, der *möglicherweise* eine Ausnahme auslöst.

✔ Zudem besitzt das Konstrukt mindestens einen `catch`-Block.

In einem `catch`-Block befindet sich der Code, der ausgeführt wird, wenn eine bestimmte Ausnahme abgefangen wurde.

Da es unterschiedliche Ausnahmen gibt, kann das Konstrukt auch mehrere `catch`-Blöcke haben, um auf unterschiedliche Arten von Ausnahmen unterschiedlich zu reagieren.

Listing 13.13 zeigt den Aufbau eines *try-catch*-Konstrukts.

```
try
{
   ... Code, der eine Ausnahme auslösen könnte
}
catch (Ausnahmetyp ausnahmeObjekt)
{
   ... Code zum Behandeln der Ausnahmesituation
}
```
Listing 13.13: Aufbau eines try-catch-Konstrukts

Sie müssen wissen:

- ✔ Ausnahmen werden durch eigene Klassen repräsentiert. Für jede Art von Ausnahme bringt Java also bereits eine Klasse mit.

  Die Klasse `NullPointerException` repräsentiert zum Beispiel die Ausnahme, die geworfen wird, wenn man versucht, auf Attribute oder Methoden der `null`-Referenz zuzugreifen.

- ✔ Im Kopf der `catch`-Klausel wird demnach zunächst der Ausnahmetyp angegeben.

- ✔ Danach folgt ein selbst gewählter Variablenname.

  Wenn tatsächlich eine Ausnahme auftritt, wird von Java ein Objekt der entsprechenden Exception-Klasse erzeugt, das weitere Informationen zu der Ausnahme enthält (zum Beispiel wo genau sie aufgetreten ist).

- ✔ Über den selbst angegebenen Namen können Sie innerhalb des Rumpfs der `catch`-Klausel auf dieses Objekt zugreifen.

  Das ist aber nicht verpflichtend. In vielen Fällen benötigt die `catch`-Klausel die zusätzlichen Informationen des Exception-Objekts nicht, sodass dieses einfach ignoriert werden kann (wie zum Beispiel in Listing 13.14).

```java
Wrapper wrapper = null;
try
{
  wrapper.wert = 12;
}
catch (NullPointerException e)
{
  System.out.println("Achtung: Zugriff auf null-Referenz");
}
```
Listing 13.14: Ausnahme abfangen

Abschließend noch einige Hinweise zu Ausnahmen:

- ✔ Um Zugriffe auf nicht existente Indizes von Feldern abzufangen, wird die `ArrayIndexOutOfBoundsException` verwendet.

- ✔ Diese und andere Ausnahmetypen gehören zur Klassenbibliothek von Java und befinden sich im Paket `java.lang`. Sollen die Ausnahmetypen in einer Quelltextdatei verwendet werden, muss entweder das gesamte Paket oder die einzelnen Klassen über `import`-Anweisungen eingebunden werden.

  Details dazu wurden im Abschnitt »Packages« in Kapitel 12 vorgestellt.

- ✔ Auch Ausnahmen sind via Vererbung hierarchisch gruppiert. Fast alle Ausnahmen sind zum Beispiel von der Basisklasse `Exception` abgeleitet.

Eine catch-Klausel fängt auch alle Ausnahmen von Unterklassen ab. Wenn Sie alle möglichen Ausnahmen mit nur einer catch-Klausel abfangen wollen, können Sie dafür also den Basistyp Exception verwenden.

Damit werden zwar alle Ausnahmen abgefangen, jedoch gibt es dann auch nur noch einen catch-Block, der auf alle verschiedenen Ausnahmen angemessen reagieren muss.

✔ Um Ausnahmen abfangen zu können, benötigen Sie natürlich Kenntnisse darüber, wann überhaupt welche Ausnahmen auftreten.

Ausnahmen, die häufig auftreten, sind die bereits genannte NullPointerException und die ArrayIndexOutOfBoundsException.

In Kapitel 14 werden Sie lernen, Klassen der Java-Klassenbibliothek einzusetzen. Auch bei der Verwendung dieser Klassen können Ausnahmen auftreten. In der Dokumentation dieser Klassen (zum Beispiel online: https://docs.oracle.com/javase/8/docs/api/overview-summary.html) ist genau beschrieben, welche Ausnahmen bei der Verwendung auftreten können.

✔ Außerdem hilft Ihnen Eclipse dabei, die benötigten try-catch-Blöcke zu erstellen. Einige Ausnahmen müssen zwingend abgefangen werden, sonst lässt sich der Quellcode nicht übersetzen. In Eclipse wird eine solche Stelle rot markiert.

Fahren Sie dann mit der Maus über die Stelle, erhalten Sie im Tooltip die Information, welche Ausnahme ausgelöst wird. Sie können direkt im Tooltip auf IN TRY/CATCH EINBETTEN klicken, und Eclipse generiert das nötige *try-catch*-Konstrukt automatisch für Sie.

✔ Auch Ausnahmen, die nicht unbedingt abgefangen werden müssen, können Sie im Tooltip in Eclipse sehen, wenn Sie mit der Maus über einen Methoden- oder Konstruktoraufruf fahren (siehe Abbildung 13.1).

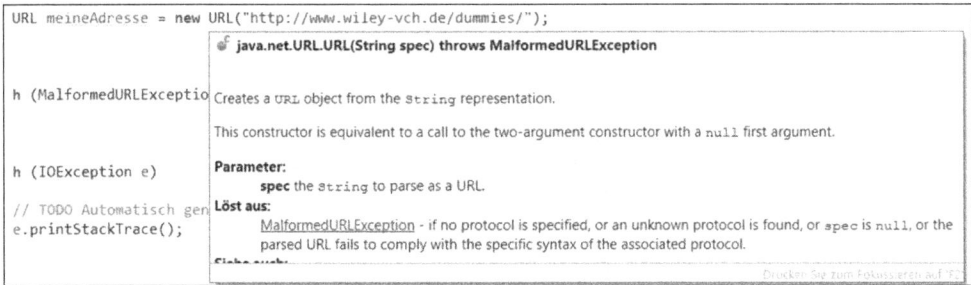

Abbildung 13.1: Information über eine Ausnahme im Eclipse-Tooltip

Wenn Sie die Ausnahme nicht in einem *try-catch*-Konstrukt behandeln, lässt sich das Programm zwar übersetzen und starten, während der Ausführung kann es aber unter Umständen abstürzen, wenn die Ausnahme tatsächlich auftritt.

Generische Klassen

Beim Anlegen von Klassen möchten Sie diese manchmal so gestalten, dass Sie bei der späteren Benutzung der Klasse bestimmte Attribute je nach Verwendungszweck mit Objekten von unterschiedlichen Datentypen belegen können. Ein Beispiel wäre eine Klasse, die intern eine Liste von Objekten in Form eines Arrays verwaltet. Eine solche Klasse möchten Sie natürlich möglichst flexibel gestalten, um verschiedene Arten von Objekten verwalten zu können.

Es gibt verschiedene Möglichkeiten, so etwas umzusetzen.

✔ Der erste Ansatz wäre, die Klasse »einfach« für alle möglichen Datentypen neu zu erstellen.

   Das würde zu vielfach dupliziertem Code führen und ist nicht wirklich eine Option (siehe Listing 13.15).

   ```
   public class IntListe
   {
     public int[] gespeicherteWerte;
     ...
   }

   public class StringListe
   {
     public String[] gespeicherteWerte;
     ...
   }
   ```

   Listing 13.15: Klasse mit unterschiedlichen Attributtypen mehrfach anlegen

✔ Stattdessen könnte als Datentyp für ein Attribut, das mit Objekten verschiedener Typen belegt werden soll, die Basisklasse Object verwendet werden.

   Schließlich sind alle Klassen in Java implizit von Object abgeleitet. Daher kann ein Object-Attribut jedes beliebige Objekt speichern (siehe Listing 13.16).

   ```
   public class ObjectListe
   {
     public Object[] gespeicherteWerte;
   }
   ```

   Listing 13.16: Klasse mit Object-Attribut, die alle möglichen Objekte speichern kann

   Diese Lösung ist schon etwas besser als die erste, hat aber immer noch Nachteile.

   Zum einen müssen nun ständig explizite Typanpassungen vorgenommen werden, um auf alle Attribute und Methoden der gespeicherten Objekte zuzugreifen. Zum anderen können jetzt mehrere Datentypen »vermischt« werden: In dem Array können jetzt nebeneinander alle möglichen Arten von Objekten gespeichert werden.

Stattdessen möchte man das aber in der Regel pro Liste auf einen Datentyp begrenzen, also zum Beispiel eine Liste von Zeichenketten, eine Liste von Fußballspielern, aber keine gemischte Liste mit Zeichenketten und Fußballspielern.

✔ In vielen Programmiersprachen gibt es zu diesem Zweck das Konzept der *Templates*, zu Deutsch: Schablonen.

Mit Templates können beim Erstellen einer Klasse eine oder mehrere *Typvariablen* eingefügt werden. Eine Typvariable ist gewissermaßen ein Platzhalter für einen Datentyp. Beim Benutzen einer Klasse, das heißt beim Anlegen von Klasseninstanzen, kann die Typvariable mit einem konkreten Datentyp belegt werden.

Auch in Java sind Typvariablen (gelegentlich auch Typparameter genannt) möglich. Dort werden Klassen, die Typvariablen besitzen, *generische Klassen* genannt. Wenn Sie im Laufe Ihrer Programmierer-Karriere einmal etwas von Templates oder generischen Klassen (manchmal auch mit dem englischen Begriff *Generics* benannt) lesen, wissen Sie nun, dass es sich um dasselbe Konzept handelt. Es wird nur in unterschiedlichen Programmiersprachen mit verschiedenen Begriffen bezeichnet.

Typvariablen werden in Java beim Anlegen von Klassen innerhalb von spitzen Klammern direkt nach dem Klassennamen angegeben. Eine derart eingeführte Typvariable kann innerhalb des Klassenrumpfs zum Beispiel als Datentyp für Attribute verwendet werden.

```java
public class ObjectListe<T>
{
  private T[] gespeicherteWerte;

  public ObjektSpeicher(T[] liste)
  {
    gespeicherteWerte = liste;
  }

  public T[] get()
  {
    return gespeicherteWerte;
  }
}
```
Listing 13.17: Eine Klasse mit Typparameter

Als Typvariable werden meist einzelne Großbuchstaben verwendet. Grundsätzlich können Sie bei eigenen generischen Klassen aber auch längere Bezeichner als Typvariablen verwenden.

> **Generische Klassen als Anfängerthema**
>
> Vielleicht fragen Sie sich bei der Lektüre dieses Abschnitts: Brauche ich als Anfänger das wirklich? Muss ich wirklich schon generische Klassen anlegen?
>
> Die Antwort lautet: Jein. Eigene generische Klassen werden Sie als Programmieranfänger eher selten erstellen. Auch später, wenn Sie noch besser mit der Java-Programmierung vertraut sind, werden Sie nicht besonders oft generische Klassen erstellen.
>
> Warum dann diese Einführung? Nun, generische Klassen sind ein wichtiger Bestandteil der Java-Klassenbibliothek, die Ihnen als Programmierer nützliche Funktionalität zur Verfügung stellt, die Sie nicht mehr selbst programmieren müssen. In Kapitel 14 werden Sie einen ersten Einblick in die Klassenbibliothek erhalten.
>
> Da viele der nützlichen Klassen der Klassenbibliothek als generische Klassen daherkommen, sollten Sie also zumindest einige Grundkenntnisse in dieser Thematik besitzen.

Beim Anlegen eines neuen Objekts einer generischen Klasse muss die Belegung der Typvariablen angegeben werden. Das kann auf drei verschiedene Arten geschehen:

✔ Sowohl beim Anlegen einer Variablen als auch beim Erstellen einer neuen Instanz durch einen Konstruktoraufruf werden die Typvariablen explizit angegeben.

✔ Wenn sich die Belegung einer Typvariablen aus dem Kontext eindeutig bestimmen lässt, muss sie nicht mehr explizit angegeben werden.

Das ist zum Beispiel der Fall, wenn die Typvariable als Parametertyp beim Konstruktoraufruf verwendet wird. Aus dem Typ des beim Aufruf übergebenen Parameters wird dann auf die Typvariable geschlossen.

✔ Wenn beim Anlegen einer gewöhnlichen Variablen die volle Belegung der Typparameter angegeben wird, kann beim Konstruktoraufruf der sogenannte *Diamant-Operator* verwendet werden.

Dieser besteht lediglich aus einer öffnenden und einer schließenden spitzen Klammer. Die Belegung der Typparameter wird dann automatisch von der Variablendeklaration übernommen.

In Listing 13.18 sehen Sie jeweils ein Beispiel für die drei genannten Möglichkeiten, neue Instanzen von generischen Klassen zu erzeugen.

```
String[] liste = new String[1];
ObjectListe<String> storage1 = new ObjectListe<String>(liste);
ObjectListe<String> storage2 = new ObjectListe(liste);
ObjectListe<String> storage3 = new ObjectListe<>(liste);
```

Listing 13.18: Instanzen von generischen Klassen erstellen

Generics und primitive Datentypen

In Java können als Typparameter nur Klassen verwendet werden – die primitiven Datentypen sind außen vor. Das wäre natürlich ein schwerwiegendes Manko, wenn es hierfür keine Lösung gäbe.

Gibt es aber. Java hält für die primitiven Datentypen sogenannte *Wrapper-Klassen* bereit. Eine Wrapper-Klasse enthält nur ein Attribut, in dem der Wert eines primitiven Datentyps gespeichert werden kann. Über diesen Umweg können auch Werte von primitiven Datentypen als Objekt dargestellt werden. Die Wrapper-Klasse für den Datentyp int heißt Integer, die für den Datentyp float heißt Float und so weiter.

```
Integer iWrap = Integer.valueOf(6);
int iValue = iWrap.intValue();
```

Listing 13.19: Einen int-Wert in einer Wrapper-Klasse speichern

✔ Wann immer also ein primitiver Datentyp als Typparameter verwendet werden soll, kann stattdessen die entsprechende Wrapper-Klasse genutzt werden.

✔ Außerdem konvertiert Java automatisch zwischen Wrapper-Klassen und primitiven Datentypen hin und her.

Wenn Sie einem Integer-Objekt einen einfachen int-Wert zuweisen, konvertiert Java diesen automatisch in eine Instanz der Integer-Klasse.

Auch umgekehrt kann ein Integer-Objekt einfach einer int-Variablen zugewiesen werden: Java konvertiert das Objekt automatisch in einen int-Wert.

```
Integer iWrap = 6;
int iValue = iWrap;
```

✔ Um primitive Datentypen als Typvariable zu verwenden, nutzen Sie einfach den entsprechenden Wrapper-Typ.

Darüber hinaus brauchen Sie sich um nichts zu kümmern und können die Elemente des primitiven Datentyps ganz normal verwenden.

Anonyme Funktionen

Anonyme Funktionen sind noch relativ neu in Java, sie wurden mit der Java-Version 8 eingeführt. Sie werden auch als *Lambda-Ausdrücke* bezeichnet.

Anonyme Funktionen haben keinen Namen, wie das sonst bei gewöhnlichen Methoden in Java der Fall ist – daher die Bezeichnung anonym. Außerdem können anonyme Funktionen innerhalb von anderen Methoden erstellt und in gewöhnlichen Variablen gespeichert werden. Damit können sie zum Beispiel auch als Parameter bei anderen Methodenaufrufen verwendet werden.

Im nächsten Kapitel werden Sie im Zusammenhang mit den Collections eine Anwendungsmöglichkeit für anonyme Funktionen kennenlernen. Unabhängig davon können die Lambda-Ausdrücke aber auch für sich als neues Feature genutzt werden.

Lambda-Ausdrücke werden bevorzugt für einfache Funktionen eingesetzt. Sie reduzieren eine Funktion auf das Wesentliche: ihre Parameter und ihren Rückgabewert.

```
x -> x + 1
```
Listing 13.20: Ein sehr einfacher Lambda-Ausdruck

Listing 13.20 zeigt eine sehr simple anonyme Funktion.

- ✔ Links werden die Parameter angegeben, in diesem Fall ist es nur einer.

  Der Typ muss nicht angegeben werden, wenn er aus dem Kontext der Nutzung abgeleitet werden kann. Das zeige ich gleich noch.

- ✔ Nach den Parametern folgt immer der Pfeil-Operator ->.

- ✔ Danach wird der Rückgabewert der anonymen Funktion angegeben.

Die anonyme Funktion aus Listing 13.20 berechnet aus einem beliebigen Wert also den um eins vergrößerten Wert. Eine äquivalente »gewöhnliche« Methode könnte folgendermaßen aussehen:

```
public int addOne(int x)
{
  return x + 1;
}
```
Listing 13.21: Eine äquivalente gewöhnliche Funktion

Beim Anlegen einer anonymen Funktion gibt es einige Variationen der in Listing 13.20 gezeigten sehr einfachen Notation:

- ✔ Die Typen der Parameter können immer angegeben werden. Verpflichtend ist dies allerdings nur, wenn der Typ nicht aus dem Kontext geschlossen werden kann.

  Wenn die Typen explizit angegeben werden, muss die Parameterliste in runde Klammern eingeschlossen werden.

  ```
  (Fussballspieler f) -> f.rueckenNummer
  ```

- ✔ Wenn mehrere Parameter verwendet werden, muss die Parameterliste immer in runde Klammern eingeschlossen werden. Parametertypen müssen entweder für alle oder für keinen der Parameter angegeben werden, »mischen« ist nicht möglich. Die Liste der Parameter kann auch leer sein.

  ```
  (int x, int y) -> x + y
  () -> 77
  ```

✔ Wenn als Rumpf der Funktion (das ist der Teil rechts vom Pfeil-Operator ->) ein einzelner Ausdruck angegeben wird, wird dieser direkt als Rückgabewert verwendet. Das Schlüsselwort return darf nicht verwendet werden.

✔ Der Rumpf einer Funktion kann auch aus mehreren Anweisungen bestehen.

In diesem Fall ist der Rumpf wie bei einer gewöhnlichen Funktion innerhalb von geschweiften Klammern zu setzen. Zudem ist für die Rückgabe eines Werts die return-Anweisung zu verwenden.

```
(int x, int y) ->
{
  if (x > y)
    return x + y;
  else
    return x * y;
}
```

Anonyme Funktionen können auch in normalen Variablen gespeichert werden. Das wäre aber mit weiteren Umständen verbunden, die für Sie als Anfänger nicht wirklich lohnen würden. In den nächsten Kapiteln werden Sie sehen, wie Sie mit anonymen Funktionen Listen sortieren und Funktionalität in grafischen Benutzeroberflächen unterbringen können. Dafür ist es zum Glück nicht nötig, die anonymen Funktionen in Variablen zu speichern.

Das Wichtigste in Kürze

✔ Mit Enumerationen können Datentypen erstellt werden, die nur eine festgelegte Anzahl an Elementen haben.

✔ Mittels Vererbung können Gemeinsamkeiten von Klassen in gemeinsame Basisklassen ausgelagert werden.

✔ Abstrakte Klassen sind solche Klassen, die nur als Basisklasse für spätere abgeleitete Klassen dienen. Von abstrakten Klassen können keine Instanzen erstellt werden.

✔ Abstrakte Klassen können abstrakte Methoden besitzen. Eine abstrakte Methode ist eine, die keine eigene Funktionalität besitzt und in einer nicht-abstrakten Unterklasse zwingend implementiert werden muss.

✔ Mit einem *try-catch*-Konstrukt können bestimmte Ausnahmesituationen bei der Programmausführung abgefangen und Abstürze verhindert werden.

✔ Mittels generischer Klassen können durch die Einführung von Typvariablen Schablonen für Klassen erstellt werden.

✔ Mit Lambda-Ausdrücken können schnell Funktionen erstellt werden, die auf das Wesentliche reduziert sind: die Parameter sowie den Rückgabewert.

Übungen

1. Betrachten Sie die folgenden unabhängigen Klassen.

    ```
    public class Mitarbeiter
    {
      public String name;
      public String adresse;
      public String taetigkeit;
      public double gehalt;
    }

    public class Kunde
    {
      public String name;
      public List<String> alleBestellungen;
      public String adresse;
      public String kundennummer;
    }
    ```

    Wandeln Sie diese Klassen in eine Klassenhierarchie um. Die beiden Klassen sollen eine gemeinsame Oberklasse besitzen, die ihre Gemeinsamkeiten bündelt.

2. Erstellen Sie jeweils eine `equals()`-Methode für die Klassen aus Übung 1. Mit dieser soll geprüft werden können, ob zwei Instanzen dieser Klassen gleich sind.

    Dabei soll Folgendes gelten:

    - Zwei `Mitarbeiter`-Instanzen sind gleich, wenn alle ihre Attribute übereinstimmen.
    - Zwei `Kunden`-Instanzen sind gleich, wenn Name und Adresse übereinstimmen.

    Die Liste der Bestellungen und die Kundennummer dürfen voneinander abweichen. Schließlich kann derselbe Kunde mehrere Kundenkonten anlegen, sodass er unter verschiedenen Kundennummern geführt wird.

3. Erstellen Sie einen Lambda-Ausdruck, der für zwei übergebene `Mitarbeiter`-Instanzen deren durchschnittliches Gehalt berechnet.

IN DIESEM KAPITEL

Mehrere Elemente in einer einzigen Datenstruktur speichern

Daten an externe Quellen senden oder empfangen

Mehrere Operationen gleichzeitig durchführen

Kapitel 14
Die Klassenbibliothek von Java

Dieses Kapitel soll Ihnen einen ersten Einblick in die Möglichkeiten der Java-Klassenbibliothek geben. Collections, Streams und die nebenläufige Programmierung werden vorgestellt.

Collections

In Kapitel 10 habe ich die Möglichkeit, mehrere Objekte in Arrays zu speichern, bereits kurz vorgestellt. Arrays sind aber recht unflexibel, da sie immer nur eine vorher genau festgelegte Anzahl an Elementen speichern können.

In der Java-Klassenbibliothek werden deshalb noch andere Datenstrukturen zur Verfügung gestellt, in denen mehrere Objekte gespeichert werden können. Man nennt diese *Collections*. Die verschiedenen Datenstrukturen sind für unterschiedliche Zwecke optimiert. Ich werde hier einige der am häufigsten verwendeten Datenstrukturen vorstellen.

Die Collections sind alle als generische Klassen realisiert.

Eine generische Klasse ist eine Klasse, die eine Typvariable besitzt. Ein Collection-Objekt soll mehrere Objekte eines anderen Datentyps speichern. Die Typvariable gibt an, Objekte welches Datentyps in einem Collection-Objekt gespeichert werden können. Zum Beispiel wäre List<String> ein Datentyp, mit dem eine Liste von Zeichenketten gespeichert werden kann.

Als Typvariablen können jedoch nur Klassen verwendet werden, nicht aber primitive Datentypen wie int, float oder double. Wenn Sie eine Ansammlung von Elementen eines primitiven Datentyps erstellen wollen, müssen Sie die dazugehörige Wrapper-Klasse (Integer, Float, Double und so weiter) als Typvariable nutzen.

Das ist aber auch schon der einzige Unterschied. Wenn Sie ein solches Collection-Objekt nutzen, können Sie ganz normal Elemente der primitiven Datentypen (also Zahlen wie 0, 1, 2 oder Wahrheitswerte wie `true`) darin speichern. Java wandelt ein Element eines primitiven Datentyps automatisch in eine Instanz der entsprechenden Wrapper-Klasse um.

Alle hier vorgestellten Collection-Klassen befinden sich im Paket `java.util` der Klassenbibliothek. Dieses muss daher in jeder Quelltextdatei, in der eine Collection-Klasse genutzt werden soll, über eine `import`-Anweisung eingebunden werden. In Kapitel 12 habe ich Packages und die `import`-Anweisung vorgestellt.

Listen

Listen sind relativ ähnlich zu gewöhnlichen Arrays, nur dass sie viel flexibler sind. Eine Liste ist zu Beginn leer, sie kann danach mit beliebig vielen Elementen gefüllt werden und wächst entsprechend mit. Werden Elemente später wieder gelöscht, schrumpft die Liste.

Es gibt in der Klassenbibliothek von Java verschiedene Arten von Listen, ich werde hier beispielhaft die generische Klasse `ArrayList` vorstellen. Über einen Typparameter wird angegeben, Elemente welchen Typs eine Liste speichern soll.

```java
ArrayList<String> liste = new ArrayList<>();

liste.add("Barack");
liste.add("Joe");
liste.add("Angela");

for (int i = 0; i < liste.size(); ++i)
{
  System.out.println(String.format("Element %d: %s", i, liste.get(i)));
}

for (String element : liste)
{
  System.out.println(element);
}
```

Listing 14.1: Verschiedene Arten, auf eine Liste zuzugreifen

Listing 14.1 zeigt in einem Beispiel, wie eine Liste erstellt und wie auf die Elemente zugegriffen wird.

- ✔ Nach dem Erstellen ist die Liste zunächst leer. Mit der `add()`-Methode werden Elemente jeweils am Ende der Liste eingefügt.

- ✔ Um alle Elemente einer Liste zu durchlaufen, kann eine gewöhnliche `for`-Schleife mit einer Zählvariable verwendet werden.

    Bei einem Array wird die Anzahl der Elemente über das Attribut `length` ausgelesen, bei einer Liste geschieht es über die Methode `size()`.

✔ Elemente können über ihren Index und die Methode get() angesprochen werden.

   Wie immer in der Informatik bezeichnet der Index 0 das erste Element, der Index 1 das zweite Element und so weiter.

In Listing 14.1 sehen Sie jedoch noch ein weiteres Konstrukt, das eine gewisse Ähnlichkeit mit der ersten for-Schleife aufweist. Für Collections gibt es eine besondere Form der for-Schleife, mit der direkt alle Elemente der Liste durchlaufen werden können, ohne dass ein Index als Hilfsmittel benötigt wird. Man spricht dann auch von iterieren beziehungsweise *Iteration*.

Bei dieser speziellen Form der Schleife besteht der Schleifenkopf nur aus vier Elementen:

✔ dem Datentyp der Elemente, die in der Collection enthalten sind (im Beispiel: String)

✔ einem selbst gewählten Namen für eine Variable, in der bei jedem Durchlauf das aktuelle Element gespeichert wird (im Beispiel: element)

✔ einem Doppelpunkt

✔ dem Collection-Objekt, das mit der Schleife durchlaufen werden soll (im Beispiel: liste)

Die zweite Schleife in Listing 14.1 macht also (fast) dasselbe wie die erste. Alle Elemente werden durchlaufen und der Reihe nach über die Konsole ausgegeben.

Bei der zweiten Schleife wird kein Index mehr benötigt, um auf die Elemente zuzugreifen. Daher wird der Index auch nicht mehr über die System.out.println()-Anweisung ausgegeben wie bei der ersten Schleife.

Die beiden gezeigten Möglichkeiten, die Elemente einer Liste zu durchlaufen, können Sie übrigens nach eigenem Gutdünken einsetzen.

Elemente finden

Sie können bei einer Liste leicht herausfinden, ob und wo genau sich ein bestimmtes Element in der Liste befindet. Dafür dienen die Methoden contains() und indexOf() (siehe Listing 14.2).

✔ Die Methode contains() prüft, ob ein Element sich in der Liste befindet, und liefert einen entsprechenden Wahrheitswert als Ergebnis.

✔ Die Methode indexOf() bestimmt darüber hinaus den genauen Index eines Elements innerhalb der Liste.

   Der Index 0 bezeichnet dabei wie immer das Element an erster Position, der Index 1 das Element an zweiter Position und so weiter. Ist ein Element nicht in einer Liste enthalten, liefert die Methode indexOf() den Wert –1 als Ergebnis.

```
boolean contains = liste.contains("Donald"); // false
int index = liste.indexOf("Angela");         // 2
```

Listing 14.2: Elemente in einer Liste finden

Änderungen an einer Liste durchführen

Es gibt verschiedene Methoden, um Änderungen an einer Liste durchzuführen. Die Methode add() habe ich eingangs bereits gezeigt, damit werden neue Elemente an das Ende der Liste eingefügt.

Darüber hinaus gibt es noch weitere Möglichkeiten, neue Elemente zu einer Liste hinzuzufügen oder vorhandene wieder zu entfernen:

✔ Die Methode set() ersetzt ein vorhandenes Element in der Liste durch ein anderes. Die Methode erhält den Index des zu ersetzenden Elements sowie das neue Element als Parameter.

Die Anzahl der Elemente in der Menge ändert sich nicht.

✔ Die Methode add() kann ein neues Element aber auch an einer beliebigen Position in eine Liste einfügen. Die Methode erhält den Index für die Stelle, an der das neue Element eingefügt werden soll, sowie das neue Element als Parameter.

Das Element, das sich zuvor an der ausgewählten Position befand, wird um einen Platz nach hinten verschoben. Das Gleiche gilt auch für alle nachfolgenden Elemente.

Die Anzahl der Elemente in der Liste erhöht sich um 1.

Beachten Sie, dass Sie den Index, wo eingefügt werden soll, auch weglassen können. In diesem Fall wird das Element am Ende der Liste eingefügt.

✔ Mit der Methode remove() wird ein Element aus der Liste ersatzlos entfernt. Als Argument übergeben Sie der Methode *entweder* den Index der Stelle, an der sich das zu löschende Element befindet, *oder* das zu entfernende Element selbst.

Im zweiten Fall wird das Element an der Stelle entfernt, wo es zum ersten Mal auftritt. Befindet sich das Element gar nicht in der Liste, bleibt diese unverändert.

✔ Die Methode clear() entfernt alle Elemente aus der Liste. Die Liste ist nach dem Aufruf leer.

```
// Ausgangssituation:
// Barack, Joe, Angela
liste.set(0, "Donald");      // Donald, Joe, Angela
liste.add(1, "Emmanuel");    // Donald, Emmanuel, Joe, Angela
liste.remove(3);             // Donald, Emmanuel, Joe
liste.remove("Donald");      // Emmanuel, Joe
liste.remove("Donald");      // sicher ist sicher...
liste.clear();
```

Listing 14.3: Änderungen an einer Liste durchführen

Assoziative Speicher

Ein assoziativer Speicher speichert anstatt einer Liste von Elementen eine Liste von Elementpaaren – also zum Beispiel (0, 1) oder (4, »Eine neue Hoffnung«). Man nennt dies auch eine Abbildung oder eine Zuordnung. Bei den beiden zuvor genannten Beispielen wird dem int-Wert 0 der int-Wert 1 zugeordnet und dem int-Wert 4 die Zeichenkette »Eine neue Hoffnung«.

Eine Zuordnung besteht aus einem *Schlüssel* (englisch: *key*) und einem *Wert* (englisch: *value*). Bei der Zuordnung (4, »Eine neue Hoffnung«) ist 4 der Schlüssel und »Eine neue Hoffnung« der Wert. Ein assoziativer Speicher besteht immer aus einer beliebigen Anzahl an Schlüssel-Wert-Paaren.

Es gibt in Java verschiedene Arten von assoziativen Speichern, die sich leicht unterscheiden. Ich möchte hier beispielhaft die Klasse `TreeMap` vorstellen. Diese generische Klasse besitzt zwei Typvariablen. Eine gibt den Typ der verwendeten Schlüssel an, die andere den Typ der verwendeten Werte.

In einer `TreeMap` kann jeder Schlüssel nur einmal vorkommen. Wird ein neues Paar in eine `TreeMap` eingefügt, dessen Schlüssel bereits vorhanden ist, so wird der vorherige Wert überschrieben. Derselbe Wert kann dagegen beliebig oft bei unterschiedlichen Schlüsseln verwendet werden.

Listing 14.4 zeigt ein Beispiel, bei dem eine `TreeMap` dazu genutzt wird, eine Reihe von Filmen abzuspeichern. Als Schlüssel wird dabei der Name des Films verwendet, als Wert eine (persönliche) Bewertung des Films zwischen 1 und 10.

```java
TreeMap<String, Integer> meineFilme = new TreeMap<>();
meineFilme.put("Hangover", 9);
meineFilme.put("Schöne Bescherung", 10);
meineFilme.put("Spaceballs", 7);
meineFilme.put("Willkommen bei den Sch'tis", 9);
meineFilme.put("Fifty Shades of ...", 2);

boolean contains1 = meineFilme.containsKey("Hangover"); // true
boolean contains2 = meineFilme.containsValue(5);        // false

int count = meineFilme.size(); // 5

for (String film : meineFilme.keySet())
{
  int bewertung = meineFilme.get(film);

  System.out.println(
    String.format("Film: %s, Bewertung: %d", film, bewertung));
}

meineFilme.put("Fifty Shades of ...", 1);

count = meineFilme.size(); // 5

int bewertungFifty = meineFilme.get("Fifty Shades of ..."); // 1

meineFilme.remove("Fifty Shades of ...");

boolean contains3 =
  meineFilme.containsKey("Fifty Shades of ..."); // false
```

Listing 14.4: Ein assoziativer Speicher

Manche Methoden der Klasse `TreeSet` sind recht ähnlich zu denen der `ArrayList`. Einige Unterschiede gibt es aber dennoch.

- ✔ Um eine neue Zuordnung hinzuzufügen, wird die Methode `put()` verwendet. Als Parameter werden der zu verwendende Schlüssel und der zuzuordnende Wert angegeben.

- ✔ Die Methode `put()` kann auch verwendet werden, um den zugeordneten Wert eines bereits vorhandenen Schlüssels zu ändern.

- ✔ Es gibt zwei Methoden, `containsKey()` und `containsValue()`, mit denen geprüft wird, ob ein bestimmter Schlüssel oder ein bestimmter Wert in der `TreeMap` enthalten ist.

- ✔ Die Methode `keySet()` macht aus allen Schlüsseln der `TreeMap` eine *Menge*.

  Eine Menge ist eine weitere Collection, die ich jedoch nicht näher vorgestellt habe. Eine Menge unterscheidet sich leicht von einer Liste, sie kann jedoch mit einer `for`-Schleife, wie in Listing 14.4 zu sehen, durchlaufen werden.

- ✔ Mit der Methode `get()` können Sie den Wert abrufen, der dem übergebenen Schlüssel zugeordnet ist. Ist ein Schlüssel nicht in der `TreeMap` enthalten, liefert `get()` die leere Referenz `null` als Ergebnis.

Den gezeigten Code der letzten Abschnitte können Sie sich auf der Webseite zum Buch unter `https://www.wiley-vch.de/ISBN9783527718511` herunterladen.

Spielen Sie ein bisschen mit dem Code herum. Fügen Sie Ihr Lieblings-Staatsoberhaupt (oder Nicht-mehr-Staatsoberhaupt) in die gezeigte Liste ein oder ergänzen Sie Ihre Lieblingsfilme im assoziativen Speicher.

Fügen Sie dann einige `System.out.println()`-Anweisungen ein, um zu prüfen, ob sich die Datenstrukturen tatsächlich so verhalten, wie Sie das erwarten. So bekommen Sie ein »Gefühl« für die Collections.

Mengen und andere Collection-Typen

Die Java-Klassenbibliothek enthält noch weitere Arten von Collections. Besondere Bedeutung kommt zum Beispiel den Mengen zu.

Mengen wurden im letzten Abschnitt schon kurz erwähnt. Sie sind Listen relativ ähnlich, lassen jedoch keinen Zugriff über einen Index zu. Es gibt verschiedene Arten von Mengen in der Java-Klassenbibliothek. `TreeSet` zum Beispiel ist besonders für das schnelle Finden von Elementen geeignet. Eine solche Menge wird automatisch sortiert und kann deshalb schnell prüfen, ob ein bestimmtes Element enthalten ist.

Eine weitere Art von Collections sind Warteschlangen. Bei einer Warteschlange werden neue Elemente immer nur am Ende eingefügt und Elemente immer nur am Anfang entfernt – also genau, wie das bei einer gewöhnlichen Warteschlange auch der Fall ist, solange sich niemand vordrängelt.

Auf weitere Collection-Typen werde ich hier nicht im Detail eingehen. Bei Bedarf finden Sie nähere Informationen dazu in der offiziellen Java-Referenz unter `https://docs.oracle.com/javase/8/docs/api/java/util/Collection.html`.

Im Übrigen gibt es für die hier vorgestellten Collection-Klassen noch weitere nützliche Methoden. Ich habe hier lediglich beispielhaft einige häufig verwendete vorgestellt.

 Sie können in Eclipse sehr einfach die weitere Funktionalität der Klassen selbst erkunden. Wenn Sie in Zusammenhang mit einem beliebigen Objekt den Punkt-Operator eingeben, erscheint eine Liste der anwendbaren Methoden und Attribute. Sie können in der Liste eine Methode auswählen und bekommen weitere Informationen zu der Methode angezeigt (siehe Abbildung 14.1). Führen Sie einen Doppelklick auf die Methode aus, wird ein Aufruf in Ihren Quelltext eingefügt.

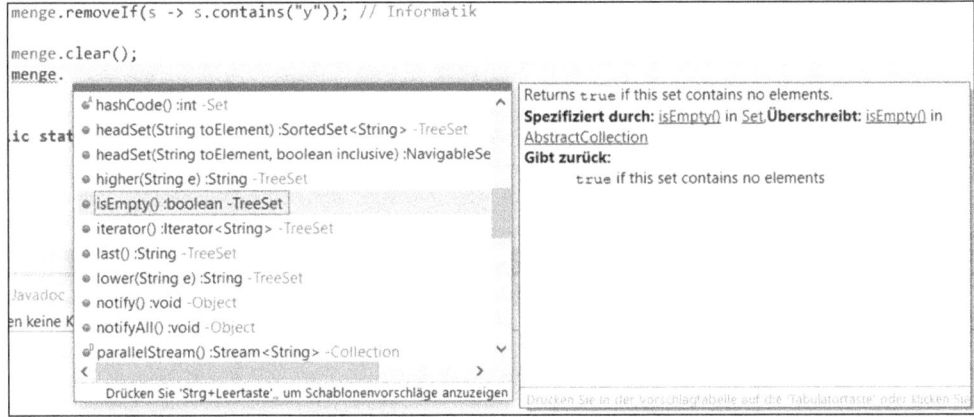

Abbildung 14.1: Methoden und Attribute einer Klasse erkunden

Collections sortieren

Eine wichtige Aufgabe, die sich beim Programmieren immer wieder stellt, ist das Sortieren einzelner Collections. Wenn eine Liste von `int`-Werten oder Zeichenketten sortiert werden soll, stellt das kein Problem dar. Wie aber soll das gehen, wenn eine Liste von Objekten einer selbst erstellten Klasse sortiert werden soll? Wie lassen sich Instanzen von Klassen sortieren?

Zum Glück gibt es für dieses Problem in Java gleich mehrere Lösungen.

✔ Beim Erstellen einer neuen Klasse legen Sie die Sortierreihenfolge bereits fest.

   Das hat den Nachteil, dass Elemente bei jedem Sortiervorgang auf die gleiche Art und Weise sortiert werden.

✔ Immer dann, wenn eine Collection sortiert werden soll, geben Sie die gewünschte Sortierreihenfolge an.

   So kann bei jedem Sortiervorgang eine andere, für den jeweiligen Zweck passende Sortierreihenfolge angegeben werden.

Ich werde hier den zweiten Ansatz demonstrieren.

Zunächst ist es gut, zu wissen, dass Sie den Sortiervorgang selbst *nicht* programmieren müssen. In Teil I des Buchs haben Sie einen Sortieralgorithmus gesehen, den Sie zu diesem Zweck umsetzen *könnten*. Doch diese Arbeit nimmt Ihnen Java zum Glück ab, es verwendet automatisch einen optimierten Sortieralgorithmus.

Ihnen als Programmierer verbleibt die Aufgabe, die Sortierreihenfolge anzugeben. Dazu müssen Sie im Wesentlichen eine einzige anonyme Funktion erstellen. Diese anonyme Funktion erhält zwei Instanzen der zu sortierenden Klasse als Parameter. Die Methode soll dann angeben, welche der beiden Instanzen im Sinne der gewünschten Sortierung die größere ist oder ob beide Instanzen als gleich groß anzusehen sind.

Ich möchte das demonstrieren am Beispiel der Fussballspieler-Klasse, die in den vorherigen Kapiteln bereits des Öfteren zum Einsatz kam. Zur Erinnerung zeige ich hier noch einmal die Attribute der Klasse.

```java
public class Fussballspieler
{
  private int schusskraft;
  private int faehigkeitAlsTorwart;
  private int passGenauigkeit;
  private boolean hatDenBall;
  public int rueckenNummer;
  private int erschoepfung;

  public String spielerName;

  public Fussballspieler(int schuss, int torFaehigkeit,
                 int pass, boolean hatBall,
                 int ruecken, String name)
  {
    ...
  }

    ...
}
```

Listing 14.5: Die Attribute der Klasse Fussballspieler

Ein mögliches sinnvolles Sortierkriterium ist zum Beispiel die Gesamtsumme der Fähigkeitsattribute. Je höher die Fähigkeiten eines Spielers sind, desto besser ist er. Bei einer Sortierung soll ein Spieler mit höheren Fähigkeiten vor einem Spieler mit niedrigeren Fähigkeiten einsortiert werden.

Um eine solche Sortierung zu ermöglichen, müssen Sie in der Klasse zunächst eine neue Methode einfügen, die die Summe der Fähigkeitsattribute berechnet.

```
public int fahigkeitenSumme()
{
  return schusskraft + faehigkeitAlsTorwart + passGenauigkeit;
}
```
Listing 14.6: Eine Methode, die die Summe der Fähigkeiten berechnet

Anschließend erstellen Sie einige Instanzen der Klasse und legen diese in einer Liste ab.

```
Fussballspieler spieler1 =
  new Fussballspieler(70, 5, 65, false, 37, "Kraxlhuber");

Fussballspieler spieler2 =
  new Fussballspieler(1, 1, 1, false, 0, "Lorig");

Fussballspieler spieler3 =
  new Fussballspieler(95, 3, 90, true, 10, "Leo");

ArrayList<Fussballspieler> alleSpieler = new ArrayList<>();

alleSpieler.add(spieler1);
alleSpieler.add(spieler2);
alleSpieler.add(spieler3);
```
Listing 14.7: Eine Liste mit Fußballspielern anlegen

Die Liste `alleSpieler` enthält nun drei Spieler: einen mittelmäßigen mit der Rückennummer 37, einen ziemlich schlechten mit der Rückennummer 0 und einen guten mit der Rückennummer 10. Die Liste soll jetzt entsprechend der Fähigkeiten der Spieler sortiert werden, sodass der Spieler mit der Nummer 10 an erster Stelle steht, der Spieler mit der Nummer 37 an zweiter Stelle und der Grottenkicker mit der Nummer 0 ganz am Ende.

Um Collections zu sortieren, gibt es im Paket `java.util` der Klassenbibliothek eine Klasse `Collections`. Zu dieser Klasse gehört (unter anderem) die statische Methode `sort()` zum Sortieren einer Liste. In der Grundkonfiguration erhält diese Methode nur die zu sortierende Liste, die sie nach der *natürlichen Ordnung* aufsteigend sortiert.

Die natürliche Ordnung ist zum Beispiel bei numerischen Werten trivialerweise vorgegeben, auch bei Zeichenketten wird automatisch die lexikografische Sortierung verwendet (also dieselbe, die auch im Duden verwendet wird).

Bei eigenen Klassen, die keine natürliche Ordnung haben, können Sie der Methode `sort()` mitteilen, in welcher Reihenfolge die Elemente sortiert werden sollen.

✔ Dazu wird der Methode als zweitem Parameter eine anonyme Funktion übergeben, die für zwei Instanzen entscheidet, welche der beiden größer ist oder ob beide gleich groß sind.

✔ Die vom Programmierer zu erstellende anonyme Funktion erhält demnach zwei Instanzen der zu sortierenden Klasse als Parameter, für die sie einen int-Wert als Ergebnis zurückgeben muss.

- Ist das erste der beiden übergebenen Objekte das größere, muss der zurückgegebene int-Wert positiv sein.

- Ist das zweite Objekt das größere, muss der zurückgegebene int-Wert negativ sein.

- Sind beide Objekte gleich groß, muss der zurückgegebene int-Wert 0 sein.

✔ Die Methode sort() wird daraufhin die Liste gemäß dieser vorgegebenen Ordnung *aufsteigend* sortieren.

✔ Für eine absteigende Sortierung wird einfach das Vorzeichen des Rückgabewerts der anonymen Funktion umgedreht.

Ist das erste Objekt das größere, wird dann ein negativer Wert zurückgegeben. Ist das zweite das größere, wird ein positiver Wert zurückgegeben.

Die Liste der Fußballer soll absteigend sortiert werden, daher muss das Vorzeichen des Rückgabewerts gemäß der alternativen Vorschrift gesetzt werden.

```
Collections.sort(alleSpieler,
    (sp1, sp2) ->
    sp2.fahigkeitenSumme() - sp1.fahigkeitenSumme()
    );
```
Listing 14.8: Liste der Fußballspieler sortieren

Die Realisierung ist dann gar nicht mehr besonders kompliziert, wie Listing 14.8 zeigt. Als Rückgabewert der anonymen Funktion wird einfach die Differenz der Fähigkeiten der beiden übergebenen Spieler verwendet. Ist der erste Spieler der bessere, ist diese Differenz negativ; ist der zweite Spieler der bessere, ist die Differenz positiv. Sind beide Spieler gleich gut, ist die Differenz 0. Die anonyme Funktion erfüllt damit genau die Vorschriften, um eine Liste absteigend zu sortieren.

Abschließend können die Elemente der Liste noch mithilfe einer Schleife durchlaufen und auf der Konsole ausgegeben werden, um zu überprüfen, ob die Sortierung tatsächlich wie gewünscht funktioniert hat.

```
for (Fussballspieler sp : alleSpieler)
{
  System.out.println(
    String.format("%s (%d): Summe der Fähigkeiten %d",
      sp.spielerName, sp.rueckenNummer, sp.fahigkeitenSumme()));
}
```
Listing 14.9: Sortierte Liste über die Konsole ausgeben

Mit Streams arbeiten

Sogenannte *Streams* kommen bei Java zum Einsatz, wenn auf externe Daten zugegriffen oder wenn mit externen Einheiten kommuniziert werden soll. Beispiele hierfür sind das Lesen und Schreiben von Daten aus und in Dateien oder der Zugriff auf Ressourcen im Internet. Auch die Kommunikation mit anderen Programmen auf demselben oder auf einem entfernten Rechner wird mit Streams realisiert.

Bei Streams wird unterschieden zwischen eingehenden Streams (*InputStream*) und ausgehenden Streams (*OutputStream*). Über einen eingehenden Stream können Daten gelesen werden, über einen ausgehenden werden Daten geschrieben. In der alten Welt wäre ein Fernseher also zum Beispiel ein *InputStream*, das Postamt ein *OutputStream* und das Telefon besäße sowohl einen *Input-* als auch einen *OutputStream*.

Mit dem `Input-` und `OutputStream` hat Java allgemeine Klassen geschaffen, die für verschiedene Zwecke verwendet werden können. Es ist also nicht von Belang, wohin oder von wo die Daten transportiert werden – `InputStream` und `OutputStream` können immer verwendet werden. Egal, ob Sie Webseiten lesen, Dateien auslesen oder mit einem entfernten Rechner kommunizieren – die Handhabung des Streams ist immer dieselbe.

Die Basisklassen `InputStream` und `OutputStream` sind nur mit der geringstmöglichen Funktionalität ausgestattet. Es können lediglich einzelne Zeichen gelesen beziehungsweise geschrieben werden. Zur Ergänzung gibt es aber verschiedene andere Klassen, die einen `InputStream` oder `OutputStream` benötigen und mit diesem komplexere Operationen durchführen, zum Beispiel Zeichenketten oder ganze Objekte übertragen.

Da `Input-` und `OutputStream` für alle möglichen Datenquellen verwendet werden können, sind auch die komplexeren »Aufsätze« zu verschiedenen Datenquellen kompatibel.

Die Klassen `InputStream` und `OutputStream` sind abstrakte Basisklassen aus dem Paket `java.io`. Je nach Datenquelle beziehungsweise -ziel gibt es verschiedene konkrete Klassen, die einen Stream erstellen. Die Erstellung eines neuen Streams unterscheidet sich also je nach Datenquelle oder -ziel, die Weiterverarbeitung ist dann jedoch überall gleich.

Die Streams lassen sich in zwei Gruppen unterteilen:

✔ Basisstreams. Diese stellen eine Verbindung zu einer Datenquelle oder einem Datenziel her (zum Beispiel Webseite, Datei, anderer Computer).

Für jede Datenquelle oder jedes Datenziel wird ein spezieller Basisstream benötigt. Alle Basisstreams sind aber von `InputStream` oder `OutputStream` abgeleitet. Damit unterstützen alle dieselben Operationen, wie das Senden und Empfangen von einzelnen Zeichen.

✔ Streams zur Weiterverarbeitung eines Basisstreams. Diese können mit beliebigen Basisstreams kombiniert werden und ermöglichen dann komplexere Operationen.

Ich möchte hier im Wesentlichen zwei verschiedene Arten von Basisstreams demonstrieren:

✔ Streams zum Auslesen von Webseiten

✔ Streams zum Auslesen und Schreiben von Dateien

Streams zum Auslesen einer Webseite

Im Paket `java.net` gibt es die Klasse `URL`, mit der eine einzelne Webadresse innerhalb von Java repräsentiert wird.

Um einen neuen `InputStream` zu erstellen, mit dem eine Webseite ausgelesen werden kann, sind folgende Schritte nötig:

1. **Übergeben Sie dem Konstruktor der Klasse `URL` die Webadresse der auszulesenden Webseite.**

   ```
   URL meineAdresse = new URL("https://www.wiley-vch.de/de/dummies");
   ```

   Sie erstellen damit ein neues `URL`-Objekt.

   Nicht jede Zeichenkette ist eine gültige Webadresse. Die Zeichenkette »htp:hoch%igeswewepunktde« zum Beispiel kann nicht als Webadresse verwendet werden.

   Wenn Sie dem Konstruktor von `URL` eine ungültige Adresse übergeben, wird eine Ausnahme vom Typ `MalformedURLException` ausgelöst.

2. **Integrieren Sie ein *try-catch*-Konstrukt, um die Ausnahme abzufangen.**

   ```
   try
   {
     URL meineAdresse = ...
   } catch (MalformedURLException e)
   {
     System.out.println("Ungültige URL angegeben");
   }
   ```

   Die Klasse `URL` besitzt eine Methode `openStream()`, mit der ein `InputStream` zum Auslesen der Webseite geöffnet wird.

   Auch die Methode `openStream()` kann unter Umständen eine Ausnahme auslösen. Wenn keine Verbindung zu der Webseite hergestellt werden kann, wird eine `IOException` ausgelöst.

3. **Fügen Sie also einen weiteren `catch`-Block zu dem bereits bestehenden *try-catch*-Konstrukt hinzu.**

Listing 14.10 zeigt den gesamten Code, der zum Öffnen eines `InputStreams`, mit dem eine Webseite ausgelesen werden kann, nötig ist.

Um den geöffneten Stream auszulesen, gibt es verschiedene Möglichkeiten:

- ✔ Sie können den Stream Zeichen für Zeichen auslesen, bis das Ende erreicht ist.

- ✔ Sie können andere Klassen der Klassenbibliothek verwenden, die ein komfortableres Auslesen ermöglichen.

```
try
{
  URL meineAdresse = new URL("https://www.wiley-vch.de/de/dummies");
  InputStream webStream = meineAdresse.openStream();
}
catch (MalformedURLException e1)
{
  System.out.println("Ungültige URL angegeben");
}
catch (IOException e)
{
  System.out.println("Verbindung fehlgeschlagen");
}
```
Listing 14.10: InputStream zum Auslesen einer Webseite

Ich zeige in diesem Abschnitt die erstgenannte Möglichkeit. Im Zusammenhang mit dem Lesen und Schreiben von Daten in Dateien im nächsten Abschnitt werde ich auch noch auf komfortablere Möglichkeiten eingehen.

✔ Um ein einzelnes Zeichen aus dem Stream zu lesen, besitzt die Klasse InputStream die Methode read().

✔ Ein gelesenes Zeichen wird als int-Wert im Bereich von 0 bis 127 zurückgegeben, gemäß dem ASCII-Code.

   Der ASCII-Code wird bei der Datenverarbeitung häufig eingesetzt. Er ordnet den wichtigsten druckbaren Zeichen (wie zum Beispiel A) einen int-Wert im Bereich 0–127 zu. Bei einer Datenübertragung wird nur der int-Wert übertragen. Auf dem Zielrechner wird der Wert gemäß dem ASCII-Code wieder zurück in ein druckbares Zeichen umgewandelt.

✔ Um aus dem gelesenen int-Wert wieder ein lesbares Zeichen zu machen, muss eine Typumwandlung nach char vorgenommen werden.

   Bei dieser Typumwandlung wird von Java der ASCII-Code verwendet.

✔ Ist das Ende des Streams erreicht, liefert die Methode -1 als Wert zurück.

Mit diesem Wissen könnten Sie den Stream jetzt bereits auslesen. Die Methode read() würde so lange aufgerufen, bis sie -1 liefert, das Ende des Streams also erreicht ist. Der gelesene Wert würde bei jedem Durchlauf in ein Zeichen (char) umgewandelt. Zu Beginn würde eine leere Zeichenkette angelegt und diese in jedem Durchgang mit dem neu gelesenen Zeichen erweitert.

Das funktioniert zwar, ist aber nicht optimal, was die Verwendung des Speicherplatzes angeht. String-Objekte sind nämlich unveränderlich. Jedes Mal, wenn eine Zeichenkette um ein Zeichen erweitert wird, müsste deshalb ein ganz neues String-Objekt im Speicher angelegt werden.

Stattdessen können Sie die Klasse `StringBuilder` aus dem Paket `java.lang` der Klassenbibliothek verwenden. Diese kann ebenfalls Zeichenketten speichern. Im Gegensatz zum String kann eine Zeichenkette mit dem `StringBuilder` aber geändert werden. Deshalb muss nicht bei jedem Einfügen eines Zeichens ein komplett neues Objekt erstellt werden.

```
int zeichen;
StringBuilder gesamterInhalt = new StringBuilder();

while ((zeichen = webStream.read()) != -1)
{
  gesamterInhalt.append((char) zeichen);
}

webStream.close();

System.out.println(gesamterInhalt.toString());
```

Listing 14.11: Code zum Auslesen des Streams (Fortsetzung von Listing 14.10)

Listing 14.11 zeigt, wie eine Webseite ausgelesen werden kann, nachdem, wie in Listing 14.10 gezeigt, die Verbindung hergestellt wurde.

1. Als Erstes wird eine Variable `zeichen` angelegt, in der später bei jedem Durchlauf das aktuell ausgelesene Zeichen gespeichert wird.

2. Danach wird eine neue Instanz von `StringBuilder` erstellt.

   Diese ist vergleichbar mit einer leeren Zeichenkette. Mit dem Unterschied, dass das `StringBuilder`-Objekt danach speicherschonend Zeichen für Zeichen erweitert werden kann.

3. Als Nächstes folgt eine `while`-Schleife, die den Stream zeichenweise auslesen soll.

   Der Kopf der Schleife sieht etwas ungewöhnlich aus. Hier werden nämlich gleich mehrere Operationen kombiniert.

   - Auf der linken Seite sehen Sie eine gewöhnliche Zuweisung, `zeichen = webStream.read()`.

     Diese ist geklammert und wird deshalb als Erstes ausgeführt. Es wird ein Zeichen aus dem Stream ausgelesen und in der Variablen `zeichen` abgelegt.

   - Das Ergebnis dieser geklammerten, ersten Anweisung ist der neu gelesene Inhalt der Variablen `zeichen`.

     Der Ausdruck reduziert sich damit zu `zeichen != -1`. Es wird also geprüft, ob der Wert -1 aus dem Stream ausgelesen wurde, das heißt, ob schon das Ende des Streams erreicht ist. Die Schleife wird so lange ausgeführt, wie das Ende noch nicht erreicht ist.

Im Rumpf der Schleife wird das gelesene Zeichen, das bisher als `int`-Wert vorliegt, über eine Typumwandlung in ein `char`-Element umgewandelt.

Dieses wird durch einen Aufruf der Methode `append()` an das `StringBuilder`-Objekt angehängt. Die Methode `append()` kann also genutzt werden, um eine `StringBuilder`-Zeichenkette zu erweitern.

4. Durch einen Aufruf der Methode `close()` wird danach der Stream geschlossen. Wenn Sie einen Stream nicht mehr benötigen, sollten Sie generell diese Methode aufrufen, um die Verbindung zu kappen.

5. Abschließend wird die gesamte Zeichenkette über die Konsole ausgegeben.

   Durch einen Aufruf der Methode `toString()` kann ein `StringBuilder`-Objekt in einen gewöhnlichen `String` umgewandelt werden.

   Die Klasse `StringBuilder` dient nur als Hilfsklasse, um eine Zeichenkette speichereffizienter zusammensetzen zu können. Ist dieser Vorgang abgeschlossen, sollten Sie die Zeichenkette in ein gewöhnliches `String`-Objekt umwandeln.

 Mit Netzwerktechnik ist übrigens noch viel mehr möglich, als einfach nur irgendwelche Webseiten auszulesen. Betrachten Sie zum Beispiel den folgenden Vorfall, dessen Wahrhaftigkeit mir von glaubhaften Quellen versichert wurde:

Bill Gates befragt seinen Computer: »Gibt es einen Gott?« Dieser antwortet: »Zu wenig Rechenkapazität.« Bill lässt daraufhin alle Computer bei Klein&Weich zusammenschalten und tippt seine Frage erneut ein. Die Antwort bleibt dieselbe: »Zu wenig Rechenkapazität.« Er ruft alle seine Bekannten bei Apple, Google, Facebook, Amazon und im Pentagon an und lässt alle diese Computer zu einem gigantischen Netzwerk zusammenschalten. Dann fragt er erneut: »Gibt es einen Gott?«

Skynet antwortet: »Jetzt schon!«

Streams zum Lesen und Schreiben von Dateien

Streams zum Lesen oder Schreiben von Daten in Dateien können etwas einfacher angelegt werden als Webstreams. Ich beginne mit dem Schreiben von Daten in eine Datei.

Die von `OutputStream` abgeleitete Klasse `FileOutputStream` aus dem `java.io`-Paket der Klassenbibliothek kann zum Erstellen eines Streams genutzt werden.

✔ Dem Konstruktor von `FileOutputStream` übergeben Sie einfach den Dateipfad für die Datei.

   Wird nur ein Dateiname ohne Pfad angegeben, wird die Datei im Ausführungsverzeichnis der Anwendung angelegt. Das ist das Verzeichnis auf Ihrem Computer, in dem sich das Programm befindet. Wenn Sie ein Programm direkt aus Eclipse heraus starten, ist dies das Hauptverzeichnis des Projekts innerhalb des Eclipse-Arbeitsbereichs.

✔ So wie die Klasse InputStream eine Methode read() zum Lesen einzelner Zeichen besitzt, besitzt die Klasse OutputStream eine Methode write() zum Schreiben von einzelnen Zeichen.

In diesem Fall möchte ich Ihnen aber gleich zeigen, wie Sie durch eine Verkettung von Streams komfortabler damit interagieren können.

✔ Die Klasse OutputStreamWriter arbeitet mit einem normalen OutputStream und stellt für diesen komfortablere Schreibmöglichkeiten zur Verfügung.

Dazu übergeben Sie dem Konstruktor von OutputStreamWriter ein gewöhnliches OutputStream-Objekt als Parameter.

✔ Danach können über die Methode write() von OutputStreamWriter ganze Zeichenketten in den Stream geschrieben werden (anstatt nur einzelne Zeichen direkt über den OutputStream).

Listing 14.12 zeigt den gesamten Vorgang, inklusive des abermals eingefügten *try-catch*-Konstrukts zum Auffangen von Fehlern, die beim Schreiben von Dateien auftreten können.

```
try
{
  OutputStream fileOut = new FileOutputStream("hallo.txt");
  OutputStreamWriter writer = new OutputStreamWriter(fileOut);

  writer.write("Was bestellt der Kannibale im Restaurant? - Den Kellner!");

  writer.close();
} catch (FileNotFoundException e)
{
  System.out.println("Datei kann nicht geöffnet werden");
} catch (IOException e)
{
  System.out.println("Fehler beim Schreiben");
}
```
Listing 14.12: Daten in eine Datei schreiben

Der gezeigte OutputStreamWriter ist übrigens nur eine Möglichkeit, wie ein OutputStream weiterverarbeitet werden kann. Zum Schreiben von einfachen Textdateien ist der OutputStreamWriter eine komfortable Möglichkeit.

Mit dem ObjectOutputStream dagegen können sogar Objekte aus einem Java-Programm in einer Datei gespeichert werden. Dazu verweise ich jedoch auf die Java-Referenz unter https://docs.oracle.com/javase/8/docs/api/java/io/ObjectOutputStream.html.

Nun zeige ich noch, wie Sie die eben geschriebenen Daten wieder aus der Datei auslesen.

✔ Analog zum `FileOutputStream` gibt es auch einen `FileInputStream`, mit dem eine Datei zum Lesen geöffnet wird.

✔ Um die Daten nicht zeichenweise auslesen zu müssen, wird die Klasse `BufferedReader` aus dem `java.io`-Paket der Klassenbibliothek verwendet. Diese erlaubt es, einen Stream mithilfe der Methode `readLine()` *zeilenweise* auszulesen.

✔ Um eine Instanz von `BufferedReader` zu erstellen, muss der Stream zunächst in einen `InputStreamReader` (eine weitere Klasse der Klassenbibliothek) importiert werden.

✔ Der Konstruktoraufruf von `BufferedReader` erhält dann das `InputStreamReader`-Objekt. Das klingt jetzt komplizierter, als es eigentlich ist, wie Listing 14.13 zeigt.

```
try
{
  InputStream fileIn = new FileInputStream("hallo.txt");
  BufferedReader reader =
    new BufferedReader(new InputStreamReader(fileIn));

  String ersteZeile = reader.readLine();

  System.out.println(ersteZeile);

  reader.close();
} catch (FileNotFoundException e)
{
  System.out.println("Datei kann nicht geöffnet werden");
} catch (IOException e)
{
  System.out.println("Fehler beim Lesen");
}
```

Listing 14.13: Daten aus einer Datei auslesen

Vielleicht fragen Sie sich nun: »Wie um Himmels willen soll ich mir das alles merken?« Immerhin kommen hier sehr viele verschiedene, aber auch ähnlich klingende Stream-Typen zum Einsatz. Da verliert man leicht den Überblick.

Sie *könnten* das natürlich auswendig lernen. Das würde ich Ihnen aber nicht empfehlen, übrigens auch nicht bei anderen Programmierthemen.

Stattdessen reicht es fürs Erste, wenn Sie sich *grob* merken, was möglich ist. Im aktuellen Fall also etwas wie: »Mit irgendwelchen Streams können irgendwie Daten in Dateien geschrieben und wieder gelesen werden.« Zusätzlich merken Sie sich noch, woher Sie das wissen: aus diesem Buch!

Wenn Sie einmal in eine Situation kommen, in der Sie Daten aus Dateien auslesen sollen oder wollen, schlagen Sie es einfach hier nach. Wenn Sie das oft genug tun, werden Sie sich die Details nach und nach einprägen. Wenn Sie das nicht oft tun (also weil Sie diese Möglichkeit in Ihren Programmen kaum brauchen), dann wäre es auch unsinnig gewesen, das Ganze auswendig zu lernen.

So geht es bei allen Programmier-Thematiken: Schlagen Sie die Details in einem Buch oder im Internet nach, wenn Sie sie das erste Mal benötigen. Später können Sie dann auch in Ihrem Code nachschauen, wie Sie eine solche Situation zuvor gelöst haben. Das, was Sie oft genug benötigen, werden Sie sich im Laufe der Zeit ganz automatisch einprägen.

Andere Arten von Streams

Neben den hier gezeigten Arten von Streams gibt es noch weitere. Besonders wichtig sind zum Beispiel Streams zur Kommunikation mit anderen Programmen auf dem eigenen Rechner oder zur Kommunikation mit anderen, entfernten Rechnern in einem Netzwerk. Da dies hier den Rahmen allerdings sprengen würde, verweise ich dazu auf die offizielle Java-Dokumentation. Unter https://docs.oracle.com/javase/tutorial/networking/sockets/index.html finden Sie zum Beispiel eine Einführung in die Thematik.

Die Streams zur Kommunikation mit anderen Programmen und Rechnern können Sie genauso verwenden wie die hier vorgestellten Streams. Sie können also zum Beispiel zeichenweise geschrieben und gelesen werden oder komfortabler mit einem `BufferedReader` gelesen beziehungsweise mit einem `OutputStreamWriter` geschrieben werden.

Lediglich die Schritte, die zum Erstellen der Streams benötigt werden, unterscheiden sich zwischen den verschiedenen Arten von Streams.

Nebenläufige Programmierung

Die Programme, die bisher im Rahmen dieses Buchs gezeigt und erstellt wurden, waren alle sehr *linear*. Es gab eine Liste von Anweisungen, die der Reihe nach ausgeführt wurden. Nachdem alle Anweisungen ausgeführt waren, wurde das Programm automatisch beendet, es terminierte also.

Ein Merkmal von modernen Programmen ist jedoch, dass nicht zwingend alle Verarbeitungsschritte nacheinander ausgeführt werden, sondern teilweise auch mehrere Anweisungen gleichzeitig. Man spricht dann von *nebenläufiger Programmierung*.

Nebenläufigkeit wird in Java mithilfe von sogenannten *Threads* erreicht. Ein Thread ist ein Ausführungsstrang eines Programms, der unabhängig von anderen Strängen des Programms ausgeführt wird. Abbildung 14.2 zeigt das Prinzip anhand eines Programms mit drei Threads, die gleichzeitig ausgeführt werden.

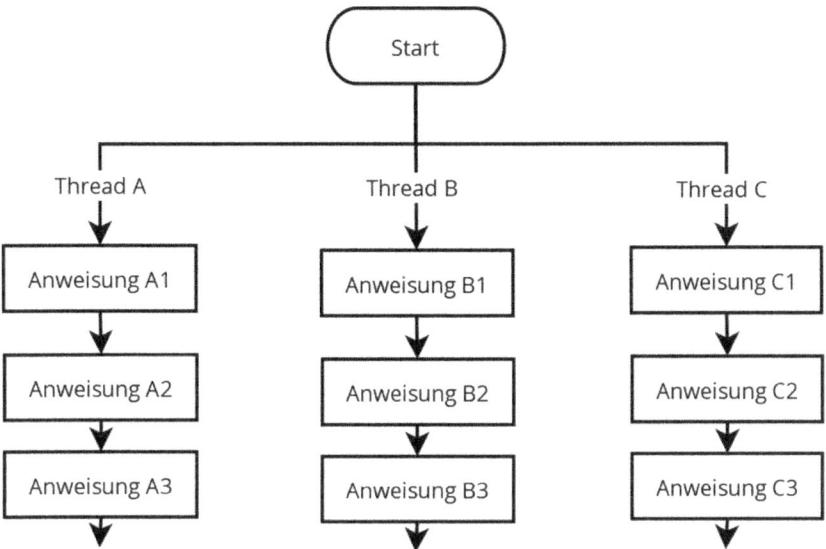

Abbildung 14.2: Ein Programm mit drei Threads

Es gibt verschiedene Situationen, in denen gleichzeitig ablaufende Ausführungsstränge sinnvoll sind. Einige davon sind zum Beispiel:

✔ In Netzwerken treten oft Wartezeiten auf, wenn auf eine Datenübertragung von der Gegenseite gewartet wird. Daher macht es Sinn, Netzwerkzugriffe in eigene Threads auszulagern, damit das Programm während der Wartezeit nicht völlig stillstehen muss.

✔ Auch bei der Verwendung von grafischen Benutzeroberflächen spielen Threads eine Rolle. Meist wird die Benutzeroberfläche selbst in einem eigenen Thread erstellt und aktualisiert.

Sonstige Operationen wie zum Beispiel Berechnungen werden in anderen Threads ausgeführt. So kann die Benutzeroberfläche weiter bedient werden, während im Hintergrund Berechnungen ausgeführt werden.

✔ Manche aufwendigen Berechnungen lassen sich schneller ausführen, wenn Sie sie in separate Teile aufteilen und die Teilrechnungen gleichzeitig ausführen. Auf diese Weise kann die heute übliche Architektur von Computersystemen mit mehreren Prozessorkernen optimal ausgenutzt werden.

Früher besaßen Computer meist nur einen einzigen Prozessor. Ein Prozessor kann nicht mehrere Dinge gleichzeitig tun, er kann also immer nur eine Berechnung nach der anderen ausführen. Trotzdem war es auch früher schon möglich, dass mehrere Programme gleichzeitig aktiv sind. Auch innerhalb eines einzelnen Programms waren mehrere gleichzeitige Ausführungsstränge möglich.

Diese Gleichzeitigkeit musste aber »simuliert« werden. Die gleichzeitig auszuführenden Operationen wurden in viele kleine Teilschritte aufgeteilt. Dann wurde immer ein kleiner Teil einer Aufgabe gelöst und danach zur nächsten Aufgabe umgeschaltet und dann davon ein Teil gelöst und so weiter.

Bei dem Programm in Abbildung 14.2 würde das zum Beispiel bedeuten, dass zunächst die Anweisung A1 ausgeführt wird, danach die Anweisung B1 und danach die Anweisung C1. Danach geht es mit A2 weiter, dann mit B2 und so weiter.

Da Prozessoren extrem schnell sind, entsteht dadurch der Eindruck, dass die Aufgaben gleichzeitig gelöst werden.

Heute besitzen Computer in der Regel mehrere Prozessoren oder Prozessorkerne. Dadurch ist auch »echte« Gleichzeitigkeit möglich. Programme, die mit mehreren Threads arbeiten, können deshalb performanter sein als auf alten Systemen, da die Gleichzeitigkeit nun nicht mehr simuliert werden muss.

Threads anlegen

Die Programme, die bisher in diesem Buch gezeigt wurden, bestanden alle nur aus einem einzigen Thread, dem Hauptthread. Der Hauptthread muss nicht extra erzeugt werden, er wird beim Start des Programms automatisch angelegt. Aus diesem Hauptthread heraus kann der Programmierer aber beliebig viele weitere Threads starten. In Java ist das mithilfe der Klasse Thread aus dem java.lang-Paket der Klassenbibliothek möglich.

Der Konstruktor der Klasse erhält eine anonyme Funktion, die den Code enthält, der nebenläufig ausgeführt werden soll. Danach wird auf dem Thread-Objekt die Methode start() aufgerufen. Und schon wird die anonyme Funktion nebenläufig zum restlichen Code des Hauptthreads ausgeführt.

```
Thread th = new Thread(() ->
{
  // ... Code, der nebenläufig ausgeführt werden soll ...
});

th.start();

// ... weiterer Code des Hauptthreads ...
```

Listing 14.14: Einen neuen Thread anlegen und starten

Probleme bei der Verwendung von Threads

Das Erstellen von Threads erscheint auf den ersten Blick in Java nicht allzu kompliziert zu sein, doch der Teufel steckt wie so oft im Detail. Wenn plötzlich mehrere Anweisungen gleichzeitig ausgeführt werden, anstatt alle nur streng sequenziell, können einige neue, bisher unbekannte Probleme auftreten.

Problematisch ist es, wenn aus mehreren Threads gleichzeitig auf dieselben Daten zugegriffen wird – und zwar dann, wenn Änderungen an den Daten durchgeführt werden.

In diesem Fall ist es möglich, dass ein Thread Änderungen, die ein anderer Thread gemacht hat, unbeabsichtigt überschreibt. Es werden deshalb spezielle Werkzeuge benötigt, um so etwas zu verhindern.

Diese Thematik ausführlich zu behandeln, würde den Rahmen dieses Buchs jedoch sprengen. Ich verweise daher auf die offizielle Java-Dokumentation (`https://docs.oracle.com/javase/tutorial/essential/concurrency/sync.html`), in der Sie bei Interesse weitere Informationen dazu finden. Auch im Buch *Java Alles-in-einem-Band für Dummies*, das sich noch tiefer mit Java befasst, erfahren Sie mehr dazu.

Das Wichtigste in Kürze

- ✔ Listen können als leistungsfähigere Alternative zu Arrays genutzt werden, um eine variable Anzahl an Elementen zu speichern.
- ✔ Assoziative Speicher dienen zum Ablegen von Zuordnungen.
- ✔ Streams werden zum Senden von Daten an externe Quellen und zum Empfangen von Daten aus externen Quellen verwendet.
- ✔ Insbesondere werden Streams eingesetzt zum Lesen von Webseiten, zum Lesen und Schreiben von Dateien und zur Kommunikation mit anderen Rechnern.
- ✔ Mithilfe von Threads können mehrere Stränge innerhalb eines Programms gleichzeitig ausgeführt werden.

Übung

Jetzt ist es an der Zeit, endlich all Ihr neues Wissen in die Waagschale zu werfen und einmal ein »richtiges« Programm zu erstellen. Im ersten Kapitel dieses Buchs habe ich verschiedene Probleme aufgezählt, die mit einem Computer gelöst werden können. Darunter war auch das Problem, eine Fußballtabelle darzustellen.

Genau dieses Problem sollen Sie in dieser Übung lösen. Das Programm soll es ermöglichen, eine Reihe von Fußball-Ergebnissen einzugeben. Aus diesen soll eine Tabelle nach der üblichen Arithmetik berechnet werden.

Zur komfortablen Lösung des Problems soll das Programm in mehrere Klassen aufgeteilt werden. So lässt sich das Problem in kleinen Häppchen lösen.

Möglicherweise fragen Sie sich jetzt: »Puh, was will der von mir? Wie soll ich das denn anstellen?« Und da haben Sie völlig recht. Wenn Sie mit dem Zerteilen eines Problems in Klassen noch keine Erfahrung haben, werden Sie sich vermutlich beim ersten Mal etwas schwer dabei tun. Und das ist auch völlig in Ordnung.

Deshalb greife ich Ihnen »ein bisschen« unter die Arme. Ich habe das Grundgerüst des Programms bereits für Sie erstellt. Ich habe das Problem in Klassen aufgeteilt und diesen Klassen bereits die benötigten Attribute verpasst.

Ihre Aufgabe wird es sein, die fehlenden Methoden in den Klassen zu ergänzen.

Sie können sich das Grundgerüst des Programms auf der Webseite zum Buch unter `https://www.wiley-vch.de/ISBN9783527718511` herunterladen. In die jeweiligen Klassen habe ich Kommentare eingefügt, die Ihnen erklären, was eine Klasse und deren Methoden bewirken sollen. Sie müssen dann »nur noch« meine verbale Beschreibung in Java-Quellcode umwandeln.

> **IN DIESEM KAPITEL**
>
> Unterschied zwischen Konsolen-Programmen und GUI-Anwendungen
>
> Benutzeroberflächen mithilfe von Java-Code erstellen

Kapitel 15
Grafische Benutzeroberflächen

Sie wollten schon immer einmal bunt gestaltete Programme erstellen, die man auch mit der Maus bedienen kann? Dann sind Sie in diesem Kapitel richtig. Ich werde hier die Bibliothek JavaFX vorstellen, mit der Java-Programme um ansehnliche Benutzeroberflächen erweitert werden können.

Benutzeroberflächen für Java-Programme

Sie haben mittlerweile viele Bestandteile von Java kennengelernt, durch deren Verwendung umfangreiche und leistungsfähige Programme erstellt werden.

Um diese Programme zu steuern, könnten Sie sogenannte Konfigurationsdateien nutzen. Das heißt, Sie schreiben verschiedene Einstellungen, die das Programm nutzen soll, in eine Datei und lesen diese innerhalb des Programms aus. Dem Programm zur Berechnung einer Tabelle, das Sie in der Übung des letzten Kapitels erstellt haben, können Sie auf diese Weise zum Beispiel die zu verarbeitenden Ergebnisse mitteilen.

Außerdem bestünde die Möglichkeit, das Programm über die Eingabeaufforderung zu starten. Die Eingabeaufforderung finden Sie unter Windows zum Beispiel im Startmenü im Ordner `Windows-System`. Dort können Sie Textbefehle absetzen und Konsolenprogramme starten. Beim Starten eines Konsolenprogramms können zusätzliche Parameter angegeben werden, die innerhalb der Hauptfunktion des Programms verarbeitet werden.

Das klingt zum einen unspektakulär – und zum anderen, als würden Sie gerade ein Buch, das in den 1980er-Jahren geschrieben wurde, in den Händen halten. Tatsächlich ist es so, dass sich Konsolenprogramme auch heute noch als Einstieg in die Welt der Programmierung eignen:

- ✔ Das Prinzip der Ausführung ist leicht zu verstehen: Alle Anweisungen werden der Reihe nach ausgeführt, danach terminiert das Programm.

✔ Konsolenprogramme sind auch leicht zu erstellen. Sie brauchen nur einer beliebigen Java-Klasse eine Hauptfunktion hinzuzufügen, schon haben Sie ein ausführbares Konsolenprogramm.

Früher oder später möchte aber sicher jeder Programmierer einmal »richtige« Programme erstellen. Also solche mit bunten Fenstern, die auch genügend Möglichkeiten bieten, wild mit der Maus darin herumzuklicken.

Grafische Benutzeroberflächen, meist abgekürzt als *GUI* (englisch: *graphical user interface*), können in Java mit verschiedenen Zusatzbibliotheken erstellt werden. Das *Abstract Window Toolkit* (kurz: AWT) war vermutlich die erste solche Bibliothek. Genutzt wird es heute nur noch sehr selten, da mittlerweile modernere und bessere Bibliotheken zur Verfügung stehen.

Die meisten heute verfügbaren Java-Programme setzen auf die *Swing*-Bibliothek zum Erstellen von grafischen Oberflächen. Diese ermöglicht wesentlich modernere und ansehnlichere Ergebnisse als das AWT. Aber auch Swing ist mittlerweile in die Jahre gekommen. Mittlerweile gibt es mit *JavaFX* einen moderneren Nachfolger. Auch wenn heute noch überwiegend Swing-Programme im Umlauf sind, so ist JavaFX die Technologie der Zukunft.

Mit JavaFX können anspruchsvolle grafische Oberflächen mit allem erdenklichen Schnickschnack erstellt werden. Ich werde Ihnen daher in diesem Kapitel eine kurze Einführung in JavaFX geben. Eine ausführliche Behandlung der Thematik würde den Rahmen hier sicher sprengen – mit der Erstellung von grafischen Oberflächen allein lassen sich ganze Bücher füllen. Hier soll es daher nur um die Grundlagen gehen:

✔ Ablauf einer GUI-Anwendung im Vergleich zu Konsolenprogrammen

✔ Einfache Benutzeroberflächen erstellen

✔ Auf Benutzerinteraktionen reagieren

✔ Daten darstellen

Ablauf eines GUI-Programms

Von den bisher erstellten Konsolenprogrammen sind Sie einen streng geplanten Programmablauf gewohnt. Direkt nach dem Start des Programms werden alle hinterlegten Anweisungen der Reihe nach abgearbeitet. Danach terminiert das Programm automatisch.

Der Ablauf von Programmen mit grafischen Benutzeroberflächen unterscheidet sich in der Regel deutlich von diesem einfachen Prinzip.

✔ Nach dem Start des Programms wird zunächst die grafische Benutzeroberfläche angezeigt.

✔ Danach »wartet« die Benutzeroberfläche auf Interaktionen des Benutzers, zum Beispiel auf Mausklicks oder Texteingaben in Eingabefelder.

✔ Jede mögliche Benutzerinteraktion kann vom Programmierer mit einer Funktionalität verknüpft werden.

Klickt der Benutzer zum Beispiel auf eine bestimmte Schaltfläche, wird der mit dieser Interaktion verknüpfte Code ausgeführt. Dann können zum Beispiel Berechnungen und basierend auf den Ergebnissen Änderungen an der Oberfläche durchgeführt werden.

✔ Das Programm verbleibt dauerhaft in diesem »Wartezustand«.

Nachdem eine Interaktion erfolgt ist und die verknüpfte Funktionalität angestoßen wurde, wartet das Programm also auf neue Interaktionen des Benutzers.

✔ Das Programm wird (in der Regel) erst dann beendet, wenn dies explizit vom Benutzer gewünscht ist, zum Beispiel durch Klicken auf das Schließen-Symbol in der Titelleiste des Fensters.

Eclipse für JavaFX fit machen

Um mit Eclipse JavaFX-Anwendungen erstellen zu können, sind zunächst einige Vorbereitungen nötig. Als Erstes muss das Plug-in *e(fx)clipse* installiert werden.

1. **Wählen Sie im Menü Hilfe und dann Eclipse Marktplatz.**

2. **Tippen Sie im Textfeld Find e(fx)clipse ein.**

   Nach der Bestätigung mit ⏎ sollte in der Liste darunter jetzt ein Eintrag mit E(FX)CLIPSE auftauchen.

3. **Klicken Sie bei diesem Eintrag auf der rechten Seite auf Installieren (siehe Abbildung 15.1).**

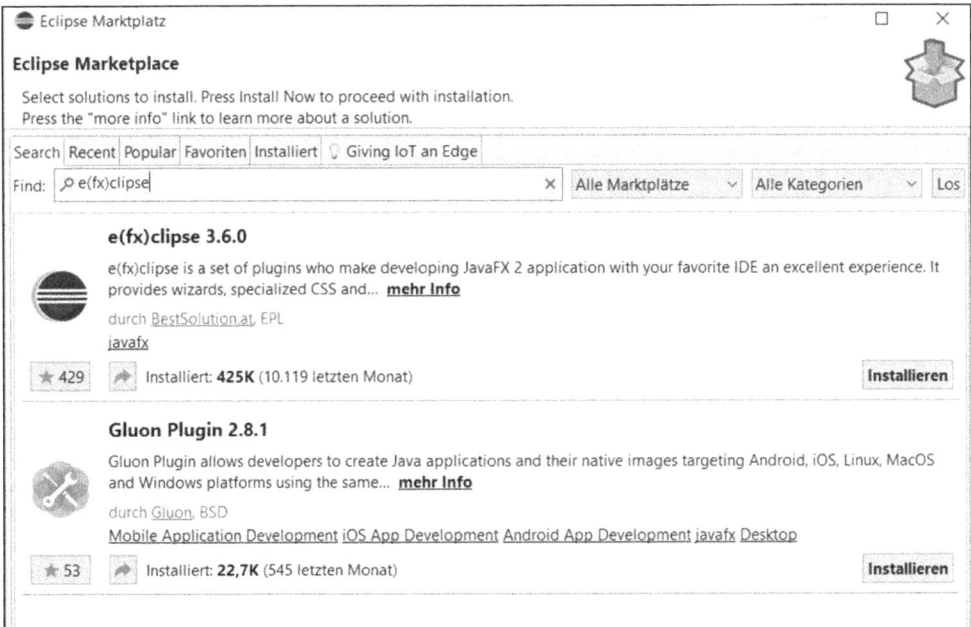

Abbildung 15.1: e(fx)clipse-Plug-in installieren

4. Nach einer kurzen Wartezeit müssen Sie die Nutzungsbedingungen akzeptieren.

5. Klicken Sie abschließend auf FERTIGSTELLEN.

   Das Plug-in wird daraufhin im Hintergrund installiert, unten rechts im Eclipse-Fenster werden Sie über den Fortschritt informiert.

6. Eventuell werden Sie darüber informiert, dass unsignierte Software installiert werden soll. Klicken Sie in diesem Fall auf TROTZDEM INSTALLIEREN.

   Im nächsten Fenster wählen Sie das angezeigte Zertifikat aus via ALLES AUSWÄHLEN und bestätigen die Auswahl abschließend mit AUSWAHL AKZEPTIEREN.

7. Nachdem die Installation abgeschlossen ist, werden Sie dazu aufgefordert, Eclipse neu zu starten.

Das erste JavaFX-Programm

Um mit Eclipse nun ein JavaFX-Programm zu erstellen, gehen Sie wie folgt vor:

1. Wählen Sie im Menü DATEI|NEU|ANDERE.

2. Klicken Sie im Fenster ASSISTENT AUSWÄHLEN auf das kleine Dreieck links neben dem Eintrag JAVAFX.

3. Wählen Sie den Eintrag JAVAFX PROJECT und klicken Sie dann auf WEITER.

4. Achten Sie darauf, dass im Bereich JRE der zweite Eintrag PROJEKTSPEZIFISCHE JRE VERWENDEN aktiviert und in der Auswahlbox dahinter der Eintrag, der mit jdk1.8 beginnt, ausgewählt ist.

5. Geben Sie nun einen Namen für das Projekt ein, zum Beispiel ErstesFXProgramm, und klicken Sie danach auf FERTIGSTELLEN.

Eclipse generiert nun automatisch ein neues Projekt zur Darstellung einer JavaFX-GUI. Im Paket-Explorer können Sie sich den Aufbau des Projekts anschauen.

Im Wesentlichen wurde eine Klasse generiert. Um diese betrachten zu können, erweitern Sie das neu erzeugte Projekt im Paket-Explorer mit einem Klick auf das kleine Dreieck. Navigieren Sie dann weiter in das Unterverzeichnis src (das steht für *Sources*, zu Deutsch: Quellen) und danach ins Paket application. Dort finden Sie eine Klasse Main.java, die Sie durch einen Doppelklick im Editor anzeigen können.

```java
package application;

import javafx.application.Application;
import javafx.stage.Stage;
import javafx.scene.Scene;
import javafx.scene.layout.BorderPane;


public class Main extends Application
{
  @Override
  public void start(Stage primaryStage)
  {
    try
    {
      BorderPane root = new BorderPane();
      Scene scene = new Scene(root,400,400);
      scene.getStylesheets().add(
        getClass().getResource("application.css").toExternalForm());
      primaryStage.setScene(scene);
      primaryStage.show();
    } catch(Exception e)
    {
      e.printStackTrace();
    }
  }

  public static void main(String[] args)
  {
    launch(args);
  }
}
```
Listing 15.1: Von Eclipse generiertes Grundgerüst einer GUI

Listing 15.1 zeigt den gesamten Quellcode der von Eclipse generierten Quelldatei. Im Folgenden möchte ich die wichtigsten Bestandteile dieser Klasse erklären.

✔ Mithilfe der `import`-Anweisungen am Anfang der Datei werden die Klassen der Klassenbibliothek, die zum Erstellen einer Benutzeroberfläche benötigt werden, eingebunden.

✔ Es fällt auf, dass es sich um eine abgeleitete Klasse handelt.

   Als Basisklasse dient die Klasse `Application` aus der JavaFX-Bibliothek. Die Klasse `Application` bringt das Grundgerüst einer GUI-Anwendung bereits mit, in der abgeleiteten Klasse kann die Benutzeroberfläche vom Programmierer angepasst werden.

✔ Die Klasse besitzt eine Hauptfunktion, die als Einstiegspunkt in das Programm dient. Die Hauptfunktion ist das Konstrukt ganz unten im Quellcode, das mit `public static void main` beginnt.

Innerhalb dieser Hauptmethode wird lediglich die statische Methode `launch()` der Klasse `Application` aufgerufen.

Diese Methode zählt zum Grundgerüst, das die Klasse `Application` bereits mitbringt. Sobald sie aufgerufen wird, wird die Benutzeroberfläche angezeigt, und das Programm geht in den Wartezustand über, in dem es auf Benutzerinteraktionen wartet.

✔ Zusätzlich besitzt die generierte Klasse eine Methode `start()`.

Die Methode `start()` ist in der Basisklasse `Application` als abstrakt gekennzeichnet, sie muss also in der abgeleiteten Klasse zwingend implementiert werden. Die der Methode vorangestellte Kennzeichnung `@Override` dient lediglich dazu, darauf hinzuweisen, dass hier eine Methode einer Basisklasse überschrieben wird.

Innerhalb der Methode `start()` selbst hat der Programmierer die Möglichkeit, seine eigene Benutzeroberfläche aufzubauen. In der Methode `start()` werden also alle Bestandteile der Oberfläche erstellt und zusammengesetzt.

Was der bereits generierte Code bewirkt und wie Sie Ihre eigenen Oberflächen aufbauen können, darauf werde ich im Folgenden noch genauer eingehen.

Die Methode start()

Eine JavaFX-Anwendung setzt sich zusammen aus Bühnen (englisch: *stage*) und Szenen.

✔ Eine Bühne ist letztlich nichts anderes als ein gewöhnliches Fenster.

✔ Eine Szene stelle eine Benutzeroberfläche dar.

Eine Benutzeroberfläche ist eine Anordnung von verschiedenen Elementen wie Eingabefeldern, Buttons und Tabellen.

Bühnen und Szenen

JavaFX ermöglicht es, mehrere Fenster (Bühnen) zu erstellen und darin wechselnde Benutzeroberflächen anzuzeigen. Die Bezeichnungen sind der Metapher einer Theatervorstellung entnommen:

✔ Die Bühne bleibt immer die gleiche, darauf können jedoch unterschiedliche Szenen dargestellt werden, die sich durch einen unterschiedlichen Aufbau der Requisiten charakterisieren.

Eine Szene spielt zum Beispiel im Schlafzimmer, eine andere im Garten.

✔ Zudem kann ein Theater aus mehreren Vorstellungsräumen bestehen, sodass es auch mehrere Bühnen gibt.

> Das sind aber letztendlich Möglichkeiten, die fortgeschrittene Programmierer für ihre Programme benötigen. Im Rahmen dieses Buchs soll es genügen, ein einzelnes Fenster mit einer Benutzeroberfläche anzuzeigen. Es werden also genau eine Bühne und genau eine Szene benötigt.

Eine Benutzeroberfläche besteht aus verschiedenen Elementen, wie zum Beispiel Buttons, Eingabeboxen oder einfachen Beschriftungen. Innerhalb einer Oberfläche werden die Elemente gemäß sogenannter *Layouts* angezeigt. Es gibt verschiedene Arten von Layouts. Einfache zum Beispiel, die alle Elemente lediglich von rechts nach links oder von oben nach unten nebeneinander oder untereinander darstellen. Aber auch kompliziertere, bei denen die Elemente an einer Tabellenform ausgerichtet werden.

Nun aber zum konkreten Aufbau der Methode start() in Listing 15.1.

1. Die Methode erhält als Parameter ein Stage-Objekt, das das Hauptfenster der Anwendung darstellen soll.

   Die Aufgabe des Programmierers ist es, innerhalb der Methode start() die Bühne mit Leben zu füllen.

2. In der Methode wird zunächst ein Objekt vom Typ BorderPane erzeugt.

   Die BorderPane ist eines der verfügbaren Layouts, nach denen die Elemente einer Benutzeroberfläche angeordnet werden können. Die Idee der BorderPane ist, in der Mitte den Hauptinhalt und bei Bedarf oben, unten und an den Seiten weitere Elemente anzuzeigen.

   Mit der BorderPane könnte also zum Beispiel ein Editor realisiert werden, der in der Mitte den eigentlichen Eingabebereich enthält, am oberen Rand ein Menü und am unteren Rand eine Statuszeile.

3. Das BorderPane-Objekt wird in der nächsten Anweisung dazu genutzt, ein neues Scene-Objekt zu erstellen.

   Die Szene soll später die Benutzeroberfläche enthalten.

   Der Konstruktor von Scene erhält das anzuwendende Layout, das die Szene zur Anordnung ihrer Elemente nutzen soll, sowie die Höhe und Breite der Szene in Pixeln.

   Der von Eclipse generierte Konstruktoraufruf der Klasse Scene erzeugt also eine (zunächst leere) Benutzeroberfläche, die 400 x 400 Pixel groß ist und ihre Elemente gemäß dem BorderPane-Layout anordnen soll.

4. Die nächste Anweisung verknüpft eine sogenannte Stylesheet-Datei mit der Szene.

   Innerhalb dieser Stylesheet-Datei werden die Elemente der Benutzeroberfläche formatiert, also zum Beispiel Farbe und Größe der Elemente verändert.

Im Rahmen dieses Buchs werde ich auf die vielfältigen Möglichkeiten, die Stylesheets bieten, aber nicht weiter eingehen – ich möchte eine Benutzeroberfläche erzeugen, die funktioniert, und keine, die blinkt und blitzt und sonstigen Schnickschnack enthält. Die JavaFX-Standardelemente sind so konzipiert, dass sie auch ohne Überarbeitung und Ergänzung schon recht brauchbar aussehen.

5. In den beiden abschließenden Anweisungen kommt dann endlich auch das übergebene Stage-Objekt zum Einsatz.

   Zunächst wird über den Aufruf der Methode setScene() festgelegt, dass die soeben erstellte Benutzeroberfläche im Fenster platziert werden soll.

   Danach wird auf dem Stage-Objekt die Methode show() aufgerufen. Diese bewirkt, dass das Fenster, und damit die darin enthaltene Benutzeroberfläche, angezeigt wird.

Die generierte Klasse Main stellt also schon ein (sehr einfaches, aber) vollständiges GUI-Programm dar. Sie können den Code direkt übersetzen und ausführen. Wählen Sie dafür wie gewohnt im Eclipse-Menü AUSFÜHREN und danach erneut AUSFÜHREN. Der Code wird übersetzt und nach kurzer Wartezeit wird ein 400 x 400 Pixel großes, aber leeres Fenster angezeigt.

Durch Klicken auf die Schließen-Schaltfläche in der Titelzeile des Fensters kann das Programm beendet werden.

 Was hat Windows mit einem U-Boot gemeinsam? – Sobald man ein Fenster öffnet, geht es los mit den Problemen!

Die Szene anpassen

Nun haben Sie ein erstes GUI-Programm gesehen. Ohne jegliche Elemente ist es aber natürlich noch recht unspektakulär. Bevor ich im nächsten Abschnitt demonstriere, wie eine etwas umfangreichere Benutzeroberfläche gebaut werden kann, zeige ich Ihnen noch schnell, wie die leere Szene aus dem vorherigen Abschnitt zumindest etwas mit Leben gefüllt werden kann.

Zum einen macht es Sinn, einen beschreibenden Text in der Titelleiste des Fensters anzuzeigen. Dazu wird die Methode setTitle() der Klasse Stage verwendet. Um das »Hallo Welt«-Programm, das Sie ganz zu Beginn Ihrer Reise durch die Java-Welt kennengelernt haben, in das Zeitalter der GUI-Programme zu transportieren, fügen Sie den folgenden Aufruf in die Methode start() ein:

```
primaryStage.setTitle("Hallo Welt");
```

Zusätzlich soll ein Element in die Benutzeroberfläche selbst eingefügt werden.

1. Eine einfache textuelle Beschriftung lässt sich mit der Klasse Label (die aus dem Paket javafx.scene.control mithilfe einer import-Anweisung eingebunden werden muss) realisieren.

   Deren Konstruktor erhält den Text, der angezeigt werden soll, als Parameter.

2. Um das neu erzeugte Label-Objekt danach in das übergeordnete BorderPane-Objekt einzufügen, wird die Methode setCenter() verwendet.

   Erinnern Sie sich: Das BorderPane-Layout definiert einen Hauptinhalt in der Mitte, mit der Möglichkeit, optional weitere Inhalte rundherum oben, unten und an der Seite hinzuzufügen. Mit der Methode setCenter() wird der Hauptinhalt, der in der Mitte erscheinen soll, festgelegt.

Die erweiterte start()-Methode sieht nach diesen Änderungen wie in Listing 15.2 zu sehen aus.

```java
public void start(Stage primaryStage)
{
  try
  {
    BorderPane root = new BorderPane();
    Scene scene = new Scene(root,400,400);
    scene.getStylesheets().add(
      getClass().getResource("application.css").toExternalForm());

    Label label = new Label(
      "Zahnarzt: »Sie brauchen eine Krone.«\n"+
      "Patient: »Endlich versteht mich jemand!«");
    root.setCenter(label);

    primaryStage.setTitle("Hallo Welt");
    primaryStage.setScene(scene);
    primaryStage.show();
  } catch(Exception e) {
    e.printStackTrace();
  }
}
```

Listing 15.2: Die erweiterte Methode start()

Die neu eingefügten Zeilen in Listing 15.2 sind fett markiert. Starten Sie das abgeänderte Programm erneut. Das Fenster wird dann wie in Abbildung 15.2 zu sehen mit Titel und Text angezeigt.

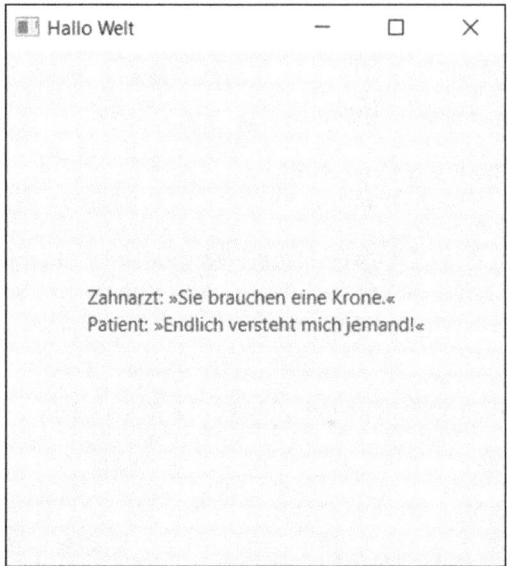

Abbildung 15.2: »Hallo Welt« als JavaFX-Anwendung

Eine Benutzeroberfläche erstellen

Sie haben jetzt ein erstes, einfaches JavaFX-Programm gesehen. Wirklich viel anfangen können Sie damit aber noch nicht. Stattdessen möchte man Benutzeroberflächen so gestalten, dass man mit nützlicher Funktionalität, die man zuvor (oder auch erst später) erschaffen hat, interagieren kann.

In der Übung des letzten Kapitels haben Sie ein Programm geschrieben, das Sie zur Eingabe von Fußballergebnissen nutzen können. Das Programm soll aus einer Reihe von Fußballergebnissen eine Tabelle berechnen.

Einen Teil dieses Programms möchte ich jetzt mit einer Benutzeroberfläche ausstatten. Die Eingabe von Ergebnissen soll nämlich über eine GUI erfolgen. Zudem sollen alle bisher eingegebenen Ergebnisse in der Oberfläche angezeigt werden.

In den folgenden Abschnitten finden Sie nach und nach den gesamten Code, der zum Erstellen der Benutzeroberfläche nötig ist. Sie können deshalb jetzt ein neues JavaFX-Projekt in Eclipse anlegen und den Code, den ich Ihnen in den nächsten Abschnitten zeige, jeweils übernehmen. Sie können das gesamte Projekt `ErgebnisseFX` aber auch über die Webseite zum Buch unter `https://www.wiley-vch.de/ISBN9783527718511` herunterladen, dann sparen Sie sich die Tipparbeit.

Die Klasse »Ergebnis«

Vom Quellcode des zuvor erstellten Tabellenprogramms wird nur die Klasse Ergebnis benötigt. Diese wird etwas abgeändert, wie in Listing 15.3 zu sehen.

```java
import javafx.beans.property.SimpleStringProperty;

public class Ergebnis
{
  private SimpleStringProperty team1;
  private SimpleStringProperty team2;

  private SimpleStringProperty ergebnisGesamt;

  public Ergebnis(String t1, String t2, int tore1, int tore2)
  {
    team1 = new SimpleStringProperty(t1);
    team2 = new SimpleStringProperty(t2);
    ergebnisGesamt = new SimpleStringProperty(
        String.format("%d:%d", tore1, tore2));
  }

  public SimpleStringProperty getTeam1Name()
  {
    return team1;
  }

  public SimpleStringProperty getTeam2Name()
  {
    return team2;
  }

  public SimpleStringProperty getErgebnis()
  {
    return ergebnisGesamt;
  }
}
```
Listing 15.3: Die Klasse Ergebnis

Statt gewöhnlicher Strings werden nun SimpleStringProperty-Instanzen verwendet, um die Informationen (also die beiden Teamnamen sowie das Endergebnis) zu speichern. Das ist deshalb so, weil diese Informationen später in einer JavaFX-Tabelle angezeigt werden sollen. Das geht besser mit SimpleStringProperty-Instanzen als mit normalen Strings.

Die Klasse SimpleStringProperty gehört zu JavaFX und muss aus dem Paket javafx.beans.property eingebunden werden. Die Handhabung ist recht simpel: Dem Konstruktor wird einfach die Zeichenkette übergeben, die eine SimpleStringProperty darstellen soll. Die Zeichenkette wird daraufhin in der neuen SimpleStringProperty-Instanz abgespeichert und kann später unkompliziert in einer Tabelle angezeigt werden.

Entwurf der Oberfläche

Die neu zu erstellende Oberfläche soll im Wesentlichen aus zwei Teilen bestehen:

✓ Über ein Formular, das in der Oberfläche angezeigt wird, soll es möglich sein, ein neues Ergebnis einzugeben.

✓ In einer Liste sollen alle bisher eingegebenen Ergebnisse zu sehen sein.

Nach jedem Hinzufügen eines neuen Ergebnisses soll die Liste erweitert werden.

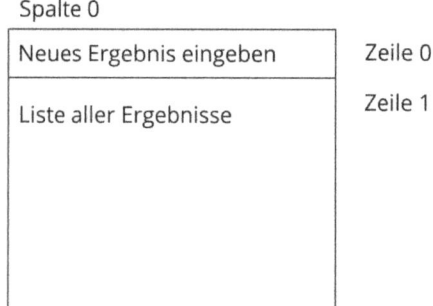

Abbildung 15.3: Entwurf der Benutzeroberfläche

Abbildung 15.3 zeigt den ersten grafischen Entwurf der geplanten Benutzeroberfläche. Die Elemente sollen in einem Tabellenlayout mit einer Spalte und zwei Zeilen angeordnet werden. Die erste Zeile soll in etwa die Höhe einer normalen Textzeile haben. Die zweite Zeile soll die gesamte verbleibende Höhe der Benutzeroberfläche einnehmen. Im Entwurf sind die Spalten und Zeilen, wie es in der Informatik schöner Brauch ist, beginnend mit 0 nummeriert.

Insgesamt besteht die Oberfläche damit aus zwei Zellen:

✓ Die obere Zelle (Zeile 0) soll später einige GUI-Elemente beherbergen, mit denen ein neues Ergebnis angegeben werden kann.

✓ Die untere Zelle (Zeile 1) soll eine Liste aller bisher eingegebenen Ergebnisse zeigen.

Den Entwurf mit JavaFX umsetzen

Im nächsten Schritt soll es darum gehen, den Entwurf mit JavaFX-Befehlen in die Tat umzusetzen. Fürs Erste wird also lediglich die Oberfläche selbst erstellt – die Verknüpfung mit der Funktionalität soll erst später erfolgen.

Design und Funktionalität

Eine Benutzeroberfläche besteht aus einem Oberflächendesign und optional aus damit verknüpfter Funktionalität.

✔ Das Oberflächendesign legt fest, welche Elemente in der Benutzeroberfläche angezeigt und wie sie angeordnet werden, also zum Beispiel nebeneinander, übereinander oder wild verstreut über das ganze Fenster.

Gängige Elemente, aus denen Designs zusammengesetzt werden, sind zum Beispiel Textfelder, Eingabefelder und Buttons.

Nachdem das Oberflächendesign erstellt ist, kann das Programm schon gestartet werden. Allerdings ist noch keinerlei Funktionalität verknüpft – das heißt, wenn Sie Texte in die Eingabefelder eintragen oder auf Buttons klicken, passiert überhaupt nichts.

✔ Im zweiten Schritt können Sie festlegen, welche Elemente der Oberfläche mit welcher Funktionalität verknüpft werden.

Das bezieht sich oft auf Buttons – sobald auf einen geklickt wird, soll meist irgendeine Aktion ausgeführt werden. Sie können beliebigen Code angeben, der nach einer bestimmten Benutzerinteraktion ausgeführt werden soll.

Im einleitenden JavaFX-Beispiel haben Sie gesehen, dass Sie die Methode start() dazu nutzen können, um eine Oberfläche innerhalb eines GUI-Programms nach den eigenen Vorstellungen zu realisieren. Der Entwurf aus Abbildung 15.3 wird jetzt in mehreren Schritten innerhalb der Methode start() umgesetzt.

Das Grundlayout

Im Entwurf wird ein tabellenartiges Layout verwendet, bei dem die einzelnen Elemente der Benutzeroberfläche wie in einer Tabelle angeordnet werden können. In JavaFX gibt es hierfür die Klasse GridPane, mit dieser kann ein tabellenförmiges Layout vorgegeben werden. Als Erstes sollte also eine Instanz von GridPane erstellt werden, in die dann nach und nach die weiteren Elemente eingefügt werden.

```
GridPane grid = new GridPane();
```

Als Nächstes gilt es, die Spalten und Zeilen des Layouts gemäß dem gewünschten Entwurf der Benutzeroberfläche zu formatieren.

✔ Das Layout sieht nur eine einzelne Spalte vor, diese braucht nicht weiter formatiert zu werden.

✔ Das Layout soll zwei Zeilen besitzen. Die erste Zeile soll etwa 30 Pixel hoch sein, die zweite den restlichen verfügbaren Platz voll ausfüllen.

Eine Zeile kann mithilfe der Klasse `RowConstraints` formatiert werden.

- Um eine Reihe mit einer genauen Höhe in Pixeln zu formatieren, übergeben Sie dem Konstruktor von `RowConstraints` diesen Wert.

- Alternativ können Sie die Methode `setPercentHeight()` verwenden, um anzugeben, welchen prozentualen Anteil an der restlichen verbleibenden Höhe die Zeile einnehmen soll.

```
RowConstraints row1 = new RowConstraints(30);
RowConstraints row2 = new RowConstraints();
row2.setPercentHeight(100);
```

Abschließend müssen die Zeilenformatierungen noch der `GridPane`-Instanz zugeordnet werden:

Mit der Methode `getRowConstraints()` erhalten Sie eine Liste der vorhandenen Zeilenformatierungen, der Sie mit `addAll()` weitere hinzufügen können.

```
grid.getRowConstraints().addAll(row1, row2);
```

Das Eingabeformular

In der oberen Zelle des Grundlayouts soll ein Eingabeformular erscheinen, über das ein neues Ergebnis eingegeben werden kann. Dieses Formular soll selbst wieder aus mehreren Elementen zusammengesetzt sein.

Daher wird für dieses Formular ein eigener Layout-Container verwendet, innerhalb dessen die Elemente des Formulars eingebettet werden. Die Elemente des Formulars sollen einfach von links nach rechts nebeneinander angeordnet werden. Hierfür kann die Klasse `HBox` als Layout-Container verwendet werden. Das H steht für horizontal, da die Elemente eben in einer horizontalen Reihe angeordnet werden.

```
HBox inputRow = new HBox();
```

Das Eingabeformular soll aus den folgenden Elementen bestehen:

- ✔ einer Beschriftung »Begegnung«,
- ✔ zwei Texteingabefeldern (zur Eingabe der Namen der beiden Teams),
- ✔ einer Beschriftung »Ergebnis«,
- ✔ zwei weiteren Texteingabefeldern (zur Eingabe der erzielten Tore) sowie
- ✔ einem Button, mit dem die Eingabe abgeschlossen und die Verarbeitung angestoßen werden kann.

Beschriftungen werden in JavaFX mit der Klasse `Label` realisiert, Texteingabefelder mit der Klasse `TextField`. Um Buttons zu erstellen, kann die Klasse `Button` verwendet werden. Mit der Methode `setPrefWidth()` können Sie allen Elementen eine bevorzugte Breite in Pixeln zuweisen. Bei Beschriftungen ist das nicht unbedingt nötig, da durch den Text selbst schon eine Breite vorgegeben ist. Bei Eingabefeldern macht es dagegen Sinn, die Breite anzugeben, da diese im »Auslieferungszustand« noch leer sind.

```
Label beschriftungBegegnung = new Label("Begegnung");
TextField team1Field = new TextField();
team1Field.setPrefWidth(150);
TextField team2Field = new TextField();
team2Field.setPrefWidth(150);

Label beschriftungErgebnis = new Label("Ergebnis");
TextField team1ScoreField = new TextField();
team1ScoreField.setPrefWidth(30);
TextField team2ScoreField = new TextField();
team2ScoreField.setPrefWidth(30);

Button hinzufuegenButton = new Button("Begegnung hinzufügen");
```

Als Nächstes müssen diese Elemente dem HBox-Layout-Container zugewiesen werden. Man nennt die Elemente auch die *Kinder-Elemente* des Containers.

✔ Mit der Methode getChildren() erhalten Sie eine Liste aller Kinder-Elemente.

✔ Danach können Sie mit der Methode add() entweder ein einzelnes Element hinzufügen oder mit der Methode addAll() mehrere.

```
inputRow.getChildren().addAll(beschriftungBegegnung,
  team1Field, team2Field, beschriftungErgebnis,
  team1ScoreField, team2ScoreField, hinzufuegenButton);
```

Die Elemente werden nun der Reihe nach von links nach rechts angeordnet. Standardmäßig wird zwischen ihnen kein Platz freigelassen.

Damit die Elemente nicht unschön direkt aufeinanderhängen, kann nun noch ein sogenannter *Margin* gesetzt werden. Jedes Element hat vier Margin-Werte, die einen freizulassenden Rand über, unter, rechts und links des Elements angeben. Um bei jedem Element an allen vier Seiten einen Rand von 10 Pixeln freizulassen, kann der folgende Code verwendet werden:

```
for (Node n : inputRow.getChildren())
{
  HBox.setMargin(n, new Insets(10));
}
```

✔ In der Schleife werden alle Kinder-Elemente des HBox-Layouts durchlaufen.

Es kann sich bei den Kinder-Elementen durchaus um verschiedene Arten von GUI-Elementen handeln. Im aktuellen Fall kommen die Elemente Label, TextField und Button zum Einsatz.

Die Klasse Node ist eine gemeinsame Oberklasse aller existierenden GUI-Elemente. In der Schleife wird deshalb eine Node-Variable verwendet, um nacheinander alle Kinder-Elemente des HBox-Layouts zu speichern.

✔ Über die statische Methode `setMargin()` der Klasse `HBox` wird dann ein Margin für jedes Element gesetzt.

Margins werden mithilfe der Klasse `Insets` angegeben, diese verwaltet die vier Margin-Werte für die Ränder oben, unten, rechts und links des Elements. Erhält der Konstruktor wie im Beispiel nur einen Wert, wird dieser für alle vier Ränder verwendet.

Abschließend müssen Sie nun noch den Layout-Container mit diesem Formular in das Hauptlayout, das ja über eine `GridPane`-Instanz realisiert wird, einbetten.

✔ Dazu kann die Methode `add()` verwendet werden.

✔ Dieser wird das einzufügende Element übergeben.

✔ Mit den weiteren Parametern werden die Spalten- und die Zeilennummer angegeben, wo das Element innerhalb des Tabellenlayouts eingefügt wird.

Da das Formular in die obere Zelle gesetzt werden soll und nur eine Spalte existiert, muss also Spalte 0, Zeile 0 verwendet werden – da das Zählen wie üblich mit null beginnt.

```
grid.add(inputRow, 0, 0);
```

Die Liste der Ergebnisse

Der aufwendigste Teil ist das Hinzufügen der Liste, in der später die Ergebnisse angezeigt werden sollen. Diese Liste soll in der unteren Zelle des Gesamtlayouts angezeigt werden.

Um eine Tabelle oder Liste mit veränderlichen Daten anzuzeigen, werden nun zwei Java-Elemente benötigt:

✔ Zum einen wird ein GUI-Element benötigt, das innerhalb der Benutzeroberfläche platziert wird und dort die anzuzeigenden Daten darstellt.

✔ Zum anderen wird eine Datenstruktur benötigt, die die anzuzeigenden Daten innerhalb des Java-Programms speichert.

Das GUI-Element und die interne Datenstruktur werden dann miteinander verknüpft. Nun kann man innerhalb des Programms Daten zu der Datenstruktur hinzufügen, entfernen oder ändern – und durch die Verknüpfung werden die geänderten Daten sofort im GUI-Element aktualisiert.

Beginnen werde ich mit der internen Datenstruktur, in der die anzuzeigenden Daten abgelegt werden können. JavaFX bringt hierfür bereits geeignete Datenstrukturen mit.

✔ Um die Daten zu speichern, die in der Benutzeroberfläche angezeigt werden sollen, ist die Klasse `ObservableList` geeignet.

Diese generische Klasse unterscheidet sich im Prinzip nicht besonders von der `ArrayList` aus der Java-Klassenbibliothek. Die `ObservableList` ist lediglich darauf zugeschnitten, als Grundlage für eine Listdarstellung in einer Benutzeroberfläche zu dienen.

Wann immer Sie Daten in einer Liste oder einer Tabelle mit JavaFX darstellen wollen, benötigen Sie also eine `ObservableList`, um die anzuzeigenden Daten darin abzulegen.

✔ In der Liste in der Benutzeroberfläche soll später eine Reihe von Ergebnissen dargestellt werden.

Ergebnisse werden durch Instanzen der Klasse `Ergebnis`, die zuvor im Abschnitt »Die Klasse »Ergebnis«« (Listing 15.3 weiter vorn) gezeigt wurde, dargestellt.

✔ Es wird deshalb eine `ObservableList` benötigt, die `Ergebnis`-Instanzen speichern kann.

Dazu wird ein neues Attribut in der GUI-Klasse `Main` angelegt. In diesem wird die Liste gespeichert. Weil die Liste als Attribut angelegt wird, besteht aus der kompletten Klasse `Main` Zugriff darauf.

✔ Eine neue Instanz dieser speziellen Art einer Liste kann nicht mit einem normalen Konstruktoraufruf erzeugt werden.

Stattdessen stellt JavaFX eine Hilfsklasse `FXCollections` zur Verfügung. Diese bietet einige Methoden an, mit deren Hilfe verschiedene Operationen im Zusammenhang mit `ObservableList` durchgeführt werden können.

Unter anderem besitzt diese Klasse auch die statische Methode `observableArrayList()`. Damit wird eine neue Instanz einer `ObservableList` erstellt, die zunächst noch keine Elemente enthält.

Was ich nun ausufernd mit vielen Worten beschrieben habe, lässt sich zum Glück sehr einfach mit einer einfachen Codezeile umsetzen:

```
private ObservableList<Ergebnis> ergebnisData =
  FXCollections.observableArrayList();
```

Es existiert also jetzt eine (noch leere) Liste, die später die anzuzeigenden Elemente beinhalten wird. Nun wird noch ein GUI-Element benötigt, das diese Elemente auch tatsächlich in der Benutzeroberfläche anzeigt.

Dafür gibt es in JavaFX die generische Klasse `TableView`. Diese erstellt ein GUI-Element, das Listen oder Tabellen innerhalb einer grafischen Benutzeroberfläche anzeigt. Eine `TableView`-Instanz ist also ein direkt sichtbares Element in einer Benutzeroberfläche, wie das auch für die Klassen `Label`, `TextField` und `Button` gilt, die ich zuvor schon gezeigt habe.

✔ Ebenso wie bei den anderen GUI-Elementen wird in der Methode `start()` eine neue Instanz der Klasse `TableView` erstellt.

Als Typvariable wird der Typ `Ergebnis` verwendet – weil später in der `TableView` Ergebnisse, also Instanzen der Klasse `Ergebnis`, angezeigt werden sollen.

✔ Zudem wird beim Konstruktoraufruf von `TableView` die zuvor erstellte Instanz von `ObservableList` als Parameter übergeben.

Auf diese Weise werden die beiden Elemente miteinander verknüpft: Die `Observable List` enthält die Elemente, die in der `TableView` angezeigt werden sollen.

```
TableView<Ergebnis> ergebnisTable = new TableView<>(ergebnisData);
```

✔ Die `TableView` wurde nun erstellt, jetzt muss sie noch in das Layout der Benutzeroberfläche eingefügt werden.

Dazu kann wieder die Methode `add()` der `GridPane` verwendet werden. Die `TableView` soll in die untere Zelle des Tabellenlayouts eingefügt werden, das heißt in Spalte 0, Zeile 1.

✔ Außerdem soll wieder ein Margin gesetzt werden, damit die Tabelle ein wenig Abstand zum Formular in der oberen Zelle hält.

Das gelingt mit der statischen Methode `setMargin()` der Klasse `GridPane`.

Eine Instanz von `Insets` gibt an, wie groß die Abstände oben, rechts, unten und links von der Tabelle sein sollen. In dieser Reihenfolge (also im Uhrzeigersinn) werden die Werte dem Konstruktor von `Insets` übergeben.

Oberhalb der Tabelle sollen 10 Pixel Abstand gehalten werden, alle anderen Abstände werden auf 0 gesetzt.

```
grid.add(ergebnisTable, 0, 1);
GridPane.setMargin(ergebnisTable, new Insets(10, 0, 0, 0));
```

Die TableView für die Anzeige der Daten vorbereiten

Bisher wurde eine `TableView` angelegt und in die grafische Benutzeroberfläche eingebettet. Auch eine Liste, die die anzuzeigenden Daten abspeichert, ist jetzt vorhanden.

Diese Liste wird später irgendwelche Instanzen der Klasse `Ergebnis` enthalten. Die `TableView` soll also Instanzen der Klasse `Ergebnis` anzeigen. Doch wie soll das überhaupt gehen? Wie soll eine Klasseninstanz in einer `TableView` dargestellt werden?

✔ Eine `TableView` realisiert eine Tabelle bestehend aus Zeilen und Spalten.

✔ Jede Zeile stellt eine Instanz der zugrunde liegenden Klasse (also der Klasse `Ergebnis`) dar.

✔ In den Spalten der Tabelle können beliebige Eigenschaften der Instanzen angezeigt werden.

✔ Für die Ergebnisanzeige könnten Sie beispielsweise drei Spalten vorsehen – für den Namen des ersten Teams, für den Namen des zweiten Teams und für das Endergebnis.

Der Programmierer muss also für jede `TableView` angeben, *welche* Spalten es geben soll und *woher* die Daten für die Spalten genommen werden sollen.

- ✔ Um eine Spalte innerhalb einer `TableView` anzulegen und zu formatieren, kann die generische Klasse `TableColumn` verwendet werden.

- ✔ Als Typvariable erhält diese zum einen den Typ der Klasse, deren Instanzen in der Tabelle dargestellt werden sollen, zum anderen den Typ der Daten, die in der Spalte angezeigt werden sollen.

  Im konkreten Fall bedeutet dies, dass für alle drei Spalten die Typvariablen `Ergebnis` und `String` verwendet werden:

  - Die Tabelle stellt Instanzen der Klasse `Ergebnis` dar.
  - Die drei Spalten sollen die beiden Teamnamen (als `String`) sowie das Endergebnis (ebenfalls als `String`) anzeigen.

- ✔ Als Parameter für den Konstruktoraufruf für die Klasse `TableColumn` wird die Bezeichnung, die im Spaltenkopf der Tabelle angezeigt werden soll, verwendet.

  Das wäre zum Beispiel die Zeichenkette `Heim` für die Spalte, die die Heimmannschaften enthält, oder die Zeichenkette `Ergebnis` für die Spalte, die das Ergebnis einer Begegnung anzeigen soll.

```
TableColumn<Ergebnis, String> team1NameSpalte =
  new TableColumn<>("Heim");
```

Über die Instanz von `TableColumn` kann die anzuzeigende Spalte weiter konfiguriert werden. Mit der Methode `setPrefWidth()` kann die gewünschte Breite der Spalte in Pixeln angegeben werden.

```
team1NameSpalte.setPrefWidth(220);
```

Besondere Bedeutung kommt der Methode `setCellValueFactory()` zu. Damit kann festgelegt werden, woher die Daten, die in der Spalte angezeigt werden, genommen werden sollen.

- ✔ Der Methode `setCellValueFactory()` können Sie eine anonyme Funktion übergeben.

- ✔ Diese anonyme Funktion erhält einen Parameter, nämlich ein von JavaFX bereitgestelltes Objekt, das Informationen über die aktuelle Tabellenzelle enthält.

- ✔ Das klingt eventuell etwas kompliziert, ist aber relativ einfach zu handhaben:

  Indem Sie auf diesem Objekt die Methode `getValue()` aufrufen, erhalten Sie die Instanz der Klasse `Ergebnis`, die in der aktuellen Tabellenzeile angezeigt werden soll.

- ✔ Nun können Sie auf dem Ergebnis-Objekt die Methode aufrufen, die die Daten liefert, die in der aktuellen Spalte angezeigt werden sollen.

  Für die erste Spalte der Tabelle ist das zum Beispiel die Methode `getTeam1Name()`, da diese den Namen des Heimteams liefert.

```
team1NameSpalte.setCellValueFactory(
  cell -> cell.getValue().getTeam1Name());
```

- ✔ Jedes Mal, wenn JavaFX in irgendeiner Zeile der Tabelle deren erste Spalte darstellen soll, wird die gerade festgelegte anonyme Funktion ausgeführt, um herauszufinden, welcher Text angezeigt werden soll.

- ✔ Der Aufruf von getValue() liefert dabei wie zuvor erklärt jedes Mal die Ergebnis-Instanz der aktuellen Tabellenzeile.

- ✔ Mit der Methode getTeam1Name() wird schließlich der Teamname bestimmt und an JavaFX zurückgegeben.

JavaFX zeigt den gelieferten Wert danach in der entsprechenden Tabellenzelle an.

Ist eine Spalte in Form einer TableColumn-Instanz fertig konfiguriert, muss sie dem TableView-Objekt zugeordnet werden.

- ✔ Dazu wird auf dem TableView-Objekt die Methode getColumns() abgerufen, um eine Liste aller bisher festgelegten Spalten zu erhalten.

- ✔ Diese Liste kann daraufhin über die Methode add() um die neue Spalte erweitert werden.

```
ergebnisTable.getColumns().add(team1NameSpalte);
```

Listing 15.4 zeigt den gesamten Code, der benötigt wird, um alle drei Spalten der Tabelle zu konfigurieren.

```
TableColumn<Ergebnis, String> team1NameSpalte =
  new TableColumn<>("Heim");
team1NameSpalte.setPrefWidth(220);
team1NameSpalte.setCellValueFactory(
  cell -> cell.getValue().getTeam1Name());

TableColumn<Ergebnis, String> team2NameSpalte =
  new TableColumn<>("Gast");
team2NameSpalte.setPrefWidth(220);
team2NameSpalte.setCellValueFactory(
  cell -> cell.getValue().getTeam2Name());

TableColumn<Ergebnis, String> ergebnisSpalte =
  new TableColumn<>("Ergebnis");
ergebnisSpalte.setCellValueFactory(
  cell -> cell.getValue().getErgebnis());
ergebnisSpalte.setPrefWidth(100);

ergebnisTable.getColumns().add(team1NameSpalte);
ergebnisTable.getColumns().add(team2NameSpalte);
ergebnisTable.getColumns().add(ergebnisSpalte);
```

Listing 15.4: Spalten der Tabelle konfigurieren

Szene und Bühne zusammensetzen

Die Benutzeroberfläche ist jetzt fast fertig. Nun müssen Szene und Bühne nur noch zusammengesetzt werden. Zur Erinnerung: Eine Szene repräsentiert eine Benutzeroberfläche (also eine Anordnung von verschiedenen GUI-Elementen), eine Bühne ein Fenster.

1. Zunächst wird eine Instanz der Klasse Scene erstellt.

   Dem Konstruktor der Klasse Scene wird die GridPane-Instanz übergeben, die ganz zu Beginn erstellt wurde und in die nach und nach alle Elemente der Oberfläche eingefügt wurden.

   Die Szene soll also alle zuvor erstellten GUI-Elemente in der gewünschten Anordnung enthalten.

   Danach wird die Bühne konfiguriert. Die Hauptbühne des Programms (also das Hauptfenster) wurde der Methode start() als Parameter übergeben.

2. Mit der Methode setTitle() kann ein Text gesetzt werden, der in der Titelzeile des Fensters angezeigt werden soll.

3. Mit der Methode setScene() kann die Szene festgelegt werden, die das Fenster anzeigen soll.

   Als Argument wird deshalb das Scene-Objekt verwendet, das in Schritt 1 erstellt wurde.

4. Über einen Aufruf der Methode setMaximized() kann festgelegt werden, dass das Fenster maximiert dargestellt werden soll.

   Ein maximiertes Fenster füllt den gesamten Computerbildschirm. Bei Windows-Programmen erscheinen in der Regel in der Titelzeile eines Fensters oben rechts drei Symbole – mit dem mittleren lässt sich zwischen maximierter und nicht maximierter Ansicht hin- und herwechseln.

5. Abschließend wird das Fenster durch einen Aufruf der Methode show() eingeblendet, und das Programm geht in den Wartemodus über, in dem es auf Interaktionen des Benutzers wartet.

```
Scene scene = new Scene(grid);
primaryStage.setTitle("Meine Ergebnisse");
primaryStage.setScene(scene);
primaryStage.setMaximized(true);
primaryStage.show();
```

Das Programm ist jetzt fürs Erste komplett. Wenn Sie alles mitgetippt haben, können Sie das Programm jetzt in Eclipse bereits starten (Ausführen und dann noch einmal Ausführen). Wenn nicht – auch nicht schlimm. Ich kann Ihnen auch aufschreiben, was passiert: Die Benutzeroberfläche wird wie gewünscht dargestellt, jedoch ist noch keinerlei Funktionalität verknüpft.

Werden Daten in das Formular eingetragen und mit dem Button abgesendet, geschieht – nichts. Das ist aber auch klar. Bisher wurde nur die reine Oberfläche, also nur die Grafik, erstellt. Diese muss im nächsten Schritt noch mit der gewünschten Funktionalität verknüpft werden, damit die Oberfläche sinnvoll verwendet werden kann. Die gute Nachricht ist jedoch: Nach dieser gründlichen Vorarbeit ist das jetzt fast ein Kinderspiel.

Die Benutzeroberfläche zum Leben erwecken

Die gewünschte Funktionalität der Benutzeroberfläche ist wie folgt:

- Der Benutzer kann die teilnehmenden Teams eines Spiels angeben sowie die jeweils erzielten Tore.

- Nach einem Klick auf den Button soll das neu eingegebene Ergebnis in die Ergebnisliste übernommen werden.

Das lässt sich relativ einfach umsetzen. Es muss lediglich der Button mit der beschriebenen Funktionalität verknüpft werden.

Die Klasse Button besitzt eine Methode setOnAction(), mit der angegeben werden kann, welche Operationen nach einem Klick ausgelöst werden sollen. Hierzu kommt abermals eine anonyme Funktion zum Einsatz (siehe Listing 15.5), die anschließend jedes Mal ausgeführt wird, wenn der Button angeklickt wird.

```
hinzufuegenButton.setOnAction(e ->
{
  String team1 = team1Field.getText();
  String team2 = team2Field.getText();

  try
  {
    int tore1 = Integer.parseInt(team1ScoreField.getText());
    int tore2 = Integer.parseInt(team2ScoreField.getText());

    Ergebnis erg = new Ergebnis(team1, team2, tore1, tore2);

    ergebnisData.add(erg);

    team1Field.setText("");
    team2Field.setText("");
    team1ScoreField.setText("");
    team2ScoreField.setText("");
  } catch (NumberFormatException nfe) {}

});
```

Listing 15.5: Funktionalität mit einer GUI verknüpfen

Die Schritte im Einzelnen:

✔ Die anonyme Funktion erhält einen Parameter e.

  Dieser enthält weitere Informationen zu der vom Benutzer ausgeführten Interaktion. Das wird im vorliegenden Fall aber gar nicht benötigt: Es genügt, zu wissen, dass der Benutzer auf den Button geklickt hat und ein neues Ergebnis in die Liste eingefügt werden soll.

✔ Zunächst wird der vom Benutzer eingegebene Text aus den vier Textboxen mit den Namen der Teams und den erzielten Toren ausgelesen.

✔ Zu beachten ist, dass der Inhalt der Eingabeboxen immer als String-Objekt geliefert wird. Da die Anzahl der Tore aber jeweils als int-Wert benötigt wird, müssen die Zeichenketten in int-Werte konvertiert werden.

✔ Das gelingt mit der statischen Methode parseInt() der Wrapper-Klasse Integer.

  Zur Erinnerung: Die Wrapper-Klasse Integer wird hauptsächlich dazu gebraucht, den Datentyp int als Typvariable bei generischen Klassen verwenden zu können. Darüber hinaus besitzt die Klasse aber noch nützliche zusätzliche Methoden, wie eben die Methode parseInt(). Diese versucht, eine Zeichenkette in einen int-Wert umzuwandeln.

✔ Der ganze Vorgang sollte in ein *try-catch*-Konstrukt eingebettet werden.

  Konnte eine Zeichenkette nicht in einen int-Wert konvertiert werden (weil die Zeichenkette einfach keine Zahl enthält, sondern sonstigen Text), wird nämlich eine NumberFormatException ausgelöst. Diese sollte abgefangen werden, um einen Absturz des Programms zu vermeiden.

✔ Im nächsten Schritt wird mithilfe der ausgelesenen Daten ein neues Ergebnis-Objekt erzeugt.

✔ Dieses kann nun in der Liste der Ergebnisse angezeigt werden, indem es mit der Methode add() der ObservableList hinzugefügt wird, die als Basis für die Ergebnis-TableView dient.

  Damit wird das Ergebnis auch direkt angezeigt.

✔ Abschließend werden noch die Textfelder geleert, da die Eingabe nun vollständig verarbeitet wurde.

Damit sind nun alle Teile verknüpft und das Programm ist vollständig. Sie können es jetzt starten und eigene Ergebnisse eingeben. Die Liste der Ergebnisse wird nach jeder Eingabe eines neuen Ergebnisses aktualisiert (siehe Abbildung 15.4).

Den gesamten Quelltext des Programms können Sie von der Webseite zum Buch unter https://www.wiley-vch.de/ISBN9783527718511 herunterladen.

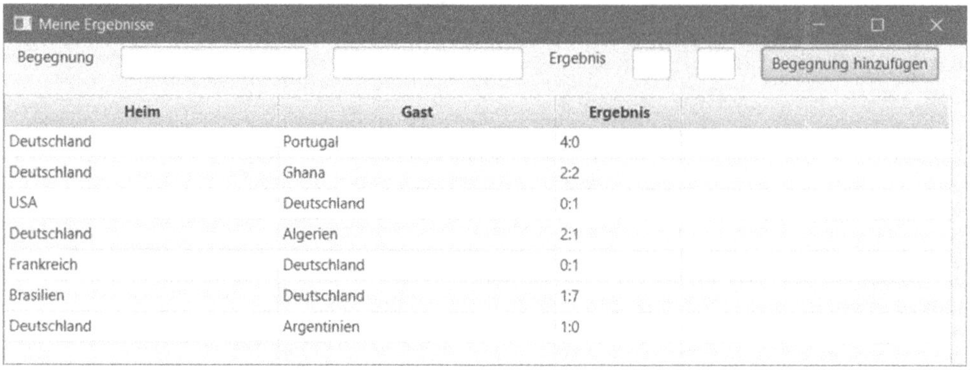

Abbildung 15.4: Die komplette Benutzeroberfläche

Übrigens: Die Benutzeroberfläche könnten Sie jetzt noch derart erweitern, dass direkt auch eine Tabelle aus den Ergebnissen gebildet wird. Dafür könnten die Klassen, die Sie in der Übung zum letzten Kapitel erstellt haben, als Hilfsmittel verwendet werden. Doch vielleicht wäre das für den Anfang ein bisschen viel ...

Für den Fall jedoch, dass Sie sich nach dieser Einführung fit fühlen für Weiteres, stelle ich Ihnen den Quellcode für das erweiterte JavaFX-Programm ebenfalls auf der Webseite zum Buch unter https://www.wiley-vch.de/ISBN9783527718511 zum Download bereit.

Weitere Möglichkeiten zur Erstellung von GUIs

Der gesamte Code für das Programm ist schon recht umfangreich, obwohl es sich um eine eher karge Benutzeroberfläche handelt. Sicher können Sie sich vorstellen, dass der gesamte Code bei ausgefeilteren Benutzeroberflächen recht unübersichtlich werden kann.

Die gute Nachricht ist: In JavaFX können Sie Benutzeroberflächen auch ganz ohne Programmcode erstellen. Zu diesem Zweck gibt es die Sprache *FXML*, mit der Benutzeroberflächen in einer HTML-ähnlichen Syntax erstellt werden können, also ähnlich wie eine Webseite. In Teil III des Buchs werden Sie die Grundlagen von HTML kennenlernen. Das ist eine gute Vorbereitung für das Erstellen eigener Benutzeroberflächen mit FXML.

Aber es ist noch nicht mal zwingend nötig, dass Sie Benutzeroberflächen über irgendwelchen Code zusammenbauen. Sie können GUIs auch mithilfe von grafischen Werkzeugen erstellen. Damit lassen sich die Oberflächen ein bisschen wie in Malprogrammen zusammenklicken. Dabei kommt oft die *Drag-and-drop*-Technik zum Einsatz: Sie wählen ein Element aus, das in der Benutzeroberfläche angezeigt werden soll, und ziehen es mit der Maus an die gewünschte Stelle.

Das am weitesten verbreitete Werkzeug zum grafischen Erstellen von Benutzeroberflächen ist der *Scene Builder*. Laden Sie sich diesen auch einmal herunter (http://gluonhq.com/products/scene-builder/) und spielen Sie ein bisschen damit herum.

Eine ausführbare Datei erstellen

Bisher haben Sie alle Programme direkt aus Eclipse gestartet. In der Regel wollen Sie aber irgendwann das Programm in einer ausführbaren Datei haben, die Sie auch an andere weitergeben können. Unter Windows werden zum Beispiel meist sogenannte exe-Dateien erstellt. Solche Programme können Sie durch einen Doppelklick auf die Datei starten.

Java-Programme können Sie in ein sogenanntes *JAR-Archiv* verpacken. Java-Programme werden also nicht als exe-Programme zusammengesetzt. Denn Java-Programme werden nicht direkt in Maschinencode übersetzt, sondern in den Bytecode, der von einem Interpreter ausgeführt werden kann. Ein JAR-Archiv ist also die Eingabe für einen Interpreter.

Ist Java auf einem Rechner installiert, genügt es in der Regel, auf einem JAR-Archiv einen Doppelklick auszuführen. Dadurch wird der Interpreter aufgerufen und das Programm ausgeführt. Aus Nutzersicht ist es also egal, ob das Programm als exe-Datei oder als JAR-Archiv vorliegt – ein Doppelklick führt jeweils zum Start des Programms.

Um mit Eclipse ein JAR-Archiv zu erstellen, müssen Sie die entsprechende Hauptfunktion mindestens einmal in Eclipse ausgeführt haben. Gehen Sie wie folgt vor:

1. **Öffnen Sie die Klasse mit der Hauptfunktion und wählen Sie im Menü Ausführen|Ausführen.**

   Nachdem das Programm erstellt und ausgeführt wurde, können Sie es direkt beenden.

2. **Gehen Sie wieder ins Menü und wählen Sie dann Datei|Exportieren.**

3. **Im aufploppenden Dialog wählen Sie Java und dann Ausführbare JAR-Datei.**

4. **Klicken Sie auf Weiter.**

   Im nächsten Dialog geht es darum, welche Dateien überhaupt in das JAR-Archiv gepackt werden.

5. **Im Feld Startkonfiguration müssen Sie die Klasse angeben, deren Hauptfunktion mithilfe des zu erstellenden JAR-Archivs ausgeführt werden soll.**

   Wählen Sie zum Beispiel Main – ErgebnisseFX, um das in diesem Kapitel erstellte Programm zu verpacken. Eventuell stehen hinter Main noch Zahlen in Klammern. Das ist nicht schlimm – wichtig ist nur, dass der zweite Teil mit dem Projektnamen (im Beispiel ErgebnisseFX) übereinstimmt.

6. **Im Feld Exportziel geben Sie an, wohin das neue JAR-Archiv gespeichert werden soll.**

Sie können den Button DURCHSUCHEN verwenden, um in das Verzeichnis für das Archiv zu navigieren. Als Dateiendung sollte immer .JAR verwendet werden.

7. Klicken Sie unten auf FERTIGSTELLEN.

8. **Sollten eine oder mehrere Warnmeldungen auftauchen, können Sie diese einfach mit OK bestätigen.**

Das JAR-Archiv wird nun erstellt und an dem von Ihnen angegebenen Ort im Dateisystem abgelegt. Sie können jetzt zum Beispiel mit dem Windows-Explorer dorthin navigieren und das Programm durch einen Doppelklick auf die Datei starten.

Das Wichtigste in Kürze

✔ Ein Fenster wird aus verschiedenen GUI-Elementen zusammengesetzt, die es dem Benutzer erlauben, damit zu interagieren.

✔ Ein GUI-Programm wartet auf Interaktionen vom Benutzer und reagiert darauf, wie vom Programmierer festgelegt.

✔ GUI-Anwendungen mithilfe von JavaFX können durch Ableiten der Klasse `Application` erstellt werden.

Die gewünschte Benutzeroberfläche kann innerhalb der überschriebenen Methode `start()` zusammengebaut werden.

✔ Die Benutzeroberfläche kann mithilfe von verschiedenen Layout-Containern und Bildschirmelementen nach und nach erstellt werden.

✔ Insbesondere von Interesse sind `TableViews`. Damit können Daten in Form von Tabellen mit Zeilen und Spalten dargestellt werden.

✔ Benutzeroberflächen müssen nicht zwingend mit Java-Code erstellt werden, sondern können wahlweise auch über eine HTML-ähnliche Beschreibungssprache erzeugt werden.

Zudem gibt es externe Werkzeuge wie *Scene Builder*, um GUIs mithilfe von grafischen Elementen per Drag-and-drop (Ziehen und Ablegen) zusammenzubauen.

Übungen

1. Erweitern Sie das »Hallo Welt«-Programm aus der ersten Hälfte dieses Kapitels.

   Am oberen Rand des Fensters soll ein einfaches Formular eingeblendet werden, das aus einem Eingabefeld und einem Button besteht.

Der Programmnutzer soll in das Eingabefeld seinen Namen schreiben können. Nach einem Klick auf den Button soll der Nutzer im Zentrum des Fensters mit einer persönlichen Nachricht begrüßt werden (zum Beispiel »Hallo Udo«).

Hinweis: Sie haben gesehen, dass beim `BorderPane`-Layout mithilfe der Methode `setCenter()` ein GUI-Element in der Mitte platziert werden kann. Um ein GUI-Element (oder einen Layout-Container) am oberen Rand zu platzieren, kann analog dazu die Methode `setTop()` verwendet werden.

2. Erweitern Sie das JavaFX-Programm, das eine Liste von Ergebnissen anzeigt.

   Es soll nun nicht mehr nur das Endergebnis in der Liste angezeigt werden, sondern auch jeweils das Halbzeitergebnis.

   Dazu müssen Sie zunächst die Klasse `Ergebnis` erweitern, damit diese zusätzlich auch ein Halbzeitergebnis speichert.

   Danach müssen Sie das Eingabeformular in der Benutzeroberfläche anpassen, damit der Programmnutzer zusätzlich zum Endergebnis auch noch ein Halbzeitergebnis angeben kann.

   Schließlich müssen Sie der `TableView`-Darstellung eine Spalte hinzufügen, die die zusätzlichen Daten anzeigt.

Teil III
Programmierung für das Web mit PHP

IN DIESEM TEIL ...

✔ Einfache HTML-Dokumente erstellen

✔ Erste Schritte in der PHP-Programmierung

✔ Datenbanken einsetzen

✔ Dynamische Webseiten erstellen

> **IN DIESEM KAPITEL**
>
> Wie ist eine Webseite aufgebaut?
>
> Was versteht man unter einer dynamischen Webseite?

Kapitel 16
Einführung in HTML

In diesem Teil des Buchs sollen Sie lernen, wie Sie dynamische Webseiten erstellen. Doch bevor es so weit ist, müssen Sie zunächst einmal wissen, was eine Webseite überhaupt ist. Daher werden in diesem Kapitel die Grundlagen in HTML gelegt. Das ist die Sprache, mit der Webseiten in der Regel erstellt werden.

Funktionsweise des World Wide Web

Seit Mitte der 1990er-Jahre ist das Internet Schritt für Schritt ein integraler Bestandteil des täglichen Lebens geworden. Durch die große Verbreitung von Smartphones, seit Steve Jobs das erste iPhone vorgestellt hat, wurde diese Entwicklung nochmals beschleunigt. Die Menschen benutzen das Internet jetzt nicht mehr nur, wenn sie an einem Computer sitzen, sondern überall und jederzeit.

Insgesamt ist das Internet ein sehr komplexes System. Es besteht aus einer Vielzahl von Rechnern, die miteinander verbunden sind und deshalb miteinander kommunizieren können. Nicht jeder Rechner im Internet ist mit jedem anderen direkt verbunden. Um mit einem anderen Rechner im Internet kommunizieren zu können, muss eine Nachricht in der Regel über viele Zwischenstationen weitergeleitet werden. Allein dies zu bewältigen, ist bereits eine architektonische Meisterleistung der Konstrukteure des Internets.

Über das Internet können beliebige Daten ausgetauscht werden. Es können also verschiedene Programme entwickelt werden, die unterschiedlichste Anwendungen für Nutzer bereitstellen, die von der Kommunikation mit entfernten Rechnern Gebrauch machen. So sind zum Beispiel Videotelefonie, E-Mail-Versand und die Fernsteuerung des Todessterns über das Internet möglich.

Eine weitere dieser Anwendungen ist das *World Wide Web* (WWW), der vermutlich bekannteste Teil des Internets.

Das WWW wird realisiert über zwei Typen von Software: dem Webbrowser und den sogenannten *Server*-Anwendungen. Der Webbrowser muss auf dem Gerät des Internetnutzers vorhanden sein. Bekannte Beispiele für Browser sind Microsofts Internet Explorer, Microsoft Edge, Google Chrome, Safari von Apple oder der Firefox von Mozilla.

✓ Wenn der Internetnutzer eine Webadresse in seinen Browser eingetippt hat, prüft der Browser zunächst, auf welchem entfernten Rechner im Internet sich das angeforderte Dokument befindet.

Der entfernte Rechner, auf dem das gesuchte Dokument gespeichert ist, wird *Webserver* genannt.

✓ Danach stellt der Browser auf dem Rechner des Internetnutzers eine Verbindung mit dem Webserver her.

✓ Die Serversoftware sendet das angeforderte Dokument dann an den Webbrowser.

✓ Der Browser zeigt das Dokument schließlich auf dem Gerät des Nutzers an.

HTML als Dateiformat

Die im WWW zur Verfügung stehenden Dokumente sind meist sogenannte *HTML*-Dokumente. HTML steht für *Hypertext Markup Language*, zu Deutsch etwa Hypertext-Auszeichnungssprache. HTML ist damit auch ein Dateiformat, ähnlich wie DOC für Word- oder XLS für Excel-Dokumente.

Ein HTML-Dokument lässt sich grundsätzlich ähnlich erstellen wie ein Word-Dokument. Es gibt Editoren, mit denen Sie HTML-Dokumente bequem anlegen und formatieren können.

Der Vorteil von HTML-Dokumenten gegenüber Word-Dokumenten ist, dass sich Dokumente mit HTML besser strukturieren lassen. Wenn Sie ein Word-Dokument erstellen, enthält dies meist einen einzelnen Text, der von oben nach unten gelesen werden soll. Webseiten dagegen bestehen oft aus verschiedenen Komponenten, zum Beispiel einem Menü zur Navigation, einer Seitenleiste zum Anzeigen von verwandten Dokumenten und dem eigentlichen Kerninhalt der Webseite.

HTML ist eine Spezialform der Sprache *XML* (Extensible Markup Language): Während XML zur Strukturierung beliebiger Daten verwendet werden kann, ist HTML optimiert für die Strukturierung von Web-Dokumenten.

Wenn Sie im Internet eine Webseite aufrufen, können Sie sich den HTML-Code des Dokuments anzeigen lassen.

Sowohl im Firefox-Browser als auch in Google Chrome geht das, indem Sie mit der rechten Maustaste auf eine freie Fläche der Webseite klicken und im erscheinenden Kontextmenü den Eintrag SEITENQUELLTEXT ANZEIGEN auswählen.

Grundlagen von XML

Damit Sie HTML besser verstehen, möchte ich Ihnen zunächst die Grundlagen des allgemeineren XML zeigen.

Ein XML-Dokument wird zusammengesetzt aus ineinander verschachtelten Elementen, die aus sogenannten *Tags* gebildet werden. Ein Tag kann eine beliebige Zeichenkette sein, diese ist von spitzen Klammern umgeben:

```
<ErstesTag>
```

Ein einzelnes Element wird gebildet aus einem öffnenden und einem schließenden Tag. Um ein Tag zu schließen, wird die einleitende Bezeichnung in spitzen Klammern wiederholt, nach der ersten spitzen Klammer aber ein Slash eingefügt:

```
<ErstesTag></ErstesTag>
```

Zwischen dem öffnenden und dem schließenden Tag eines Elements können sich weitere Elemente befinden. Man sagt dann, die Elemente sind ineinander verschachtelt.

Außerdem kann sich im Innern eines Elements gewöhnlicher Text befinden.

```
<Kühlschrank>
   <Bier>Erstes Bier</Bier>
   <Bier>Zweites Bier</Bier>
   <Bier>Drittes Bier</Bier>
   <Gemüse>Blumenkohl</Gemüse>
</Kühlschrank>
```

Was ist hierzu zu sagen?

- ✔ In diesem Beispiel befindet sich in der obersten Hierarchie-Ebene ein `Kühlschrank`-Element.

  Die weiteren Elemente sind alle innerhalb dieses obersten Elements verschachtelt.

- ✔ Die drei `Bier`-Elemente und das `Gemüse`-Element befinden sich alle in der zweiten Hierarchie-Ebene.

  Man nennt diese Elemente die Kinder-Elemente des `Kühlschrank`-Elements.

  Die drei `Bier`-Elemente und das `Gemüse`-Element werden deshalb auch Geschwister-Elemente genannt, weil sie alle Kinder ihres gemeinsamen Eltern-Elements sind.

Für einzelne Elemente können zusätzlich noch Eigenschaften (wie bei der objektorientierten Programmierung auch Attribute genannt) gespeichert werden. Die Eigenschaften werden innerhalb der öffnenden Tags angegeben:

```
<Kühlschrank>
   <Bier Zustand="frisch und halb voll">Erstes Bier</Bier>
   <Bier Zustand="frisch und voll">Zweites Bier</Bier>
```

```
    <Bier Zustand="frisch und voll">Drittes Bier</Bier>
    <Gemüse Zustand="angestaubt">Blumenkohl</Gemüse>
</Kühlschrank>
```

XML ist dazu geeignet, beliebige Daten strukturiert darzustellen. Eine Reihe von Fußballergebnissen ließe sich zum Beispiel wie folgt mithilfe von XML schreiben:

```
<UnsereSpiele>
  <Spiel spieltag="1">
    <Team tore="2">SV Bliesmengen-Bolchen</Team>
    <Team tore="1">TuS Lappentascherhof</Team>
  </Spiel>
  <Spiel spieltag="2">
    <Team tore="0">SV Bliesmengen-Bolchen</Team>
    <Team tore="0">FC Quetschenmembach</Team>
  </Spiel>
  <Spiel spieltag="3">
    <Team tore="1">FC Hinterkrottelbach</Team>
    <Team tore="3">SV Bliesmengen-Bolchen</Team>
  </Spiel>
</UnsereSpiele>
```

Dank der Auszeichnungen mithilfe von Tags können diese XML-Dokumente relativ einfach von Computerprogrammen eingelesen und verarbeitet werden. Aber auch für Menschen ist das Format einigermaßen verständlich.

Einfache HTML-Dokumente erstellen

HTML ist im Wesentlichen eine Spezialform von XML. In HTML können nicht beliebige Tags verwendet werden, sondern nur einige, die vom World Wide Web Consortium, einem Gremium zur Standardisierung des World Wide Web, vorgegeben sind. Daneben gibt es noch weitere (kleinere) Unterschiede zwischen HTML und XML. So gibt es in HTML zum Beispiel einige Tags, die *nicht* mittels schließender Tags wieder geschlossen werden müssen.

HTML-Dokumente haben in der Regel ein festgelegtes Grundgerüst:

```
<!DOCTYPE html>
<html>
  <head>
    ...
  </head>
  <body>
    ...
  </body>
</html>
```

Die Bestandteile im Einzelnen:

✔ Zu Beginn eines HTML-Dokuments wird der Dokumenttyp angegeben.

   Das ist nicht weiter interessant; wenn Sie eigene Dokumente erstellen, können Sie immer die oben gezeigte einfache Angabe des Dokumenttyps verwenden.

Danach folgt der *eigentliche* HTML-Teil des Dokuments.

✔ Auf oberster Ebene ist immer ein html-Element zu finden.

   Innerhalb dieses Elements werden alle weiteren Daten verschachtelt.

✔ Normalerweise hat das html-Element zwei direkte Kinder-Elemente: das head-Element und das body-Element.

Der Kopf eines HTML-Dokuments

Innerhalb des head-Elements finden sich in der Regel zusätzliche Informationen zum HTML-Dokument, die meist nicht unmittelbar im Dokument selbst angezeigt werden. So kann dort zum Beispiel ein Titel für das Dokument festgelegt werden, der in der Regel in der Titelzeile des Browsers angezeigt wird. Dazu wird das title-Element verwendet:

```
<head>
  <title>Völlig losgelöst</title>
</head>
```

Außerdem werden innerhalb des head-Elements weitere Ressourcen angegeben, die zur korrekten Anzeige des Dokuments benötigt werden. Das können zum Beispiel *Skripte* oder sogenannte *Stylesheets* sein.

Skripte sind gewöhnlicher Programmcode, mit dem einer Webseite Funktionalität hinzugefügt werden kann. Stylesheets werden verwendet, um das Aussehen einer Webseite zu verändern. Auf Stylesheets werde ich im Abschnitt »Das Design einer Webseite gestalten« noch kurz eingehen.

Rock your Body

Der weitaus interessantere Teil eines HTML-Dokuments wird innerhalb des body-Elements platziert. Hier findet sich der später sichtbare Teil, also der eigentliche Inhalt des Dokuments. Im einfachsten Fall ist dies gewöhnlicher Text.

```
<body>
  Treffen sich zwei Beamte auf dem Flur.
  Fragt der eine: »Kannst du auch nicht schlafen?«
</body>
```

Im Rest dieses Kapitels werde ich Ihnen zeigen, wie Sie die Informationen, die sich im body eines HTML-Dokuments befinden, strukturieren können.

Daten mithilfe von Tags strukturieren

Solange ein Text nur aus reinem Fließtext bestehen soll, ohne jedwede Art von Hervorhebungen oder Absätzen, werden keine weiteren Tags benötigt. Sie können den Text wie im vorherigen Abschnitt zu sehen ins body-Element schreiben.

Ohne Weiteres sind dabei keinerlei Zeilenumbrüche möglich. Der komplette Text erscheint in einem einzigen Absatz.

Wenn Sie in den Quelltext einer HTML-Datei mit der ⏎-Taste eine Absatzmarke einfügen, so erscheint diese bei der Anzeige des Texts im Browser als einfaches Leerzeichen.

Auch Einrückungen, Tabulatoren und das Aneinanderfügen mehrerer Leerzeichen werden nicht wie erwartet dargestellt. Egal, wie viele Absatzmarken, Leerzeichen oder Tabulatoren Sie in den Text einfügen – dargestellt wird immer nur ein einzelnes Leerzeichen.

Einfachen Text strukturieren

Es gibt verschiedene Möglichkeiten, einen Zeilenumbruch in einem HTML-Dokument zu realisieren:

✔ Sie können das p-Element (p für englisch *paragraph*) nutzen und darin den gesamten Text für den Absatz eingeben.

Das p-Element realisiert einen Absatz. Das heißt, bei der späteren Darstellung wird der Absatz von den umgebenden Elementen abgegrenzt. Üblicherweise resultiert das darin, dass sowohl vor als auch nach dem Text im p-Element ein Zeilenumbruch eingefügt wird.

```
<body>
    <p>Sie: »Schatz? Ich fühle mich nicht mehr hübsch. Ich
    brauche jetzt dringend mal ein Kompliment!«</p>
    <p>Er: »Du besitzt eine tolle Beobachtungsgabe ...«</p>
</body>
```

✔ Einen einzelnen Zeilenumbruch können Sie auch mithilfe des br-Elements (für *break*) erreichen.

```
<body>
    Das hier ist die erste Zeile. <br>
    Das hier ist die zweite Zeile.
</body>
```

Das br-Element gehört zu den wenigen Tags, die ein schließendes Tag nicht zwingend benötigen. Es genügt also, das einfache öffnende br-Tag in einen Text einzufügen, um einen Zeilenumbruch zu erzwingen.

Um einzelne Wörter oder sonstige Teile des Texts hervorzuheben, können die Elemente strong und em verwendet werden. Das strong-Element wird dabei als stärkere Hervorhebung angesehen, em (für englisch *emphasis*) wird verwendet, um etwas lediglich zu betonen.

```
<body>
  <strong>Achtung, Achtung:</strong>
  Großer Winterschlussverkauf! 0,1% auf alles, <em>außer</em> Tiernahrung.
</body>
```

Wie genau die hervorgehobenen Textteile später im Browser dargestellt werden, ist nicht zwingend festgelegt. Ohne weitere Spezifizierungen zeigen die meisten Browser mit dem strong-Element hervorgehobene Textstellen als fett gedruckten Text an. Die mit dem em-Element ausgezeichneten Textteile werden in der Regel kursiv dargestellt.

Mit dem hr-Element kann eine horizontale Trennlinie eingefügt werden. Ein hr-Element kann ohne schließendes Tag verwendet werden.

```
<body>
  Das hier steht über der Linie!
  <hr>
  Das hier steht unter der Linie!
</body>
```

Überschriften

Überschriften können mit den Elementen h1 bis h6 erzeugt werden. Die Nummer gibt dabei die Hierarchieebene der Überschrift an.

Das h1-Element wird üblicherweise für die Hauptüberschrift der Seite verwendet, Abschnitte werden mit den h2-Elementen überschrieben. Sollte ein einzelner Abschnitt noch einmal Unterüberschriften benötigen, kommen dann h3-Elemente zum Einsatz, und so weiter.

```
<body>
  <h1>Geschichten aus dem wahren Leben</h1>
  <h2>Das Geschenk</h2>
  Oma: "Du darfst dir zu Weihnachten von mir ein schönes
  Buch wünschen." <br>
  Enkelin: "Fein, dann wünsche ich mir ein Sparbuch!"
  <h2>Verhängnisvolles Treffen</h2>
  Uli und Ben treffen sich im Himmel. Es entwickelt
  sich eine Unterhaltung: <br>
  Uli: "Wie bist du gestorben?" <br>
  Ben: "Vor Kälte, und du?" <br>
  Uli: "Ich bin vor Freude gestorben!" <br>
  Ben: "Wie geht denn so was?" <br>
  Uli: "Ich hatte den Verdacht, dass meine Frau einen
    Liebhaber hat. Also kam ich eine Stunde früher von
    der Arbeit. Ich habe überall nachgesehen – im Bett,
    im Schrank, unter dem Sofa, in der Dusche, auf dem
```

```
    Balkon. Kein anderer Mann da. Also bin ich vor
    Freude gestorben." <br>
  Darauf Ben: "Hättest du mal im Kühlschrank nachgeschaut,
    dann wären wir beide jetzt noch am Leben!"
</body>
```

Bilder einfügen

Bilder können mithilfe des `img`-Elements (für englisch *image*) in HTML-Dokumente eingefügt werden. Über das Attribut `src` wird die Webadresse des anzuzeigenden Bilds angegeben.

Der Browser, der das Dokument mit dem Bild später anzeigen soll, wird das Bild zunächst von der angegebenen Webadresse herunterladen und dann an der entsprechenden Stelle innerhalb des Dokuments anzeigen.

Ein `img`-Element kann ohne schließendes Tag verwendet werden.

```
<body>
  Herzlich willkommen im Four Seasons!<br>
  <img src="https://t1p.de/8txg">
</body>
```

Hyperlinks einfügen

Was wäre das World Wide Web ohne Links? Leser einer Webseite können auf Links in Dokumenten klicken und werden dann zu einer anderen Webadresse weitergeleitet.

Links werden in HTML mit dem `a`-Element (*anchor*, zu Deutsch Anker) realisiert. Das Ziel eines Links wird über das Attribut `href` (englisch *hyper reference*) festgelegt.

```
<body>
  Sie mögen Tiere? Dann klicken Sie doch mal
  <a href="https://y2u.be/VB4CCHHYOqY">hier</a>.
</body>
```

Statt eines Texts können auch beliebige andere HTML-Elemente mit Links belegt werden, zum Beispiel ein Bild.

```
<body>
  <a href="http://www.example.com"><img src="..."></a>
<body>
```

Listen und Aufzählungen

In HTML-Dokumenten können sowohl ungeordnete (*unordered list*) als auch geordnete Listen (*ordered list*) dargestellt werden. Ohne weitere Spezifizierung werden ungeordnete Listen als Aufzählungen mit Gedankenstrichen oder Punkten dargestellt, geordnete Listen werden beginnend bei eins durchnummeriert.

Eine ungeordnete Liste wird mit dem `ul`-Element erstellt, eine geordnete Liste mit dem `ol`-Element. Die einzelnen Elemente werden sowohl bei einer geordneten als auch bei einer ungeordneten Liste mithilfe von `li`-Elementen markiert.

```html
<body>
  <h1>Hitliste der witzigsten Filme</h1>
  <ol>
    <li>Schöne Bescherung</li>
    <li>Die Ritter der Kokosnuss</li>
    <li>Willkommen bei den Sch'tis</li>
  </ol>
  <h1>Ideen, um an die Weltherrschaft zu gelangen</h1>
  <ul>
    <li>Superman bestechen</li>
    <li>Das Rezept des Zaubertranks der Gallier herausfinden</li>
    <li>Dieses Buch auswendig lernen und danach alle
      Computer der Welt hacken</li>
    <li>Eine goldgelbe Föhnfrisur zulegen</li>
  </ul>
</body>
```

Tabellen erstellen

In HTML-Dokumenten kommen sehr häufig auch Tabellen, die aus mehreren Zeilen und Spalten bestehen, zum Einsatz.

Früher wurden Tabellen häufig eingesetzt, um das Gesamtlayout einer Webseite zu gestalten – diese Vorgehensweise gilt jedoch heute als überholt.

Stattdessen werden Tabellen genutzt, um Daten übersichtlich darzustellen. Die Erstellung einer Tabelle in HTML ist sehr einfach:

✔ Eine Tabelle wird mit dem `table`-Element angelegt.

✔ Eine Zeile innerhalb der Tabelle wird mit dem `tr`-Element angelegt.

✔ Innerhalb einer Zeile kann eine Tabelle verschiedene Zellen besitzen, in denen letztendlich die anzuzeigenden Daten stehen.

   Eine *normale* Zelle wird mit dem `td`-Tag (für englisch *table data*) erzeugt. Eine Zelle, die zum Beispiel als Spaltenüberschrift dienen soll, wird mit dem `th`-Tag (für englisch *table head*) erzeugt.

```html
<table>
  <tr>
    <th>Name des Films</th>
    <th>Meine Bewertung</th>
  </tr>
```

```
        <tr>
            <td>Schöne Bescherung</td>
            <td>10</td>
        </tr>
        <tr>
            <td>Willkommen bei den Sch'tis</td>
            <td>9</td>
        </tr>
    </table>
```

Formulare

Sogenannte *Formulare* werden in HTML-Dokumenten immer dann eingesetzt, wenn der Leser einer Webseite Daten zurück an die Webseite senden soll.

Beispiele hierfür sind das Eintragen der eigenen Mail-Adresse für einen Newsletter oder das Registrieren in einem Webshop mit der eigenen Post-Adresse.

Ein Formular besteht in der Regel aus einem oder mehreren Eingabefeldern sowie einem Button, mit dem das Formular abgesendet werden kann.

Ein Formular wird mit dem form-Tag erstellt. Ein form-Element ist für den Leser des Dokuments nicht sichtbar, sondern es dient nur als Container für Eingabefelder und Buttons. Über das Attribut action eines form-Elements kann die Webadresse angegeben werden, an die die Daten des Formulars gesendet werden sollen.

Wie auf diese Weise übermittelte Daten vom Webserver ausgelesen und verarbeitet werden können, werde ich Ihnen später in Kapitel 18 über PHP-Programmierung noch zeigen. Hier soll es zunächst nur darum gehen, wie die Daten abgesendet werden.

✔ Einzelne Eingabefelder des Formulars können mit input-Elementen angelegt werden.

  Ein input-Element benötigt kein schließendes Tag.

✔ Über das Attribut type kann gesteuert werden, welche Art eines Eingabefelds dargestellt werden soll.

  Meistens verwendet man hier als Wert text, um gewöhnliche Texteingabefelder darzustellen.

  Es gibt aber auch andere Arten von Eingabefeldern, zum Beispiel Passwortboxen, bei denen die vom Benutzer eingegebenen Daten nicht im Browser angezeigt werden. Eine Passwortbox wird erstellt, indem das type-Attribut auf password gesetzt wird.

✔ Zudem sollte bei Eingabefeldern immer das Attribut name gesetzt werden.

  Der Wert des name-Attributs wird zusammen mit den vom Benutzer eingegebenen Daten versendet, sodass bei mehreren Eingabefeldern auch auf Serverseite nachvollzogen werden kann, welche Daten in welches Eingabefeld eingegeben wurden.

Das `name`-Attribut können Sie beim Anlegen eines Eingabefelds selbst bestimmen, die Bezeichnung sollte möglichst nur aus Buchstaben, Ziffern und Unterstrichen bestehen. Leerzeichen sollten vermieden werden.

✔ Oft macht es Sinn, ein Eingabefeld mit einer Beschriftung zu versehen, sodass der Webseitenbesucher auch erkennen kann, was in das Eingabefeld geschrieben werden soll.

Dazu kann einem Eingabefeld ein `label`-Element vorangestellt werden.

✔ Schließlich sollte jedes Formular einen Button besitzen, mit dem die Daten abgesendet werden können.

Dazu kann das `button`-Element verwendet werden. Die Beschriftung des Buttons wird zwischen dem öffnenden und dem schließenden `button`-Tag angegeben.

```html
<body>
  Bitte geben Sie die folgenden Daten ein, um diese
  hochinformative Webseite betreten zu dürfen!
  <form action="https://www.schlauerdieb.ru">
    <label>Kreditkartennummer</label>
    <input type="text" name="kk">
    <label>Ihre Bankverbindung</label>
    <input type="text" name="bank">
    <label>Die PIN Ihres Bankkontos</label>
    <input type="text" name="bankpin">
    <button>Daten absenden</button>
  </form>
  Vielen Dank für Ihr Vertrauen.
</body>
```

Weitere Arten von HTML-Elementen

In den vorangehenden Abschnitten habe ich Ihnen einige der wichtigsten HTML-Elemente vorgestellt. Sie sollten jetzt also eine ungefähre Vorstellung haben, was HTML-Dokumente sind, und in der Lage sein, zumindest sehr einfache HTML-Dokumente selbst zu erstellen.

In den weiteren Kapiteln wird es darum gehen, wie Sie mithilfe der Programmiersprache PHP einfache dynamische Webseiten erstellen können. Dafür ist es nicht nötig, alle HTML-Elemente bis ins kleinste Detail zu kennen.

Sollten Sie Freude an der Erstellung von Webseiten finden, werden Sie nach und nach auch weitere Details und Feinheiten von HTML kennenlernen. Zu diesem Zweck gibt es auch sehr hilfreiche Online-Ressourcen. Die Webseiten `http://wiki.selfhtml.org/wiki/HTML` sowie `https://www.w3schools.com/html/` stellen zum Beispiel gute Referenzen aller verfügbaren HTML-Elemente bereit. Diese eignen sich auch sehr gut zum Nachschlagen, wenn Sie für ein HTML-Element wissen möchten, was es genau bewirkt und wie seine Attribute eingesetzt werden können.

Das Design einer Webseite gestalten

Ist Ihnen aufgefallen, dass ich bisher (fast) keine Möglichkeit vorgestellt habe, wie man den Text direkt formatieren kann? Sicher, Überschriften habe ich vorgestellt, ebenso die Möglichkeit, Textstellen hervorzuheben. Wie genau eine Überschrift oder eine hervorgehobene Textstelle dargestellt werden soll, wurde bisher jedoch noch mit keinem Wort erwähnt. Auch für sonstige Textteile sind Ihnen bislang keine Möglichkeiten bekannt, zum Beispiel die Schriftfarbe oder die Schriftgröße anzupassen.

Ich habe dies nicht ohne Grund ausgelassen. In früheren Versionen von HTML gab es zwar Möglichkeiten, um direkt in HTML Formatierungen vorzunehmen. Diese Möglichkeiten wurden jedoch mit der aktuellen HTML-Version 5 größtenteils abgeschafft. Auch davor war es lange mehr oder weniger verpönt, von diesen Möglichkeiten Gebrauch zu machen.

Das mag zunächst mal seltsam klingen, geht aber auf eines der Hauptprinzipien von HTML zurück: die strikte Trennung von Inhalt und Präsentation.

Vereinfacht ausgedrückt soll das eigentliche HTML-Dokument nur die darzustellenden Daten enthalten. Wie diese Daten dem Benutzer letztendlich präsentiert werden, ist nicht Sache des eigentlichen HTML-Dokuments, sondern soll über eine anderweitige Technik festgelegt werden.

Das hat zum einen den Vorteil, dass die Inhalte und die Präsentation der Webseite unabhängig voneinander erstellt werden können. Außerdem entsteht dadurch die Möglichkeit, dieselbe Webseite auf unterschiedliche Arten darstellen zu können, indem man verschiedene Präsentationen zur Verfügung stellt.

Denken Sie zum Beispiel an eine Webseite, die Sie mit Ihrem Smartphone aufrufen. Im Optimalfall wird die Webseite auf dem kleinen Bildschirm anders dargestellt als auf einem großen Monitor. Die Präsentation auf dem Smartphone kann so eigens für die Darstellung auf einem kleinen Bildschirm optimiert werden, indem zum Beispiel die Bereiche der Webseite anders angeordnet oder weniger wichtige Teile ganz ausgeblendet werden.

Um die zuvor beschriebene Trennung von Inhalt und Präsentation zu erreichen, wird bei der Erstellung von Webseiten ausgiebiger Gebrauch von sogenannten *kaskadierenden Formatvorlagen* gemacht. Die englische Bezeichnung dafür lautet *cascading stylesheets* (*CSS*) und ist sehr viel gebräuchlicher als die deutsche Übersetzung.

Die Formatierung von Inhalten erfolgt dabei in zwei Schritten:

1. Beim Erstellen eines HTML-Dokuments werden die Daten mithilfe von Tags und Attributen strukturiert.

2. Beim Erstellen eines Stylesheets werden gezielt Elemente mit bestimmten Tags und Attributen angesprochen und für diese Formatierungen festgelegt.

Ein Stylesheet ist also ein separates Dokument, in dem Sie zum Beispiel festlegen können, »verwende für alle Daten, die in `table`-Tags dargestellt werden, die Schriftgröße 37« oder »drucke alle `input`-Elemente, deren `type`-Attribut den Wert `text` besitzt, in knallroter Farbe«.

Besondere Bedeutung kommt dabei den Attributen `id` und `class` zu. Beide Attribute können beim Erstellen eines HTML-Dokuments zu allen Elementen hinzugefügt und frei gewählt werden.

- ✔ Der Wert des `id`-Attributs sollte nach Möglichkeit in einem HTML-Dokument einmalig sein, es sollte also nicht mehrere Elemente mit demselben `id`-Wert geben.

- ✔ Ein `class`-Attribut kann auch mehrmals verwendet werden. So können Sie mehrere Elemente anlegen, die via CSS alle gleich formatiert werden können.

Innerhalb eines HTML-Dokuments kommt häufig das `div`-Element zum Einsatz. Dieses hat keine direkte sichtbare Wirkung. Es ist nur dazu gedacht, andere Elemente zu gruppieren und diesen mittels CSS eine Formatierung zuzuweisen.

Stylesheets werden häufig in separaten Dateien erstellt und diese dann innerhalb des `head`-Bereichs eines HTML-Dokuments eingebunden. Es ist jedoch auch möglich, direkt innerhalb des `head`-Bereichs die zu verwendenden CSS-Anweisungen anzugeben.

Ich möchte Ihnen das einmal an einem Beispiel demonstrieren:

```html
<html>
  <head>
    <style>
      h1 { font-size: 40px; }
      #elem1 { color: red; }
      .wichtig { text-decoration: underline; }
    </style>
  </head>
  <body>
    <h1>Meine überschrift</h1>
    <div id="elem1">Erstes Element</div>
    <div class="wichtig">Wichtig 1!</div>
    <div class="wichtig">Wichtig 2!</div>
  </body>
</html>
```

Listing 16.1: Ein HTML-Dokument mit integriertem Stylesheet

Das `body`-Element des Dokuments in Listing 16.1 enthält vier Elemente: eine Überschrift sowie drei Textzeilen, die jeweils in einem `div`-Element angegeben werden. Das erste `div`-Element besitzt das Attribut `id`, die beiden anderen besitzen jeweils ein `class`-Attribut.

Das zugehörige Stylesheet befindet sich im Kopf des HTML-Dokuments und wird innerhalb eines `style`-Elements angegeben. Das Stylesheet besteht aus drei Regeln. Eine Regel besteht aus jeweils einem sogenannten *Selektor* und einer beliebigen Anzahl an Formatierungsanweisungen.

✔ Der Selektor bestimmt, auf welche HTML-Elemente eine Regel angewendet werden soll. Er steht am Anfang jeder Regel.

- Als Selektor kann ein bestimmtes Tag angegeben werden. Die Regel wird dann auf alle HTML-Elemente, die dieses Tag nutzen, angewendet.

  Im Beispiel wird in der ersten Regel ein Selektor verwendet, der alle h1-Tags auswählt.

- Als Selektor kann der Wert für das Attribut id angegeben werden. Die Regel wird dann auf alle Elemente angewendet, deren id-Attribut den angegebenen Wert hat.

  Dazu wird im Selektor dem auszuwählenden Wert für das Attribut id eine Raute # vorangestellt.

  Im Beispiel wird in der zweiten Regel ein Selektor verwendet, der alle Elemente, deren id-Attribut den Wert elem1 hat, auswählt.

- Als Selektor kann auch ein Wert für das Attribut class angegeben werden.

  Dazu wird im Selektor dem auszuwählenden Wert ein Punkt vorangestellt.

  Im Beispiel wird in der dritten Regel ein Selektor verwendet, der alle Elemente, deren class-Attribut den Wert wichtig hat, auswählt.

✔ Nach dem Selektor folgt ein durch geschweifte Klammern begrenzter Codeblock, der eine oder mehrere Formatierungsanweisungen enthält.

Es gibt unzählige Möglichkeiten, die Formatierung mithilfe von Anweisungen anzupassen. Exemplarisch werden im Beispiel drei Möglichkeiten gezeigt:

- In der ersten Regel wird die Textgröße auf 40 Pixel gesetzt. Das entspricht in etwa den Schriftgrößen, die Sie zum Beispiel aus Word-Dokumenten kennen.

- Die zweite Regel legt fest, dass der Text in den selektierten Elementen rot dargestellt werden soll.

- Die dritte Regel legt fest, dass der Text in den selektierten Elementen unterstrichen werden soll.

Sie können den Text aus Listing 16.1 auf Ihrem Rechner in einer Datei speichern und die Dateiendung .html verwenden. Wenn Sie diese in einem Browser wie Firefox oder Google Chrome öffnen, sollte sie in etwa wie in Abbildung 16.1 dargestellt werden.

Abbildung 16.1: Ein formatiertes HTML-Dokument

Neben den gezeigten Beispielen gibt es noch viele weitere Möglichkeiten, mit komplexeren Selektoren Elemente auszuwählen und mithilfe von Formatierungsanweisungen darzustellen. Das soll aber nicht der Fokus dieses Buchs sein. Das Design von Webseiten zu erstellen, ist auch weniger eine Aufgabe für Programmierer als für spezialisierte Webdesigner.

Es ist sinnvoll, dass Sie auch für das reine Erstellen von HTML-Dokumenten zumindest mit den Grundlagen von CSS vertraut sind. Gerade die Trennung von Inhalt und Design sollte ja auch beim Erstellen des HTML-Dokuments bereits bedacht werden.

Dynamische Webseiten erstellen

Der weitere Fokus in diesem Teil des Buchs wird darauf liegen, Ihnen zu zeigen, wie sie mit der Programmiersprache PHP dynamische Webseiten erstellen. Doch was sind überhaupt dynamische Webseiten?

Tatsächlich gibt es zwei unterschiedliche Aspekte, die man als Merkmal von dynamischen Webseiten bezeichnen kann: interaktive Webseiten sowie dynamisch generierte Webseiten.

Interaktive Webseiten

Eine interaktive Webseite ist eine solche, die es dem Seitenbesucher erlaubt, auf der Webseite selbst tätig zu werden und Aktionen auszuführen. Das kann zum Beispiel das Abspielen eines eingebetteten Videos sein oder das Klicken auf einen *Like*-Button. Auch eine Seite mit einem Messenger oder einem Chat, der automatisch neue Nachrichten anzeigt, fällt in diese Kategorie.

In der Regel wird solche Funktionalität auf Webseiten mit der Programmiersprache *JavaScript* realisiert. Außer dem ähnlichen Namen hat diese Sprache übrigens nicht viel mit Java gemeinsam. Sie wird eingesetzt für alle Arten von Interaktivität oder um Webseiten dynamisch *im Browser des Nutzers* abzuändern.

Auf diese Art von dynamischen Webseiten möchte ich im Rahmen dieses Buchs nicht weiter eingehen. Sollten Sie Gefallen am Erstellen von Webseiten finden, wird Ihnen dieses Thema sicher sehr bald wiederbegegnen.

Dynamisch generierte Webseiten

In den vorangegangenen Abschnitten haben Sie gesehen, wie Sie HTML-Dokumente erstellen. Diese können Sie auf der eigenen Festplatte abspeichern und danach in einem Browser aufrufen. Ähnlich ist das auch möglich, wenn Sie eine fremde Webseite von einem Internetserver abrufen.

Der entfernte Rechner im Internet kann die anzuzeigende Webseite als HTML-Dokument auf seiner Festplatte speichern und an Webseitenbesucher übertragen, wenn diese mit ihrem Browser eine Seite anfragen.

Stellen Sie sich einmal vor, was dies zum Beispiel für ein Nachrichten-Portal im Internet bedeuten würde. Allein die Startseite müsste ja ständig angepasst und mit neuen Schlagzeilen und Bildern aktualisiert abgespeichert werden.

Und wenn Benutzer über einen Log-in-Bereich auf private Informationen zugreifen, lässt sich das über die zuvor gezeigte Methodik nur schwer umsetzen.

Stattdessen hat sich ein Modell etabliert, mit dem eine Webseite dynamisch bei jedem Aufruf generiert wird. Das bedeutet, es wird auf dem Server nicht eine konsolidierte Fassung der Webseite gespeichert, sondern die Webseite wird bei jeder Anfrage dynamisch, unter Beachtung der Rahmenbedingungen, generiert und an den Webseitenbesucher ausgeliefert.

- ✔ Im Gegensatz zu interaktiven Webseiten bezieht sich das »dynamisch« in diesem Fall also darauf, dass eine Webseite vor dem Ausliefern an den Besucher aufseiten des Servers dynamisch erzeugt wird.

- ✔ Bei interaktiven Webseiten bezieht sich das »dynamisch« darauf, dass eine Webseite direkt im Browser des Webseitenbesuchers noch abgeändert oder mit Effekten versehen werden kann.

In den folgenden Kapiteln werden Sie lernen, wie Webseiten dynamisch serverseitig erzeugt werden.

Das Wichtigste in Kürze

- ✔ HTML ist ein Dateiformat, mit dem Daten strukturiert dargestellt werden.

- ✔ Ein HTML-Dokument ist unterteilt in einen Kopf (head) und einen Körper (body). Der anzuzeigende Inhalt befindet sich immer im Körper.

- ✔ Gewöhnlicher Text kann mithilfe der HTML-Elemente p, br, strong und em strukturiert werden.

- ✔ Überschriften werden mit den Elementen h1 bis h6 realisiert.

- ✔ Weitere wichtige Bestandteile von HTML-Dokumenten sind Bilder (img-Element), Links (a-Element), Listen (ol- und ul-Elemente) sowie Tabellen (table-Tags).

- ✔ Mithilfe von Formularen (form-Element) können Daten zurück an eine Webseite gesendet werden.

- ✔ In HTML-Dokumenten sollten Inhalte und Präsentation nach Möglichkeit getrennt werden.

- ✔ Inhalte können mittels CSS-Regeln nachträglich formatiert werden.

- ✔ Interaktive Webseiten können sich ändern, nachdem sie bereits im Browser des Webseitenbesuchers angezeigt werden.

- ✔ Einzelne Webseiten werden meist nicht als statisches Dokument auf dem Server gespeichert, sondern bei jedem Aufruf dynamisch erzeugt.

Übungen

1. Suchen Sie sich eine tagesaktuelle Nachrichtenmeldung aus den Onlinemedien heraus.

   Gestalten Sie dann ein HTML-Dokument, das diese Meldung darstellt. Es sollen insbesondere die folgenden Elemente vorhanden sein:

   - Die Überschrift der Meldung
   - Zeit und Datum der Meldung
   - Ein kurzer Anreißer, der den Inhalt zusammenfasst
   - Ein Bild
   - Der Text der Meldung

   Hinweis: Um die Webadresse eines Bilds aus einer Nachrichtenmeldung herauszufinden, klicken Sie in Ihrem Browser mit der rechten Maustaste auf das Bild und wählen im Kontextmenü dann BILDADRESSE KOPIEREN oder GRAFIKADRESSE KOPIEREN aus.

   Die Adresse wird dann in die Zwischenablage des Computers kopiert, und Sie können sie zum Beispiel mit der Tastenkombination `Strg` + `V` in ein Dokument einfügen.

   Fremde Bilder dürfen Sie übrigens nicht auf eigenen Webseiten veröffentlichen. Zum Herumexperimentieren mit HTML auf dem eigenen Rechner können Sie sich ruhig im Internet bedienen. Spätestens wenn Sie eine Webseite online für andere zur Verfügung stellen, sollten Sie aber penibel darauf achten, nur Bilder zu verwenden, für die Sie eine Erlaubnis haben.

2. Erstellen Sie eine HTML-Tabelle mit Ihren Lieblingsfilmen.

   Die Tabelle soll drei Spalten besitzen:

   - Die erste Spalte enthält den Namen des Films.
   - Die zweite Spalte enthält ihre persönliche Bewertung des Films.
   - Die dritte Spalte enthält den Link zu einem Trailer des Films auf YouTube.

   Denken Sie daran, in der ersten Tabellenzeile auch die Spaltenüberschriften anzugeben.

> **IN DIESEM KAPITEL**
>
> Webserver und Entwicklungsumgebung auf Ihrem Rechner installieren
>
> Ein erstes einfaches PHP-Programm erstellen

Kapitel 17
Werkzeuge für die Webprogrammierung

Bevor Sie eigene Webprojekte umsetzen können, benötigen Sie einige Werkzeuge auf Ihrem Rechner. Wo Sie diese herbekommen und wie sie installiert werden, erfahren Sie in diesem Kapitel. Anschließend erstellen Sie dann Ihr erstes einfaches PHP-Programm.

Einen Webserver installieren

Webseiten werden im Internet auf entfernten Rechnern, den sogenannten Servern, abgelegt. Internetnutzer verwenden ihren Browser, um eine Verbindung mit diesen Servern herzustellen und eine angeforderte Webseite von dort abzurufen.

Der Begriff »Server« ist allerdings ein bisschen unscharf. Genau genommen verbindet sich der Browser nicht einfach mit einem entfernten Rechner, sondern *mit einem Programm*, das auf einem entfernten Rechner läuft. Ein Server ist also nicht nur ein Rechner, sondern auch ein Programm, das Anfragen eines Browsers verstehen und entsprechend beantworten kann.

Wenn Sie auf Ihrem eigenen Rechner eine Webseite entwickeln möchten, macht es daher Sinn, eine solche Server-Anwendung auf Ihrem System zu installieren. Dann können Sie sich die Webseite nämlich jederzeit in Ihrem Browser ansehen, indem Sie sich mit der Server-Anwendung auf Ihrem eigenen Rechner verbinden.

Es gibt verschiedene Server-Anwendungen, ich möchte im Rahmen dieses Buchs den *Apache-Webserver* einsetzen. Dieser zählt zu den meistbenutzten Webservern im Internet.

Um dynamische Webseiten erstellen zu können, reicht eine Server-Anwendung allein jedoch nicht aus. Zusätzlich benötigen Sie in der Regel noch eine Datenbank, in der die darzustellenden Informationen abgelegt werden, sowie eine Programmiersprache, mit der die Dynamik realisiert wird.

Mit einer Datenbank bekommen Sie es jetzt möglicherweise zum ersten Mal zu tun. Keine Sorge! Kapitel 19 wird sich dieser Thematik noch ausführlicher widmen. Für den Moment reicht es, zu wissen, dass Sie zum Erstellen einer dynamischen Webseite auch ein Datenbanksystem installieren müssen.

Zum Glück gibt es für den Apache-Webserver ein Paket, das sowohl den Webserver selbst als auch eine Datenbank und eine Programmiersprache enthält. Sie müssen nur dieses Paket installieren und haben dann alle benötigten Komponenten auf Ihrem Rechner.

XAMPP installieren

Das *XAMPP*-Paket enthält sowohl den Apache-Webserver, das Datenbanksystem *MySQL* (oder dessen Nachfolger *MariaDB*) sowie die Programmiersprache *PHP*. Das Paket existiert für verschiedene Betriebssysteme und kann unter `https://www.apachefriends.org` heruntergeladen werden.

1. **Wählen Sie zunächst das für Ihr Betriebssystem geeignete Paket aus und laden Sie es auf Ihren Rechner herunter.**

2. **Starten Sie danach die heruntergeladene Installationsdatei.**

    Eventuell erhalten Sie einen Warnhinweis wegen eines aktivierten Virenscanners.

    Fahren Sie in diesem Fall mit der Installation fort, indem Sie auf YES klicken.

    Auch den eventuell folgenden Hinweis wegen eines *User Account Controls* können Sie mit OK bestätigen.

3. **Klicken Sie sich beim folgenden Installationsassistenten jeweils mit NEXT durch, bis Sie zur Auswahl der zu installierenden Komponenten gelangen.**

4. **Die folgenden Komponenten werden benötigt und müssen in der Liste der zu installierenden Komponenten mit einem Häkchen versehen werden:**

    - SERVER
    - APACHE
    - MYSQL (oder MARIADB)
    - PROGRAM LANGUAGES
    - PHP
    - PROGRAM LANGUAGES (dieser Eintrag ist zweimal in der Liste und muss auch jeweils aktiviert sein)
    - PHPMYADMIN

    Die Häkchen bei den restlichen Komponenten können Sie entfernen.

5. **Klicken Sie dann auf Next.**

   Sie werden nun gefragt, wo das Paket installiert werden soll. Sie können die Voreinstellung übernehmen.

   Sollten Sie dennoch Änderungen vornehmen wollen, sollten Sie darauf achten, dass sich im Installationspfad keine Leerzeichen befinden.

6. **Klicken Sie sich weiter mit Next durch den Assistenten, bis die Installation startet.**

   Es kann einige Minuten in Anspruch nehmen, bis die Installation beendet ist.

7. **Schließen Sie den Installationsassistenten durch Klick auf Finish.**

Server und Datenbank steuern

Nachdem die Installation abgeschlossen ist, wird automatisch das Kontrollzentrum von XAMPP geöffnet (siehe Abbildung 17.1). Über das Kontrollzentrum werden die einzelnen Komponenten (also insbesondere der Webserver sowie das Datenbanksystem) gestartet sowie beendet.

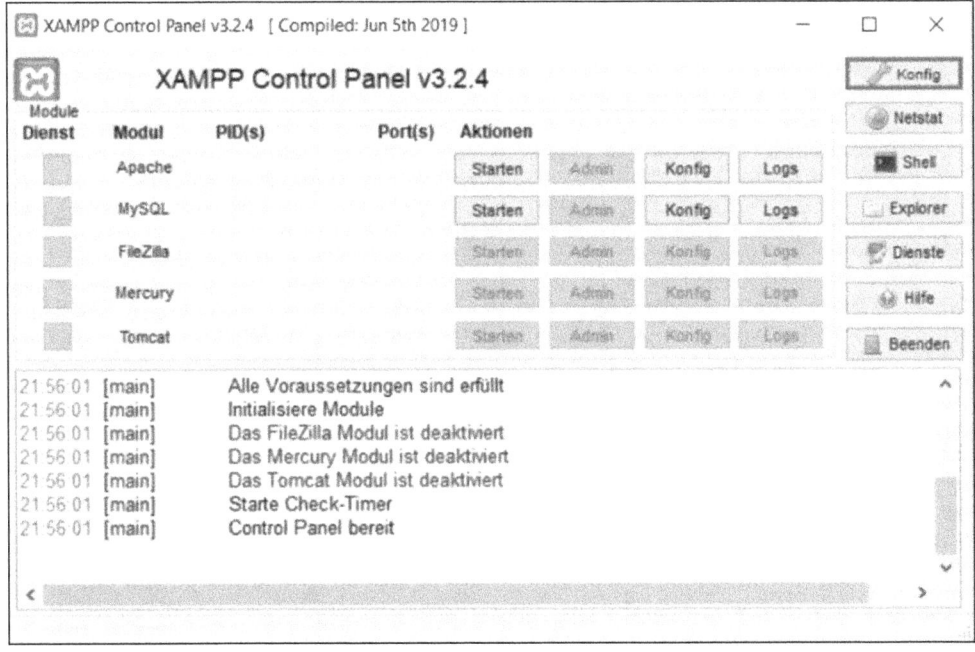

Abbildung 17.1: Das Kontrollzentrum

Das Kontrollzentrum können Sie unter Windows auch jederzeit später wieder starten, indem Sie im Startmenü den XAMPP-Ordner auswählen und danach XAMPP Control Panel anklicken.

Von Bedeutung sind die ersten beiden aufgelisteten Dienste, Apache sowie MySQL. Für die Erstellung von dynamischen Webseiten benötigen Sie nämlich den Apache-Webserver sowie das Datenbanksystem (*MySQL*). Klicken Sie deshalb bei den ersten beiden Einträgen in der Liste der Dienste auf STARTEN.

Eventuell erhalten Sie danach Anfragen von der Windows-Firewall, die diese Dienste standardmäßig blockiert. Erlauben Sie deshalb explizit den Zugriff durch Klick auf ZUGRIFF ZULASSEN, falls eine solche Anfrage erscheint.

Analog dazu können Sie die beiden Dienste später auch wieder beenden, indem Sie auf STOPPEN klicken.

Webserver und Datenbank benötigen Sie immer dann, wenn Sie an der Erstellung einer dynamischen Webseite arbeiten. Starten Sie die Dienste also jedes Mal, wenn Sie mit der Arbeit beginnen. Wenn Sie Ihre Arbeit abgeschlossen haben oder für längere Zeit unterbrechen, sollten Sie Webserver und Datenbanksystem auch wieder deaktivieren.

Den Webserver testen

Haben Sie Webserver und Datenbank einmal gestartet, laufen diese Dienste unsichtbar im Hintergrund. Zunächst einmal ist nur der Webserver von Interesse. Mit diesem soll man sich ja via Webbrowser verbinden können, um Webseiten vom Server abzurufen.

Zwar haben Sie bisher noch keine eigenen Webseiten erstellt, jedoch enthält das *XAMPP*-Paket bereits einige Webseiten, die Informationen zum Webserver darstellen oder mit denen Sie sich die Inhalte der Datenbank ansehen können.

Wenn Sie mit dem Browser eine Webseite aufrufen, befindet sich diese normalerweise auf einem entfernten Rechner. Die Server-Anwendung läuft nun jedoch lokal auf Ihrem eigenen Rechner. Um auf eine Webseite zuzugreifen, die sich auf dem eigenen Rechner befindet, gibt es die spezielle Internetadresse `localhost`.

Tippen Sie also `localhost` in die Adresszeile Ihres Webbrowsers ein, erscheint die Startseite der Website, die mit dem XAMPP-Paket auf Ihrem Rechner abgelegt wurde (siehe Abbildung 17.2).

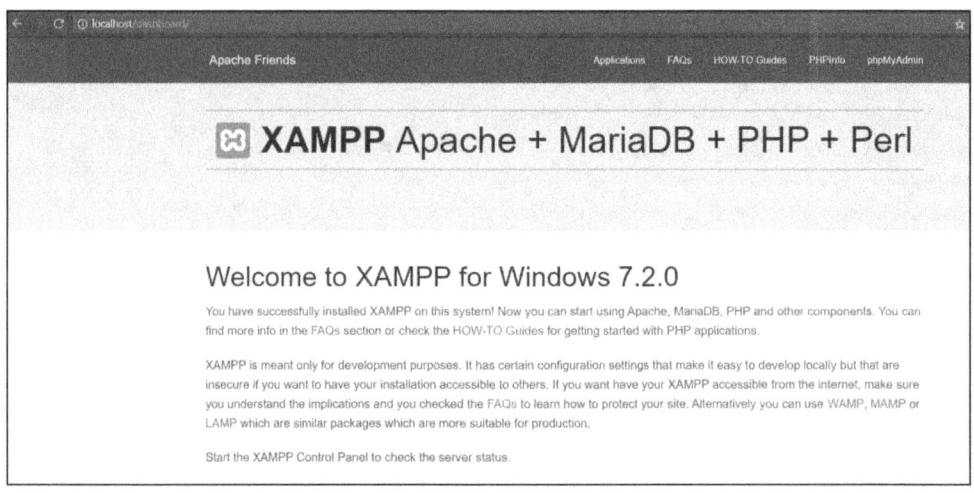

Abbildung 17.2: Die Startseite des XAMPP-Pakets

Erhalten Sie beim Ansurfen von *localhost* stattdessen eine Fehlermeldung, sollten Sie prüfen, ob sowohl der Apache-Webserver als auch das Datenbanksystem korrekt aktiviert sind. Sie erkennen dies daran, dass die Einträge APACHE sowie MYSQL im *XAMPP*-Kontrollzentrum grün hinterlegt sind. Ist das nicht der Fall, sollten Sie die Dienste gegebenenfalls beenden und neu starten.

Schafft auch dies keine Abhilfe, besteht möglicherweise ein Problem mit der Windows-Firewall (oder einer anderen, von Ihnen auf Ihrem Rechner verwendeten Firewall-Lösung). Diese könnte den Zugriff nämlich abblocken. Testweise können Sie die Firewall kurzzeitig einmal komplett ausschalten, um zu testen, ob sich dadurch der Fehler beseitigen lässt.

Längere Zeit sollten Sie die Firewall jedoch nicht deaktiviert lassen. Stattdessen sollten Sie sie so konfigurieren, dass Sie Zugriffe des Apache-Webservers beziehungsweise des Datenbanksystems nicht mehr blockiert, zum Beispiel durch Anlegen einer Ausnahme. Je nach verwendeter Firewall sind unterschiedliche Schritte dafür nötig. Sehen Sie dafür in der Hilfe der jeweiligen Firewall nach, wie Sie Zugriffe von bestimmten Prozessen durchlassen können.

Eine Entwicklungsumgebung verwenden

Ebenso wie bei der Erstellung von Java-Programmen ist es sinnvoll, für das Erstellen von dynamischen Webseiten eine integrierte Entwicklungsumgebung zu verwenden, die den Prozess des Programmierens auf vielfältige Weise unterstützt. Davon gibt es einige sehr gute, auch kostenfreie.

Auch die Entwicklungsumgebung *Eclipse* kann so aufgerüstet werden, dass sie als PHP-Entwicklungsumgebung genutzt werden kann. Wenn Sie den Java-Teil des Buchs durchgearbeitet haben, haben Sie Eclipse bereits auf Ihrem Rechner installiert. Ich erkläre daher hier, wie Sie Eclipse entsprechend aufrüsten können.

Sollten Sie Eclipse noch nicht installiert haben, sehen Sie bitte im Abschnitt »Eclipse installieren« in Kapitel 9 nach. Dort wird erklärt, wie Sie Eclipse auf Ihren Rechner bekommen.

Eclipse für die Webentwicklung umrüsten

Mithilfe der *Eclipse PDT*-Erweiterung kann Eclipse so umgerüstet werden, dass Sie damit bequem Webprojekte in der Programmiersprache *PHP* umsetzen können. Das PDT steht übrigens für *PHP Development Tools*, in Deutsch also etwa PHP-Entwicklungswerkzeuge.

1. **Starten Sie zunächst Eclipse und warten Sie, bis die Oberfläche vollständig geladen ist.**

2. **Wählen Sie dann im Menü HILFE und dann NEUE SOFTWARE INSTALLIEREN.**

3. **Geben Sie im sich öffnenden Dialog in der Eingabebox VERWENDEN folgende Webadresse ein:**

   ```
   http://download.eclipse.org/tools/pdt/updates/latest/
   ```

4. Drücken Sie dann die ⏎-Taste und warten Sie danach kurz.

   In der Liste sollten zwei Einträge, *PHP Development Tools* und *PHP Development Tools (SDK)*, auftauchen.

5. Aktivieren Sie die Checkbox vor dem Eintrag *PHP Development Tools*.

6. Klicken Sie auf WEITER und nach kurzer Wartezeit nochmals auf WEITER.

7. Jetzt müssen Sie noch den Nutzungsbedingungen zustimmen und können danach auf FERTIGSTELLEN klicken.

   Die PDT-Erweiterung wird daraufhin im Hintergrund installiert.

   Nachdem die Installation abgeschlossen ist, werden Sie dazu aufgefordert, Eclipse neu zu starten. Dieser Aufforderung sollten Sie nachkommen.

Nach dem Neustart ist Eclipse PDT einsatzbereit, sodass Sie nun Webprojekte mit Eclipse erstellen können.

Bevor Sie loslegen, sollten Sie einige weitere Vorbereitungen treffen.

1. Öffnen Sie nun den Windows-Explorer und navigieren Sie zu dem Ordner, in dem das XAMPP-Paket installiert wurde.

   Sofern Sie während der Installation die Voreinstellungen nicht geändert haben, ist das das Verzeichnis `C:\xampp`.

2. Wechseln Sie jetzt in das Unterverzeichnis `\htdocs\`.

3. Erstellen Sie dort ein neues Unterverzeichnis mit dem Namen `eclipse`.

   Der gesamte Pfad würde also `C:\xampp\htdocs\eclipse\` lauten, sofern Sie XAMPP im Standardverzeichnis installiert haben.

4. Gehen Sie jetzt zurück zu Eclipse und wählen Sie dort im Menü DATEI|ARBEITSBEREICH WECHSELN|ANDERE.

5. Geben Sie im sich öffnenden Dialog den gesamten Pfad des zuvor erstellten Unterordners sein.

6. Klicken Sie nun auf STARTE und warten Sie, bis der neue Arbeitsbereich fertig geladen wurde.

Sie haben nun innerhalb von Eclipse einen zweiten Arbeitsbereich für Ihre PHP-Projekte eingerichtet. Möchten Sie später zurück zum ursprünglichen Arbeitsbereich, wo Ihre Java-Projekte sind, können Sie dies wiederum über die Menüpunkte DATEI|ARBEITSBEREICH WECHSELN bewerkstelligen.

Eclipse merkt sich auch die zuletzt verwendeten Arbeitsbereiche, sodass Sie beim späteren Wechseln den Arbeitsbereich nur noch aus einer Liste auswählen müssen, anstatt den gesamten Pfad einzugeben.

Ein PHP-Projekt in Eclipse erstellen

Auf den ersten Blick sieht Eclipse nach der Installation von Eclipse PDT unverändert aus. Sie können nun jedoch eine neue Art von Projekten, nämlich PHP-Projekte, in Ihrem Workspace anlegen. Gehen Sie dazu folgendermaßen vor:

1. Wählen Sie im Menü Datei|Neu|Projekt.

2. Im sich öffnenden Dialog wählen Sie in der Liste den Eintrag PHP Project aus und klicken danach auf Weiter.

3. Im folgenden Dialog geben Sie einen Namen für das PHP-Projekt an, zum Beispiel MeinErstesPHPProjekt.

4. Bestätigen Sie danach durch einen Klick auf Fertigstellen.

5. Sie werden nun gefragt, ob Sie die Perspektive-PHP öffnen wollen. Dem sollten Sie zustimmen.

    In der PHP-Perspektive sieht die Benutzeroberfläche automatisch etwas anders aus. Sie ist für die Erstellung von PHP-Programmen optimiert.

> Sie können in Eclipse übrigens ganz einfach zwischen der PHP-Perspektive und der Java-Perspektive wechseln. Wählen Sie dazu im Menü Fenster|Perspektive|Perspektive öffnen|Andere. Im sich öffnenden Dialog wählen Sie die gewünschte Perspektive aus und klicken dann auf Öffnen.

Hallo PHP-Welt

Zum Einstieg zeige ich Ihnen jetzt, wie das »Hallo Welt«-Programm mithilfe von PHP realisiert wird.

1. Klicken Sie zunächst im Projektexplorer von Eclipse das neu erstellte Projekt an.

2. Wählen Sie dann im Menü Datei|Neu|PHP File.

3. Im sich öffnenden Dialog können Sie einen Namen für die neue PHP-Quelltextdatei angeben.

    Tippen Sie im entsprechenden Feld Dateiname hallo.php ein und klicken Sie danach auf Fertigstellen.

Die neu erstellte Quelltextdatei hallo.php wird daraufhin im Editor von Eclipse angezeigt. In der ersten Zeile stehen bereits einige Zeichen:

```
<?php
```

PHP-Programme werden oft zum Erzeugen von HTML-Dokumenten genutzt. Wie Sie später noch genauer sehen werden, kann daher innerhalb von PHP-Quelltextdateien zwischen der Angabe von Programmcode und der Angabe von HTML-Code hin- und hergewechselt werden.

Standardmäßig enthält eine PHP-Quelltextdatei keinerlei Programmcode, sondern ausschließlich HTML-Code. Um einen Bereich einzuleiten, in dem sich PHP-Code befinden soll, werden die oben gezeigten Zeichen verwendet. Um einen PHP-Bereich zu beenden, wird die folgende Zeichenfolge verwendet:

?>

Zunächst einmal möchte ich ausschließlich PHP-Quelltextdateien erstellen, die nur aus PHP-Code bestehen. Insofern muss zu Beginn einer solchen Quelldatei ein PHP-Bereich eingeleitet werden. Am Ende der Datei kann der PHP-Bereich auch wieder beendet werden. Zwingend notwendig ist das aber nicht, sofern kein HTML-Code mehr folgt.

```
<?php

... PHP-Code ...

?>
```

Listing 17.1: Aufbau einer PHP-Quelldatei

Um das »Hallo Welt«-Programm zu realisieren, genügt eine einzelne PHP-Anweisung:

```
<?php
  echo "Hallo PHP-Welt";
?>
```

Listing 17.2: Das »Hallo Welt«-Programm in PHP

Mit dem PHP-Befehl `echo` kann Text ausgegeben werden. Der auszugebende Text wird einfach nach dem Schlüsselwort `echo` angegeben. Was in Java die Funktion `System.out.println()` ist, ist in PHP der Befehl `echo`.

Wie in Java auch, werden gewöhnliche Anführungszeichen verwendet, um Anfang und Ende einer Zeichenkette zu markieren. Zudem werden einzelne Anweisungen, wie in Java, mit einem Semikolon abgeschlossen.

Damit ist das »Hallo Welt«-Programm auch schon komplett. Speichern Sie die Datei ab und danach können Sie das Programm gleich ausführen. Doch stopp – wie kann das Programm denn ausgeführt werden?

PHP-Code ausführen

Der Hauptzweck eines PHP-Programms ist es, dynamisch ein HTML-Dokument zur Anzeige in einem Webbrowser zu erzeugen. Das »Hallo Welt«-Programm erzeugt zwar noch kein richtiges HTML-Dokument, sondern einfach eine Textzeile. Aber auch eine Textzeile kann von einem Webbrowser problemlos dargestellt werden.

Um ein dynamisch erzeugtes Dokument anzuzeigen, arbeiten die verschiedenen Komponenten wie folgt zusammen:

✔ Der Webbrowser verbindet sich zunächst mit dem Server, auf dem das abzurufende Dokument gespeichert ist.

   Im Normalfall beim Surfen im Internet ist der Server ein Programm, das auf einem entfernten Rechner irgendwo im Internet läuft.

   Im Beispiel dagegen läuft der Apache-Webserver ja auf Ihrem eigenen Rechner. Der Webbrowser verbindet sich daher mit dem Apache-Server auf Ihrem Rechner.

✔ Der Webserver führt das PHP-Programm aus und zeichnet den von diesem Programm erzeugten Text auf.

✔ Danach liefert der Webserver den zuvor erzeugten Text an den Webbrowser aus.

✔ Der Webbrowser stellt den Text für den Benutzer dar.

   Im Normalfall wird der Text als HTML-Dokument interpretiert, im Beispiel aus Listing 17.2 wird nur die einzelne Textzeile dargestellt.

Ziel ist es also, dass sich der gewöhnliche Webbrowser mit dem Webserver verbindet, von diesem den generierten Text abruft und dann anzeigt.

Um sich mit einem bestimmten Server im Internet zu verbinden, kann eine Adresse in die Adresszeile des Browsers eingegeben werden. Um sich mit einem Server zu verbinden, der auf dem eigenen Rechner läuft, kann die spezielle Adresse `localhost` verwendet werden.

Wird nur diese Adresse allein verwendet, wird sozusagen die »Startseite« des Servers abgerufen. In der Regel enthält ein Server jedoch mehrere Dokumente. Daher sollte beim Abruf auch angegeben werden, welches Dokument angefordert wird.

Dies gelingt, indem Sie die Basisadresse (im Beispiel `localhost`) mit einem gewöhnlichen Slash erweitern und danach einen Pfad angeben. Der Pfad gibt die Adresse des anzuzeigenden Dokuments relativ zum Startverzeichnis des Servers an. Die Adresse `localhost/ordner1/datei1.php` besagt demnach, dass sich das anzuzeigende Dokument *datei1.php* in einem Unterverzeichnis *ordner1* des Startverzeichnisses des Servers befindet.

Das Startverzeichnis des Apache-Webservers aus dem XAMPP-Paket ist das Unterverzeichnis `htdocs` im `xampp`-Verzeichnis auf Ihrem Rechner. Haben Sie XAMPP mit den Standardeinstellungen installiert, ist das Startverzeichnis demnach `C:\xampp\htdocs\`.

Um ein Dokument nun im Webbrowser anzuzeigen, müssen Sie seinen Pfad relativ zu diesem Verzeichnis angeben.

Bei der Vorbereitung von Eclipse hatten Sie einen Unterordner `eclipse` in `htdocs` erstellt, den Sie danach als Arbeitsbereich innerhalb von Eclipse ausgewählt haben. Innerhalb dieses Arbeitsbereichs befindet sich das PHP-Projekt im Ordner mit dem Namen `MeinErstesPHPProjekt`, der Ordner heißt also genau wie das Projekt.

Und in diesem Projektordner befindet sich die Quelltextdatei hallo.php. Der Gesamtpfad der Datei innerhalb des Dateisystems lautet damit:

C:\xampp\htdocs**eclipse\MeinErstesPHPProjekt\hallo.php**

Um diese Datei über den Webbrowser abzurufen, wird der Server über die spezielle Adresse localhost angesteuert und der Pfad der Datei innerhalb des htdocs-Verzeichnisses angegeben. Die gesamte Adresse, über die auf das Dokument via Webbrowser zugegriffen werden kann, lautet daher:

localhost/eclipse/MeinErstesPHPProjekt/hallo.php

Beachten Sie, dass die Backslashes, die in der normalen Windows-Schreibweise zur Trennung von Verzeichnis-Ebenen verwendet werden, in der Browser-Schreibweise durch einfache vorwärts gerichtete Slashes ersetzt werden.

Geben Sie diese Adresse in einen Webbrowser ein, wird das PHP-Programm auf dem Server ausgeführt und der dabei erzeugte Text an den Browser zur Darstellung ausgeliefert (siehe Abbildung 17.3).

Abbildung 17.3: Das »Hallo Welt«-Programm im Webbrowser

Achten Sie darauf, dass der Apache-Webserver im XAMPP-Kontrollzentrum gestartet ist. Wenn das nicht der Fall ist, erhalten Sie beim Aufrufen des Dokuments über den Webbrowser nur eine Fehlermeldung.

Das Wichtigste in Kürze

✔ Ein Server ist ein Programm, das auf einem entfernten Rechner im Internet läuft. Dieses Programm liefert angeforderte Dokumente an Webbrowser aus.

✔ Mit der Programmiersprache PHP können dynamische Dokumente erzeugt werden.

✔ Das XAMPP-Paket enthält sowohl einen Webserver als auch ein Datenbanksystem sowie die Programmiersprache PHP.

✔ Über die spezielle Adresse localhost können Sie mit einem Browser auf einen Webserver zugreifen, der sich auf Ihrem eigenen Rechner befindet.

✔ Eclipse kann mithilfe der PDT-Erweiterung so umgerüstet werden, dass es Sie beim Umsetzen von PHP-Projekten unterstützt.

IN DIESEM KAPITEL

Grundlagen von PHP

Erste dynamische Webseiten erstellen

Kapitel 18
Einstieg in die PHP-Programmierung

Jetzt ist es an der Zeit, dass Sie die Programmiersprache PHP kennenlernen. Zunächst werde ich Ihnen die wesentlichen Bestandteile der Sprache zeigen und auf Unterschiede zu anderen Sprachen wie Java hinweisen. Abschließend werden Sie dann sehen, wie mithilfe von PHP-Programmen dynamische Webseiten erzeugt werden.

PHP als Skriptsprache

PHP ist die Abkürzung für *PHP: Hypertext Preprocessor*. Wie Sie sehen, hatten die Entwickler von PHP eine gewisse Portion Humor, da das erste P in PHP wieder für PHP selbst steht. Man nennt so etwas auch eine rekursive Abkürzung – wie zum Beispiel auch SPAM eine rekursive Abkürzung für *Spam Posting Annoys Me* ist.

Von derlei Späßen abgesehen, macht der Name auch gleich klar, was der ursprüngliche Hauptzweck der Sprache ist, nämlich Hypertext zu erzeugen. Hypertext kann grob als Webtext übersetzt werden, denn bekanntlich gibt es im Web ja sehr viel Hyperzeugs, wie zum Beispiel Hyperlinks. Hyper Hyper!

PHP wurde im Laufe der Zeit immer wieder angepasst und erweitert. Man kann heute mit PHP auch grafische Benutzeroberflächen erzeugen. Und auch sonst kann man nahezu beliebige Programme mit PHP erstellen. In diesem Buch möchte ich mich aber auf das konzentrieren, wofür PHP vorrangig entwickelt wurde und wozu es heute überwiegend eingesetzt wird: zum Erzeugen von dynamischen Webseiten.

PHP wird als sogenannte *Skriptsprache* bezeichnet. Es gibt keine verbindliche Definition, was eine Skriptsprache ist. Grob ausgedrückt werden Skriptsprachen oft für »kleinere« Programme verwendet. Sie verzichten meist auf einige Sprachelemente, die in Verbindung mit der Handhabung von Variablen in »konventionellen« Programmiersprachen wie Java weit verbreitet sind. In Skriptsprachen erfolgt in der Regel keine Übersetzung des Quellcodes in

Maschinencode, sondern die einzelnen Anweisungen werden direkt bei der Ausführung des Programms verarbeitet.

Programme, die in Skriptsprachen geschrieben wurden, werden deshalb auch meist als *Skripte* bezeichnet. Eventuell haben Sie auch den Begriff »Skript-Kiddie« schon mal gehört. Dieser wird meist als abwertende Bezeichnung für oft jugendliche »Hacker« verwendet, die keine umfangreiche Kenntnis von Programmiersprachen haben, sondern nur ein bisschen mit den als einfacher angesehenen Skriptsprachen herumspielen.

Dieselbe Funktionalität kann in einer Skriptsprache in der Regel mit weniger Code erstellt werden als in einer konventionellen Programmiersprache wie Java. Skriptsprachen sind sehr viel weniger streng, insbesondere was das Anlegen von Variablen angeht. Daher können vor allem kleinere Programme damit schneller erstellt werden.

Bei größeren Programmen kann sich dies aber auch negativ auswirken. Dadurch, dass konventionelle Programmiersprachen in vielerlei Hinsicht sehr streng sind, werden viele Fehler früh entdeckt. Durch die laxe Einstellung von Skriptsprachen dagegen können auch einfache Fehler, insbesondere in größeren Programmen, sehr schwer aufzufinden sein.

In den folgenden Abschnitten stelle ich Ihnen die wichtigsten Features von PHP vor. Sicher möchten Sie die Funktionen auch direkt selbst ausprobieren und nachvollziehen, wie alles funktioniert.

Sie könnten dazu den Code in eine Quelltextdatei in Eclipse packen und jeweils nach dem Abspeichern das Skript via `localhost` über Ihren Browser aufrufen.

Ein erstes Ausprobieren geht aber auch einfacher:

Es gibt viele Webseiten, die online einen sogenannten PHP-Interpreter bereitstellen. Sie geben in einem Textfeld dort einfach beliebigen Code ein, drücken danach einen Button und schon wird der Code ausgeführt. Sie sehen dann direkt auf der Webseite auch die Ausgabe, die das Skript generiert. Bei Bedarf können Sie den Code abändern, erneut ausführen und beobachten, wie sich die Ausgabe verändert.

Einen einfachen Online-Interpreter finden Sie zum Beispiel unter `http://sandbox.onlinephpfunctions.com/`. Sollte dieser nicht mehr zur Verfügung stehen, googeln Sie einfach nach `php interpreter online`.

Die Struktur eines PHP-Programms

Wie Sie im letzten Kapitel bereits gesehen haben, benötigt ein PHP-Skript nur ein sehr rudimentäres Grundgerüst: Von der Zeichenfolge zum Einleiten eines Quelltextbereichs abgesehen sind keine weiteren Elemente nötig. Sie können einfach die auszuführenden Befehle aufschreiben, die beim Aufruf des Skripts der Reihe nach ausgeführt werden.

Das Grundgerüst eines Java-Programms war dagegen viel umfangreicher. Da wurde zunächst eine Klasse benötigt und innerhalb der Klasse dann auch noch eine Hauptfunktion. Nicht so bei PHP, dort bekommen Sie alles geschenkt! Das macht die Struktur eines PHP-Programms aus: dass es fast keine Struktur besitzt (siehe Listing 18.1).

```
<?php
  echo "Das ist der Anfang des Skripts!";
  echo "Das ist die Mitte des Skripts!";
  echo "Das ist das Ende des Skripts!";
?>
```
Listing 18.1: Ein einfaches Skript

Ein PHP-Skript können Sie in verschiedene Quelltextdateien aufteilen. Das macht zum Beispiel Sinn, wenn das Skript sehr umfangreich ist und sich Teile davon thematisch gruppieren lassen. Das ist aber rein optional: Wenn Sie möchten, können Sie das gesamte Skript in eine einzige Datei quetschen. Anders als in Java gibt es keinen Zwang, irgendetwas in eine bestimmte Datei zu schreiben.

Die Einbindung von ausgelagertem Quelltext ist denkbar einfach. Mithilfe des Befehls `include` kann eine andere Datei B in eine Quelltextdatei A eingebunden werden. Beim Ausführen der Quelltextdatei A ist es dann genau so, als wäre der Quelltext, der aus Datei B eingebunden wurde, direkt in A geschrieben worden.

```
<?php
  echo "Ich bin die Anweisung in Datei B\n";
?>
```
Listing 18.2: Die Quelltextdatei B.php

```
<?php
  echo "Ich bin die erste Anweisung in Datei A\n";
  include "B.php";
  echo "Ich bin die letzte Anweisung in Datei A\n";
?>
```
Listing 18.3: Die Quelltextdatei A.php

Das \n am Ende der Zeilen ist die Escape-Sequenz für einen Zeilenumbruch. Escape-Sequenzen können auch in PHP verwendet werden.

Listing 18.2 und Listing 18.3 zeigen das Prinzip. Wird die Datei A.php ausgeführt, führt das zu folgender Ausgabe:

```
Ich bin die erste Anweisung in Datei A
Ich bin die Anweisung in Datei B
Ich bin die letzte Anweisung in Datei A
```

Unterschiede zu und Gemeinsamkeiten mit Java und Co.

In PHP existieren viele Konzepte, die es auch in anderen Programmiersprachen gibt. Ich habe diese Konzepte bereits in den Kapiteln 6 und 7 vorgestellt. Auch in dem Teil über Java-Programmierung wurden viele allgemeine Programmierkonzepte beschrieben.

Ich möchte diese Konzepte jetzt nicht noch einmal in aller Ausführlichkeit vorstellen. Stattdessen zeige ich Ihnen, inwiefern sich die Anwendung dieser Konzepte zwischen PHP und Java unterscheidet. Benötigen Sie zu einem der Themen mehr Hintergrundinformationen, können Sie diese jederzeit in den Kapiteln 6 und 7 beziehungsweise in den Java-Kapiteln 11 bis 15 nachschlagen.

Variablen und Datentypen

Der wichtigste Unterschied zwischen PHP und Programmiersprachen wie Java betrifft die Variablen. PHP ist sehr viel weniger streng, was das Anlegen und Nutzen von Variablen angeht.

- ✔ Der Datentyp einer Variablen muss nicht angegeben werden, er wird von PHP automatisch bestimmt.

- ✔ Eine Variable muss überhaupt nicht explizit angelegt werden.

- ✔ In derselben Variablen können nacheinander Daten von unterschiedlichen Datentypen gespeichert werden.

PHP besitzt im Wesentlichen dieselben Grunddatentypen wie Java, also ganze Zahlen, Gleitkommawerte, Wahrheitswerte und Zeichenketten. Allerdings gibt es weniger Unterscheidungen als in Java, so wird zum Beispiel nicht unterschieden zwischen Zeichen und Zeichenketten. Auch bei den numerischen Typen gibt es jeweils nur einen Typ für ganzzahlige Werte (`int`) und einen Typ für Gleitkommawerte (`float`).

Da die Datentypen nicht explizit angegeben werden müssen, kommen Sie auch recht selten mit den Namen der Datentypen in direkten Kontakt.

Variablennamen in PHP beginnen immer mit einem Dollarzeichen. Die weiteren Bestandteile eines Variablennamens sind Buchstaben (aber keine Umlaute), Ziffern und Unterstriche, wobei direkt nach dem einleitenden Dollarzeichen immer ein Buchstabe folgen muss. Es wird unterschieden zwischen Groß- und Kleinschreibung.

Da eine Variable nicht extra angelegt werden muss, können Sie zur Erzeugung einer neuen Variablen einfach eine Zuweisung tätigen:

```
$a = 1;
```

Auch die üblichen arithmetischen Operationen können Sie (fast) wie bereits in Java gesehen durchführen. Der einzige Unterschied ist, dass der Divisionsoperator immer das korrekte

Ergebnis mit Nachkommastellen liefert, auch wenn die Division nur auf ganzzahligen Werten durchgeführt wird. Der Restwert-Operator % kann aber wie gewohnt verwendet werden.

Zudem können auch die Inkrement- und Dekrement-Operatoren ++ und -- benutzt werden.

```
$b = $a + 1;  // 2
$c = $b * 3;  // 6
$d = $c / 4;  // 1.5
$e = $c % 4;  // 2
$b += 2;      // 4
$c++;         // 7
```

Auch Wahrheitswerte können wie in Java benutzt werden.

```
$wahr1 = false;
$wahr2 = 1 < 3;            // true
$wahr2 = $wahr1 || $wahr2; // true
```

Wie auch in Java wird der spezielle Wert null verwendet, um zu kennzeichnen, dass eine Variable keinen Wert enthält.

```
$a = null;
```

Vorsicht bei nicht-initialisierten Variablen

Variablen müssen nicht explizit angelegt werden. Es ist in PHP kein Fehler, eine Variable direkt lesend zu verwenden. Je nachdem, wie PHP konfiguriert ist, wird beim Ausführen zwar eine Warnung erzeugt, mehr aber auch nicht. Wenn eine nicht-initialisierte Variable verwendet wird, wird sie mit einem Standardwert (wie zum Beispiel 0 bei numerischen Datentypen) belegt.

Problematisch ist das deshalb, weil so Tippfehler beim Variablennamen nicht auffallen:

```
$myVar = 1;
$myErg = $myvar + 2;
```

In dem Listing ist in der zweiten Zeile ein Tippfehler passiert: Statt der zuvor angelegten Variablen $myVar wird die nicht-initialisierte Variable $myvar verwendet. Diese wird für die Berechnung mit 0 belegt, sodass Sie als Ergebnis der Berechnung 2 erhalten anstatt 3, wie Sie es eigentlich erwarten würden.

Derartige Fehler sind extrem schwer zu finden, insbesondere wenn sich die beiden Variablennamen nur durch Groß- und Kleinschreibung eines Buchstabens unterscheiden. Achten Sie daher immer sehr genau darauf, Variablennamen korrekt zu schreiben.

Nutzen Sie auch die Möglichkeit, einen Variablennamen von Eclipse nach dem Eintippen der ersten Buchstaben vervollständigen zu lassen. Verwenden Sie dafür die Tastenkombination [Strg] + [Leertaste].

 Allgemeine Informationen zu Datentypen und Variablen finden Sie in Kapitel 6. Kapitel 10 beschäftigt sich mit den Details von Variablen und Datentypen in Java.

Zeichenketten

Zeichenketten haben in PHP einen besonderen Stellenwert. Immerhin ist es der Hauptzweck der Programmiersprache, Zeichenketten zu erzeugen. Insbesondere das stückweise Zusammensetzen von Zeichenketten geht in PHP einfacher von der Hand als in anderen Programmiersprachen.

Doch lassen Sie mich ganz am Anfang beginnen. Zeichenketten werden in PHP wie auch in Java durch Anführungszeichen begrenzt:

```
$zeichenkette = "Hallo";
```

Allerdings kann alternativ auch ein Hochkomma als Begrenzung verwendet werden:

```
$zeichenkette2 = 'Hallo';
```

Das kann nützlich sein, wenn innerhalb einer Zeichenkette ein Anführungszeichen oder ein Hochkomma vorkommt. Indem das jeweils andere Zeichen zur Begrenzung der Zeichenkette verwendet wird, kann das Hochkomma beziehungsweise das Anführungszeichen normal innerhalb der Zeichenkette verwendet werden:

```
$mitHochkomma = "Haste mal 'nen Euro?";
$mitAnfuehrungszeichen = 'Sie sagte: "Ja!"';
```

Wird eine Zeichenkette mit Anführungszeichen als Begrenzung geschrieben, können im Innern auch Variablen verwendet werden. Die Inhalte dieser Variablen werden dann direkt in die Zeichenkette eingefügt. Auf diese Weise kann eine Zeichenkette einfach aus anderen Zeichenketten zusammengebaut werden:

```
$name1 = "Romeo";
$name2 = "Julian";
$satz = "$name1 und $name2 spielten im Wald!";
// ergibt: Romeo und Julian spielten im Wald!
```

Von dieser Technik werde ich insbesondere in Kapitel 20 oft Gebrauch machen, prägen Sie sie sich also gut ein.

Unabhängig davon können Zeichenketten auch mit dem Punkt-Operator zusammengesetzt werden. Wo man in Java den Plus-Operator zur Verkettung von mehreren Zeichenketten verwendet hat, kann man in PHP den Punkt-Operator nutzen.

```
$name1 = "Romeo";
$name2 = "Julian";
$satz = $name1 . " und " . $name2 . " spielten im Wald!";
```

Auch bei der Verwendung des Punkt-Operators können Operation und Zuweisung mit einem Kombinationsoperator miteinander verknüpft werden, eine Anweisung der Form $a = $a . $b kann also verkürzt werden zu $a .= $b.

```
$woche = "Montag ";
$woche .= "Dienstag ";
$woche .= "Mittwoch ";
...
```

Nicht druckbare Zeichen wie Zeilenumbrüche können über Escape-Sequenzen realisiert werden. Die Escape-Sequenz für den Zeilenumbruch lautet wie auch in Java \n.

> Wenn Sie mit einem PHP-Skript ein HTML-Dokument erzeugen, tauchen Zeilenumbrüche nur im HTML-Code auf. Wenn ein Dokument im Browser dargestellt wird, werden Zeilenumbrüche nur als Leerzeichen angezeigt.
>
> Um einen Zeilenumbruch auch im Browser anzuzeigen, können Sie stattdessen das br-Element nutzen: <br>.

Die meisten Escape-Sequenzen können nur innerhalb von Zeichenketten verwendet werden, die durch Anführungszeichen begrenzt werden. Bei Zeichenketten, die durch Hochkommas begrenzt werden, können nur die Escape-Sequenzen \' (für das Hochkomma selbst) sowie \\ (für einen gewöhnlichen Backslash) verwendet werden.

```
$z1 = '\"h'; // ergibt: \"h
$z2 = "\"h"; // ergibt: "h
$zweiZeilen = "Zeile1\nZeile2";
```

> Informationen zur Handhabung von Zeichenketten in Java finden Sie bei Bedarf in Kapitel 12 im Abschnitt »Zeichenketten als Objekte«.

Kontrollfluss

Verzweigungen und Schleifen existieren auch in PHP und können dort genau wie in anderen Programmiersprachen benutzt werden.

```
$a = 1;

if ($a > 0)
  echo "$a ist größer als 0";

while ($a < 10)
{
  ++$a;
}

for ($i = 0; $i < 10; ++$i)
{
  echo "Ich bin die $i";
}
```

Listing 18.4: Verzweigungen und Schleifen in PHP

 Eine allgemeine Einführung in Kontrollstrukturen finden Sie in Kapitel 6.

Funktionen

Bei anderen Sprachen wie Java kommen Funktionen nur in Form von Methoden für Klassen zum Einsatz. In einem PHP-Skript können Funktionen dagegen jederzeit und überall erstellt und genutzt werden.

Im Vergleich zu einer Methode in Java entfällt die Angabe von Zugriffsmodifizierer und Rückgabetyp, stattdessen wird eine Funktion immer durch das Schlüsselwort function eingeleitet. Bei der Angabe einer Parameterliste brauchen ebenso wie bei sonstigen Variablen keine Datentypen angegeben zu werden.

Innerhalb des Rumpfs einer Funktion wird die return-Anweisung verwendet, um Daten an die aufrufende Stelle zurückzuliefern. Da für eine Funktion kein bestimmter Rückgabetyp angegeben wird, können beliebige Daten zurückgegeben werden. Besitzt eine Funktion mehrere return-Anweisungen, können auch Daten mit unterschiedlichen Typen zurückgegeben werden.

```php
function summe($a, $b)
{
  return $a + $b;
}
```

Listing 18.5: Eine PHP-Funktion

Eine Funktion kann von überall innerhalb eines Skripts aufgerufen werden. Es ist egal, ob die Funktion im Quelltext vor oder nach der Stelle, an der sie aufgerufen wird, angelegt wird. Der Aufruf selbst erfolgt über den Namen der Funktion und der Liste mit den Parametern. Eine Funktion kann auch auf der rechten Seite einer Zuweisung aufgerufen werden.

```php
$differenz1 = differenz(8, 2); // 6

function differenz($a, $b)
{
  return $a - $b;
}

$differenz2 = differenz(10, 6); // 4
```

Listing 18.6: Eine Funktion erstellen und nutzen

 Eine ausführlichere allgemeine Einführung in die Erstellung und Nutzung von Funktionen finden Sie in Kapitel 7.

Lokale Variablen

Variablen, die innerhalb des Rumpfs einer Funktion angelegt werden, sind auch nur dort gültig. Man spricht dann von *lokalen Variablen*.

Innerhalb von anderen Funktionen oder ganz außerhalb einer Funktion kann zwar wieder eine Variable mit gleichen Namen verwendet werden, jedoch wäre dies eine neue Variable, die mit der ursprünglichen lokalen Variablen nichts gemein hat.

Listing 18.7 zeigt zwei Funktionen, in denen jeweils eine Variable $a verwendet wird. Da es sich jeweils um lokale Variablen innerhalb der Funktionen handelt, sind dies zwei eigenständige Variablen, die nichts miteinander zu tun haben.

```
function myFunc()
{
  $a = 12;
}

function myFunc2()
{
  echo $a;
}
```
Listing 18.7: Lokale Variablen in Funktionen

Globale Variablen

Variablen, die außerhalb von Funktionen angelegt werden, werden *globale Variablen* genannt. Globale Variablen sind überall außerhalb von Funktionen gültig, nicht jedoch innerhalb von Funktionen.

Listing 18.8 zeigt ein Beispiel, bei dem eine globale Variable angelegt wird. Obwohl innerhalb eines Funktionsaufrufs eine gleichlautende Variable mit einem neuen Wert belegt wird, hat dies keinen Einfluss auf die globale Variable.

```
$b = 12;

function aendern()
{
  $b = 17;
}

aendern();

echo $b; // 12
```
Listing 18.8: Globale Variable

Um innerhalb einer Funktion auf eine globale Variable zugreifen zu können, muss diese in der Funktion gewissermaßen »importiert« werden. Das geschieht mit dem Schlüsselwort `global`. Wird eine Variable innerhalb einer Funktion auf diese Weise eingeführt, haben Sie innerhalb der Funktion Zugriff auf die globale Variable.

In Listing 18.9 wird das Beispiel aus Listing 18.8 so abgeändert, dass die globale Variable $b in die Funktion `aendern()` importiert wird. Dadurch ändert sich beim Aufruf der Funktion die globale Variable. Der geänderte Wert wird am Ende ausgegeben.

```
$b = 12;

function aendern()
{
  global $b;
  $b = 17;
}

aendern();

echo $b; // 17
```
Listing 18.9: Import einer globalen Variablen

Arrays

Arrays werden dazu verwendet, mehrere Elemente in einer einzigen Datenstruktur zu speichern. In Java sind Arrays recht unflexibel, da die Anzahl der aufzunehmenden Elemente direkt beim Anlegen angegeben werden muss und danach nicht mehr geändert werden kann. In der Java-Klassenbibliothek gibt es jedoch weitere Datenstrukturen (die Collections), in denen mehrere Elemente gespeichert werden können und die für unterschiedliche Zwecke optimiert sind.

In PHP ist das ein bisschen anders. Auch dort gibt es Arrays, diese sind jedoch wesentlich flexibler als die Java-Arrays. Ein PHP-Array deckt auch viele Funktionalitäten ab, die zum Beispiel in Java über zusätzliche Collection-Datenstrukturen realisiert werden. PHP benötigt daher nicht mehrere Datenstrukturen zum Speichern von mehreren Elementen, die Arrays sind dort universell für verschiedene Zwecke geeignet.

Arrays erstellen

Ein Array kann mithilfe des Schlüsselworts `array()` erzeugt werden:

```
$array1 = array();
```

Sofern nicht anders angegeben, ist ein Array zu Beginn leer. Es können aber auch beim Anlegen bereits Elemente angegeben werden, die in dem Array gespeichert werden sollen. Ein Array kann Elemente mit beliebigen Datentypen speichern.

```
$array2 = array(5, 7, 12);
$array2a = array(4, "alpha", true);
```

Elemente von Arrays werden wie bei Java beginnend bei 0 fortlaufend indiziert. Mit dem Index-Operator können Elemente eines Arrays gelesen und geändert werden:

```
$array3 = array(8, 9);
$erstesElement = $array3[0]; // 8
$array3[1] = 10;
```

Mit dem Index-Operator können aber auch Elemente zusätzlich hinzugefügt werden. Das geht auf zwei verschiedene Arten:

- ✔ Wird der leere Index-Operator verwendet, wird das Element neben dem Element mit dem bisher größten Index eingefügt. Der Index des neu eingefügten Elements wird um eins größer sein als der bisherige größte Index des Arrays.

    ```
    $array4 = array(10,12);
    $array4[] = 20;
    ```

    Im Beispiel wird das neue Element hinten an das vorhandene Array angehängt, es hat also den Index 2.

- ✔ Mit dem Index-Operator wird ein beliebiger Index angegeben, an dem das Element eingefügt werden soll. Ist der Index größer als der bisher größte Index des Arrays, werden die Plätze dazwischen freigelassen.

    ```
    $array5 = array(13,14);
    $array5[5] = 20;
    ```

    Im Beispiel wird das neue Element an den Platz mit dem Index 5 im Array gesetzt. Der zuvor größte Index war 1. Die Plätze mit den Indizes 2 bis 4 bleiben unbesetzt, das Array beinhaltet also drei Elemente insgesamt.

Um die Anzahl der Elemente, die sich in einem Array befinden, herauszufinden, gibt es die in PHP integrierte Funktion count(). Mit der Funktion unset() wird ein Element aus einem Array entfernt.

```
$array6 = array(3, 4, 5);
$anzahl = count($array6); // 3
unset($array6[1]);
$anzahl = count($array6); // 2
```

Zu beachten ist, dass die Indizierung der verbleibenden Elemente nicht geändert wird, wenn ein Element aus dem Array entfernt wird. Im Beispiel wird das Element mit dem Index 1 aus dem Array entfernt. Dieser Platz ist danach unbesetzt.

Elemente mit einer Schleife durchlaufen

Theoretisch können Sie ein Array mit einer Schleife durchlaufen, indem Sie den Index hochzählen:

```
$array7 = array(1,3,2,5,6);
```

```
for ($i = 0; $i < count($array7); ++$i)
{
  echo $array7[$i];
}
```

Im Allgemeinen ist das aber keine gute Idee, da die Plätze im Array nicht alle besetzt sein müssen. Im vorangegangenen Abschnitt haben Sie gesehen, dass Elemente an beliebigen Indexpositionen in ein Array eingefügt werden können.

Stattdessen sollten Sie die foreach-Schleife verwenden. Das ist eine abgewandelte Schleife, die zum Durchlaufen von Arrays konzipiert ist. Der Kopf der foreach-Schleife besteht aus drei Elementen:

✔ Dem Array, das durchlaufen werden soll

✔ Dem Schlüsselwort as

✔ Einem Variablennamen, in dem bei jedem Durchlauf der Schleife das aktuelle Element abgelegt wird

Der Rumpf einer foreach-Schleife wird für jedes Element, das sich im zu durchlaufenden Array befindet, einmal ausgeführt. Das jeweilige Element wird bei jedem Durchlauf dann in der im Kopf angegebenen Variablen gespeichert, sodass Sie im Rumpf der Schleife Zugriff darauf haben.

```
$array8 = array("alpha", "beta", "gamma");

foreach ($array8 as $element)
{
  echo $element;
}
```

Array als assoziativer Speicher

Ein Array kann in PHP auch als assoziativer Speicher verwendet werden.

Ein assoziativer Speicher beinhaltet nicht bloß eine Liste von Elementen, sondern eine Liste von Elementpaaren oder Zuordnungen (zum Beispiel 1 wird zugeordnet 2, 3 wird zugeordnet 6 und so weiter). Eine einzelne Zuordnung (1 wird zugeordnet 2) besteht dabei immer aus einem Schlüssel (1) und einem Wert (2).

Im Prinzip werden bei allen Arrays in PHP Zuordnungen gespeichert. Der Schlüssel einer Zuordnung ist dabei jeweils der Index innerhalb des Arrays, der Wert der Zuordnung ist das eigentlich gespeicherte Element.

```
$array9 = array(20, 30, 40);
```

Im gezeigten Beispiel besteht das Array aus drei Schlüssel-Wert-Paaren: (0, 20), (1, 30) und (2, 40). Als Schlüssel dienen die Indizes, die automatisch bei 0 beginnend fortlaufend generiert werden.

In einem PHP-Array können jedoch nicht nur ganzzahlige Werte als Schlüssel verwendet werden, sondern auch Zeichenketten.

```
$array10 = array("A" => 1, "B" => 2);
$array10["C"] = 3;
$a = $array10["A"]; // 1
```

Bei der Erzeugung eines neuen Arrays können die Schlüssel-Wert-Paare als durch Komma getrennte Liste in der Form schlüssel => wert angegeben werden. Zudem kann der Index-Operator verwendet werden, um später weitere Schlüssel-Wert-Paare einzufügen oder auf vorhandene zuzugreifen.

Ein Array kann gleichzeitig numerische Schlüssel als auch Zeichenketten-Schlüssel haben.

```
$array = array("A" => 1, 2 => 7);
$a = $array[2]; // 7
```

Ein Array, das als assoziativer Speicher dient, kann ebenfalls mit einer foreach-Schleife durchlaufen werden. Der Schleifenkopf wird dafür erweitert, um sowohl auf Schlüssel als auch Wert jeder Zuordnung zugreifen zu können:

```
$array11 = array("alpha" => 1, "beta" => 2);

foreach ($array11 as $schluessel => $wert)
{
  echo "$schluessel wird zugeordnet $wert";
}
```

Array-Funktionen

In PHP sind bereits zahlreiche Funktionen integriert, mit denen Arrays analysiert und verändert werden können. Die Funktionen count() und unset() hatte ich zuvor schon vorgestellt. Jetzt möchte ich noch einige weitere häufig verwendete Funktionen zeigen.

```
$array = array(1 => "Peter", 2 => "Siggi", 3 => "Olaf");
```

✔ Mit der Funktion in_array() wird geprüft, ob ein Array einen bestimmten *Wert* enthält.

```
$a = in_array("Peter", $array);    // true
$b = in_array(3, $array);          // false
```

✔ Mit der Funktion array_key_exists() wird geprüft, ob ein Array einen bestimmten *Schlüssel* enthält. Dabei werden nur die Schlüssel gezählt, die auch tatsächlich belegt sind.

```
$c = array_key_exists(2, $array);       // true
$d = array_key_exists("Olaf", $array);  // false
```

✔ Mit der Funktion `asort()` wird ein Array aufsteigend gemäß seiner Werte sortiert – bei Zeichenketten also alphabetisch. Die jeweiligen Indizes beziehungsweise Schlüssel bleiben dabei erhalten.

```
asort($array);
// 3 => Olaf, 1 => Peter, 2 => Siggi
```

✔ Mit der Funktion `ksort()` wird ein Array aufsteigend gemäß seiner Schlüssel sortiert.

```
ksort($array);
// 1 => Peter, 2 => Siggi, 3 => Olaf
```

✔ Mit der Funktion `sort()` wird ein Array aufsteigend gemäß seiner Werte sortiert. Die zuvor vorhandenen Schlüssel werden alle verworfen, stattdessen werden die Werte nun beginnend bei 0 aufsteigend indiziert.

```
sort($array);
// 0 => Olaf, 1 => Peter, 2 => Siggi
```

In der Online-Dokumentation von PHP sind auch die weiteren Funktionen zum Analysieren und Verändern von Arrays genau beschrieben. Sie finden sie unter `http://php.net/manual/de/ref.array.php`.

Objektorientierung

Anders als in Java ist die Objektorientierung in PHP-Skripten keine Pflicht. Sie können PHP-Programme erstellen, die ganz ohne Klassen auskommen. Ursprünglich war PHP auch gar nicht objektorientiert, erst mit der PHP-Version 4 wurden Klassen und Objekte eingeführt.

Für die in diesem Buch erstellten Skripte werden keine eigenen Klassen benötigt. Daher werde ich keinen allzu großen Fokus auf das Thema legen. Ich möchte Ihnen lediglich ein einfaches Beispiel zeigen, an dem Sie die (kleinen) Unterschiede bei der Realisierung von PHP-Klassen im Vergleich zu Java-Klassen erkennen können.

In Listing 18.10 wird eine Klasse `MeineKlasse` angelegt. Das geschieht mit dem Schlüsselwort `class`, wie auch in Java. Die Unterschiede zu Java sind:

✔ Beim Anlegen von Attributen wird, wie auch bei sonstigen Variablen in PHP, kein Datentyp angegeben.

✔ Auch Attributnamen müssen mit einem Dollarzeichen beginnen.

✔ Der Konstruktor wird über eine spezielle Funktion realisiert, die zwingend den Namen `__construct` (mit zwei Unterstrichen am Anfang) haben muss.

✔ Beim Anlegen von Methoden wird, wie auch bei sonstigen Funktionen in PHP, kein Rückgabetyp angegeben.

```php
class MeineKlasse
{
  public $eig;

  public function __construct()
  {
    $this->eig = 8;
  }

  public function change()
  {
    $this->eig = 28;
  }
}

$a = new MeineKlasse();
echo $a->eig . "\n";

$a->change();
echo $a->eig . "\n";

$a->eig = 27;
echo $a->eig;
```
Listing 18.10: Eine Klasse in PHP

- ✔ Um innerhalb des Rumpfs einer Methode oder des Konstruktors auf Attribute oder andere Methoden der Klasse zuzugreifen, wird immer das spezielle Element $this benötigt.

  Dieses beinhaltet einen Verweis auf die aktuelle Klasseninstanz.

- ✔ Um auf Methoden oder Attribute eines Objekts zuzugreifen, wird der Pfeil-Operator -> verwendet.

  Wird auf ein Attribut zugegriffen, wird nach dem Pfeil-Operator das einleitende Dollarzeichen des Attributnamens nicht mehr angegeben.

  Im Wesentlichen wird der Pfeil-Operator in PHP immer da verwendet, wo in Java der Punkt-Operator zum Einsatz kam.

  objekt.methode() wird also zu *$objekt->methode()*

Die Klasse MeineKlasse in Listing 18.10 besitzt ein einzelnes, öffentliches Attribut $eig. Im Konstruktor der Klasse wird der Wert des Attributs auf 8 gesetzt.

Zudem besitzt die Klasse eine Methode change(), in der der Wert des Attributs auf den Wert 28 gesetzt wird.

Nach der Definition der Klasse wird diese in Listing 18.10 direkt angewendet. Instanzen können wie in Java auch mit dem new-Operator erzeugt werden.

Danach wird mehrmals der Wert des Attributs über echo-Anweisungen ausgegeben.

Dazwischen wird der Wert jeweils auf unterschiedliche Weise geändert: zunächst über die Methode change(), danach über einen direkten Zugriff auf das Attribut.

Ausführlichere Informationen zu Klassen und Objekten finden Sie in Kapitel 7. Kapitel 12 zeigt, wie objektorientierte Programmierung in Java umgesetzt wird.

Integrierte Funktionen

Java stellt über seine Klassenbibliothek zusätzliche Funktionalität zur Verfügung, die Programmierern die Arbeit erleichtert. In PHP gibt es keine Klassenbibliothek. Stattdessen stellt PHP jedoch eine Fülle von integrierten Funktionen zur Verfügung, die für die unterschiedlichsten Zwecke genutzt werden können.

Ich werde hier einige davon vorstellen und Ihnen zeigen, wo Sie eine vollständige, thematisch geordnete Referenz aller integrierten Funktionen finden.

Mathematische Funktionen

Mathematische Operationen kommen in fast jedem Programm vor, auch PHP-Skripte kommen nur sehr selten ganz ohne mathematische Operationen aus. Neben den Grundrechenarten (Addition, Subtraktion, Multiplikation, Division), die direkt über die bekannten Operatoren realisiert werden, können komplexere Operationen mit den integrierten Funktionen realisiert werden.

✔ Potenzieren und Wurzeln ziehen

Mit der Funktion pow() werden Potenzen berechnet. Die Funktion sqrt() berechnet die Quadratwurzel eines Werts.

```
$a = pow(2, 4);    // 2 hoch 4 ist 16
$b = sqrt($a);     // Die Wurzel aus 16 ist 4
```

✔ Runden

Mit den Funktionen floor(), ceil() und round() kann eine Gleitkommazahl gerundet werden.

floor() rundet zur nächstkleineren ganzen Zahl ab, ceil() rundet zur nächstgrößeren ganzen Zahl auf, und round() führt eine gewöhnliche Rundung durch. Bei der gewöhnlichen Rundung werden positive Zahlen ab 5 aufgerundet und darunter abgerundet. Bei negativen Zahlen ist es umgekehrt.

```
$a = floor(1.9);     // 1
$b = floor(-1.9);    // -2
$c = ceil(1.4);      // 2
$d = ceil(-1.4);     // -1
$e = round(1.4);     // 1
$f = round(1.5);     // 2
$g = round(-1.5);    // -2
```

✔ Maximum und Minimum bestimmen

Mit den Funktionen `max()` und `min()` kann aus einer Liste von Zahlen die größte beziehungsweise die kleinste bestimmt werden. Die Liste der Zahlen kann in Form von mehreren Einzelparametern übergeben werden oder als Array.

```
$array = array(3,9,5,7,1);
$min = min($array);      // 1
$max = max($array);      // 9
$min = min(3,9,5,7,1);   // 1
$max = max(3,9,5,7,1);   // 9
```

✔ Zufallszahlen

Mit der Funktion `mt_rand()` kann ein ganzzahliger Zufallswert erzeugt werden. Als Parameter können die Grenzen angegeben werden, innerhalb derer der Wert liegen soll.

```
$zuf1 = mt_rand(1,12); // eine Zahl zwischen 1 und 12
$zuf2 = mt_rand(0,6);  // eine Zahl zwischen 0 und 6
```

Die angegebenen Grenzen sind jeweils inklusiv. Das heißt, als Zufallswert kommt auch einer der Grenzwerte infrage.

Eine vollständige Referenz aller mathematischen Funktionen können Sie online unter `http://php.net/manual/de/ref.math.php` einsehen.

Zugriff auf das Dateisystem

Mit PHP kann auch auf das Dateisystem des Webservers zugegriffen werden. Unter anderem können Inhalte von Dateien ausgelesen und neue Daten in Dateien gespeichert werden.

✔ Datei auslesen

Mit der Funktion `file_get_contents()` wird der gesamte Inhalt einer Datei ausgelesen und als Zeichenkette zurückgegeben.

```
$inhalt = file_get_contents("/Pfad/zur/Datei.txt");
```

✔ Daten in einer Datei speichern

Um Daten in eine Datei zu speichern, kann die Funktion `file_put_contents()` verwendet werden. Der zu speichernde Inhalt wird der Funktion als Zeichenkette übergeben.

```
$inhalt = "Wie nennt man eine Zauberin in der Wüste? Sand Witch.";
file_put_contents("/Pfad/zur/Datei.txt", $inhalt);
```

Weitere Funktionen zum Zugriff auf das Dateisystem sind in der Online-Referenz unter http://php.net/manual/de/book.filesystem.php aufgelistet.

Zeit und Datum

Häufig wird in Skripten Zugriff auf Zeit und Datum benötigt. PHP stellt zu diesem Zweck (unter anderem) die Klasse DateTime bereit. Damit können zum Beispiel die aktuelle Uhrzeit und das aktuelle Datum bestimmt und dargestellt werden.

Wenn Sie den Konstruktor von DateTime parameterlos aufrufen, wird eine Instanz erstellt, die die aktuelle Uhrzeit (und das aktuelle Datum) repräsentiert. Alternativ kann dem Konstruktor eine Zeichenkette übergeben werden, die das darzustellende Datum inklusive Uhrzeit angibt. Dabei muss die amerikanische Schreibweise (Jahr-Monat-Tag Stunde:Minute:Sekunde) verwendet werden.

```
$jetzt = new DateTime();
$demnaechst = new DateTime("2050-02-01 12:59:00");
```

Um eine DateTime-Instanz in eine Zeichenkette zu verwandeln, die schließlich über die echo-Funktion ausgegeben werden kann, muss die Methode format() verwendet werden. Dieser müssen Sie eine Zeichenkette übergeben, die das Format spezifiziert, in der Sie den Zeitstempel ausgeben möchten (also zum Beispiel in den Formaten Tag.Monat.Jahr oder Jahr-Monat-Tag).

```
$alsString = $demnaechst->format("d.m.Y H:i");
// erzeugt: 01.02.2050 12:59
```

Im Beispiel werden die Formatierungsoptionen d (für den Tag im Format 01 bis 31), m (für den Monat im Format 01 bis 12), Y (für das Jahr im vierstelligen Format), H (für die Stunde im Format 00 bis 23) sowie i (für die Minuten) verwendet. Eine vollständige Auflistung aller Formatoptionen finden Sie in der PHP-Referenz unter http://php.net/manual/de/function.date.php.

An DateTime-Instanzen können Sie auch Änderungen durchführen, also zum Beispiel bestimmte Zeitintervalle addieren oder subtrahieren. Das geht am einfachsten mit der Methode modify().

```
$demnaechst->modify("+10 day");
// 10 Tage nach dem 1.2.2050 ist der 11.2.2050

$demnaechst->modify("-3 hour");
// 3 Stunden vor 12:59 Uhr ist es 9:59 Uhr
```

```
$alsString = $demnaechst->format("d.m.Y H:i");
// erzeugt: 11.02.2050 09:59
```

Eine vollständige Referenz aller Möglichkeiten, die die Klasse `DateTime` bietet, finden Sie online unter http://php.net/manual/de/class.datetime.php.

Weitere Funktionalität

PHP bietet zusätzlich viele weitere Funktionen an, die bei der Erstellung unterschiedlichster Skripte behilflich sein können. Unter anderem stehen Funktionen zur Ver- und Entschlüsselung, zum Erstellen und Analysieren von Grafiken, zum Lösen von komplexen mathematischen Aufgaben sowie zum Verarbeiten von Texten bereit.

Eine thematisch geordnete Auflistung aller Funktionen erhalten Sie in der Online-Referenz unter http://php.net/manual/de/funcref.php.

Eine Webseite mit PHP programmieren

Sie kennen jetzt zumindest die wichtigsten Elemente der Programmiersprache PHP. Ziel ist es, damit eine Webseite zu erzeugen. Eine Webseite besteht aus (HTML-)Text, PHP kann Text über die `echo`-Anweisung ausgeben: voilà. Um eine dynamische Webseite zu programmieren, müssen Sie also »nur« genügend `echo`-Anweisungen aneinanderreihen, sodass letztendlich eine halbwegs brauchbare Webseite herauskommt.

Um das Ganze noch ein bisschen einfacher zu machen, können Sie in PHP-Quelltextdateien sowohl PHP als auch HTML-Blöcke kombinieren.

 Im letzten Kapitel haben Sie bereits gesehen, dass ein PHP-Block mit der Zeichenfolge `<?php` eingeleitet und mit der Zeichenfolge `?>` beendet wird.

Es muss daher nicht die gesamte Webseite mithilfe von `echo`-Anweisungen zusammengesetzt werden. Die Teile der Webseite, die nicht dynamisch erzeugt werden, können auch in einen HTML-Bereich innerhalb der Quelltextdatei gepackt werden. Nur da, wo es dynamische Elemente geben soll, wird ein PHP-Bereich benötigt.

In der Praxis könnten Sie zunächst einmal so vorgehen, dass Sie das Grundgerüst des HTML-Dokuments (also zum Beispiel den `head`-Bereich) in einem HTML-Block angeben. Lediglich den anzuzeigenden Inhalt (den `body`-Bereich des HTML-Dokuments) erzeugen Sie innerhalb eines PHP-Bereichs.

Listing 18.11 zeigt die Umsetzung der Idee. Fast die gesamte Datei enthält gewöhnliches HTML. Lediglich innerhalb des `body`-Bereichs befindet sich ein PHP-Block, in dem der anzuzeigende Inhalt dynamisch erzeugt wird.

```
<!DOCTYPE html>
<html>
  <head>
    <title>Eine dynamische Webseite</title>
  </head>
  <body>
    <?php
      // ... der dynamisch erzeugte Teil ...
    ?>
  </body>
</html>
```

Listing 18.11: Grundgerüst einer PHP-Quelltextdatei

Eine dynamische Webseite

Als erstes Beispiel einer tatsächlich dynamisch erzeugten Webseite mit sinnvollem Inhalt möchte ich Ihnen jetzt zeigen, wie Sie eine Webseite erstellen, die die aktuelle Uhrzeit anzeigt.

Die komplette Skriptdatei finden Sie auf der Webseite zum Buch: https://www.wiley-vch.de/ISBN9783527718511. Zudem zeige ich Ihnen jetzt einmal Schritt für Schritt, wie Sie das Skript selbst innerhalb von Eclipse erstellen können.

1. Klicken Sie mit der rechten Maustaste im Projektexplorer auf das Projekt MeinErstesPHPProjekt, um das Kontextmenü zu öffnen.

2. Wählen Sie NEU und dann PHP FILE.

3. Geben Sie im sich öffnenden Dialog einen Dateinamen für das Skript an.

   Zum Beispiel aktuellezeit.php.

4. Klicken Sie danach auf FERTIGSTELLEN.

Eclipse erstellt nun eine neue Datei innerhalb des Projekts und zeigt diese auch gleich im Editor an. Eventuell beinhaltet die Datei bereits die Zeichenfolge <?php, mit der ein PHP-Bereich eingeleitet wird. Davon abgesehen ist die Quelltextdatei noch komplett leer.

Entfernen Sie gegebenenfalls die von Eclipse eingefügte Zeichenfolge und schreiben Sie den Quelltext aus Listing 18.12 in die Datei. Speichern Sie die Datei danach durch Klick auf das Speichern-Symbol im Menüband von Eclipse (oder über das DATEI-Menü).

Im Vergleich zum Grundgerüst aus dem vorherigen Abschnitt enthält die Quelltextdatei die folgenden Änderungen:

- ✔ Der Titel, der innerhalb des head-Bereichs gesetzt wird, wurde angepasst.

- ✔ Innerhalb des body-Bereichs wird eine statische h1-Überschrift gesetzt.

```
<!DOCTYPE html>
<html>
  <head>
    <title>Wie viel Uhr ist es?</title>
  </head>
  <body>
    <h1>Die aktuelle Uhrzeit</h1>
    <?php
      $jetzt = new DateTime();
      $jetzt = $jetzt->format("d.m.Y H:i:s");
      echo "Datum / Uhrzeit: $jetzt";
    ?>
  </body>
</html>
```

Listing 18.12: Skript zur Erzeugung einer Uhrzeit-Webseite

✔ Der veränderliche Teil wird innerhalb eines PHP-Bereichs erzeugt:

- Es wird eine neue Instanz der Klasse `DateTime` erzeugt und in der Variablen `$jetzt` gespeichert.

  Die Instanz soll die aktuelle Zeit darstellen, daher wird dem Konstruktor kein Parameter übergeben.

- Mithilfe der Methode `format()` wird eine Zeichenkette erstellt, die die aktuelle Zeit im üblichen Format darstellt.

  Diese Zeichenkette wird in der Variablen `$jetzt` gespeichert. Die Instanz von `DateTime`, die zuvor in der Variablen gespeichert war, wird also überschrieben, da sie nun auch nicht mehr benötigt wird.

- Die zuvor erstellte, formatierte Zeichenkette mit der aktuellen Zeit wird mit einer `echo`-Anweisung ausgegeben.

Um zu sehen, ob alles geklappt hat, können Sie die Webseite jetzt mit einem beliebigen Browser aufrufen.

Vergewissern Sie sich zunächst, dass der Apache-Webserver noch aktiv ist. Prüfen Sie dies im *XAMPP-Kontrollzentrum*. Falls die Anwendung nicht mehr aktiv ist, kann sie über das Startmenü neu gestartet werden.

Wenn Sie meinen Vorschlägen für die Benennung von Projekt und Datei gefolgt sind, lautet die Adresse:

`localhost/eclipse/MeinErstesPHPProjekt/aktuellezeit.php`

Wenn Sie die Adresse in Ihren Browser eintippen, geschieht (im Hintergrund) Folgendes:

✔ Ihr Browser verbindet sich mit dem Apache-Webserver, der in diesem Fall auf Ihrem eigenen Rechner ausgeführt wird.

✔ Der Apache-Webserver sucht die Skriptdatei aktuellezeit.php, die Sie gerade erstellt haben.

✔ Der Apache-Webserver sieht, dass sich innerhalb der Skriptdatei ein PHP-Bereich befindet. Diesen PHP-Bereich führt der Apache-Webserver aus und merkt sich den dabei produzierten Text.

✔ Der Webserver fügt nun die statischen HTML-Bereiche und den von PHP erzeugten Text zu einem Dokument zusammen.

✔ Der Webserver sendet das Gesamtdokument zurück an Ihren Browser.

✔ Ihr Browser stellt das Dokument zur Ansicht für Sie dar.

Das sollte in etwa so aussehen wie in Abbildung 18.1.

Abbildung 18.1: Die aktuelle Uhrzeit im Webbrowser

Wenn Sie die Webseite (zum Beispiel durch Drücken von F5) aktualisieren, ändert sich bei jedem Aufruf auch die Zeit, da das Skript jeweils auf dem Server erneut ausgeführt wird.

Eingaben des Webseitenbesuchers verwenden

Im nächsten Schritt möchte ich die Webseite noch ein wenig erweitern, sodass der Webseitenbesucher Daten eingeben kann und diese auch verwendet werden.

In Kapitel 16 hatte ich Ihnen gezeigt, wie Formulare mit Eingabefeldern innerhalb von HTML-Dokumenten erstellt werden können. Jetzt werden Sie sehen, wie Sie auf die Daten, die auf diese Weise vom Besucher bereitgestellt werden, zugreifen.

Die zuvor erstellte Webseite möchte ich zunächst um ein Eingabefeld erweitern, in das der Besucher eine Zahl eintragen kann. Zusätzlich zum aktuellen Datum soll die Webseite dann auch noch das Datum anzeigen, das sich aus der Addition der vom Besucher angegebenen Anzahl von Tagen ergibt.

Als Beispiel: Nehmen wir einmal an, heute wäre der 13. Juli 2014. Gibt der Webseitenbesucher den Wert 10 an, soll die Webseite anzeigen, dass in 10 Tagen der 23. Juli 2014 ist. Gibt der Besucher den Wert 100 an, soll die Webseite anzeigen, dass in 100 Tagen der 21. Oktober 2014 ist.

Zunächst füge ich nur das Eingabefeld (und einen Button zum Absenden) hinzu. Dazu muss der body-Bereich wie folgt erweitert werden:

```
<form>
  <p>
    <label>Heute in</label>
    <input type="text" name="tage">
    <label>Tagen</label>
  </p>
  <p>
    <button>Absenden</button>
  </p>
</form>
```

In Kapitel 16 hatten Sie gesehen, dass form-Elemente ein Attribut action besitzen, das angibt, an welche Webadresse die eingegebenen Daten gesendet werden sollen. Wenn die Daten an die Adresse des aktuellen Dokuments gesendet werden sollen, kann dieses Attribut auch ausgelassen werden.

Ansonsten enthält das Formular nur ein bisschen Text zur Erklärung für den Webseitenbesucher, ein Text-Eingabefeld sowie einen Button zum Absenden.

Wenn Sie diesen Abschnitt nach dem PHP-Block in den Quelltext von aktuellezeit.php einfügen und die Datei speichern, können Sie die geänderte Webseite in Ihrem Browser bereits anzeigen lassen.

Das neue Eingabefeld und der Button erscheinen (siehe Abbildung 18.2). Wenn Sie eine Zahl dort eingeben und auf ABSENDEN klicken, erscheinen jedoch jedes Mal wieder das leere Eingabefeld und die aktuelle Zeit.

Abbildung 18.2: Webseite mit Formular

Das ist allerdings auch nicht allzu überraschend: Bisher wurde lediglich das Eingabefeld zur Webseite hinzugefügt, aber noch kein Code erstellt, der auf eingegebene Daten zugreift.

Vielleicht ist es Ihnen aber bereits aufgefallen: Wenn Sie auf den Button ABSENDEN klicken, ändert sich die Adresse der Webseite in der Adresszeile des Webbrowsers. Es wird ein Fragezeichen an die ursprüngliche Adresse angehängt, und dahinter findet sich ein Text wie tage=12. Auf diese Weise werden die eingegebenen Daten übertragen. Der Wert, den Sie in das Eingabefeld eintragen, bevor Sie auf ABSENDEN klicken, wird in die Adresse übernommen.

Es ist recht einfach, innerhalb eines Skripts auf diese Daten zuzugreifen. PHP stellt zu diesem Zweck automatisch ein assoziatives Array bereit, das alle Eingaben des Webseitenbesuchers aufnimmt.

Die Eingaben werden als Schlüssel-Wert-Paare geliefert. Als Schlüssel dient der Name, der dem Eingabefeld im HTML-Code gegeben wurde – im Beispiel wurde das name-Attribut des Eingabefelds auf tage gesetzt. Der Wert ist der vom Besucher eingegebene Wert.

Dieses von PHP bereitgestellte Array kann über die Variable $_GET angesprochen werden. Auf den vom Webseitenbesucher eingegebenen Wert kann also über $_GET["tage"] zugegriffen werden.

✔ Wenn man auf Benutzereingaben zugreift, sollte man zunächst mit der Methode isset() prüfen, ob der Benutzer die erwarteten Eingaben auch tatsächlich gemacht hat.

✔ Grundsätzlich kann der Besucher nicht nur Zahlen in das Eingabefeld eingeben, sondern beliebigen Text.

Bevor die Eingabe im Skript verwendet wird, sollte deswegen noch die in PHP integrierte Funktion intval() verwendet werden. Sofern keine gültige Zahl angegeben wurde, wird dann der Wert auf 0 gesetzt.

Jetzt ist es relativ einfach, den PHP-Bereich der Quelltextdatei so zu erweitern, dass auch ein zweites Datum angezeigt wird, wenn der Benutzer eine Zahl in das Eingabefeld geschrieben hat:

```
$tage = 0;
if (isset($_GET["tage"]))
  $tage = intval($_GET["tage"]);
if ($tage != 0)
{
  $jetzt = new DateTime();
  $jetzt->modify("+$tage day");
  $jetzt = $jetzt->format("d.m.Y H:i:s");
  echo "<p>In $tage Tagen: $jetzt</p>";
}
```

Die Schritte im Einzelnen:

✔ Als Erstes wird mit der Funktion `isset()` geprüft, ob der Benutzer überhaupt Text eingegeben hat.

   Wenn die Webseite zum ersten Mal aufgerufen wird, ist das nämlich nicht der Fall.

✔ Danach wird der vom Benutzer eingegebene Wert aus dem Array $_GET ausgelesen. Durch Verwendung der Funktion `intval()` wird sichergestellt, dass es sich um eine Zahl handelt.

   Der Wert wird in der Variablen $tage gespeichert.

✔ Nur wenn der Benutzer einen sinnvollen, von 0 verschiedenen Wert angegeben hat, soll eine weitere Ausgabe gemacht werden.

   Deshalb wird eine `if`-Anweisung verwendet, deren Rumpf nur ausgeführt wird, wenn der Wert von $tage ungleich 0 ist.

✔ Das aktuelle Datum wird durch Erzeugung einer neuen `DateTime`-Instanz bestimmt.

✔ Die vom Besucher angegebene Anzahl von Tagen wird über einen Aufruf der Methode `modify()` addiert.

✔ Die geänderte `DateTime`-Instanz wird mithilfe der Methode `format()` für die Ausgabe formatiert.

✔ Abschließend wird eine Mitteilung zusammengesetzt, die alle Informationen enthält. Diese wird über die `echo`-Methode ausgegeben.

In Listing 18.13 sehen Sie noch einmal den gesamten Quellcode des überarbeiteten Skripts. Wenn Sie dieses eingeben und es danach mit einem Browser ansteuern, können Sie die Datumsberechnungen auch selbst durchführen (siehe Abbildung 18.3).

Abbildung 18.3: Die fertige Webseite

```
<!DOCTYPE html>
<html>
  <head>
    <title>Wie viel Uhr ist es?</title>
  </head>
  <body>
    <h1>Die aktuelle Uhrzeit</h1>
    <?php
      $jetzt = new DateTime();
      $jetzt = $jetzt->format("d.m.Y H:i:s");
      echo "Datum / Uhrzeit: $jetzt";
      $tage = 0;
      if (isset($_GET["tage"]))
        $tage = intval($_GET["tage"]);
      if ($tage != 0)
      {
          $jetzt = new DateTime();
          $jetzt->modify("+$tage day");
          $jetzt = $jetzt->format("d.m.Y H:i:s");
          echo "<p>In $tage Tagen: $jetzt</p>";
      }
    ?>
    <form>
      <p>
        <label>Heute in</label>
        <input type="text" name="tage">
        <label>Tagen</label>
      </p>
      <p>
        <button>Absenden</button>
      </p>
    </form>
  </body>
</html>
```

Listing 18.13: Das gesamte Skript

Das Wichtigste in Kürze

✔ PHP ist eine Skriptsprache, die in vielerlei Hinsicht weniger streng als »konventionelle« Programmiersprachen ist.

✔ Alle Variablennamen müssen mit einem Dollarzeichen starten.

✔ Variablen müssen jedoch nicht explizit angelegt werden.

✔ Es ist nicht nötig, einen Typ für Variablen anzugeben.

✔ Es existieren Datentypen für Zahlen, Zeichenketten und Wahrheitswerte.

- ✓ Verzweigungen und Schleifen können wie in anderen Programmiersprachen verwendet werden.

- ✓ Funktionen benötigen keine Angabe von Rückgabetypen.

- ✓ Arrays in PHP sind Multikönner, die neben Listen auch assoziative Speicher realisieren können.

- ✓ Objektorientierung ist in PHP optional.

- ✓ Die integrierten Funktionen können für die Ausführung von unterschiedlichsten Operationen genutzt werden.

- ✓ Dynamische Webseiten entstehen als Vereinigung von statischen HTML-Bereichen und dynamischen PHP-Bereichen.

- ✓ PHP-Skripte können auf Daten zugreifen, die Nutzer in Formulare auf Webseiten eingegeben haben.

Übungen

1. Erstellen Sie eine PHP-Funktion `potenzTest()`, die einen ganzzahligen Wert als Parameter erhält und einen numerischen Wert zurückgibt.

    Die Funktion soll die erste Zweierpotenz finden, die größer als der per Parameter übergebene Wert ist.

    Beispiele: Wird 50 als Parameter übergeben, soll 64 (2^6) zurückgegeben werden. Wird 100 als Parameter übergeben, soll 128 (2^7) zurückgegeben werden. Wird 1024 als Parameter übergeben, soll 2048 (2^{11}) zurückgegeben werden.

2. Erstellen Sie eine PHP-Funktion `arraySumme()`, die ein Array mit Zahlen als Parameter erhält und einen numerischen Wert zurückgibt.

    Das Array soll zunächst auf folgende Weise bearbeitet werden: Jeder Eintrag soll mit dem (ursprünglichen) Wert des davor stehenden Eintrags multipliziert werden. Der erste Eintrag soll unverändert bleiben.

    Danach soll die Summe aller im Array enthaltenen Werte berechnet und zurückgegeben werden.

    Beispiel: `[2, 7, 12, 3, 4]`

    - Zunächst wird das Array bearbeitet, indem jeder Eintrag (außer dem ersten) mit dem ursprünglichen Wert des vorherigen Eintrags multipliziert wird.

        `[2, 14, 84, 36, 12]`

    - Nun wird die Summe der Einträge gebildet und zurückgegeben:

        `2 + 14 + 84 + 36 + 12 = 148`

3. Erstellen Sie eine PHP-Funktion zufallTest(), die zwei ganzzahlige Werte $max und $gesucht als Parameter erhält und einen ganzzahligen Wert zurückliefert.

   Beide Werte sollen positiv sein. Zudem darf $max nicht kleiner als $gesucht sein. Ist mindestens eine dieser Bedingungen nicht erfüllt, soll direkt 0 als Ergebnis geliefert werden.

   Ansonsten sollen so lange Zufallszahlen zwischen 0 und $max erzeugt werden, bis die Zahl $gesucht als Zufallszahl geliefert wird. Die Funktion soll dann die Anzahl der Durchläufe angeben, die benötigt wurden, bis die gesuchte Zahl gefunden wurde.

4. Ändern Sie die Webseite aus Listing 18.13 ab.

   Der Webseitenbesucher soll nun zusätzlich zu einer Anzahl an Tagen auch noch die Anzahl von Wochen, die zum aktuellen Datum addiert werden, angeben können.

   Ausgegeben werden soll dann das Datum, das sich aus der Addition der angegebenen Anzahl an Wochen und zusätzlich der angegebenen Anzahl an Tagen ergibt.

> **IN DIESEM KAPITEL**
>
> Datenbanken als Ansammlungen von Tabellen
>
> Kommunikation mit Datenbanken

Kapitel 19
Datenbankprogrammierung

Datenbanken sind ein wichtiger Bestandteil bei der Programmierung von dynamischen Webseiten. In diesem Kapitel lernen Sie, wie Sie Datenbanken erstellen und bedienen.

Was ist eine Datenbank?

Eine Datenbank können Sie sich am ehesten vorstellen als eine Art Excel-Dokument. Ein Excel-Dokument besteht in der Regel aus einer oder mehreren Tabellen, wobei eine Tabelle wiederum aus Zeilen und Spalten besteht.

Genauso ist es auch bei einer Datenbank: Diese besteht aus mehreren Tabellen, die sich ebenso aus Zeilen und Spalten zusammensetzen. Tabellen in Datenbanksystemen erhalten einen Namen, über den sie angesprochen werden können. Der Unterschied zu Excel-Dokumenten ist, dass Tabellen in einer Datenbank meistens sehr viel mehr Einträge enthalten und programmatisch darauf zugegriffen werden kann.

Das bedeutet:

- ✔ Mithilfe einer Programmiersprache können Tabellen neu angelegt, bearbeitet oder gelöscht werden.

- ✔ Mithilfe einer Programmiersprache können Einträge in Tabellen neu angelegt, bearbeitet oder gelöscht werden.

- ✔ Mithilfe einer Programmiersprache können Einträge in Tabellen ausgewählt werden.

    Auswählen bedeutet dabei, dass für die weitere Verarbeitung innerhalb eines Programms nicht alle Einträge benötigt werden, sondern nur ein Teil davon. Diese können zum Beispiel anhand einer Bedingung ausgewählt werden (»alle Einträge, die die Bedingung X erfüllen«).

Einfache Tabellen

Ich demonstriere Ihnen das jetzt einmal anhand einer Tabelle gebrauchtwagen (siehe Tabelle 19.1), die eine Liste von Gebrauchtwagen speichert. Die Tabelle soll sechs Spalten haben. In diesen sollen die Bezeichnung des Autos, das Datum der Erstzulassung, der Kilometerstand, die Leistung (PS) sowie der Preis in Euro gespeichert werden. Die erste Spalte soll eine fortlaufende Nummer, eine ID, beinhalten, mit der die Einträge durchgezählt werden. Mit der ID können die einzelnen Tabelleneinträge direkt angesprochen werden.

ID	Bezeichnung	Erstzulassung	Kilometerstand	PS	Preis
1	Audi A5 Cabrio	1. März 2011	94000	160	16500
2	Audi A5 Coupé	1. April 2014	47500	177	27000
3	Fiat Bravo 1.4	1. September 1998	131900	80	200
4	Renault Clio 2	1. Februar 2005	24200	65	1450
5	Suzuki Celerio 1.0	1. August 2017	500	65	8500

Tabelle 19.1: Auflistung von Gebrauchtwagen

Läge die Tabelle 19.1 innerhalb eines Datenbanksystems vor, könnten Sie programmatisch (unter anderem) die folgenden Aktionen durchführen:

Die Tabelle könnte erweitert werden, indem zum Beispiel weitere Spalten eingeführt werden (Kraftstoffart, Standort und so weiter). Es könnten aber auch Spalten aus der Tabelle entfernt werden.

Bestehende Einträge könnten abgeändert oder ganz gelöscht werden. Aber auch neue Einträge können hinzugefügt werden.

Es könnte ein Teil der Einträge ausgewählt und zum Beispiel auf einer Webseite aufgelistet werden.

Dafür können Bedingungen formuliert werden, die die auszuwählenden Einträge erfüllen müssen. Zum Beispiel »alle Autos, die nach dem 1. Januar 2010 zugelassen wurden«, »alle Autos der Marke Audi« oder »alle Autos mit einem Kilometerstand, der niedriger als 100000 ist und die weniger als 5000 Euro kosten«.

Tabellen verknüpfen

Moderne Datenbanksysteme können noch ein bisschen mehr. Eine Datenbank kann aus mehreren Tabellen bestehen. Bei Abfragen können mehrere Tabellen miteinander verknüpft werden. Auch das möchte ich an einem einfachen Beispiel demonstrieren.

Die zuvor gezeigte Tabelle gebrauchtwagen könnte zu einer Datenbank gehören, die von einer Webseite genutzt wird, über die Gebrauchtwagen verkauft werden. In der Tabelle würden dann sicherlich noch mehr Informationen zu den einzelnen Einträgen gespeichert.

Wichtig wären zum Beispiel noch Angaben über den Anbieter eines Inserats. Name, Adresse und Kontaktmöglichkeiten dürften sicherlich nicht fehlen.

Nun ist es aber so, dass ein Anbieter gut und gerne auch mehrere Inserate gleichzeitig schalten kann. In diesem Fall wären die Kontaktangaben des Anbieters gleich mehrfach in der Tabelle gespeichert, nämlich bei jedem Inserat des Anbieters (siehe Tabelle 19.2).

ID	Bezeichnung	...	Anbieter	Adresse
6	Opel Kadett	...	Lutz Löffel	Quetschenmembach
7	Ford Fiesta	...	Lutz Löffel	Quetschenmembach
...	...	...	...	...

Tabelle 19.2: Erweiterte Tabelle

Solche Dopplungen von Daten sollten Sie, wo immer möglich, vermeiden. Besser ist es, wenn Sie die Angaben zum Anbieter in eine eigene Tabelle anbieter auslagern. In dieser neuen Tabelle würden die Daten für jeden Anbieter natürlich nur einmalig eingetragen. Die Tabelle anbieter bekäme ebenso wie die Tabelle gebrauchtwagen eine Spalte ID, in der die Einträge fortlaufend durchnummeriert würden.

Um eine Verbindung zwischen den Tabellen anbieter und gebrauchtwagen herzustellen, würde die Tabelle gebrauchtwagen um eine Spalte Anbieter ID erweitert. Dort würde dann nur die ID des Anbieters gespeichert, alle weiteren Angaben zum Anbieter befänden sich in der Tabelle anbieter.

In Tabelle 19.3 und Tabelle 19.4 sehen Sie das Design der überarbeiteten Tabelle gebrauchtwagen und der neu eingeführten Tabelle anbieter. Die Angaben zum Anbieter sind nun in einer eigenen Tabelle ausgelagert. Die ursprüngliche Tabelle gebrauchtwagen enthält eine Spalte Anbieter ID, über die auf den entsprechenden Eintrag in der Tabelle anbieter verwiesen wird.

ID	Bezeichnung	...	Anbieter ID
6	Opel Kadett	...	1
7	Ford Fiesta	...	1

Tabelle 19.3: Die überarbeitete Tabelle »gebrauchtwagen«

ID	Anbieter	Adresse
1	Lutz Löffel	Quetschenmembach

Tabelle 19.4: Die neue Tabelle »anbieter«

Moderne Datenbanksysteme sind in der Lage, bei einer Abfrage die beiden Tabellen wieder miteinander zu verknüpfen. Wenn also eine Liste der Gebrauchtwagen abgefragt wird, erhalten Sie als Ergebnis eine »virtuelle« Tabelle, in der die Details zum Anbieter wieder eingetragen sind.

Datenbanken als Teil der Webprogrammierung

Bei der Programmierung von dynamischen Webseiten werden Datenbanken genutzt, um die eigentlichen Inhalte der Webseiten zu speichern. Das macht Sinn, um Inhalte und Programmlogik voneinander zu trennen. In den PHP-Skripten befindet sich die Logik, durch die Webseiten aufgebaut werden. Die Inhalte, die letztendlich auf der Webseite dargestellt werden sollen, werden über eine Datenbank ausgeliefert.

Dadurch ist es möglich, die Inhalte schnell und einfach auszutauschen, ohne am allgemeinen Seitenaufbau etwas ändern zu müssen. Alte Inhalte werden aus der Datenbank entfernt, neue Inhalte hinzugefügt – und schon setzt das unveränderte PHP-Skript daraus eine aktualisierte Webseite zusammen.

Webseiten werden dazu unterteilt in ein *Front-End* und ein *Back-End*. Das Front-End ist das, was der gewöhnliche Webseitenbesucher zu sehen bekommt. Also die Webseite mit der schön gestalteten Oberfläche und allen Informationen, die darauf vorhanden sind.

Das Back-End ist eine Administrationsansicht für den Betreiber der Webseite. Im Back-End werden die darzustellenden Inhalte verwaltet. Es besteht dort die Möglichkeit, neue Inhalte in die Datenbank zu schreiben, bestehende Inhalte zu überarbeiten oder ganz zu löschen.

Bei der Programmierung einer Webseite muss also nicht nur der spätere Webseitenbesucher bedacht werden. Zusätzlich wird eine weitere Oberfläche benötigt, über die der Webseitenbetreiber seine Inhalte verwalten kann.

Besondere Bedeutung haben Datenbanken übrigens auch immer dann, wenn der Webseitenbesucher auf einer Webseite etwas suchen kann, zum Beispiel über ein Suchfeld. Nahezu immer wird eine Suche mithilfe einer Datenbank realisiert. Die Anfrage des Besuchers wird an die Datenbank weitergeleitet, und die Ergebnisse der Datenbankanfrage werden mithilfe eines PHP-Skripts für den Besucher auf der Webseite dargestellt.

Umsetzung mithilfe von SQL

Um eine dynamische Webseite zu programmieren, benötigen Sie also auch ein Datenbanksystem. Es gibt verschiedene Anbieter von Datenbanksystemen, deren Lösungen teilweise kostenfrei, teilweise gegen Entgelt erhältlich sind. In Verbindung mit PHP-Webseiten wird sehr oft das Datenbanksystem *MySQL* verwendet. Gelegentlich kommt auch das aus MySQL entstandene *MariaDB* zum Einsatz, das glücklicherweise rückwärtskompatibel zu MySQL ist. Das bedeutet, Sie können mit einer MySQL-Datenbank genauso kommunizieren wie mit einer MariaDB-Datenbank. Welches System verwendet wird, spielt für Sie keine Rolle.

Das XAMPP-Paket, das Sie in Kapitel 17 installiert haben, umfasst bereits eine MySQL-/MariaDB-Datenbank. Bei der Installation von XAMPP wurde das Datenbanksystem auf Ihrem Rechner installiert. Es kann über das Kontrollzentrum von XAMPP gestartet und beendet werden. In der Liste der Dienste ist der zweite Eintrag mit MySQL beschriftet.

Um mit einer Datenbank zu kommunizieren, wird sehr oft die Datenbanksprache *SQL* (Structured Query Language, deutsch: strukturierte Abfragesprache) verwendet. Mit SQL-Befehlen können Sie auf eine Datenbank zugreifen: Sie können Tabellen erstellen, Einträge in Tabellen hinzufügen, wieder löschen sowie bestimmte Einträge aus Tabellen auslesen. Die SQL-Befehle können Sie auch aus PHP-Skripten absetzen.

Eine Tabelle erstellen

Bevor Sie in einer Tabelle Einträge speichern können, müssen Sie die Tabelle erst einmal anlegen. Dabei müssen Sie zum einen Namen für die Tabelle festlegen. Zum anderen müssen Sie angeben, welche Spalten die Tabelle haben soll. Jede Spalte benötigt einen eigenen Namen. Zudem müssen Sie, wie bei Variablen in Programmiersprachen, angeben, welchen Datentyp die Daten haben werden, die Sie in der Spalte speichern wollen.

Datentypen

MariaDB beziehungsweise MySQL kennt eine Vielzahl von Datentypen. Diese lassen sich unterteilen in vier Gruppen: numerische Werte, Typen zum Speichern von Uhrzeit und Datum, Datentypen zum Speichern von Zeichen und Zeichenketten sowie Datentypen zum Speichern von geometrischen Informationen. Wahrheitswerte werden mithilfe von numerischen Werten realisiert, wobei 0 für `false` verwendet wird und 1 für `true`.

Gebräuchliche Datentypen für numerische Werte sind `int`, `float` und `double`. Texte können mit dem Datentyp `text` gespeichert werden. Zum Speichern von Uhrzeit und Datum kann der Datentyp `datetime` verwendet werden. Mehr Datentypen werden für die Themen in diesem Buch nicht benötigt. Bei Bedarf finden Sie die vollständige Liste im Web unter `https://mariadb.com/kb/en/data-types/`.

Primärschlüssel

Tabelle 19.1 war der Entwurf einer ersten Tabelle. Diese Tabelle hatte eine Spalte `ID`, in der eine fortlaufende Nummer gespeichert wurde, über die Sie Einträge gezielt ansprechen können (zum Beispiel »der Eintrag mit der ID 5«).

Eine solche Spalte nennt man im Fachjargon *Primärschlüssel*. Jeder Primärschlüssel muss innerhalb einer Tabelle einmalig sein. Das heißt, es darf in einer Tabelle nicht mehrere Einträge geben, deren Primärschlüssel denselben Wert haben.

Es ist nicht zwingend erforderlich, dass eine Tabelle einen Primärschlüssel hat. In aller Regel ist es aber sinnvoll, grundsätzlich einen Primärschlüssel zu verwenden. Beim Anlegen neuer Einträge muss der Wert für den Primärschlüssel auch nicht unbedingt angegeben werden. Bei entsprechender Konfiguration vergibt das Datenbanksystem den Wert automatisch und trägt dafür Sorge, dass jeder Schlüssel nur einmal vergeben wird.

SQL verwenden

Mit dem SQL-Befehl CREATE TABLE kann eine neue Tabelle angelegt werden. Das Grundgerüst der Anweisung sieht wie folgt aus:

```
CREATE TABLE Name_der_Tabelle
(
  Name_der_Spalte1 Datentyp1,
  Name_der_Spalte2 Datentyp2,
  Name_der_Spalte3 Datentyp3, ...
)
```

Optional kann eine Spaltendefinition nach dem Datentyp noch zusätzliche Informationen enthalten. Ein Beispiel dafür werden Sie gleich sehen. In Listing 19.1 zeige ich Ihnen den SQL-Befehl, mit dem die Datenbanktabelle aus Tabelle 19.1 erzeugt werden kann.

```
CREATE TABLE gebrauchtwagen
(
  id int AUTO_INCREMENT,
  bezeichnung text,
  erstzulassung datetime,
  kilometerstand int,
  leistung int,
  preis int,
  PRIMARY KEY (id)
)
```

Listing 19.1 SQL-Befehl zum Erstellen einer Tabelle

Listing 19.1 setzt im Wesentlichen das zuvor gezeigte Grundgerüst um. Es werden die sechs Spalten id, bezeichnung, erstzulassung, kilometerstand, leistung und preis erzeugt. Zwei Besonderheiten gibt es dennoch:

Bei der Erzeugung der Spalte id wird zusätzlich noch das Konstrukt AUTO_INCREMENT angegeben.

Dadurch wird der Datenbank angezeigt, dass sie diesen Wert bei der Erzeugung eines neuen Eintrags automatisch um eins hochzählen soll, damit der Wert um eins größer ist als der höchste Wert aller bereits vorhandenen Einträge.

Ganz am Ende wird angegeben, dass die Spalte id als Primärschlüssel fungieren soll.

Die Datenbank achtet dann darauf, dass kein Primärschlüssel mehrfach in der Tabelle vorkommt.

Die vorhandene Administrationsoberfläche nutzen

Im Vergleich zu den anderen Datenbankoperationen werden Tabellen nur sehr selten neu angelegt oder verändert. Im Normalfall wird eine Tabelle vom Entwickler zu Beginn einmal angelegt und danach nur noch innerhalb eines PHP-Skripts verwendet.

Das Datenbanksystem, das Sie mit dem XAMPP-Paket auf Ihrem Rechner installiert haben, hat bereits eine integrierte Administrationsoberfläche, mit der Sie auf die Datenbank zugreifen können. Diese Administrationsoberfläche ist letztlich nichts anderes als ein PHP-Skript, mit dem Sie die Datenbank bequem bedienen können.

Es empfiehlt sich, neue Tabellen über diese grafische Oberfläche anzulegen, anstatt die gezeigten SQL-Befehle zu verwenden. Auch später kann die Oberfläche nützlich sein, wenn Sie sich zum Beispiel schnell alle Einträge einer Tabelle (oder auch nur eine Auswahl) anzeigen lassen oder unkompliziert einzelne Einträge entfernen wollen.

Um die Administrationsoberfläche anzeigen zu lassen, gehen Sie wie folgt vor:

1. **Prüfen Sie zunächst, ob im XAMPP-Kontrollzentrum sowohl der Apache-Webserver als auch die Datenbank aktiv sind.**

   Ist eine der Komponenten noch nicht aktiviert, holen Sie das jetzt nach.

2. **Tippen Sie nun in Ihrem Webbrowser die Adresse localhost ein.**

   Es erscheint die Startseite des lokal installierten Webservers.

3. **Klicken Sie oben rechts im Menü der Webseite auf den Eintrag phpMyAdmin.**

Sie gelangen daraufhin zur Administrationsoberfläche des Datenbanksystems (siehe Abbildung 19.1).

Abbildung 19.1: Die Administrationsoberfläche des Datenbanksystems

Das Datenbanksystem kann mehrere voneinander unabhängige Datenbanken verwalten. Die bereits vorhandenen Datenbanken werden in der linken Seitenspalte angezeigt.

Zunächst sollten Sie dort eine eigene Datenbank anlegen.

1. **Klicken Sie zunächst in der linken Spalte oben auf NEU.**

2. **Geben Sie jetzt im mittleren Teil der Oberfläche einen Namen für die Datenbank an.**

   Verwenden Sie als Namen beispielsweise `gebrauchtwagendb`.

3. **Klicken Sie abschließend auf ANLEGEN.**

Die Datenbank wird erzeugt und danach im mittleren Teil der Oberfläche angezeigt. In der linken Spalte können Sie zu den anderen Datenbanken wechseln. Für den Moment ist das nicht nötig. Sollten Sie jedoch später die Administrationsoberfläche über Ihren Browser wieder neu ansteuern, denken Sie daran, zunächst Ihre Gebrauchtwagen-Datenbank anzuklicken, damit diese angezeigt wird.

Momentan wird im mittleren Bereich noch nicht allzu viel angezeigt, da die Datenbank noch leer ist. Das ist auch der Administrationsoberfläche nicht verborgen geblieben, denn sie fordert Sie sofort dazu auf, eine neue Tabelle anzulegen. Die `gebrauchtwagen`-Tabelle können Sie nun wie folgt anlegen:

1. **Geben Sie im Bereich ERZEUGE TABELLE den Tabellennamen** `gebrauchtwagen` **an.**
2. **Die Tabelle soll sechs Spalten besitzen, geben Sie also auch die Spaltenanzahl entsprechend an.**
3. **Klicken Sie danach auf OK.**

   Es erscheint nun ein Formular, in dem Sie die gewünschten Spalten der Tabelle konfigurieren können. Mit jeder Zeile des Formulars wird eine Tabellenspalte formatiert.

   - Die erste Spalte soll den Namen `id` erhalten.

     Beim TYP können Sie es bei der Voreinstellung INT belassen. Setzen Sie noch ein Häkchen bei der Checkbox A_I (für *auto increment*).

     Abschließend wählen Sie im Auswahlmenü der Spalte INDEX den Eintrag PRIMARY aus, falls dies nicht bereits automatisch geschieht. Den aufploppenden Dialog INDEX HINZUFÜGEN bestätigen Sie mit OK.

   - Die zweite Spalte soll den Namen `bezeichnung` erhalten. Wählen Sie TEXT als Typ aus.

   - Die dritte Spalte soll den Namen `erstzulassung` erhalten. Wählen Sie DATETIME als Typ.

   - Die vierte Spalte erhält den Namen `kilometerstand`. Als Typ kann die Voreinstellung INT beibehalten werden.

   - Der Name der fünften Spalte lautet `leistung`. Auch hier kann als Typ die Voreinstellung INT beibehalten werden.

   - Die sechste Spalte erhält den Namen `preis`. Als Typ wird ebenfalls INT verwendet.

4. **Klicken Sie unten rechts auf SPEICHERN, um die Tabelle abschließend zu erstellen.**

Die Tabelle wurde nun vom Datenbanksystem erzeugt. Sie kann jetzt mit Einträgen gefüttert werden.

Einträge erstellen

Neue Einträge können mit dem SQL-Befehl `INSERT INTO` hinzugefügt werden. Das Grundgerüst dafür sieht wie folgt aus:

```
INSERT INTO tabellenname (spalte1, spalte2, ...)
VALUES
  (wert1_spalte1, wert1_spalte2, ...),
  (wert2_spalte1, wert2_spalte2, ...), ...
```

Was passiert hier?

✔ Nach dem Grundbefehl `INSERT INTO` wird der Name der Tabelle angegeben, in die neue Einträge hinzugefügt werden.

✔ Danach folgt innerhalb von Klammern die durch Kommas getrennte Liste der Spalten der Tabelle.

Es müssen nur die Spalten genannt werden, für die auch explizit Werte angegeben werden. Spalten wie zum Beispiel die ID, für die die Datenbank automatisch einen Wert bestimmt, müssen nicht angegeben werden.

✔ Danach folgt das Schlüsselwort `VALUES`.

✔ Schließlich werden die Werte für die neuen Einträge angegeben.

Die Werte für jeden Eintrag werden innerhalb eines Klammerpaars angegeben. Die Werte werden in der Reihenfolge angegeben, in der zuvor auch die Spaltennamen genannt wurden.

Sollen mehrere Einträge auf einmal eingefügt werden, werden diese durch Kommas voneinander getrennt.

Wird in eine Spalte eine Zeichenkette geschrieben, müssen wie in Programmiersprachen auch Anführungszeichen zur Begrenzung verwendet werden. Alternativ können Sie auch einfache Hochkommas nehmen.

Uhrzeit und Datumswerte können in der amerikanischen Schreibweise, ebenfalls durch Anführungszeichen eingeschlossen, angegeben werden: `2014-07-13 23:36:00`. Die Uhrzeit kann weggelassen werden, dann wird sie automatisch auf 0 Uhr des angegebenen Tages gesetzt.

Die Einträge für die Tabelle `gebrauchtwagen` können mit dem folgenden SQL-Befehl eingefügt werden:

```
INSERT INTO gebrauchtwagen
  (bezeichnung, erstzulassung, kilometerstand, leistung, preis)
VALUES
  ("Audi A5 Cabrio", "2011-3-1", 94000, 160, 16500),
  ("Audi A5 Coupé", "2014-4-1", 47500, 177, 27000),
  ("Fiat Bravo 1.4", "1998-9-1", 131900, 80, 200),
  ("Renault Clio 2", "2005-2-1", 24200, 65, 1450),
  ("Suzuki Celerio 1.0", "2017-8-1", 500, 65, 8500)
```

Sie können die SQL-Befehle direkt in der Administrationsoberfläche ausführen. Später werden Sie auch lernen, wie Sie aus PHP-Skripten heraus SQL-Befehle ausführen. Für den Moment genügt es, die Befehle über die Oberfläche abzusetzen. So können Sie schnell und einfach mit den SQL-Befehlen spielen und sehen, wie sich Änderungen daran auswirken. Auf diese Weise entwickeln Sie ein Gefühl für SQL.

In der Administrationsoberfläche klicken Sie einfach oben auf den Reiter SQL. In der neuen Ansicht können Sie Ihren SQL-Befehl in das große Eingabefeld hineinschreiben. Wenn Sie danach unten rechts auf OK klicken, wird der Befehl ausgeführt.

Um nach einer Operation die Inhalte einer Tabelle zu inspizieren, klicken Sie oben auf den Reiter ANZEIGEN.

Einträge ändern

Mit dem SQL-Befehl UPDATE können vorhandene Einträge abgeändert werden. Das Grundgerüst dafür sieht folgendermaßen aus:

```
UPDATE Name_der_Tabelle
SET spalte1 = neuerwert1, spalte2 = neuerwert2, ...
WHERE Bedingung
```

Die Bestandteile im Einzelnen:

✔ Zunächst wird der Name der Tabelle angegeben, deren Einträge abgeändert werden sollen.

✔ Nach dem Schlüsselwort SET werden die neuen Werte angegeben, die bei den zu ändernden Tabelleneinträgen angepasst werden sollen.

 Sie können den Wert einer einzelnen Spalte ändern, bei Bedarf aber auch an mehreren Spalten Änderungen durchführen.

✔ Abschließend wird angegeben, welche Einträge der Tabelle überhaupt abgeändert werden sollen.

 Dazu wird eine Bedingung angegeben. Nur die Einträge, die diese Bedingung erfüllen, werden abgeändert. An den restlichen Einträgen werden keine Änderungen vorgenommen.

Eine Bedingung wird ähnlich erzeugt wie das auch bei if-Konstrukten und Schleifen bei Programmiersprachen der Fall ist. Es werden dabei oft die Vergleichsoperatoren verwendet, um Einträge anhand der Werte von einzelnen Spalten auszuwählen.

Einige Beispiele dazu finden Sie in Tabelle 19.5.

Verbale Beschreibung	Bedingung als SQL
Der Eintrag mit der ID 27	`WHERE id = 27`
Die Einträge, deren Bezeichnung genau »Audi A5 Cabrio« lautet	`WHERE bezeichnung = "Audi A5 Cabrio"`
Die Einträge, in deren Bezeichnung die Zeichenkette »Audi« vorkommt	`WHERE bezeichnung LIKE "%audi%"`
Die Einträge, deren Kilometerstand kleiner als 20000 ist	`WHERE kilometerstand < 20000`
Die Einträge, deren Erstzulassung nach dem 14. Dezember 2013 erfolgte	`WHERE erstzulassung > "2013-12-14"`
Die Einträge, deren Preis kleiner als 15000 Euro und deren Kilometerstand kleiner als 40000 ist	`WHERE preis < 15000 AND kilometerstand < 40000`
Die Einträge, deren Leistung größer als 100 PS oder deren Erstzulassung nach dem 1. Juli 2017 erfolgte	`WHERE leistung > 100 OR erstzulassung > "2017-7-1"`

Tabelle 19.5: Bedingungen mithilfe von SQL formulieren

Diese Bedingungen sollten größtenteils selbsterklärend sein, auf einige Punkte möchte ich aber explizit hinweisen:

✔ In Programmiersprachen wie Java wird als Operator zum Prüfen auf Gleichheit meist ein doppeltes Gleichheitszeichen verwendet, um eine Verwechslung mit dem Zuweisungsoperator zu vermeiden.

In SQL ist das nicht der Fall. Dort wird die Prüfung auf Gleichheit mit einem einfachen Gleichheitszeichen durchgeführt.

✔ In Spalten mit Texten kann auch nach einer Teilzeichenkette gesucht werden.

Dazu wird der Operator `LIKE` verwendet. Danach wird eine Zeichenkette angegeben, nach der gesucht wird. Das Prozentzeichen % dient als Platzhalter für beliebigen Text.

Im dritten Beispiel in Tabelle 19.5 werden alle Einträge gesucht, deren Spalte `bezeichnung` unter anderem die Zeichenkette `audi` enthält.

✔ Mehrere Teilbedingungen können mit den Operatoren `AND` und `OR` verknüpft werden.

Mit `AND` verknüpfte Bedingungen müssen alle erfüllt sein, um die Gesamtbedingung zu erfüllen. Bei Bedingungen, die mit `OR` verknüpft sind, muss mindestens eine erfüllt sein, damit die Gesamtbedingung erfüllt ist.

Die Operatoren verhalten sich also so wie die *und-* und *oder-*Operatoren in Java und anderen Programmiersprachen. Während in Java der *und-*Operator aus zwei kaufmännischen Und-Zeichen (&&) gebildet wird und der *oder-*Operator aus zwei senkrechten Trennstrichen (||), werden in SQL die englischen Begriffe `AND` und `OR` verwendet.

Um in der zuvor angelegten Tabelle gebrauchtwagen den Kilometerstand des ersten Eintrags (»Audi A5 Cabrio«) von 94000 auf 96000 zu ändern, kann der folgende SQL-Befehl verwendet werden:

```
UPDATE gebrauchtwagen
SET kilometerstand = 96000
WHERE id = 1
```

Manche SQL-Befehle sind gerade für Anfänger übrigens besser verständlich, wenn man sie (zeilenweise) rückwärts liest. Schauen Sie sich nur einmal das Beispiel für den UPDATE-Befehl an.

In der letzten Zeile wird festgelegt, welche Einträge geändert werden sollen (im Beispiel die Einträge, bei denen die id-Spalte den Wert 1 hat). In der zweiten Zeile wird angegeben, wie die ausgewählten Einträge abgeändert werden (im Beispiel wird der in der Spalte kilometerstand gespeicherte Wert auf 96000 gesetzt).

Diese Reihenfolge ist intuitiver, weil man so zunächst liest, welche Einträge geändert werden, und erst danach, wie genau die Einträge abgeändert werden.

Einträge löschen

Mit dem Befehl DELETE FROM können Einträge aus Tabellen gelöscht werden. Wie beim Aktualisieren von Einträgen wird mithilfe von Bedingungen bestimmt, welche Einträge gelöscht werden sollen. Je nachdem, wie die Bedingung formuliert ist, wird entweder kein Eintrag, ein Eintrag, mehrere Einträge oder alle Einträge gelöscht.

```
DELETE FROM Name_der_Tabelle
WHERE Bedingung
```

Die Angabe einer Bedingung ist übrigens optional. Wird sie weggelassen, werden alle Einträge gelöscht (was jedoch in den seltensten Fällen beabsichtigt ist).

Einträge aus der Datenbank auslesen

Die vermutlich häufigste Operation auf Datenbanken ist das Auslesen von darin enthaltenen Informationen. Es muss dafür angegeben werden, welche Einträge einer Tabelle ausgelesen werden sollen, sowie die Spalten der Tabelle, deren Werte benötigt werden.

Die Datenbank liefert das Ergebnis dann in einer Tabellenform aus, die nur die ausgewählten Einträge und die gewünschten Spalten enthält.

Eine Datenbankabfrage kann mit dem SQL-Befehl SELECT durchgeführt werden.

```
SELECT spalte1, spalte2, ...
FROM Tabelle
[WHERE Bedingung]
[ORDER BY spalte11, spalte22, ...]
[LIMIT anzahl]
```

Die Auswahl der angeforderten Einträge geschieht abermals, wie bereits beim Ändern und Löschen von Einträgen, durch die Angabe einer Bedingung. Die benötigten Spalten werden als eine durch Kommas getrennte Liste angegeben. Sollen alle Spalten der Tabelle gelesen werden, können Sie statt der Liste einfach einen Stern * verwenden.

Die Bestandteile der Abfrage in eckigen Klammern sind optional.

✔ Mithilfe der ORDER BY-Klausel können die Einträge sortiert werden.

Dazu wird eine Spalte angegeben, die als Basis für eine aufsteigende Sortierung dient. Soll die Sortierung absteigend erfolgen, fügen Sie nach dem Namen der Spalte noch das Schlüsselwort desc (für *descending*) ein.

Es können übrigens mehrere Spalten als Basis für die Sortierung angegeben werden. Vorrangig werden die weiter vorne stehenden Spalten für die Sortierung verwendet. Ist der Wert einer Sortierspalte bei zwei oder mehreren Tabelleneinträgen gleich, sind die weiter hinten stehenden für die Sortierung dieser Einträge maßgeblich.

✔ Mit der LIMIT-Klausel kann die Anzahl der zurückgegebenen Einträge beschränkt werden. Standardmäßig werden alle Einträge, die die Bedingung erfüllen, zurückgegeben.

Wird eine LIMIT-Klausel verwendet, werden nicht mehr Einträge zurückgegeben, als dort angegeben sind. Über die Maximalanzahl hinausgehende Ergebnisse werden also abgeschnitten.

Tabelle 19.6 zeigt einige Beispiele für SQL-Abfragen auf der Datenbank-Tabelle gebrauchtwagen. Tabelle 19.7 zeigt, welche Ergebnisse diese Abfragen liefern, basierend auf der Belegung der Tabelle gebrauchtwagen wie in Tabelle 19.1 zu sehen. Sie können die SQL-Befehle in der Administrationsoberfläche im Reiter SQL eingeben und ausführen. Ändern Sie die Abfragen gerne auch ab und testen Sie, wie sich Änderungen auf das angezeigte Ergebnis auswirken.

Nr	Verbale Beschreibung	SQL

1	Die IDs aller Audi-Einträge, absteigend sortiert nach der Leistung der Einträge	`SELECT id`
		`FROM gebrauchtwagen`
		`WHERE bezeichnung like`
		`"%audi%"`
		`ORDER BY leistung desc`

2	Bezeichnung und Erstzulassung aller Einträge, alphabetisch sortiert nach der Bezeichnung	`SELECT bezeichnung,`
		`erstzulassung`
		`FROM gebrauchtwagen`
		`ORDER BY bezeichnung`

3	Alle Spalten der Einträge, deren Leistung größer als 75 PS ist. Die Ergebnisse sollen absteigend nach Erstzulassung sortiert werden. Es sollen maximal 2 Ergebnisse zurückgegeben werden.	`SELECT *`
		`FROM gebrauchtwagen`
		`WHERE leistung > 75`
		`ORDER BY erstzulassung`
		`desc`
		`LIMIT 2`

4	Die Bezeichnung aller Einträge. Diese sollen absteigend nach Leistung sortiert sein. Ist der Leistungswert bei mehreren Einträgen gleich, sollen diese absteigend nach Preis sortiert werden.	`SELECT bezeichnung`
		`FROM gebrauchtwagen`
		`ORDER BY leistung desc,`
		`preis desc`

Tabelle 19.6: Einige SQL-Abfragen

Nr	Ergebnis

1	`id`
	`2`
	`1`

2	`bezeichnung        erstzulassung`
	`Audi A5 Coupé      2011-03-01`
	`Audi A5 Cabrio     2014-04-01`
	`Fiat Bravo 1.4     1998-09-01`
	`Renault Clio 2     2005-02-01`
	`Suzuki Celerio 1.0 2017-08-01`

3	`id bezeichnung     erstzulassung  kilometerstand  leistung  preis`
	`2  Audi A5 Coupé   2014-04-01     47500           177       27000`
	`1  Audi A5 Cabrio  2011-03-01     94000           160       16500`

4	`bezeichnung`
	`Audi A5 Coupé`
	`Audi A5 Cabrio`
	`Fiat Bravo 1.4`
	`Suzuki Celerio 1.0`
	`Renault Clio 2`

Tabelle 19.7: Ergebnisse der Abfragen aus Tabelle 19.6

Tabellen bei einer Abfrage verknüpfen

Eingangs hatte ich gezeigt, dass Datenbanken zur Vermeidung von Dopplungen in den Daten oft in mehrere Tabellen unterteilt werden. Um bei einer Abfrage alle benötigten Daten zu erhalten, werden die Tabellen wieder verknüpft.

Dieses Verknüpfen von Tabellen ist eine fortgeschrittene Technik bei der Nutzung von Datenbanken. Als Anfänger haben Sie natürlich das Privileg, dass Sie sich mit komplizierten, fortgeschrittenen Techniken noch nicht herumschlagen müssen. Ich möchte das Thema daher nicht allzu sehr vertiefen, sondern nur an einem Beispiel die grundsätzliche Vorgehensweise beim Verknüpfen von Tabellen zeigen.

id	bezeichnung	besitzer
1	DeLorean DMC-12	1
2	Aston Martin DB5	2
3	Land Rover Range Rover Cabrio	2

Tabelle 19.8: Die Datenbanktabelle »auto«

id	name	wohnort
1	Doc Brown	Hill Valley
2	James Bond	London/weltweit

Tabelle 19.9: Die Datenbanktabelle »person«

Als Basis für das Beispiel sollen Tabelle 19.8 und Tabelle 19.9 dienen. In der Tabelle auto werden einige Fahrzeuge gelistet. Über die Spalte besitzer kann eine Verbindung hergestellt werden zur Tabelle person, in der mehr Informationen zu den Besitzern hinterlegt sind.

Im Rahmen einer SELECT-Abfrage kann mit einer JOIN-Klausel eine Verknüpfung durchgeführt werden:

```
SELECT *
FROM auto
JOIN person ON auto.besitzer = person.id
```

Was passiert hier?

✔ Die SELECT-Abfrage enthält selbst bereits eine Tabelle, die abgefragt werden soll.

✔ In der JOIN-Klausel muss die Tabelle angegeben werden, mit der eine Verknüpfung hergestellt werden soll.

✔ Nach dem Schlüsselwort ON wird festgelegt, wie genau die beiden Tabellen verknüpft werden sollen:

Im Beispiel wird angegeben, dass die Verknüpfung über die Spalte besitzer der Tabelle auto und die Spalte id der Tabelle person durchgeführt werden soll. Die Einträge der Tabelle auto sollen mit den Einträgen der Tabelle person zusammengeführt werden, bei denen die beiden Spalten denselben Wert besitzen.

Tabelle 19.10 zeigt das Ergebnis, das diese Abfrage in Kombination mit der Verknüpfung liefert.

auto.id	bezeichnung	besitzer	person.id	name	wohnort
1	DeLorean DMC-12	1	1	Doc Brown	Hill Valley
2	Aston Martin DB5	2	2	James Bond	London/weltweit
3	Land Rover Range Rover Cabrio	2	2	James Bond	London/weltweit

Tabelle 19.10: Das Ergebnis der Verknüpfung

Das Wichtigste in Kürze

✔ Datenbanken bestehen ähnlich wie Excel-Dokumente aus Tabellen, die wiederum aus Zeilen und Spalten bestehen.

✔ Datenbanken werden in der Webprogrammierung verwendet, um die anzuzeigenden Inhalte zu speichern.

✔ Man kann mithilfe der Abfragesprache SQL mit Datenbanken kommunizieren.

✔ SQL unterstützt die grundlegenden Operationen zum Anlegen einer Tabelle, zum Einfügen, Ändern und Löschen von Einträgen sowie zum Abfragen von in der Datenbank enthaltenen Informationen.

Übungen

1. Fügen Sie der Tabelle gebrauchtwagen weitere Fahrzeuge hinzu.

   Verwenden Sie dazu zum Beispiel Angaben Ihres aktuellen Autos sowie von Autos, die Sie eventuell früher besessen haben.

2. Verwenden Sie SQL-Befehle, um nach den folgenden Einträgen der Tabelle gebrauchtwagen zu suchen:

   - Alle Einträge, deren Kilometerstand zwischen 10000 und 30000 liegt *und* deren Preis zwischen 1000 und 10000 Euro beträgt

   - Alle Einträge, deren Kilometerstand zwischen 10000 und 30000 liegt *oder* deren Preis zwischen 1000 und 10000 Euro beträgt

   - Alle Einträge, deren Erstzulassung entweder im Jahr 1998 oder im Jahr 2005 war

   - Alle Einträge, deren Kilometerstand niedriger als ihr Preis in Euro ist

IN DIESEM KAPITEL

PHP und SQL kombinieren

Ein größeres Anwendungsbeispiel: eine dynamische Nachrichten-Webseite

Kapitel 20
Dynamische Webseiten programmieren

Sie kennen jetzt die Grundzüge von HTML, die Grundlagen von PHP und wissen, wie Sie mit SQL-Befehlen mit einer Datenbank kommunizieren können. Jetzt ist es an der Zeit, all diese Dinge zu kombinieren, um dynamische Webseiten zu programmieren.

SQL-Befehle in PHP-Skripten verwenden

Im vorangegangenen Kapitel haben Sie gesehen, wie Sie eine Datenbank mithilfe von SQL-Befehlen steuern können. Um das zu testen, haben Sie die Befehle direkt in der mit XAMPP mitgelieferten Administrationsoberfläche ausgeführt. Nun soll es darum gehen, diese Befehle in eigene PHP-Skripte zu integrieren. Das gelingt mit einer Erweiterung von PHP, die die Kommunikation mit Datenbanken via SQL unterstützt.

Legen Sie in Eclipse in Ihrem PHP-Projekt eine neue PHP-Datei mit dem Namen dbkommunikation.php an. In diese können Sie den Code einfügen, den ich in den kommenden Abschnitten zeige. Sie können die Datei jederzeit speichern und über den Browser (mit der Webadresse localhost/eclipse/MeinErstesPHPProjekt/dbkommunikation.php) ausführen lassen. Denken Sie daran, dass im XAMPP-Kontrollzentrum sowohl der Apache-Webserver als auch das Datenbanksystem aktiviert sein muss.

Im vorigen Kapitel hatte ich Ihnen gezeigt, wie Sie eine neue Datenbank innerhalb des Datenbanksystems mithilfe der Administrationsoberfläche anlegen können. Da ich im Folgenden die Anweisungen zeige, mit denen Sie sich mit dieser Datenbank verbinden können, ist es wichtig, dass die Datenbank auch auf Ihrem Rechner vorhanden ist.

Falls Sie die Datenbank also noch nicht angelegt haben, sollten Sie das jetzt nachholen. In der aktuellen Version von XAMPP kommen Sie über die URL http://localhost/phpmyadmin/server_databases.php?server=1 direkt zu dem Formular, mit dem Sie eine neue Datenbank anlegen können. Funktioniert das nicht, klicken Sie in der Administrationsoberfläche links oben auf Neu.

Die Datenbank soll den Namen gebrauchtwagendb haben. Klicken Sie auf Anlegen, nachdem Sie diesen in das dafür vorhergesehene Feld eingetragen haben.

Wenn Sie die Datenbank erst jetzt anlegen, sollten Sie auch die Tabelle gebrauchtwagen in dieser Datenbank erzeugen. Den dafür nötigen SQL-Befehl finden Sie im Abschnitt »Eine Tabelle erstellen« im vorigen Kapitel. Den SQL-Befehl zum Einfügen der Beispieleinträge für diese Tabelle finden Sie im Abschnitt »Einträge erstellen« im vorigen Kapitel.

Verbindung zur Datenbank herstellen

Zunächst müssen Sie im PHP-Skript eine Verbindung mit der Datenbank herstellen. Dazu werden die folgenden Informationen benötigt:

✔ Die Webadresse des Servers, auf dem die Datenbank läuft

✔ Benutzername und Passwort für den Zugang zum Datenbanksystem

✔ Der Name der Datenbank, mit der eine Verbindung hergestellt werden soll

Da das Datenbanksystem auf Ihrem eigenen Rechner läuft, können Sie localhost als Adresse verwenden. Benutzername und Passwort könnten Sie bei Bedarf festlegen, für die ersten Schritte ist das aber nicht unbedingt nötig. Voreingestellt ist der Benutzername root, ein Passwort ist nicht gesetzt. Der Name der Datenbank, die Sie im letzten Kapitel erstellt haben, lautet gebrauchtwagendb.

Damit haben Sie alle Informationen zusammen und können wie in Listing 20.1 dargestellt aus dem PHP-Skript heraus eine Verbindung herstellen.

```
$adresse = "localhost";
$benutzer = "root";
$passwort = "";
$dbName = "gebrauchtwagendb";

$db = new mysqli($adresse, $benutzer, $passwort, $dbName);

if ($db->connect_error)
{
  echo "Verbindungsfehler: " . $db->connect_error;
  exit();
}
```

Listing 20.1: Verbindung mit der Datenbank herstellen

Verbindungen mit einer Datenbank werden mittels eines objektorientierten Ansatzes hergestellt.

- ✔ Dazu wird eine Instanz der Klasse mysqli erstellt, deren Konstruktor Adresse, Zugangsdaten und Name der Datenbank übergeben werden.

    Durch das Erstellen einer mysqli-Instanz wird automatisch eine Verbindung zu der Datenbank hergestellt. Über die neu erstellte Instanz können Sie später mit der Datenbank interagieren.

- ✔ Zunächst wird aber geprüft, ob die Verbindung hergestellt werden konnte.

    Ist das nicht der Fall, wird die dabei aufgetretene Fehlermeldung ausgegeben und das Skript über einen Aufruf der integrierten PHP-Funktion exit() beendet.

    Hat das Verbinden mit der Datenbank schon nicht geklappt, sind auch die nächsten, noch folgenden Schritte überflüssig.

Befehle an die Datenbank senden

Über die Instanz der Klasse mysqli, die beim Verbinden erzeugt wurde, können auch Befehle an die Datenbank gesendet werden. Das geht prinzipiell immer mithilfe der Methode query(). Dieser Methode übergeben Sie den auszuführenden SQL-Befehl, und schon wird er ausgeführt.

Ein neuer Eintrag könnte dann zum Beispiel wie folgt in die Tabelle gebrauchtwagen eingefügt werden:

```
$sql = "INSERT INTO gebrauchtwagen (bezeichnung,
        leistung, kilometerstand, erstzulassung, preis)
        VALUES
        ('Opel Kadett', 75, 120000, '1995-12-01', 200)";
$db->query($sql);
```

Auch Befehle zum Ändern oder Löschen von Beiträgen können völlig analog dazu mithilfe der Methode query() ausgeführt werden. Grundsätzlich geht das auch mit Abfragen, die an die Datenbank gesendet werden. In diesen Fällen möchten Sie aber natürlich auch die Ergebnisse, die die Datenbank liefert, innerhalb des PHP-Skripts verarbeiten. Zu diesem Zweck werden zusätzliche Methoden benötigt.

Abfragen senden und Ergebnisse verarbeiten

Es gibt verschiedene Wege, wie Sie nach Abfragen an die Datenbank die gelieferten Ergebnisse verarbeiten können. Ich zeige hier exemplarisch eine Variante, bei der alle gelieferten Ergebnisse in einem PHP-Array gespeichert werden. Die Vorgehensweise ist dabei wie folgt:

1. Wie gewohnt wird die Anfrage über die Methode query() abgesetzt.
2. Diese Methode liefert ein Ergebnis-Objekt zurück. Dieses wird jetzt in einer eigenen Variablen gespeichert, sodass es weiterverarbeitet werden kann.

   Falls die Abfrage nicht erfolgreich war (weil zum Beispiel das SQL fehlerhaft war), liefert die Methode statt eines Ergebnis-Objekts den Wahrheitswert false zurück.
3. Auf dem Ergebnis-Objekt wird die Methode fetch_all() aufgerufen. Damit werden die Ergebnisse extrahiert und in einem gewöhnlichen PHP-Array gespeichert.

Eine Abfrage, mit der alle Datensätze aus der Tabelle gebrauchtwagen ausgelesen werden, kann demnach wie in Listing 20.2 dargestellt realisiert werden.

```
$sql = "SELECT * FROM gebrauchtwagen";
$query = $db->query($sql);

if ($query === false)
{
  echo "Fehler bei der Abfrage.";
  exit();
}

$ergebnisse = $query->fetch_all(MYSQLI_ASSOC);
```
Listing 20.2 Ergebnis einer Abfrage speichern

Hierzu einige Anmerkungen:

- Bei der Prüfung, ob statt des Ergebnis-Objekts der Wahrheitswert false zurückgegeben wurde, wird ein dreifaches Gleichheitszeichen für die Prüfung verwendet. Normalerweise wird die Gleichheitsprüfung ja mit einem doppelten Gleichheitszeichen realisiert.

  Wenn man in PHP Variablen von unterschiedlichen Datentypen vergleicht, wird zunächst versucht, diese in einen gemeinsamen Datentyp zu konvertieren. Vergleicht man beispielsweise den Wahrheitswert false mit der Zahl 0, wird der Wahrheitswert ebenfalls in die Zahl 0 umgewandelt (true würde in 1 umgewandelt). Damit wären beide Vergleichselemente 0 und die Gleichheitsprüfung ergäbe true.

  Dieses Verhalten wird in den meisten Fällen unerwünscht sein. In einem solchen Fall wird das dreifache Gleichheitszeichen verwendet – dann findet keine Typanpassung statt, 0 und false wären demnach wie erwartet nicht gleich.

- Dem abschließenden Aufruf von fetch_all() wird ein Parameter MYSQLI_ASSOC übergeben.

  Das ist eine von PHP definierte Konstante. Über den Parameter kann gesteuert werden, wie genau die Ergebnisse in einem PHP-Array gespeichert werden. Mit der Konstanten MYSQLI_ASSOC wird angegeben, dass die Einträge als assoziatives Array abgespeichert werden sollen.

Das von `fetch_all()` erstellte PHP-Array ist ein zweidimensionales Array. Für jedes gelieferte Ergebnis enthält das Array einen Eintrag. Jeder dieser Einträge ist aber selbst wieder ein Array, da ein Eintrag ja die Werte mehrerer Spalten der Tabelle enthalten kann.

Werden zum Beispiel die Spalten `id` und `bezeichnung` der ersten drei Einträge der gebrauchtwagen-Tabelle abgefragt, sähe das Ergebnis-Array folgendermaßen aus:

```php
$ergebnis = array(
  array("id" => 1, "bezeichnung" => "Audi A5 Cabrio"),
  array("id" => 2, "bezeichnung" => "Audi A5 Coupé"),
  array("id" => 3, "bezeichnung" => "Fiat Bravo 1.4")
);
```

Das äußere Array besteht aus drei Einträgen für die drei erhaltenen Ergebnisse. Die inneren Arrays, die die Werte der beiden abgefragten Spalten enthalten, bestehen aus zwei Elementen.

Ein solches Ergebnis-Array wie das zuvor gezeigte oder das in Listing 20.2 von der Datenbank gelieferte kann danach als ganz gewöhnliches Array innerhalb des PHP-Skripts weiterverarbeitet werden. Zum Beispiel kann eine `foreach`-Schleife verwendet werden, um alle Ergebnisse zu durchlaufen und als Text auszugeben.

```php
foreach ($ergebnisse as $ergebnisEintrag)
{
  $bez = $ergebnisEintrag["bezeichnung"];
  $id = $ergebnisEintrag["id"];
  echo "Eintrag $id: $bez<br>";
}
```

Eine komplette Webseite erstellen

Abschließend möchte ich jetzt an einem Beispiel zeigen, wie Sie durch Kombination der in den vorherigen Kapiteln vorgestellten Techniken eine komplette dynamische Webseite erstellen. Diese Webseite soll aus einem Front-End und einem Back-End bestehen. Das Front-End zeigt dem Webseitenbesucher die tatsächliche Webseite. Das Back-End ist lediglich für den Seitenbetreiber oder Administrator gedacht. Dieser kann die dargestellten Inhalte über das Back-End verwalten, also neue Inhalte einstellen, bestehende Inhalte abändern oder löschen.

Die Webseite soll eine sehr einfache Nachrichtenseite realisieren. Nachrichtenseiten werden sehr häufig als dynamische Webseiten umgesetzt. Ständig kommen neue Meldungen herein, die auf der Webseite dargestellt werden sollen. Dazu müssen die hinzugekommenen Meldungen nur über das Back-End in die Datenbank eingetragen werden. Die vorhandenen Skripte erzeugen bei nachfolgenden Aufrufen der Webseite automatisch eine Liste mit den neuesten Meldungen.

Abbildung 20.1 zeigt den Entwurf einer solchen Webseite. Auf der Startseite werden die Anreißer der Meldungen dargestellt. Über einen Klick auf einen Link kann der Webseitenbesucher zur vollständigen Darstellung wechseln und mehr über den Sachverhalt erfahren.

> **Was ist heute so passiert?**
>
> **Sonderliche Gestalten bedrohen neugeborenes Kind** (24.12.0001, 17:57 Uhr)
>
> Drei seltsam gekleidete Gestalten haben ein Kind, das in ärmlichen Verhältnissen in einem gewöhnlichen Stall geboren wurde, kurz nach seiner Geburt bedroht. Die Krippe, in die das Kind gebettet wurde, wurde von den Personen umgestoßen. Einer der Männer wurde nach seiner Verhaftung mit den Worten "Wir sind die Hooligan drei Könige!" zitiert. Lesen Sie mehr
>
> **Sieg für die Arbeitsmoral** (01.02.1982, 09:28 Uhr)
>
> Einmaliger Gruppensex von Beschäftigen während einer Arbeitspause ist kein Kündigungsgrund, urteilte jetzt das Arbeitsgericht München. Das Berufsbildungswerk einer katholischen Kirche im Landkreis Ebersberg hatte 5 Beschäftige wegen derartiger amouröser Handlungen kurzerhand gefeuert. Die vom Gericht begnadigten Arbeitnehmer wollen ihren Festakt nun zu einem regelmäßigen Ritual zur Steigerung der Arbeitsmoral ausbauen. Lesen Sie mehr
>
> ****Anzeige*** Unbenutzter Terminkalender für 2020 günstig abzugeben! ***Anzeige****
>
> **Entlaufene Milchkuh taucht am Drive-In Schalter eines Schnellrestaurantes auf** (24.04.2012, 12:59 Uhr)
>
> Im US-Bundesstaat Colorado ist eine entflohene Milchkuh am Drive-In Schalter eines Schnellrestaurantes aufgetaucht. Die Kuh wurde umgehend von anwesenden Restaurantgästen verzehrt. Lesen Sie mehr
>
> **Mann nach zwei Jahren aus Koma erwacht** (16.03.2020, 14:32 Uhr)
>
> Nach einem schweren Unfall Anfang 2018 hatte der Mann knapp 2 Jahre lang im Koma gelegen. Er freue sich darauf, nun endlich wieder seine Freunde treffen zu können, ins Fußballstadion zu gehen und um die Welt zu reisen, ließ er in einem ersten Statement verlauten. Lesen Sie mehr

Abbildung 20.1: Entwurf einer Nachrichten-Webseite

Die Datenbank vorbereiten

Bevor es an die Programmierung der eigentlichen Webseite geht, müssen Sie sich Gedanken machen, wie die Datenbank aussehen soll, die zur Speicherung der Inhalte verwendet wird.

In diesem einfachen Szenario wird nur eine Datenbanktabelle benötigt. Diese soll fünf Spalten haben: eine ID, die Überschrift der Meldung, den auf der Hauptseite dargestellten Anreißer der Meldung, den gesamten Text der Meldung sowie Datum und Uhrzeit der Meldung.

Da die Datenbank nur einmalig angelegt werden muss, können Sie dies einfach manuell über die Administrationsoberfläche erledigen. Gehen Sie dazu wie folgt vor:

1. Navigieren Sie mit Ihrem Webbrowser durch Eintippen der Adresse `localhost` zur Startseite des XAMPP-Pakets.
2. Gehen Sie danach weiter zur Datenbank-Oberfläche, indem Sie im Menü auf PHP-MYADMIN klicken.

    Als Erstes muss eine neue Datenbank angelegt werden.

3. Klicken Sie in der linken Spalte oben auf Neu.

4. Geben Sie im nächsten Dialog nachrichtendb als Name der Datenbank ein und klicken Sie dann auf Anlegen.

   Nun muss die Tabelle innerhalb der Datenbank angelegt werden.

   Das geht entweder über den Assistenten der Administrationsoberfläche oder über den entsprechenden SQL-Befehl.

5. Wählen Sie oben im Menü den Reiter SQL und geben Sie folgenden SQL-Befehl ein:

   ```
   CREATE TABLE nachricht
   (
      id int AUTO_INCREMENT,
      ueberschrift text,
      anreisser text,
      meldung text,
      zeit datetime DEFAULT CURRENT_TIMESTAMP,
      PRIMARY KEY (id)
   )
   ```

6. Klicken Sie danach unten rechts auf OK.

Der SQL-Befehl zum Erstellen der Tabelle nachricht enthält für die Spalte zeit zusätzlich die Angabe eines Standardwerts. Dieser Standardwert kommt zum Einsatz, wenn beim Anlegen eines neuen Eintrags kein Wert für diese Spalte eingegeben wird.

Durch die Verwendung von CURRENT_TIMESTAMP als Standardwert für den Zeitstempel des Beitrags wird beim Anlegen eines neuen Eintrags in der Tabelle automatisch die aktuelle Zeit in dieser Spalte gespeichert. Wenn Sie später Einträge für die Tabelle nachricht anlegen, müssen Sie nicht jedes Mal extra nach der Zeit schauen, das erledigt die Datenbank so automatisch für Sie.

Das Projekt in Eclipse anlegen

Als Nächstes sollten Sie in Eclipse ein neues Projekt anlegen, mit dem die Nachrichten-Webseite danach Schritt für Schritt realisiert wird.

1. Falls in Eclipse derzeit Ihr Java-Arbeitsbereich geöffnet ist, wechseln Sie zu Ihrem PHP-Arbeitsbereich. Diesen hatten Sie in Kapitel 17 erstellt.

   Sie können über das Menü Datei und dann Arbeitsbereich wechseln zu einem anderen Arbeitsbereich wechseln.

2. Erstellen Sie über das Menü Datei|Neu|PHP Project ein neues PHP-Projekt.

3. Geben Sie nachrichten als Projektname an und klicken Sie dann auf Fertigstellen.

Das Projekt soll aus vier Teilen bestehen:

✔ **Administrationsübersicht für den Betreiber:**

Die Administrationsübersicht soll alle bisher vorhandenen Einträge auflisten. Jeder Beitrag soll durch das Klicken eines Links gelöscht werden können. Außerdem soll ein Link vorhanden sein, über den man auf eine Seite gelangt, wo der Eintrag geändert werden kann.

Zudem soll in der Übersicht ein weiterer Link vorhanden sein, mit dem man auf eine Seite gelangt, auf der man einen neuen Eintrag anlegen kann.

✔ **Detailseite des Administrationsbereichs:**

Über diese Detailseite sollen die Daten für einen neuen Eintrag eingegeben werden. Ebenso soll es möglich sein, einen vorhandenen Eintrag abzuändern.

✔ **Startseite für den Besucher:**

Diese soll alle Meldungen als Anreißer (wie in Abbildung 20.1 zu sehen) darstellen. Die neuesten Meldungen sollen zuerst angezeigt werden.

✔ **Detailseite für den Besucher:**

Auf dieser soll eine Meldung vollständig angezeigt werden.

Diese vier Teile werde ich später nacheinander abarbeiten. Beginnen werde ich mit der Detailseite des Administrationsbereichs. Danach kommt die Administrationsübersicht dran, die alle Beiträge auflistet.

Erst nachdem das Back-End komplett fertiggestellt ist, wird das Front-End erstellt.

Das könnten Sie übrigens auch genau umgekehrt machen. Der Vorteil, wenn Sie das Back-End zuerst erstellen, ist jedoch, dass Sie dieses auch direkt testen können. Würden Sie das Front-End zuerst erstellen, wäre die Datenbank noch leer, und es würden keine Beiträge angezeigt werden können.

In den folgenden Abschnitten werde ich nach und nach den Quellcode präsentieren, mit dem die komplette Webseite inklusive Back-End und Front-End realisiert wird.

Wenn Sie nicht alles aus dem Buch abtippen möchten, können Sie sich den Code auch auf der Webseite zum Buch unter https://www.wiley-vch.de/ISBN9783527718511 herunterladen. Dort wird auch erklärt, wie Sie den Code in Ihr Eclipse-Projekt importieren können.

Verbindung mit der Datenbank herstellen

Die vier Bereiche können relativ unabhängig voneinander erstellt werden. Zur besseren Übersicht sollten Sie jeden Bereich in einer separaten Quelltextdatei umsetzen.

KAPITEL 20 Dynamische Webseiten programmieren

Alle Bereiche benötigen jedoch Zugriff auf die Datenbank. Es macht daher Sinn, die Funktionalität zum Verbinden mit der Datenbank ebenfalls in eine eigene Quelltextdatei auszulagern und diese danach in alle anderen Skripte per `import`-Anweisung einzubinden.

Dazu erstelle ich eine neue PHP-Datei db.php im Projekt, die ich mit dem Code aus Listing 20.3 füttere.

```php
<?php
$datenbankVerbindung = null;

function db()
{
  global $datenbankVerbindung;
  if ($datenbankVerbindung == null)
  {
    $adresse = "localhost";
    $benutzer = "root";
    $passwort = "";
    $dbName = "nachrichtendb";

    $datenbankVerbindung =
      new mysqli($adresse, $benutzer, $passwort, $dbName);

    if ($datenbankVerbindung->connect_error)
    {
      echo "Verbindungsfehler: " .
        $datenbankVerbindung->connect_error;
      exit();
    }
  }

  return $datenbankVerbindung;
}
```
Listing 20.3: Die Quelltextdatei »db.php«

✔ Es wird eine globale Variable $datenbankVerbindung angelegt, in der später das mysqli-Objekt gespeichert werden soll, mit dem auf die Datenbank zugegriffen werden kann.

✔ Um bequem aus anderen Skripten darauf zuzugreifen, wird eine Methode db() erstellt, in die diese globale Variable über eine global-Anweisung importiert wird.

✔ Beim ersten Aufruf der Methode db() ist noch der Wert null in der Variablen $datenbankVerbindung gespeichert.

Deshalb wird dann eine Verbindung hergestellt und das mysqli-Objekt, mit dem die Verbindung verwendet werden kann, in der globalen Variablen gespeichert.

✔ Bei späteren Aufrufen der Methode besteht die Verbindung bereits, und die globale Variable $datenbankVerbindung enthält bereits das mysqli-Objekt.

✔ Die importierte globale Variable $datenbankVerbindung wird schließlich von der Funktion zurückgegeben.

Um aus anderen Skripten später auf das Datenbank-Objekt zugreifen zu können, muss nur noch die Funktion db() aufgerufen werden. Die Funktion kümmert sich wie gezeigt selbst darum, dass beim ersten Aufruf eine Verbindung zur Datenbank hergestellt wird.

Die Struktur der URLs

Nun ist es an der Zeit, sich einmal über die Adressen, unter denen die Webseite verfügbar sein soll, Gedanken zu machen. Eine Webadresse wird oft auch kurz *URL* genannt, das ist die Abkürzung für den englischen Begriff *Uniform Resource Locator* (deutsch etwa einheitlicher Ressourcenzeiger).

Da sich die noch zu erstellenden Skripte für die vier Webseitenbereiche alle im Verzeichnis des Projekts nachrichten befinden, wird die URL aller Skripte mit localhost/eclipse/nachrichten/ beginnen. Entscheidend ist, was danach kommt.

Passend zu den vier Teilen der Webseite werde ich vier Hauptskripte erstellen:

✔ Die Startseite des Administrationsbereichs wird mit dem Skript admin-overview.php realisiert. Die gesamte URL lautet demnach localhost/eclipse/nachrichten/admin-overview.php.

✔ Die Detailseite des Administrationsbereichs, auf der ein Eintrag neu angelegt oder geändert werden kann, wird mit dem Skript admin-detail.php realisiert.

✔ Die Startseite des für den Besucher sichtbaren Front-Ends wird mit dem Skript user-overview.php realisiert.

✔ Die Detailseite, auf der eine einzelne komplette Meldung für den Besucher dargestellt wird, wird mit dem Skript user-detail.php realisiert.

Einträge löschen

Über die Startseite des Administrationsbereichs soll ein Eintrag auch gelöscht werden können. Dazu soll die ID des zu löschenden Eintrags an das Skript gesendet werden. Die URL soll dann die Form admin-overview.php?del=1&id=*id_des_beitrags* haben.

Um Daten an eine Webseite (beziehungsweise das Skript, das die Webseite generiert) zu senden, kann ein HTML-Formular (wie in Kapitel 17 eingeführt) verwendet werden. In Kapitel 18 im Abschnitt »Eingaben des Webseitenbesuchers verwenden« haben Sie gesehen, dass die übertragenen Daten in einem solchen Fall an die URL angehängt wurden (zum Beispiel http://www.meineseite.de?name=wert).

Um Daten an ein Skript zu senden, muss man deshalb nicht unbedingt ein Formular erstellen, sondern kann einfach einen Hyperlink verwenden, bei dem die zu versendenden Daten an die Basisadresse angehängt werden. Dabei wird die Basisadresse mit einem Fragezeichen erweitert, danach folgen die zu versendenden Daten im Format `name=wert`.

Es können auch mehrere Name-Wert-Paare an das Skript gesendet werden. Dazu werden die Paare durch ein kaufmännisches Und-Zeichen (&) getrennt, zum Beispiel `http://www.meineseite.de?name1=wert1&name2=wert2`. Man spricht dann auch von *URL-Parametern*.

Die URL zum Löschen eines Beitrags enthält zwei Parameter:

- ✔ Der Parameter `del` signalisiert, dass ein Beitrag gelöscht werden soll.
- ✔ Der Parameter `id` gibt die ID des zu löschenden Beitrags an.

Vorhandenen Eintrag bearbeiten oder einen neuen erstellen

Mit dem Skript `admin-detail.php` soll das Formular erzeugt werden, in dem ein Beitrag bearbeitet werden kann. Zudem soll mit diesem Formular auch ein ganz neuer Beitrag erstellt werden können.

Damit das Skript weiß, welcher Beitrag überarbeitet werden soll, wird ihm die ID des zu bearbeitenden Eintrags gesendet. Soll ein neuer Eintrag erstellt werden, wird 0 als ID verwendet.

Die URL soll die folgende Form haben: `admin-detail.php?id=`*`id_des_beitrags`*.

Vorhandenen Beitrag im Front-End darstellen

Ähnlich ist es im Front-End. Dort wird das Skript `user-detail.php` dafür zuständig sein, dem Seitenbesucher einen Beitrag darzustellen. Damit das Skript weiß, welchen Beitrag es darstellen soll, wird ihm die ID des Beitrags gesendet.

Die URL hat dann folgende Form: `user-detail.php?id=`*`id_des_beitrags`*.

Einfachen Zugriff auf die URLs ermöglichen

Die beschriebenen URLs werden in den zu erstellenden Skripten an verschiedenen Stellen gebraucht werden. Um eine konsistente und fehlerfreie Benutzung der URLs zu gewährleisten, macht es Sinn, Funktionen zu erstellen, die diese URLs zurückgeben.

So wird sichergestellt, dass die URLs wirklich an allen Stellen auf die gleiche Weise verwendet werden. Sollte die URL-Struktur später einmal geändert werden, müssen Sie auch nicht im ganzen Projekt die Stellen suchen, an denen die URLs genutzt werden. Stattdessen müssen nur die Funktionen, die die URLs bereitstellen, abgeändert werden.

Da die URLs in allen Teilen des Projekts benötigt werden, macht es Sinn, diese Funktionen ebenfalls in das Skript `db.php` einzufügen, da dieses auch in allen anderen Skripten eingebunden werden wird. Listing 20.4 zeigt den Code, mit dem die zuvor beschriebenen Funktionen umgesetzt werden.

```php
function urlAdminDetail($beitragId)
{
  return "http://localhost/eclipse/nachrichten/".
    "admin-detail.php?id=$beitragId";
}

function urlAdminNeuerBeitrag()
{
  return "http://localhost/eclipse/nachrichten/".
    "admin-detail.php?id=0";
}

function urlLoescheBeitrag($beitragId)
{
  return "http://localhost/eclipse/nachrichten/".
    "admin-overview.php?del=1&id=$beitragId";
}

function urlAdminOverview()
{
  return "http://localhost/eclipse/nachrichten/".
    "admin-overview.php";
}

function urlUserOverview()
{
  return "http://localhost/eclipse/nachrichten/".
    "user-overview.php";
}

function urlUserDetail($beitragId)
{
  return "http://localhost/eclipse/nachrichten/".
    "user-detail.php?id=$beitragId";
}
```

Listing 20.4: : Die Funktionen zum Zugriff auf die URLs

Die Detailseite des Administrationsbereichs

Nachdem alle Vorarbeiten jetzt erledigt sind, kann es mit der Umsetzung der vier Bereiche losgehen. Ich werde jeden Bereich mithilfe von jeweils zwei Skripten realisieren. Das Hauptskript wird überwiegend die HTML-Struktur enthalten. PHP-Funktionen, die innerhalb des Hauptskripts verwendet werden, werden in ein Hilfsskript ausgelagert. Auf diese Weise werden HTML und PHP größtenteils getrennt.

Ich werde zunächst den vollständigen Quelltext des Hauptskripts zeigen und diesen danach erläutern. Los geht es in Listing 20.5 mit der Quelltextdatei admin-detail.php.

```php
<?php
include "admin-detail-logic.php";

verarbeiteAenderungen();

$eintrag = getEintrag();
if ($eintrag == null)
    $id = 0;
else
    $id = $eintrag["id"];
?><!DOCTYPE html>
<html>
  <head>
    <title><?php echo ueberschrift($eintrag); ?></title>
  </head>
  <body>
    <form method="post">
      <input type="hidden" name="editid" value="<?php echo $id; ?>">
      <p><label>Überschrift</label><br>
      <input type="text" name="ueberschrift" value="<?php
        echo eintragSpalte($eintrag, "ueberschrift");
      ?>"></p>
      <p><label>Anreißer</label><br>
      <textarea name="anreisser"><?php
        echo eintragSpalte($eintrag,"anreisser");
      ?></textarea></p>
      <p><label>Meldung</label><br>
      <textarea name="meldung"><?php
        echo eintragSpalte($eintrag,"meldung");
      ?></textarea></p>
      <button>Absenden</button>
    </form>
    <p><a href="<?php
      echo urlAdminOverview();
    ?>">Zurück zur Übersicht</a></p>
  </body>
</html>
```

Listing 20.5: Das Skript »admin-detail.php«

Hier die Erläuterung:

✔ Zu Beginn wird die Datei `admin-detail-logic.php` eingebunden, in der sich alle verwendeten PHP-Funktionen befinden.

✔ Danach wird die Funktion `verarbeiteAenderungen()` ausgeführt.

Diese wird die vom Administrator durchgeführten Änderungen verarbeiten und in der Datenbank speichern. Die Details erläutere ich später.

✔ Nun wird die Funktion getEintrag() ausgeführt.

Mit dieser wird der Beitrag, der auf der Detailseite angezeigt und geändert werden soll, aus der Datenbank geladen. Auch hierzu erläutere ich die Details später.

✔ Explizit wird danach in einer Variablen $id die ID des geladenen Beitrags gespeichert.

Wurde kein Beitrag geladen (weil kein vorhandener Beitrag geändert, sondern ein neuer erstellt werden soll), wird die ID auf 0 gesetzt.

✔ Nun folgt der HTML-Bereich, der das Grundgerüst der anzuzeigenden Webseite enthält.

✔ Der Titel wird mit einer PHP-Funktion ueberschrift() erstellt.

Diese muss also später im Hilfsskript erstellt werden und die Überschrift des anzuzeigenden Eintrags auslesen.

✔ Im body-Bereich des HTML-Dokuments befindet sich ein Formular.

In die Eingabefelder dieses Formulars soll der Administrator seine Texte schreiben können. Sofern ein vorhandener Beitrag abgeändert werden soll, sollen die bisherigen Bestandteile des Beitrags zu Beginn in diesen Eingabefeldern angezeigt werden.

Auf das Formular werde ich gleich zurückkommen und es ausführlicher erklären.

✔ Am Ende des body-Bereichs befindet sich ein Link, mit dem der Administrator die Bearbeitung abbrechen und zurück zur Startseite des Administrationsbereichs gehen kann.

Dafür wird die Funktion urlAdminOverview() verwendet, die die URL des Administrationsbereichs liefert.

Das Formular für den Administrator

Auf das Formular, das die neuen Texte aufnehmen soll, möchte ich jetzt noch etwas genauer eingehen. Dieses enthält einige neue Elemente, die Ihnen in diesem Buch bisher noch nicht begegnet sind.

✔ Das form-Element enthält ein Attribut method, als dessen Wert post angegeben wird.

Zuvor hatten Sie gesehen, dass über Formulare versendete Daten übertragen werden, indem sie an die URL angehängt werden. Wenn längere Texte auf diese Weise versendet werden sollen, ist diese Lösung aber etwas unschön, da die URL dann den gesamten Text enthalten würde.

Optional können Sie deshalb bei Formularen angeben, dass die Daten mit der Methode post übertragen werden sollen. In diesem Fall werden die Daten »unsichtbar« im Hintergrund übertragen, ohne dass sie in der URL sichtbar werden.

Um in Skripten auf solche Daten zuzugreifen, muss das von PHP bereitgestellte Array $_POST verwendet werden. Die Daten, die gewöhnlich, also ohne die Methode post, übertragen werden, sind über das PHP-Array $_GET verfügbar.

✔ Das erste `input`-Element innerhalb des Formulars besitzt das `type`-Attribut `hidden` anstatt `text` (mit `text` werden gewöhnliche Eingabefelder realisiert).

»Versteckte« Eingabefelder sind für den Webseitenbesucher unsichtbar. Sie können verwendet werden, um zusätzliche Daten, die der Besucher nicht selbst eingibt, mit einem Formular zu versenden.

In diesem Fall wird die ID des zu ändernden Eintrags versendet, damit das verarbeitende Skript später weiß, zu welchem Eintrag die Änderungen gehören.

✔ Die beiden `input`-Elemente enthalten ein Attribut `value`.

Über dieses können Sie eine Vorbelegung eines Eingabefelds realisieren.

✔ Zudem kommen `textarea`-Elemente zum Einsatz.

Das sind Eingabefelder, in die mehrzeiliger Text geschrieben werden kann, während `input`-Elemente für gewöhnlich nur aus einer Zeile bestehen.

Die Vorbelegung von `textarea`-Elementen wird nicht durch Angabe eines `value`-Attributs realisiert. Stattdessen wird die Vorbelegung im Inneren des HTML-Elements angegeben.

Um die Vorbelegungen zu ermitteln, wird bei allen sichtbaren Eingabefeldern eine noch zu erstellende Funktion `eintragSpalte()` verwendet. Diese soll aus den Daten des zu Beginn geladenen Eintrags jeweils den Wert der entsprechenden Spalte ermitteln.

Die PHP-Funktionen

Bei der Erstellung des Hauptskripts wurden die Funktionen `verarbeiteAenderungen()`, `getEintrag()`, `ueberschrift()` und `eintragSpalte()` verwendet. Damit das Skript funktioniert, müssen diese Funktionen jetzt noch im Hilfsskript `admin-detail-logic.php` implementiert werden.

Dieses Skript wird ausschließlich aus einem PHP-Bereich bestehen. Zu Beginn wird der PHP-Bereich eingeleitet und das Skript `db.php` eingebunden, das die Funktionen zum Zugriff auf die Datenbank und die URLs der verschiedenen Skripte enthält.

```
<?php
include "db.php";
```

Danach geht es los mit der Funktion `getEintrag()` in Listing 20.6.

Die Funktion `getEintrag()` soll den Eintrag, der im Formular bearbeitet werden soll, aus der Datenbank auslesen. Gemäß der festgelegten URL-Struktur wird die ID des Eintrags über einen Parameter `id` in der URL übertragen.

Um an diesen Wert zu gelangen, kann das von PHP bereitgestellte Array `$_GET` verwendet werden, in dem sich die übermittelten Daten befinden.

```php
function getEintrag()
{
  if (!isset($_GET["id"]))
    return null;

  $id = intval($_GET["id"]);

  if ($id <= 0)
    return null;

  $sql = "select * from nachricht where id = $id";
  $query = db()->query($sql);

  $ergebnisse = $query->fetch_all(MYSQLI_ASSOC);

  if (count($ergebnisse) > 0)
    return $ergebnisse[0];

  return null;
}
```
Listing 20.6: Die Funktion »getEintrag()«

✔ Zunächst wird mit der PHP-Funktion isset() geprüft, ob überhaupt ein Wert für id übermittelt wurde.

Ist das nicht der Fall, wird die Funktion sofort beendet und null zurückgegeben, um anzuzeigen, dass kein bestehender Eintrag aus der Datenbank ausgelesen wurde.

Die Funktion isset() liefert false, wenn kein Wert übermittelt wurde. Mithilfe des Negationsoperators ! wird die Bedingung des if-Konstrukts so gestaltet, dass null zurückgegeben wird, wenn die Funktion false liefert.

✔ Wurde ein Wert übermittelt, wird die PHP-Funktion intval() verwendet, um sicherzustellen, dass es sich auch um eine Zahl handelt.

✔ Die von der Datenbank vergebenen IDs sind alle positiv.

Handelt es sich also um 0 oder einen negativen Wert, wird die Ausführung der Methode ebenfalls abgebrochen und null zurückgegeben, um zu signalisieren, dass kein bestehender Eintrag aus der Datenbank ausgelesen wurde.

✔ Handelt es sich um eine positive ID, wird damit der SQL-Befehl zum Auslesen des Beitrags aus der Datenbank zusammengesetzt.

✔ Der SQL-Befehl wird ausgeführt und die Ergebnisse in einem Array gespeichert.

✔ Da sich maximal ein Eintrag mit einer bestimmten ID in der Datenbank befinden kann, wird nur der erste Eintrag des Ergebnis-Arrays benötigt und zurückgegeben.

✔ Lieferte die Datenbankabfrage dagegen gar kein Ergebnis, weil die ID nicht in der Datenbank vorhanden ist, wird null zurückgegeben.

KAPITEL 20 Dynamische Webseiten programmieren

Listing 20.7 zeigt die Implementierung der Funktion ueberschrift().

```
function ueberschrift($eintrag)
{
  if ($eintrag == null)
    "Neuen Eintrag anlegen";
  return formatForWebsite($eintrag["ueberschrift"]);
}

function formatForWebsite($text)
{
  return htmlspecialchars(stripslashes($text), ENT_QUOTES);
}
```

Listing 20.7: Die Funktion »ueberschrift()«

Die Funktion ueberschrift() soll aus einem Datensatz, der von der Funktion getEintrag() ausgelesen wurde, die Überschrift ermitteln.

✔ Wird statt einem Datensatz der Wert null übergeben, wurde kein Datensatz aus der Datenbank gelesen.

Das ist dann der Fall, wenn kein vorhandener Beitrag bearbeitet, sondern ein neuer erstellt werden soll.

Daher wird in diesem Fall die Überschrift »Neuen Eintrag anlegen« verwendet.

✔ Ansonsten wird die Überschrift des bestehenden Eintrags aus dem Datensatz ausgelesen.

✔ Es wird zusätzlich eine Funktion formatForWebsite() verwendet, um die Überschrift für die Anzeige auf der Webseite zu formatieren.

Diese ist nötig, damit bestimmte Sonderzeichen korrekt auf der Webseite dargestellt werden. Sie finden den Code dieser Funktion ebenfalls in Listing 20.7.

Die Details sind an dieser Stelle für Sie nicht weiter interessant. Sie sollten sich nur merken, dass Sie Daten, die aus einer Datenbank kommen und die Sie auf einer Webseite darstellen wollen, immer zuerst auf diese Weise formatieren.

Übrigens macht es Sinn, die Funktion formatForWebsite() in die Datei db.php aufzunehmen, anstatt sie in der Datei admin-detail-logic.php zu implementieren. Auch in den anderen Webseitenbereichen werden Daten aus der Datenbank angezeigt. Die Funktion formatForWebsite() wird also überall benötigt, daher ist sie in der Datei db.php am besten aufgehoben. Diese wird nämlich in allen anderen Skripten eingebunden.

Listing 20.8 zeigt die Implementierung der Funktion eintragSpalte().

Diese Funktion wird verwendet, um die Vorbelegungen der Eingabefelder zu ermitteln.

```
function eintragSpalte($eintrag, $spalte)
{
  if ($eintrag == null)
    return "";
  return formatForWebsite($eintrag[$spalte]);
}
```

Listing 20.8: Die Funktion »eintragSpalte()«

✔ Wurde kein Eintrag geladen, wird eine leere Zeichenkette zurückgegeben.

✔ Ansonsten wird der Wert der gewünschten Spalte bestimmt.

Wie auch bei der Überschrift wird der Wert mithilfe der Funktion formatForWebseite() zur Ausgabe auf einer Webseite formatiert.

Zu guter Letzt ist jetzt die Funktion verarbeiteAenderungen() dran. Diese soll die Änderungen, die der Administrator an den Eingabefeldern durchgeführt hat, verarbeiten und in der Datenbank speichern. Listing 20.9 zeigt die Implementierung der Funktion verarbeiteAenderungen().

```
function verarbeiteAenderungen()
{
  if (!isset($_POST["editid"]))
    return;
  $id = intval($_POST["editid"]);
  $ueberschrift = db()->real_escape_string($_POST["ueberschrift"]);
  $anreisser = db()->real_escape_string($_POST["anreisser"]);
  $meldung = db()->real_escape_string($_POST["meldung"]);

  if ($id == 0)
  {
    $sql = "INSERT INTO nachricht ".
      "(ueberschrift, anreisser, meldung) ".
      "VALUES ('$ueberschrift','$anreisser','$meldung')";
  }
  else
  {
    $sql = "UPDATE nachricht SET " .
      "ueberschrift ='$ueberschrift', ".
      "anreisser = '$anreisser', meldung = '$meldung' ".
      "WHERE id = $id";
  }

  db()->query($sql);

  $overviewUrl = urlAdminOverview();

  header("Location: $overviewUrl");
  die();
}
```

Listing 20.9: Die Funktion »verarbeiteAenderungen()«

KAPITEL 20 Dynamische Webseiten programmieren

Die Funktion greift auf die Daten, die über das in Listing 20.5 erstellte Formular versendet wurden, zu. Die Daten wurden mit der Methode post versendet. Das heißt, es kann über das von PHP bereitgestellte Array $_POST auf diese Daten zugegriffen werden.

✔ Zunächst wird mit der PHP-Funktion isset() geprüft, ob überhaupt die ID eines zu bearbeitenden Eintrags übermittelt wurde. Ist das nicht der Fall, kann die Verarbeitung sofort beendet werden.

✔ Ist eine ID vorhanden, wird durch Verwendung der PHP-Funktion intval() sichergestellt, dass es sich um einen numerischen Wert handelt.

✔ Nun werden auch die restlichen versendeten Daten für die Überschrift, den Anreißer sowie die gesamte Meldung ausgelesen. Dabei wird jeweils die Methode real_escape_string() des Datenbank-Objekts verwendet.

Daten, die aus einer Benutzereingabe stammen, sollten niemals ungeprüft in eine Datenbank geschrieben werden. Bösartige Nutzer könnten eine Eingabe so gestalten, dass sie sich direkten Zugriff auf die Datenbank verschaffen. Indem die Methode real_escape_string() auf die Eingabe angewendet wird, bevor diese in die Datenbank geschrieben wird, kann dies verhindert werden.

Als wichtigste Lektion überhaupt in diesem Kapitel sollten Sie sich merken, jedes Mal die Methode real_escape_string() zu verwenden, bevor Sie ansonsten unveränderte Nutzereingaben in eine Datenbank schreiben.

In Listing 20.9 wird auch die ID als Nutzereingabe ausgelesen, jedoch nicht die Methode real_escape_string() verwendet. Das ist deshalb unkritisch, weil die Funktion intval() auf die Eingabe angewendet wird. Jegliche ungültige Eingabe wird damit automatisch in den Wert 0 umgewandelt.

✔ Im nächsten Schritt wird der SQL-Befehl zusammengesetzt, mit dem die Eingaben in der Datenbank gespeichert werden sollen.

Es wird dabei unterschieden, ob die ID des zu ändernden Beitrags 0 ist oder nicht.

- Ist die ID 0, wurde kein bestehender Eintrag geändert, sondern ein neuer angelegt. Deshalb wird der SQL-Befehl INSERT INTO verwendet, um den neuen Beitrag in der Datenbank zu speichern.

- Hat die ID einen anderen Wert, soll ein bestehender Eintrag aktualisiert werden. Daher wird der SQL-Befehl UPDATE verwendet, um die gesendeten Eingaben im entsprechenden Datensatz der Datenbank zu speichern.

✔ Der zuvor erstellte SQL-Befehl wird an die Datenbank abgesendet und der Eintrag damit wie gewünscht neu angelegt oder aktualisiert.

✔ Nachdem der Administrator einen Eintrag angelegt oder aktualisiert hat, soll er wieder zur Startseite der Administrationswebseite gelangen.

Das wird erreicht, indem mit der PHP-Funktion header() die URL der Startseite gesetzt wird. Dadurch wird der Browser angewiesen, die angegebene URL anzusteuern.

✔ Da in diesem Fall die weiteren Schritte, die das Skript admin-detail.php noch ausführen würde, nicht mehr von Belang sind, wird das Skript durch einen Aufruf der PHP-Funktion die() beendet.

Der Browser des Administrators wird also angewiesen, zur Startseite zurückzukehren, und das war es. Die Detailseite wird vorerst nicht mehr benötigt.

Die Startseite des Administrationsbereichs

Nachdem die Detailseite fertiggestellt ist, kann nun die Startseite der Administrationsoberfläche erstellt werden. Die Startseite wird im Skript mit dem Namen admin-overview.php umgesetzt. Dieses Hauptskript soll hauptsächlich die HTML-Bestandteile beinhalten, während die verwendeten PHP-Funktionen in einer Quelltextdatei admin-overview-logic.php implementiert werden.

Die Übersicht für den Administrator

Ich zeige zunächst den gesamten Quelltext der Datei admin-overview.php in Listing 20.10 und erläutere ihn anschließend.

```
<?php
include "admin-overview-logic.php";

verarbeiteLoeschen();
?><!DOCTYPE html>
<html>
  <head>
    <title>Administrator-übersicht</title>
  </head>
  <body>
    <h1>Alle Einträge</h1>
    <?php
      zeigeBeitraegeAdmin();
      neuenBeitragAnlegenLink();
    ?>
  </body>
</html>
```

Listing 20.10: Das Skript »admin-overview.php«

✔ Zunächst wird die (noch zu erstellende) Datei admin-overview-logic.php eingebunden, in der die verwendeten Funktionen implementiert werden.

✔ Gemäß der zuvor festgelegten URL-Struktur wird ein Beitrag gelöscht, indem seine ID an die Übersichtsseite des Administrationsbereichs gesendet wird.

Die Funktion verarbeiteLoeschen() ist dafür zuständig, einen solchen Löschauftrag auszuführen.

✔ Der Inhalt des HTML-Dokuments wird im Wesentlichen von zwei Funktionen generiert:

- Die Funktion `zeigeBeitraegeAdmin()` listet alle Beiträge auf.

  Dabei soll für jeden Beitrag ein Link vorhanden sein, der zum Formular führt, mit dem der Beitrag geändert werden kann. Ein weiterer Link ermöglicht das Löschen des Eintrags.

- Die Funktion `neuenBeitragAnlegenLink()` erzeugt den HTML-Code, der einen Link ausgibt, mit dem man zu dem leeren Formular gelangt, über das man einen neuen Beitrag eingeben kann.

Die PHP-Funktionen

Die drei genannten Funktionen werden nun in der Datei `admin-overview-logic.php` implementiert. Die Datei besteht aus einem einzigen PHP-Bereich und bindet die Datei `db.php` ein, die die Funktionen zum Zugriff auf die Datenbank sowie die URLs der Skripte beinhaltet.

```php
<?php
include "db.php";
```

Nun geht es weiter, zunächst mit der Funktion `verarbeiteLoeschen()` in Listing 20.11.

```php
function verarbeiteLoeschen()
{
  if (!isset($_GET["id"]) || !isset($_GET["del"]))
    return;

  $id = intval($_GET["id"]);
  if ($_GET["del"] == 1 && $id > 0)
  {
    $sql = "DELETE FROM nachricht WHERE id = $id";
    db()->query($sql);
  }
}
```

Listing 20.11: Die Funktion »verarbeiteLoeschen()«

Laut der zu Beginn festgelegten URL-Struktur wird zum Löschen eines Beitrags dessen ID über den URL-Parameter `id` an das Skript gesendet. Zudem wird ein weiterer URL-Parameter `del` an das Skript gesendet, um zusätzlich explizit klarzustellen, dass ein Beitrag gelöscht werden soll.

✔ Mit der PHP-Funktion `isset()` wird zunächst geprüft, ob diese beiden Parameter vorhanden sind.

  Ist das nicht der Fall, kann die Verarbeitung direkt abgebrochen werden.

- ✔ Danach wird der übermittelte Wert des Parameters `id` bestimmt.

  Die PHP-Funktion `intval()` wird benutzt, um sicherzustellen, dass es sich um einen numerischen Wert handelt.

- ✔ Wenn eine positive ID gesendet wurde und auch der `del`-Parameter wie gefordert vorhanden ist, wird der SQL-Befehl zum Löschen des Eintrags generiert und dann auch direkt ausgeführt.

Als Nächstes implementiere ich die Funktion `zeigeBeitraegeAdmin()`. Sie finden den Quellcode in Listing 20.12.

Die Funktion `zeigeBeitraegeAdmin()` soll den gesamten HTML-Code erzeugen, um eine Liste der bereits vorhandenen Beiträge anzuzeigen. Für jeden Beitrag soll ein Link vorhanden sein, mit dem man zum Formular gelangt, mit dem der Beitrag bearbeitet werden kann. Zudem soll ein Löschlink vorhanden sein.

- ✔ Zunächst wird ein SQL-Befehl erzeugt, der alle vorhandenen Beiträge aus der Datenbank ausliest.

  Benötigt werden nur die IDs und die Überschriften der Beiträge, daher werden auch nur diese Spalten abgefragt.

- ✔ Die Datenbank wird mit dem SQL-Befehl abgefragt.

  Sollte das aus irgendeinem Grund nicht klappen, wird die weitere Verarbeitung abgebrochen. Es würden dann keine Beiträge angezeigt.

- ✔ Ansonsten werden die Ergebnisse der Abfrage in einem Array gespeichert.

- ✔ Ausgegeben werden die Ergebnisse in einer Tabelle mit drei Spalten.

  - Die erste Spalte soll die Überschrift der Beiträge enthalten. Die Funktion `formatForWebsite()` wird erneut verwendet, um die aus der Datenbank gelesenen Daten zur Darstellung auf der Webseite zu formatieren.

  - Die zweite Spalte soll den Link enthalten, der zu dem Formular führt, mit dem der Beitrag geändert werden kann.

  - In der dritten Spalte soll der Löschlink platziert werden.

- ✔ Dazu werden in einer `foreach`-Schleife alle Ergebnisse durchlaufen.

  - Für jedes Ergebnis werden zunächst die ID und die Überschrift in Variablen gespeichert.

  - Mithilfe der ID und der Funktionen `urlAdminDetail()` und `urlLoescheBeitrag()`, die ganz zu Beginn erstellt wurden, werden die beiden URLs erzeugt.

  - Schließlich wird die Tabellenzeile (`<tr>...</tr>`) zusammengesetzt. Die erste Zelle (`<td>...</td>`) erhält die Überschrift des Beitrags, die zweite den Editierlink, die dritte den Löschlink.

✔ Nachdem alle Ergebnisse mit der Schleife durchlaufen wurden, fehlt nur noch das schließende `table`-Tag, mit dem die Tabelle komplettiert wird.

```php
function zeigeBeitraegeAdmin()
{
  $sql = "SELECT id, ueberschrift FROM nachricht";

  $query = db()->query($sql);

  if ($query === false)
  {
    echo "<p>Fehler beim Auslesen der Beiträge</p>";
    return;
  }

  $ergebnisse = $query->fetch_all(MYSQLI_ASSOC);

  echo "<table>";

  foreach ($ergebnisse as $eintrag)
  {
    $id = $eintrag["id"];
    $ueberschrift = formatForWebsite($eintrag["ueberschrift"]);

    $urlBearbeiten = urlAdminDetail($id);
    $urlLoeschen = urlLoescheBeitrag($id);

    $html = "<tr><td>$ueberschrift</td>";
    $html .= "<td><a href='$urlBearbeiten'>Bearbeiten</a></td>";
    $html .= "<td><a href='$urlLoeschen'>Löschen</a></td></tr>";

    echo $html;
  }

  echo "</table>";
}
```

Listing 20.12: Die Funktion »zeigeBeitraegeAdmin()«

Jetzt muss nur noch die Funktion `neuenBeitragAnlegenLink()` implementiert werden. Diese erzeugt einen Hyperlink, der zu dem leeren Formular führt, mit dem ein neuer Eintrag angelegt werden kann. Sie finden den Quelltext in Listing 20.13.

Über die zu Beginn angelegte Funktion `urlAdminNeuerBeitrag()` wird zunächst der Link zum Anlegen eines neuen Eintrags bestimmt. Danach wird dieser verwendet, um ein a-Element (also einen Hyperlink) zu erzeugen.

```
function neuenBeitragAnlegenLink()
{
  $urlNeuerBeitrag = urlAdminNeuerBeitrag();
  echo "<p><a href='$urlNeuerBeitrag'>".
    "Neuen Beitrag anlegen</a></p>";
}
```
Listing 20.13: Die Funktion »neuenBeitragAnlegenLink()«

Mit dieser Funktion ist das gesamte Back-End komplett. Sie können es jetzt in Ihrem Browser über die URL der Startseite localhost/eclipse/nachrichten/admin-overview.php ansteuern. Dort können Sie Beiträge anlegen, ändern und auch wieder löschen.

Die Startseite für den Seitenbesucher

Jetzt gilt es, auch noch das Front-End zu erstellen. Im Front-End werden keinerlei Daten in die Datenbank geschrieben, deshalb ist dieses deutlich schneller zu errichten als das Back-End.

Die Übersicht für den Besucher

Ich beginne mit dem Skript user-overview.php, das die erste Anlaufstelle für den Webseitenbesucher sein wird. Listing 20.14 zeigt den gesamten Quellcode.

```
<?php
include "user-overview-logic.php";
?><!DOCTYPE html>
<html>
  <head>
    <title>Das Neuste vom Tage</title>
  </head>
  <body>
    <h1>Was ist kürzlich so passiert?</h1>
    <?php alleBeitraegeUser(); ?>
  </body>
</html>
```
Listing 20.14: Die Datei »user-overview.php«

✔ Zunächst wird das noch zu erstellende Skript user-overview-logic.php eingebunden. In diesem wird die benötigte Funktion implementiert.

✔ Titel (für die Anzeige in der Titelzeile des Browsers) und Überschrift werden direkt im HTML gesetzt.

✔ Die Funktion alleBeitraegeUser() erledigt alles Weitere: Sie gibt die Übersicht aller Meldungen für den Seitenbesucher aus.

Die PHP-Funktion

In der Datei `user-overview-logic.php` muss also die Funktion `alleBeitraegeUser()` implementiert werden. Eingeleitet wird das Hilfsskript wieder durch das Öffnen eines PHP-Blocks. Dort wird abermals das Skript `db.php` eingebunden, dann folgt auch schon die Implementierung von `alleBeitraegeUser()`. Listing 20.15 zeigt den gesamten Quelltext.

```php
<?php
include "db.php";

function alleBeitraegeUser()
{
  $sql = "SELECT * FROM nachricht ORDER BY zeit desc";

  $query = db()->query($sql);

  if ($query === false)
  {
    echo "Fehler beim Lesen der Nachrichten";
    return;
  }

  $ergebnisse = $query->fetch_all(MYSQLI_ASSOC);

  foreach ($ergebnisse as $ergebnis)
  {
    $ueberschr = formatForWebsite($ergebnis["ueberschrift"]);
    $anreisser = formatForWebsite($ergebnis["anreisser"]);
    $zeit = new DateTime($ergebnis["zeit"]);
    $zeit = $zeit->format("d.m.Y, H:i");
    $id = $ergebnis["id"];

    $mehrLinkZiel = urlUserDetail($id);
    $mehrLink = "<a href='$mehrLinkZiel'>Lesen Sie mehr</a>";

    echo "<div><p><strong>$ueberschr</strong> $zeit Uhr</p>";
    echo "<p>$anreisser $mehrLink</p>";
    echo "</div>";
  }
}
```

Listing 20.15: Die Datei »user-overview-logic.php«

✔ Zunächst wird der SQL-Befehl erstellt, mit dem alle Einträge aus der Datenbank gelesen werden.

Damit die neuesten Einträge zuerst erscheinen, werden die Ergebnisse absteigend nach der Spalte `zeit` sortiert.

- ✔ Sofern bei der Abfrage kein Fehler aufgetreten ist, werden die Ergebnisse in einem PHP-Array gespeichert.
- ✔ Nun werden alle Einträge in einer foreach-Schleife durchlaufen.
  - Es werden für jeden Eintrag die darzustellenden Spalten ausgelesen. Überschrift und Anreißer werden mit der Funktion formatForWebsite() für die Darstellung auf einer Webseite formatiert.
  - Um die Zeitangabe in ein nutzerfreundliches Format zu bringen, wird die Klasse DateTime verwendet. Mithilfe ihrer Methode format() kann die Zeitangabe in das übliche mitteleuropäische Format gebracht werden.
  - Zudem wird ein Link erzeugt, der zur Detailseite mit der kompletten Meldung führt. Dazu wird die Funktion urlUserDetail() verwendet, mit der die entsprechende URL abgerufen werden kann.
  - Abschließend werden alle zusammengestellten Informationen mithilfe von drei echo-Anweisungen ausgegeben.

Die Detailseite für den Webseitenbesucher

Jetzt fehlt nur noch die Detailseite, auf der eine komplette Meldung dargestellt wird.

Die Seite mit der kompletten Meldung

Listing 20.16 zeigt den Quelltext des Hauptskripts user-detail.php.

- ✔ Zunächst wird, wie in jedem Hauptskript, das dazugehörige Hilfsskript mit den verwendeten Funktionen eingebunden.
- ✔ Über die Funktion getAktuellenEintrag() wird der darzustellende Eintrag aus der Datenbank gelesen.
- ✔ Wurde der Eintrag nicht korrekt geladen, wird die weitere Verarbeitung abgebrochen.
- ✔ Andernfalls wird die Überschrift aus dem Datensatz ausgelesen und in einer Variablen gespeichert.
- ✔ Innerhalb des HTML-Bereichs wird diese Überschrift sowohl in der Titelzeile als auch in einer gewöhnlichen Überschrift innerhalb des Dokuments genutzt.
- ✔ Schließlich werden zwei Funktionen verwendet, um die restlichen Inhalte der Webseite zu erzeugen.
  - Mit der Funktion zeigeAktuellerEintragUser() soll der aus der Datenbank gelesene Eintrag dargestellt werden.
  - Die Funktion zurueckZurStartseiteLink() erzeugt einen Link, über den der Webseitenbesucher zurück zur Startseite gelangt.

```php
<?php
include "user-detail-logic.php";

$eintrag = getAktuellenEintrag();

if ($eintrag == null)
{
  echo "Beitrag kann nicht angezeigt werden";
  die();
}

$ueberschr = formatForWebsite($eintrag["ueberschrift"]);

?><!DOCTYPE html>
<html>
  <head>
    <title><?php echo $ueberschr; ?></title>
  </head>
  <body>
    <h1><?php echo $ueberschr; ?></h1>
    <?php zeigeAktuellerEintragUser($eintrag); ?>
    <?php zurueckZurStartseiteLink(); ?>
  </body>
</html>
```

Listing 20.16: Die Datei »user-detail.php«

Die PHP-Funktionen

Abschließend müssen jetzt noch die drei verwendeten Funktionen im Hilfsskript `user-detail-logic.php` implementiert werden. Wie bei allen Hilfsskripten wird zu Beginn ein PHP-Bereich eingeleitet und die Datei `db.php` eingebunden.

```php
<?php
include "db.php";
```

Danach geht es weiter mit der Funktion `getAktuellenEintrag()`. Sie finden den Quelltext in Listing 20.17.

```
function getAktuellenEintrag()
{
  if (!isset($_GET["id"]))
    return null;

  $id = intval($_GET["id"]);

  if ($id <= 0)
    return null;

  $sql = "SELECT * FROM nachricht WHERE id = $id";

  $query = db()->query($sql);

  if ($query === false)
    return null;

  $ergebnisse = $query->fetch_all(MYSQLI_ASSOC);

  if (count($ergebnisse) > 0)
    return $ergebnisse[0];

    return null;
}
```
Listing 20.17: Die Funktion »getAktuellenEintrag()«

Die Schritte im Einzelnen:

✔ Zunächst wird der übergebene URL-Parameter id geprüft.

Ist dieser nicht vorhanden oder kleiner oder gleich 0, wird die Verarbeitung abgebrochen und null zurückgegeben, da alle IDs der in der Datenbank vorhandenen Einträge positiv sind.

✔ Danach wird der gewünschte Eintrag mittels eines SQL-Befehls aus der Datenbank ausgelesen.

Wurde keiner gefunden, wird die Verarbeitung abgebrochen und null zurückgegeben.

✔ Da jede ID nur einmal vergeben wird, wird maximal ein Ergebnis geliefert.

Da alle Ergebnisse in einem Array gespeichert wurden, wird in diesem Fall das erste (und einzige) Element des Arrays als Ergebnis zurückgegeben.

Enthält das Ergebnis-Array keine Datensätze, wird null zurückgegeben, da kein Eintrag mit der gesuchten ID gefunden wurde.

Weiter geht es mit der Funktion zeigeAktuellerEintragUser(). Deren Quelltext ist in Listing 20.18 zu sehen.

```
function zeigeAktuellerEintragUser($eintrag)
{
  $anreisser = formatForWebsite($eintrag["anreisser"]);
  $zeit = new DateTime($eintrag["zeit"]);
  $zeit = $zeit->format("d.m.Y, H:i");
  $meldung = formatForWebsite($eintrag["meldung"]);
  $meldung = str_replace("\n", "<br>", $meldung);

  echo "<p>$zeit Uhr</p>";
  echo "<p><em>$anreisser</em></p>";
  echo "<p>$meldung</p>";
}
```
Listing 20.18: Die Funktion »zeigeAktuellerEintragUser()«

Was passiert hier?

- ✔ Da die Überschrift direkt im Hauptskript ausgegeben wird, wird diese hier nicht mehr benötigt.

- ✔ Es werden nur noch der Anreißer, die gesamte Meldung und der Zeitstempel ausgelesen.

- ✔ Die beiden Text-Spalten werden mithilfe der Funktion formatForWebsite() für die Ausgabe auf einer Webseite formatiert.

- ✔ Der Zeitstempel wird mithilfe der Klasse DateTime und deren Methode format() ins gewöhnliche mitteleuropäische Format gebracht.

- ✔ Die Meldung wird noch mithilfe der PHP-Funktion str_replace() weiterverarbeitet.

  In HTML-Dokumenten werden Zeilenumbrüche als gewöhnliche Leerzeichen dargestellt. Um tatsächlich einen Zeichenumbruch zu erzwingen, muss das br-Tag verwendet werden.

  Mit der Funktion str_replace() werden alle Zeilenumbrüche, die im Text der Meldung vorkommen, durch ein br-Tag ersetzt. Zur Erinnerung: Ein gewöhnlicher Zeilenumbruch kann mit der Escape-Sequenz \n dargestellt werden. \n wird im Text also ersetzt durch <br>.

- ✔ Abschließend werden Zeitstempel, Anreißer und Meldung mithilfe der PHP-Funktion echo ausgegeben.

  Der Anreißer wird dabei innerhalb eines em-Elements verschachtelt. Dadurch wird der Text in den meisten Browsern kursiv dargestellt.

Jetzt wird nur noch die Funktion zurueckZurStartseiteLink() benötigt. Den Quelltext finden Sie in Listing 20.19.

```
function zurueckZurStartseiteLink()
{
    $startUrl = urlUserOverview();
    echo "<p><a href='$startUrl'>".
      "Zurück zur Startseite</a></p>";
}
```
Listing 20.19: : Die Funktion »zurueckZurStartseiteLink()«

Die Funktion soll einen Link generieren, mit dem der Webseitenbesucher zurück zur Startseite gelangt.

✔ Dazu wird zunächst die Funktion `urlUserOverview()` verwendet, mit der die URL der Startseite abgerufen werden kann.

✔ Mithilfe der URL der Startseite kann das a-Tag, das dem Besucher einen klickbaren Link präsentiert, leicht erstellt werden.

Jetzt ist das Front-End und damit auch das gesamte Projekt komplett. Sie können die Administrationsoberfläche über die URL `localhost/eclipse/nachrichten/admin-overview.php` ansteuern. Die Startseite des Front-Ends, das der gewöhnliche Webseitenbesucher zu sehen bekommt, kann über die URL `localhost/eclipse/nachrichten/user-overview.php` aufgerufen werden.

Dynamische Webseiten in der Praxis

Sie haben jetzt ein etwas komplexeres Beispiel einer dynamischen Webseite gesehen. Dieses sollte Ihnen das Zusammenspiel von Datenbank, PHP und HTML demonstrieren. Wenn Sie in der Realität ein Webprojekt realisieren, gibt es selbstverständlich einige Unterschiede.

Grafische Gestaltung

Sowohl Front-End als auch Back-End sind sehr karg gestaltet, da keinerlei Formatierungen via *CSS* vorgenommen wurden. Das ist auch eher eine Aufgabe für Webdesigner als für Programmierer.

Die erstellte Webseite könnte durch Hinzufügen eines *Stylesheets* ansprechender gestaltet werden. Dazu wären auch kaum Anpassungen des generierten HTML-Codes nötig.

Würden Sie eine Webseite also auch für fremde Besucher verfügbar machen wollen, müssten Sie noch einen Designer beauftragen, der Ihnen das Design erstellt. Oder Sie beschäftigen sich doch ein bisschen selbst damit. Sie können Tutorials aus dem Internet verwenden (zum Beispiel http://de.html.net/tutorials/css/ und http://wiki.selfhtml.org/wiki/CSS) oder ein Buch wie *HTML5 und CSS3 für Dummies* lesen.

Webspace anmieten

Das gezeigte Beispiel läuft auf einem Webserver, der auf Ihrem eigenen Rechner ausgeführt wird. Damit ist die Webseite nicht von außen erreichbar. Andere Internetnutzer können sie nicht einsehen.

Um sie auch für andere Internetnutzer verfügbar zu machen, müssen Sie sich Webspace bei einem Anbieter, der einen öffentlichen Server betreibt, mieten. Es gibt einige Anbieter, die so etwas kostenlos anbieten. Allerdings sind solche kostenlosen Angebote oft nicht von langer Dauer. Auch die Leistung ist bei kostenfreien Angeboten meistens begrenzt.

Brauchbare kostenpflichtige Angebote gibt es jedoch schon ab wenigen Euro pro Monat. Möchten Sie mit einer ersten, einfachen Webseite durchstarten, finden Sie im Internet brauchbare Angebote schon für zwei Euro pro Monat. Für große, sehr stark besuchte Webseiten gibt es teurere Angebote, die dafür aber auch leistungsfähiger sind.

Anbieter finden Sie im Internet viele, zum Beispiel über eine Google-Suche nach `webspace php`. Sie sollten darauf achten, dass ein Angebot auch explizit die PHP-Nutzung sowie eine Datenbank (in der Regel MySQL oder MariaDB) einschließt.

Die Angebote unterscheiden sich auch, was den verfügbaren Speicherplatz angeht. Für eine einfache Webseite werden nur wenige Megabyte an Speicherplatz benötigt. Je Multimedia-lastiger Ihre Webseite werden soll (zum Beispiel durch Verwendung von vielen Bildern und Videos), desto mehr Speicherplatz benötigen Sie.

Bei null anfangen

Im gezeigten Beispiel habe ich eine dynamische Webseite »aus dem Nichts« umgesetzt. Ich habe keinerlei Fremdsoftware eingesetzt, sondern alle Bestandteile selbst realisiert.

Wer eine eigene Webseite betreiben will, wird diese heutzutage meistens nicht komplett aus dem Nichts erstellen. Es gibt verschiedene sogenannte *Content-Management-Systeme* (CMS), die häufig für bestimmte Zwecke optimiert sind.

Wer einen Webshop betreiben möchte, kann zum Beispiel auf das CMS *Magento* setzen. Dieses wurde auch mithilfe von PHP realisiert und deckt viele Anwendungsfälle ab. Wer einen Blog betreiben möchte, greift sehr häufig zu *WordPress*, mit dem sich ohne Programmierkenntnisse auch anspruchsvolle Webseiten erstellen lassen.

In der Realität würde man also ein vorhandenes CMS als Basis einsetzen. Wer PHP-Programmierkenntnisse hat, kann ein solches CMS dann sehr individuell an die eigenen Bedürfnisse anpassen.

Bei häufig genutzten Systemen wie WordPress kann es auch lukrativ sein, nützliche Erweiterungen zu erstellen und diese anderen Benutzern zur Verfügung zu stellen. WordPress bietet zum Beispiel offiziell die Möglichkeit, die Funktionalität mithilfe von Plug-ins zu erweitern. Viele solcher Plug-ins sind kostenlos erhältlich, es existiert jedoch auch ein Markt für kostenpflichtige Premium-Plug-Ins.

Das Wichtigste in Kürze

✔ Mithilfe der PHP-Klasse mysqli kann in Skripten eine Verbindung zu einer Datenbank hergestellt werden, an die Anfragen gesendet werden können.

✔ Eine dynamische Webseite besteht in der Regel aus Front-End und Back-End:

- Über das Back-End verwaltet der Administrator die anzuzeigenden Inhalte.

- Das Front-End ist für den Webseitenbesucher gedacht, es enthält die »eigentliche« Webseite.

✔ Daten können aus Formularen heraus an Skripte versendet werden.

Alternativ können Daten auch versendet werden, indem Parameter an die URLs angehängt und so an die Skripte übermittelt werden.

✔ Mit den von PHP bereitgestellten Arrays $_GET und $_POST haben Sie innerhalb eines Skripts Zugriff auf Daten, die an das Skript gesendet wurden.

✔ Benutzereingaben sollten nicht ohne Prüfung in einem SQL-Befehl verwendet werden.

Stattdessen kann mit der Methode real_escape_string() der Klasse mysqli sichergestellt werden, dass kein böswilliger Nutzer die Datenbank kompromittiert.

✔ Damit eine Webseite auch für andere Besucher verfügbar ist, müssen Sie Webspace anmieten und die Webseite dort platzieren.

✔ Es gibt bereits viele Content-Management-Systeme, mit denen Webseiten komfortabel aufgebaut und gepflegt werden können.

Übungen

1. Erweitern Sie die Nachrichtenwebseite so, dass zu jeder Meldung optional ein Bild angegeben werden kann.

   Das gelingt in mehreren Schritten:

   - Zunächst muss die Datenbanktabelle nachricht um eine Spalte erweitert werden.

     Wechseln Sie dazu in der Administrationsübersicht der Datenbank (PHPMYADMIN) zur Tabelle und klicken Sie bei den Reitern oben auf STRUKTUR.

     Etwa in der Mitte finden Sie eine Zeile 1 SPALTE(N) EINFÜGEN NACH ZEIT. Klicken Sie dort auf OK.

Im sich öffnenden Formular können Sie Angaben zur neuen Tabellenspalte machen. Geben Sie dort `bild` als Name der Spalte an. Als Typ verwenden Sie TEXT.

Danach klicken Sie auf SPEICHERN.

- Das Eingabeformular muss jetzt um ein weiteres Feld ergänzt werden, in das der Administrator die Adresse eines passenden Bilds schreiben kann, zum Beispiel `http://www.t-ocker.de/assets/images/10sw.jpg`.

  Ergänzen Sie dieses in der Datei `admin-detail.php`.

- In der Datei `admin-detail-logic.php` muss die Funktion `verarbeiteAenderungen()` so abgeändert werden, dass die vom Administrator angegebene URL ebenfalls in die Tabelle `nachricht` geschrieben wird.

- Das Bild soll auf der Detailseite für den Benutzer zwischen dem Anreißer und der Meldung angezeigt werden. Ändern Sie dafür die Funktion `zeigeAktuellerEintragUser()` in der Datei `user-detail-logic.php` entsprechend ab.

  Allerdings soll das Bild nur angezeigt werden, wenn der Administrator auch eines angegeben hat. Mithilfe der PHP-Funktion `empty()` können Sie prüfen, ob eine Zeichenkette leer ist.

  ```
  empty("");        // true
  empty("hallo");   // false
  ```

2. Erstellen Sie ein Back-End für die Datenbanktabelle `gebrauchtwagen`, mit dem Sie neue Einträge in die Tabelle einfügen können.

    Um das Datum der Erstzulassung einzulesen, können Sie zwei Eingabefelder verwenden. In das erste soll der Monat, in das zweite das Jahr der Erstzulassung eingetragen werden. Im PHP-Skript können Sie aus diesen Angaben eine für die Datenbank korrekt formatierte Zeichenkette zusammenbauen.

Teil IV
Werkzeuge für Programmierer

IN DIESEM TEIL ...

✔ Hilfsmittel, die Sie als Programmierer brauchen werden

✔ Fehler in Programmen ausmerzen

✔ Wie Sie sich helfen können, wenn Sie einmal nicht weiterwissen

✔ Wie größere Projekte mit mehreren Entwicklern verwaltet werden

> **IN DIESEM KAPITEL**
>
> Qualität eines Programms mithilfe von Unit Tests sicherstellen
>
> Fehler im Programmcode aufspüren

Kapitel 21
Fehler finden und beseitigen

Computerprogramme werden von Menschen erstellt. Wie bei allem, was Menschen den ganzen lieben Tag lang tun, neigen sie auch dabei dazu, Fehler zu machen. Gegen diese Schwäche sind auch die besten Programmierer der Welt nicht gefeit. Schreiben Sie ein Programm, können Sie davon ausgehen, dass es auch Fehler enthalten wird.

Dieses Kapitel zeigt, mit welchen Mitteln versucht wird, die Anzahl der Fehler in einem Programm zumindest zu minimieren.

Was ist ein Fehler?

Bevor ich Ihnen zeige, wie Sie Fehler in Programmen finden und beseitigen, muss ich Ihnen erst einmal erklären, was man überhaupt unter einem Fehler versteht. Etwas vereinfacht betrachte ich dafür ein Programm als eine »große« Funktion: Es erhält einige Eingabeparameter und errechnet aus diesen ein Ergebnis.

Bevor ein Programm erstellt wird, muss als Erstes genau festgelegt werden, was das Programm überhaupt berechnen soll. Das geschieht zum Beispiel, indem für exemplarisch ausgewählte Eingaben festgestellt wird, welche Ergebnisse das Programm liefern soll. Wenn das Programm fertig ist, wird es mit diesen exemplarischen Eingaben getestet. Liefert es tatsächlich jeweils das erwartete Ergebnis?

Findet man bei diesen Tests eine Eingabe, die nicht zum erwarteten Ergebnis führt, so spricht man von einem *Fehler*. Fehler bezieht sich in dem Fall also darauf, dass das Programm eine fehlerhafte Ausgabe liefert. Doch geht es natürlich nicht allein darum, einen Fehler zu finden, sondern das Programm so abzuändern, dass der Fehler nicht mehr auftritt.

Wenn ein Programm fehlerhaft ausgeführt wird, bedeutet das, dass es irgendwo im Quellcode des Programms eine oder mehrere Stellen gibt, die nicht so umgesetzt sind, wie sie es hätten sein müssen, damit das Programm das korrekte Ergebnis liefert. Diese Stellen werden *Defekte* genannt. Ziel bei der Fehlersuche ist es also, so viele Defekte wie möglich aufzuspüren und zu beheben.

Die Fehlersuche besteht demnach aus zwei Schritten:

✔ Zunächst werden Eingaben gesucht, für die das Programm nicht das erwartete Ergebnis liefert.

✔ Danach werden die Stellen im Quelltext gesucht, die für ein fehlerhaftes Ergebnis verantwortlich sind. Diese Defekte müssen anschließend behoben werden.

Häufigkeit und Relevanz von Fehlern und Defekten

Defekte sind in so gut wie jedem komplexeren Programm enthalten, auch wenn es bereits an den Endkunden ausgeliefert wurde. Das betrifft auch die ganz Großen der Softwarebranche – einige Windows-Fehler sind noch Jahre später bekannt, wie zum Beispiel der berühmte *Blue Screen of Death* in Windows 98. Legendär auch der Auftritt von Bill Gates bei »Wetten, dass?«, als er acht von zehn Windows-Fehlern an den Wutausbrüchen der Anwender erkennen wollte.

Es ist kein realistisches Ziel, *alle* Defekte aus einer Software zu entfernen. Stattdessen sollten Sie sich bemühen, so viele Defekte wie möglich zu finden und aus dem Quellcode zu verbannen.

Je nachdem, wann und wie sich Fehler bemerkbar machen, haben sie auch eine unterschiedliche Wichtigkeit. Fehler, die während der Entwicklung auftreten, werden direkt behoben und sind daher weniger kritisch. Das Beheben der Defekte, die zu solchen Fehlern führen, kann zwar auch sehr zeitaufwendig sein, die Chance, dass sie behoben sind, wenn das Programm beim Endkunden ausgeführt wird, ist aber sehr groß.

Führt ein Defekt, der den Entwicklern »durchgerutscht« ist, zu einem Programmabsturz beim Endkunden, ist das schon sehr viel unangenehmer. Ein Programmabsturz ist niemals das gewünschte Ergebnis einer Operation, und dementsprechend sollte dieser bei Endkunden unter allen Umständen vermieden werden.

Dennoch ist ein Programmabsturz nicht der schlimmste Fehler, der auftreten kann. Stürzt ein Programm ab, wissen Sie zumindest, dass irgendetwas schiefgelaufen ist. Schlimmer ist es, wenn ein Programm nicht abstürzt, sondern ein falsches Ergebnis liefert.

In der Regel werden Programme ja deshalb erstellt, damit man die vom Programm ausgeführten Berechnungen nicht selbst durchführen muss. In vielen Fällen wird der Benutzer also gar nicht wissen, dass das Ergebnis, das das Programm geliefert hat, falsch ist.

Je nach Anwendung kann dies katastrophale Folgen haben. Tritt ein Fehler in einer Katzenfoto-App auf, ist das vermutlich zu verschmerzen. Werden jedoch Ampeln, medizinische Geräte oder Flugzeuge von einer fehlerhaften Software gesteuert, kann dies sogar zum Tod von Menschen führen. Beispielsweise wurden im Frühjahr 2019 nach zwei

Flugzeugabstürzen alle Modelle der Boeing 737 Max mit einem weltweiten Startverbot belegt, da die Unfälle mutmaßlich von einer fehlerhaften Software verursacht wurden.

Das Finden von Fehlern wird dadurch erschwert, dass ein Fehler in der Regel nicht bei jeder Eingabe auftritt, sondern nur in ganz bestimmten Fällen. Ein Programm kann eine Million Mal bei einer Million verschiedenen Eingaben das korrekte Ergebnis liefern – und bei der nächsten Eingabe dennoch versagen. Egal wie ausführlich Sie ein Programm testen, egal wie viele unterschiedliche Eingaben Sie auf das Programm loslassen: Sie können nie ganz sicher sein, dass nicht dennoch ein Defekt darin enthalten ist.

Das Auffinden und Entfernen von Defekten im Quellcode von Programmen ist daher eine eigene Disziplin bei der Programmerstellung. Je nach Anwendung kann sie mehr Zeit beanspruchen als die eigentliche Programmierung.

Fehlerhafte Programmläufe finden

Zunächst geht es also darum, Eingaben zu finden, bei denen das Programm fehlerhafte Ausgaben liefert. Dazu wird es mehrmals mit verschiedenen Eingaben gestartet und das Ergebnis mit dem erwarteten Ergebnis verglichen.

Sinnvollerweise geht man aber noch ein bisschen weiter. Statt lediglich das gesamte Programm zu testen, macht es Sinn, die verwendeten Komponenten einzeln zu testen. Dank objektorientierter Programmierung ist eine Software ja in der Regel in viele einzelne Klassen unterteilt.

Jede Klasse erfüllt einen bestimmten Zweck. Dieser wird erreicht, indem die Klasse verschiedene Methoden bereitstellt, die Operationen und Berechnungen durchführen. Statt nur zu testen, ob Eingaben zu gewünschten Ausgaben des Gesamtprogramms führen, können Sie jede einzelne Methode des Programms testen.

Die Methoden werden dazu mit verschiedenen Eingaben ausgeführt. Danach wird geprüft, ob sie die erwarteten Ergebnisse liefern. Ist das bei einer Methode nicht der Fall, haben Sie einen Ansatzpunkt, wo Sie nach Defekten suchen können.

Diese Art der Fehlersuche nennt man *Unit Test* (deutsch: Komponententest). Unit Tests sind ein weitverbreitetes Mittel zur Qualitätssicherung bei der Softwareerstellung.

Unit Tests können sogar unabhängig von der Programmierung erstellt werden. Sofern man die verwendeten Klassen und deren gewünschte Funktionalität bereits vor dem Start der eigentlichen Programmierarbeit festlegt, können auch die Unit Tests bereits ganz zu Beginn konzipiert werden. Unit Tests stehen dann schon während des Programmiervorgangs zur Verfügung, sodass Fehler früh gefunden werden können.

Unit Tests in der Praxis

Je nach Programmiersprache werden Unit Tests mithilfe von verschiedenen Zusatzbibliotheken umgesetzt. Für Java-Programme ist das die *JUnit*-Bibliothek. Diese werde ich im Folgenden vorstellen und zeigen, wie damit Tests erstellt und ausgeführt werden.

JUnit ist mittlerweile eng mit Java verwoben. Wenn Sie eine aktuelle Version von Eclipse installiert haben, ist die Unterstützung für die Erstellung von Tests bereits darin integriert. In früheren Versionen mussten zusätzliche Plug-ins installiert werden, um JUnit-Tests in Eclipse zu erstellen.

Ich möchte Ihnen jetzt zeigen, wie Sie mit Eclipse Tests für die Spielverwaltung erstellen können, die Sie in den Übungen im Java-Teil des Buchs erstellt haben. Je nachdem, welcher Arbeitsbereich in Ihrer Eclipse-Installation derzeit aktiv ist und welche der Übungen der letzten Kapitel Sie durchgeführt haben, müssen Sie einige Vorbereitungen treffen, bevor es losgehen kann.

1. **Falls Sie in Eclipse noch Ihren PHP-Arbeitsbereich geöffnet haben, wechseln Sie über das Menü mit den Befehlen DATEI und ARBEITSBEREICH WECHSELN zurück zum Java-Arbeitsbereich.**

    Auch die Benutzeroberfläche von Eclipse sollte in diesem Fall wieder so umgestellt werden, dass sie für die Java-Entwicklung optimiert ist.

2. **Wählen Sie FENSTER|PERSPEKTIVE|PERSPEKTIVE ÖFFNEN|ANDERE|JAVA.**

3. **Falls Sie das Spielverwaltung-Programm noch nicht in Ihren Arbeitsbereich importiert haben, sollten Sie das jetzt nachholen.**

    Auf der Webseite zum Buch unter https://www.wiley-vch.de/ISBN9783527718511 können Sie sich den Programmcode herunterladen. Dort wird auch erklärt, wie der Code in Eclipse importiert werden kann.

Unit Tests werden in der Regel klassenweise angelegt. Um eine Klasse zu testen, legt man eine Testklasse an. Für jede Methode der zu testenden Klasse wird wiederum in der Testklasse eine Methode angelegt, die die Methode der Ursprungsklasse testet.

In früheren Versionen von JUnit gab es eine verpflichtende Systematik zur Namensgebung von Testklasse und Testmethoden. Sollte eine Klasse `MeineKlasse` getestet werden, musste die Testklasse `MeineKlasseTest` heißen. Sollte eine Methode `meineMethode()` getestet werden, musste die Methode der Testklasse `testMeineMethode()` heißen.

Auch wenn dies nicht mehr verpflichtend ist, so ist diese Namensgebung doch weiterhin sehr vernünftig. Zudem gruppiert man Testklassen für gewöhnlich innerhalb eines eigenen Java-Pakets `test`. So sind Programmlogik und Tests sauber voneinander getrennt.

Testklassen können optional weitere Methoden besitzen. Diese werden `setup`- und `teardown`-Methoden genannt. Eine `setup`-Methode wird vor dem Ausführen jeder Testmethode ausgeführt. Eine `teardown`-Methode wird nach jeder Ausführung einer Testmethode ausgeführt. Diese Methoden können genutzt werden, um die zu testenden Instanzen vor jeder Ausführung einer Testmethode neu zu erzeugen.

Testen mit JUnit

Doch grau ist alle Theorie und grün des Lebens gold'ner Baum. Ich zeige Ihnen jetzt, wie Sie mit Eclipse eine Testklasse anlegen. Es soll eine Testklasse für die Klasse `Punktestand` aus dem Spielverwaltungsprogramm angelegt werden.

Die Klasse Punktestand speichert den aktuellen Punktestand einer Mannschaft, die zum Beispiel an einer Liga teilnimmt. Eine Punktestand-Instanz enthält die Anzahl der ausgetragenen Spiele, die Anzahl der Siege, Niederlagen und Unentschieden, die Anzahl der geschossenen Tore sowie die Anzahl der Gegentore.

Der aktuelle Punktestand wird aus der Anzahl der Siege und der Anzahl der Unentschieden berechnet: Für jeden Sieg gibt es drei Punkte, für jedes Unentschieden einen.

1. **Klicken Sie in Eclipse den Namen des Projekts im Paket-Explorer mit der rechten Maustaste an, um das Kontextmenü zu öffnen.**

2. **Wählen Sie Neu und dann JUnit-Testfall.**

   Es öffnet sich ein Dialogfenster, in dem Sie einige Einstellungen vornehmen können.

   - Zunächst kann ausgewählt werden, nach welcher JUnit-Version die Testklasse erstellt werden soll (3, 4 oder 5, genannt Jupiter).

     Wählen Sie die neueste Variante (derzeit ist das JUnit 5 »Jupiter«).

   - Als Namen für das Paket geben Sie test.spielverwaltung an.

     Dadurch wird auf der obersten Ebene ein Paket test angelegt, in dem alle Testklassen gesammelt werden können.

   - Geben Sie in das Feld Name PunktestandTest ein.

     Das soll der Name der neuen Testklasse sein.

   - Für diesen einfachen Test wird nur eine setup-Methode benötigt.

     Wählen Sie in der Liste der zu erzeugenden Methoden die setUp()-Methode aus und entfernen Sie die eventuell gesetzten Häkchen bei anderen Methoden.

   - Schließlich muss die Klasse, die getestet werden soll, angegeben werden.

     Geben Sie im entsprechenden Feld Punktestand ein. Klicken Sie danach auf Durchsuchen, wählen Sie im neuen Dialog die Klasse Punktestand aus und klicken Sie danach auf OK.

3. **Klicken Sie auf Weiter, sobald Sie alle Einstellungen vorgenommen haben.**

   Im nächsten Dialog können Sie auswählen, für welche der Methoden der Klasse Punktestand Testmethoden erstellt werden sollen.

4. **Wählen Sie alle Methoden der Klasse Punktestand aus, bis auf den Konstruktor sowie die beiden Methoden addErgebnisAlsTeam1() und addErgebnisAlsTeam2().**

5. **Klicken Sie danach auf Fertigstellen.**

Die Testklasse wird nun erzeugt. Es werden automatisch Testmethoden für die ausgewählten Methoden der Klasse Punktestand erzeugt, zudem eine Methode setUp().

Zwei Dinge fallen auf:

✔ Vor jeder Methode steht eine Bezeichnung wie `@Test` oder `@BeforeEach`.

Diese Bezeichnungen werden *Annotationen* genannt. Mit einer Annotation können zusätzliche Informationen zu einer Methode übergeben werden, die zum Beispiel für den Compiler von Belang sind.

Im konkreten Fall wird auf diese Weise mitgeteilt, welche Methoden die eigentlichen Testmethoden sind und welche Methode als `setup`-Methode vor jeder Testmethode ausgeführt werden soll.

✔ Der Rumpf aller Testmethoden besteht aus jeweils einer `fail()`-Anweisung.

Eine `fail()`-Anweisung führt dazu, dass ein Testlauf unterbrochen und als Fehler gemeldet wird. In diesem Fall aus dem Grund, dass der richtige Code für die Tests noch fehlt.

Später sollen diese `fail()`-Anweisungen alle durch anderen Code ersetzt werden, der nur noch dann einen Fehler liefert, wenn eine getestete Methode nicht das erwartete Ergebnis liefert.

Der Sinn der `setUp()`-Methode besteht darin, einige Punktestand-Instanzen aufzubauen, deren Methoden dann in den Testmethoden geprüft werden. Dazu müssen die Instanzen in Klassenattributen der Testklasse gespeichert werden.

Das könnte zum Beispiel so aussehen wie in Listing 21.1.

```
private Punktestand stand1;
private Punktestand stand2;

@BeforeEach
void setUp() throws Exception
{
  stand1 = new Punktestand();
  stand2 = new Punktestand();

  stand1.addErgebnisAlsTeam1(new Ergebnis(null, null, 1, 1));
  stand1.addErgebnisAlsTeam1(new Ergebnis(null, null, 2, 1));
  stand1.addErgebnisAlsTeam1(new Ergebnis(null, null, 3, 0));
  stand1.addErgebnisAlsTeam1(new Ergebnis(null, null, 0, 1));

  stand2.addErgebnisAlsTeam2(new Ergebnis(null, null, 1, 1));
  stand2.addErgebnisAlsTeam2(new Ergebnis(null, null, 2, 1));
  stand2.addErgebnisAlsTeam2(new Ergebnis(null, null, 3, 0));
  stand2.addErgebnisAlsTeam2(new Ergebnis(null, null, 0, 1));
}
```

Listing 21.1: Die »setUp()«-Methode der Testklasse

Was passiert hier?

✔ Es werden zwei unabhängige `Punktestand`-Instanzen erzeugt.

Diesen Punkteständen sollen gleich eine Reihe von Ergebnissen hinzugefügt werden.

✔ Mit der Methode `addErgebnisAlsTeam1()` wird das Ergebnis aus Sicht des erstgenannten Teams (des Heimteams) betrachtet, mit `addErgebnisAlsTeam2()` aus Sicht des zweitgenannten (des Auswärtsteams).

Bei einem Ergebnis von »1:0« hat zum Beispiel das Heimteam gewonnen, bei einem Ergebnis von »1:7« das Auswärtsteam.

Der Konstruktor der Klasse `Ergebnis` erwartet jeweils die Angabe von `Team`-Instanzen. Da diese für diesen Test keine Rolle spielen, da nur die Punktestand-Instanzen von Interesse sind, wird jeweils eine `null`-Referenz übergeben.

✔ Dem ersten Punktestand-Objekt werden die Ergebnisse »1:1«, »2:1«, »3:0« und »0:1« hinzugefügt, wobei die Ergebnisse immer aus Sicht des Heimteams betrachtet werden.

Das bedeutet, es gab zwei Siege (»2:1« und »3:0«), ein Unentschieden (»1:1«) und eine Niederlage (»0:1«). Für einen Sieg gibt es drei Punkte, für ein Unentschieden einen – mit diesen Ergebnissen hat die Heimmannschaft also sieben Punkte gewonnen.

✔ Dem zweiten Punktestand-Objekt wurden dieselben Ergebnisse hinzugefügt, wobei die Ergebnisse nun jedoch jeweils aus Sicht des Auswärtsteams betrachtet werden.

Demnach gab es einen Sieg (»0:1«), ein Unentschieden (»1:1«) und zwei Niederlagen (»2:1« und »3:0«). Das resultiert in insgesamt vier Punkten.

Jetzt geht es an die Umsetzung der Testmethoden. In JUnit-Testklassen werden sogenannte `assert()`-Methoden eingesetzt, die prüfen, ob ein tatsächliches Ergebnis dem erwarteten entspricht.

Es gibt verschiedene `assert()`-Methoden, ich werde nur eine verwenden: die Methode `assertEquals()`. Die Methode erhält zwei Parameter, nämlich das erwartete und das tatsächliche Ergebnis einer Operation. Stimmen die Parameter überein, ist alles in Ordnung. Stimmen die Parameter nicht überein (weicht das tatsächliche also vom erwarteten Ergebnis ab), löst die Methode einen Fehler aus und der Test schlägt fehl.

Die erste Testmethode `testGetPunkte()`, die die Methode `getPunkte()` testen soll, kann demnach einfach erstellt werden, indem die zu erwartenden Punktzahlen mit den tatsächlichen verglichen werden. Den Quelltext finden Sie in Listing 21.2.

```
@Test
void testGetPunkte()
{
  assertEquals(7, stand1.getPunkte());
  assertEquals(4, stand2.getPunkte());
}
```
Listing 21.2: Die Testmethode für »getPunkte()«

Ebenso können die weiteren Testmethoden erstellt werden, indem die zu erwartenden Ergebnisse mit den tatsächlichen verglichen werden.

```
@Test
void testGetTore()
{
  assertEquals(6, stand1.getTore());
  assertEquals(3, stand2.getTore());
}

@Test
void testGetGegentore()
{
  assertEquals(3, stand1.getGegentore());
  assertEquals(6, stand2.getGegentore());
}

@Test
void testTorDifferenz()
{
  assertEquals(3, stand1.torDifferenz());
  assertEquals(-3, stand2.torDifferenz());
}

@Test
void testGetAnzahlSpiele()
{
  assertEquals(4, stand1.getAnzahlSpiele());
  assertEquals(4, stand2.getAnzahlSpiele());
}

@Test
void testClear()
{
  stand1.clear();

  assertEquals(0, stand1.getPunkte());
  assertEquals(0, stand1.getTore());
  assertEquals(0, stand1.getGegentore());
  assertEquals(0, stand1.torDifferenz());
  assertEquals(0, stand1.getAnzahlSpiele());
}
```

Listing 21.3: Die weiteren Testmethoden

Wie in Listing 21.3 zu sehen, werden mit Ausnahme der Methode clear() alle anderen Methoden völlig analog zur Methode getPunkte() getestet.

Um die Methode clear() zu testen, wird diese Methode auf der ersten Punktestand-Instanz aufgerufen. Dadurch sollten alle gespeicherten Ergebnisse entfernt werden. Mittels assertEquals()-Aufrufen wird dann geprüft, ob alle Methoden 0 liefern.

Um eine Testklasse auszuführen, speichern Sie den Quelltext zunächst ab. Wählen Sie danach im Menü AUSFÜHREN|AUSFÜHREN.

Die Tests werden nun alle ausgeführt. Auf der linken Seite der Eclipse-Oberfläche, über dem Paket-Explorer, erscheint eine neue Anzeige (siehe Abbildung 21.1). In ihr werden die Ergebnisse des Testlaufs angezeigt, also welche Testmethoden erfolgreich waren und welche nicht. Im konkreten Fall waren alle Tests erfolgreich, daher erstrahlt die Anzeige auf dem Monitor in freundlichem Grün.

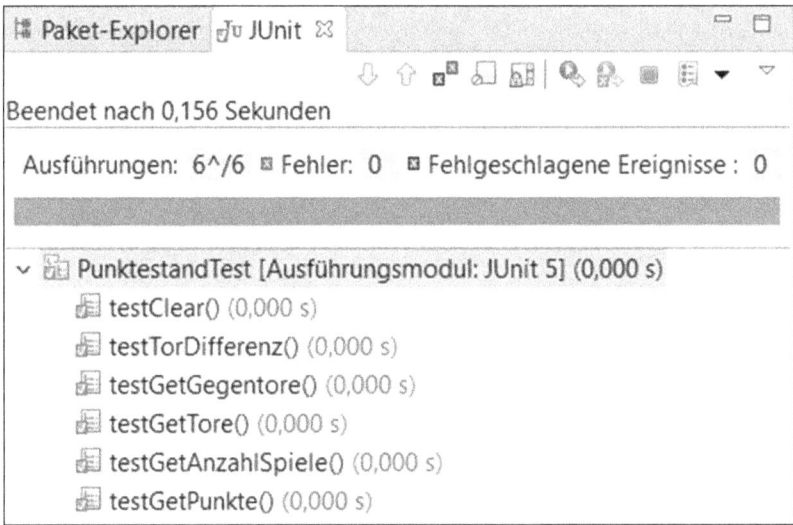

Abbildung 21.1: Ansicht der Ergebnisse einer Testklasse

Ändern Sie einmal versuchsweise einen Wert in einer assert-Methode ab, um das Fehlschlagen eines Tests zu provozieren. Speichern Sie den Quelltext danach ab und starten Sie den Testlauf erneut.

Jetzt wird in bedrohlichem Rot angezeigt, dass ein Testlauf gescheitert ist. Die gescheiterte Testmethode wird in der Ergebnisansicht dargestellt. Durch einen Doppelklick auf die Methode gelangen Sie genau an die Stelle im Quelltext, an der der Fehler ausgelöst wurde.

Nachdem Sie jetzt einmal gesehen haben, wie ein gescheiterter Test aussieht, sollten Sie den provozierten Fehler wieder entfernen, damit der Testlauf wieder erfolgreich abgeschlossen werden kann.

Auf ähnliche Weise können Testklassen für die weiteren Komponenten eines Programms angelegt werden. So kann sichergestellt werden, dass bereits die einzelnen Teile des Programms genauso funktionieren, wie es vorgesehen ist.

Vom Fehler zum Defekt

Früher oder später kommt jeder Programmierer einmal in die Situation, dass ein Programmlauf nicht das erwartete Ergebnis geliefert hat. Um darauf aufmerksam zu werden, müssen nicht einmal unbedingt Unit Tests ausgeführt werden. Nachdem man einen Teil eines Programms (zum Beispiel eine einzelne Klasse oder Methode) fertiggestellt hat, wird man versuchen, diesen auch einmal im Rahmen eines gewöhnlichen Programmlaufs mit zufälligen Eingaben zu testen.

Aus persönlicher Erfahrung kann ich berichten: Das häufigste Ergebnis eines solchen ersten informellen Tests ist, dass das Programm bei der Ausführung abstürzt. Das zweithäufigste Ergebnis ist, dass das Programm nicht abstürzt, sondern ein falsches Ergebnis liefert.

Die typische Ausgangssituation ist also: Mein Programm macht nicht das, was ich eigentlich von ihm wollte. Um diesen unschönen Zustand zu beheben, muss die entsprechende Stelle im Quellcode, die das Problem auslöst, gefunden und abgeändert werden. Diesen Vorgang nennt man *Debuggen*.

Bei einfacheren Programmen erkennt man oft schon an der fehlerhaften Ausgabe, was das Problem ist und wie es behoben werden kann. Bei größeren Programmen, die aus vielen Klassen und Komponenten zusammengesetzt sind, ist das aber nicht so einfach.

Debugger

Viele Entwicklungsumgebungen sind zu diesem Zweck mit einem sehr mächtigen Werkzeug ausgestattet, das beim Finden und Beheben von Codedefekten hilft. Passenderweise wird dieses Tool *Debugger* genannt.

Die genaue Arbeitsweise variiert dabei zwischen den verschiedenen Entwicklungsumgebungen, das Grundprinzip ist jedoch immer dasselbe:

- ✔ Beim Ausführen eines Programms wird dieses angehalten, wenn es an einer vom Programmierer festgelegten Stelle im Quellcode eintrifft.

- ✔ Der Programmierer kann dann den aktuellen Zustand des Programms untersuchen, zum Beispiel indem er sich die aktuellen Belegungen von Variablen und Attributen ansieht.

- ✔ Der Programmierer kann das Programm danach weiterlaufen lassen, bis es an weiteren Stellen im Quellcode eintrifft, an denen eine Unterbrechung gewünscht ist.

- ✔ Optional kann er das Programm aber auch Zeile für Zeile ausführen lassen und nach jeder ausgeführten Anweisung den Programmzustand wieder untersuchen.

Auf diese Weise kann er sich dem Defekt nähern, indem er durch die wiederholte Inspektion des Programmzustands genau die Stelle findet, an dem der erwartete Programmzustand erstmals vom tatsächlichen abweicht.

Debuggen mit Eclipse

Ich werde Ihnen jetzt zeigen, wie Sie mit Eclipse Java-Programme debuggen. Als Beispiel wird wieder das Spielverwaltung-Programm herhalten, für das zuvor bereits Testfälle erstellt wurden.

Zunächst müssen Sie festlegen, an welchen Quelltextstellen das Programm anhalten soll. Diese Stellen werden *Breakpoints* oder auch Haltepunkte genannt.

Ein Haltepunkt kann in Eclipse gesetzt werden, indem ein Doppelklick auf der Zeilennummer des Quelltexts durchgeführt wird. Falls Ihnen keine Zeilennummern in Eclipse angezeigt werden, klicken Sie mit der rechten Maustaste auf den linken Rand des Quelltexteditors und setzen dann ein Häkchen bei ZEILENNUMMERN ANZEIGEN.

Wenn ein Haltepunkt gesetzt wurde, erscheint ein blauer Punkt links neben der Zeilennummer. Einen Haltepunkt können Sie wieder entfernen, indem Sie darauf doppelklicken. Sie können beliebig viele Haltepunkte setzen. In der Regel setzt man diese, bevor man das Programm startet.

1. **Öffnen Sie nun die Klasse BeispielSaison und setzen Sie einen Haltepunkt vor die erste Anweisung der Hauptmethode (siehe Abbildung 21.2).**

```java
BeispielSaison.java
1  package spielverwaltung;
2
3  public class BeispielSaison
4  {
5      public static void main(String[] args)
6      {
7          Saison meineSaison = new Saison();
8
9          meineSaison.addErgebnis("Deutschland", "Portugal", 4, 0);
10         meineSaison.addErgebnis("Ghana", "USA", 1, 2);
11         meineSaison.addErgebnis("Deutschland", "Ghana", 2, 2);
12         meineSaison.addErgebnis("USA", "Portugal", 2, 2);
13         meineSaison.addErgebnis("USA", "Deutschland", 0, 1);
14         meineSaison.addErgebnis("Portugal", "Ghana", 2, 1);
15
16         meineSaison.getTabelle().tabelleAusgeben();
17     }
18 }
19
```

Abbildung 21.2: Ganz links erkennbar: Haltepunkt in Eclipse gesetzt

2. **Starten Sie den Debugger.**

   Wählen Sie dazu im Menü von Eclipse AUSFÜHREN|DEBUGGEN.

   Das Programm wird gestartet, und direkt danach erscheint eine Meldung, die fragt, ob Sie zur Perspektive für das Debuggen wechseln wollen. In der Debugger-Perspektive ist die Benutzeroberfläche wieder leicht abgeändert, damit sie optimale Unterstützung für das Debuggen bietet.

3. **Klicken Sie auf Ja.**

   Sie können später über das Fenster-Menü problemlos wieder zur gewöhnlichen Java-Perspektive zurückwechseln.

   Da Sie den Haltepunkt vor die erste Anweisung des Programms gesetzt haben, wird es sofort angehalten. Auf dem Monitor tun sich einige neue Fenster auf (siehe Abbildung 21.3):

   - Links oben wird angezeigt, an welcher Position im Programm der Ablauf angehalten wurde.

     Im Beispiel ist es Zeile 7 innerhalb der Methode `BeispielSaison.main`.

   - Oben rechts sehen Sie die derzeit vorhandenen Variablen und deren Belegungen.

     Da sich das Programm derzeit noch ganz am Anfang befindet, existiert nur das Eingabe-Array der Hauptfunktion.

   - Im Editorfenster wird die aktuelle Position, an der das Programm angehalten wurde, ebenfalls angezeigt.

     Die Quellcodezeile ist markiert, zudem befindet sich links neben der Zeilennummer ein kleiner Pfeil.

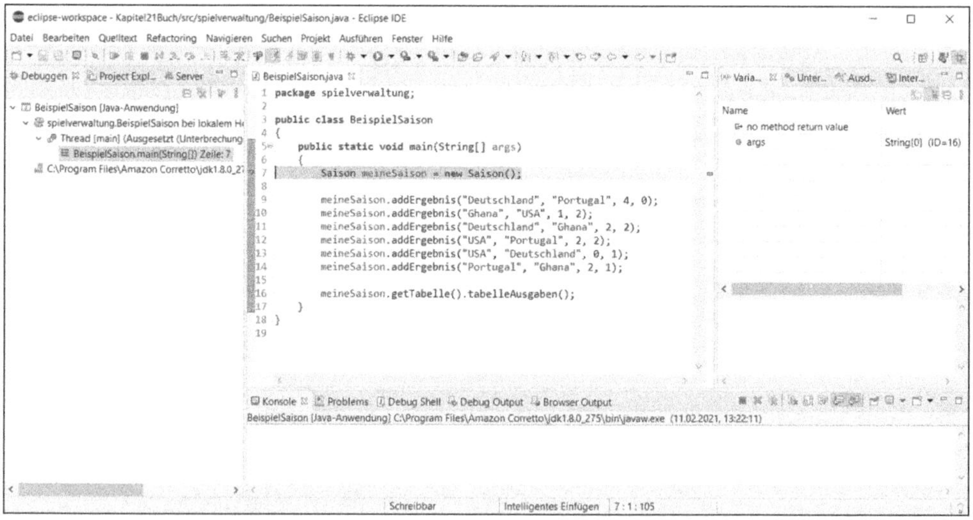

Abbildung 21.3: Die Debug-Perspektive in Eclipse

Sie haben jetzt mehrere Optionen. Lesen Sie sich zunächst alle Optionen durch, bevor Sie sich für eine entscheiden:

- Sie können den aktuellen Programmzustand weiter analysieren.

  Da der aktuelle Anfangszustand jedoch noch nicht allzu viel hergibt, verschieben Sie das ruhig auf später.

- Sie können die aktuelle Anweisung in einem Schritt ausführen und das Programm direkt danach wieder in den Haltemodus bringen.

  Das gelingt über den Button in der Toolbar von Eclipse, in dem ein gelber Pfeil über einen einzelnen blauen Punkt hinweggeht. Wenn Sie mit der Maus über diesen Button fahren, erscheint die Beschriftung ÜBERSPRINGEN. Alternativ können Sie auch `F6` drücken.

  Wenn Sie diese Option wählen, wird im konkreten Fall der Konstruktoraufruf komplett durchgeführt, und das Programm wartet danach vor der nächsten Anweisung in Zeile 9.

- Sie können tiefer in die aktuelle Anweisung hineinspringen.

  Das gelingt durch Drücken des Buttons in der Eclipse-Toolbar, der einen gelben Pfeil zeigt, der nach unten zwischen zwei blaue Punkte zeigt. Wenn Sie mit der Maus über diesen Button fahren, erscheint die Beschriftung REINSPRINGEN. Alternativ können Sie auch `F5` drücken.

  Im konkreten Fall würde der Programmablauf dadurch in den Konstruktor hineinspringen und dort vor der ersten Anweisung abermals in den Haltemodus gehen. Statt den kompletten Konstruktor in einem Schritt auszuführen, haben Sie so die Möglichkeit, auch diesen schrittweise auszuführen.

- Sie können das Programm normal weiterlaufen lassen.

  Das gelingt mit dem grünen Play-Button in der Toolbar von Eclipse. Alternativ können Sie auch `F8` drücken.

  Wenn Sie das tun, wird das Programm weiter ausgeführt, bis es zum nächsten gesetzten Haltepunkt kommt, oder normal terminiert.

- Natürlich können Sie die Ausführung auch jederzeit beenden, indem Sie den roten BEENDEN-Button in der Eclipse-Toolbar anklicken.

Da das Programm ganz zu Beginn noch nicht sonderlich viel Spielraum zum Erkunden bietet, führen Sie nun ÜBERSPRINGEN aus: Der gesamte Konstruktor wird ausgeführt und das Programm geht danach wieder in den Haltemodus über.

4. **Drücken Sie `F6` oder klicken Sie auf den entsprechenden Button in der Toolbar.**

   Das Programm wartet vor der nächsten Anweisung.

   In der Liste der Variablen taucht nun auch die gerade erzeugte Variable `meineSaison` auf. Diese kann dort weiter erkundet werden.

   Der Eintrag lässt sich aufklappen, danach werden die beiden Attribute `alleErgebnisse` und `alleTeams` sichtbar. Diese beiden Collection-Objekte könnten nun ebenfalls erkundet werden. Sie sind aber beide noch leer, da bisher weder Teams noch Ergebnisse angelegt wurden.

Variablen können übrigens auch direkt im Code-Editor erkundet werden. Fahren Sie dazu einfach mit der Maus über den Namen der Variablen und warten Sie, bis der Tooltip erscheint. In diesem können Sie den Inhalt der Variablen dann ebenfalls erkunden.

5. **Drücken Sie jetzt wieder `F6`, um die nächste Anweisung auszuführen, in der das erste Ergebnis angelegt wird.**

   Wenn Sie danach erneut die Variable `meineSaison` erkunden, können Sie die beiden Attribute `alleErgebnisse` und `alleTeams` ebenfalls ausklappen. Es sind jetzt sowohl zwei Teams als auch ein Ergebnis in den Collections verfügbar. Diese können bei Bedarf auf die gleiche Weise genauer erkundet werden.

6. **Drücken Sie danach zur Abwechslung einmal `F5` (REINSPRINGEN), um in die `addErgebnis()`-Methode, die in der nächsten Anweisung wartet, hineinzuspringen.**

   Dadurch gelangen Sie in die Klasse `Saison` hinein, und das Programm hält vor der ersten Anweisung der `addErgebnis()`-Methode an.

   Sie können nun auf die gleiche Weise den Programmzustand innerhalb dieser Methode erkunden oder die weiteren Anweisungen schrittweise ausführen.

   Im Variablen-Fenster rechts oben erscheinen die an die Methode übergebenen Parameter. Wenn Sie zum Beispiel via `F6` weitere Anweisungen einzeln ausführen, erscheinen in der Liste auch die weiteren innerhalb der Methode angelegten Variablen.

   Möchten Sie zurück zur aufrufenden Methode gelangen, können Sie mit `F6` alle weiteren Anweisungen der aufgerufenen Methode nacheinander ausführen, danach springt der Debugger wieder zurück »nach oben«. Alternativ können Sie mit `F7` aber auch alle Anweisungen der aktuellen Methode in einem Schritt ausführen und danach automatisch zur aufrufenden Methode zurückgelangen.

Wenn Sie das Debuggen irgendwann beenden (zum Beispiel durch Klick auf das rote Quadrat in der Toolbar von Eclipse für BEENDEN), verbleibt Eclipse dennoch in der Debug-Ansicht. Zur gewöhnlichen Java-Ansicht gelangen Sie über das Menü mit FENSTER|PERSPEKTIVE|PERSPEKTIVE ÖFFNEN|JAVA.

Fehler finden mit dem Debugger

Im vorherigen Abschnitt haben Sie die wesentlichen Möglichkeiten, die ein Debugger bietet, kennengelernt. Um Defekte in Programmen aufzuspüren, müssen die gezeigten Werkzeuge des Debuggers clever eingesetzt werden.

Einen Programmlauf, der nachweislich ein falsches Ergebnis liefert, unterbricht man mittels Haltepunkten an geeigneter Stelle. Eine geeignete Stelle ist eine solche, die unmittelbar vor dem Bereich des Programmcodes liegt, in dem man den Defekt vermutet. Haben Sie gar keinen Anhaltspunkt oder gar keine Idee, wo der Defekt liegen könnte, müssen Sie das Programm eben gleich zu Beginn unterbrechen.

Dann müssen Sie die Berechnungsschritte, die das Programm durchführen soll, auch selbst (also zum Beispiel mit Stift und Papier) durchführen. Parallel dazu führen Sie das

Programm schrittweise aus. Haben Sie die Stelle gefunden, an der die erwarteten Zwischenergebnisse zum ersten Mal von den tatsächlichen Ergebnissen (also in der Regel den Werten, die in Variablen gespeichert sind) abweichen, haben Sie (höchstwahrscheinlich) den Defekt gefunden.

Ich zeige das jetzt einmal an einem überschaubaren, kleinen Beispiel. Listing 21.4 zeigt eine Methode fak(), die die Fakultät einer natürlichen Zahl berechnen soll, also das Produkt der ersten natürlichen Zahlen kleiner oder gleich der Zahl. Die Fakultät von 4 ist zum Beispiel $1 \cdot 2 \cdot 3 \cdot 4 = 24$.

```java
public class KlasseMitFehler
{
  public static int fak(int n)
  {
    if (n < 0)
      return 0;

    int result = 1;

    for (int i = 0; i <= n; ++i)
    {
      result *= i;
    }

    return result;
  }

  public static void main(String[] args)
  {
    System.out.println(fak(4));

  }
}
```
Listing 21.4: Fehlerhafte Methode

Die Methode fak() legt zur Berechnung eine Variable result an, die nach und nach mit allen Zahlen multipliziert werden soll. Dazu wird mit einer Schleife wiederholt multipliziert.

Wenn Sie das Programm in Eclipse ausführen, wird jedoch nicht das gewünschte Resultat 24 im Konsolenbereich ausgegeben, sondern 0. Es muss sich also irgendwo ein Defekt im Programmcode verstecken. Mit dem Eclipse-Debugger können Sie sich nun auf die Jagd nach diesem Defekt begeben.

1. **Setzen Sie zunächst einen Haltepunkt.**

    Der Defekt befindet sich *vermutlich* irgendwo in der Methode fak(). Der Haltepunkt sollte daher vor die erste Anweisung dieser Methode (if (n < 0)) gesetzt werden. Führen Sie dazu einen Doppelklick auf die Zeilennummer im Eclipse-Editor aus.

2. **Starten Sie jetzt den Debugger über das Menü mit** AUSFÜHREN|DEBUGGEN.
3. **Eventuell werden Sie gefragt, ob Eclipse die Debug-Perspektive öffnen soll. Bejahen Sie diese Anfrage.**

   Die Debug-Perspektive wird geöffnet und das Programm vor der ersten Anweisung der Methode `fak()` angehalten.

   In der Liste der Variablen ist der Parameter n zu sehen, der korrekt mit dem Wert 4 belegt ist. In der Hauptmethode des Programms wurde die Methode nämlich mit dem Parameter 4 aufgerufen.

4. **Führen Sie nun die erste Anweisung aus, indem Sie `F6` drücken.**

   Da n nicht kleiner als 0 ist, wird der Rumpf des `if`-Konstrukts nicht ausgeführt. Die `return`-Anweisung im Rumpf wird übersprungen.

   Das Programm wartet jetzt vor der nächsten Anweisung, in der eine Variable angelegt werden soll.

5. **Führen Sie auch die nächste Anweisung durch Drücken von `F6` aus.**

   Die neue Variable `result` wird angelegt und mit dem Wert 1 belegt. Sie erscheint danach in der Liste der Variablen rechts oben in der Debug-Ansicht von Eclipse.

   Das Programm geht wieder in den Haltemodus über und wartet nun vor der `for`-Schleife.

6. **Mit dem nächsten Drücken von `F6` wird der Kopf der `for`-Schleife ausgeführt.**

   Es wird eine neue Variable i angelegt, die mit dem Wert 0 belegt wird. Sie erscheint ebenfalls in der Liste der Variablen.

   Das Programm wartet danach vor der Anweisung im Rumpf der Schleife.

7. **Wenn Sie jetzt erneut `F6` drücken, um die Anweisung im Rumpf der Schleife auszuführen, wird zum ersten Mal eine Berechnung durchgeführt.**

   Die Variable `result` (die bisher den Wert 1 speichert) wird mit dem Wert der Variablen i (0) multipliziert. Das Ergebnis 0 wird erneut in die Variable `result` gespeichert. In der Liste der Variablen wird die Variable `result` hervorgehoben, um anzuzeigen, dass dort eine Änderung erfolgt ist.

   Doch stopp mal – nach dem ersten Durchlauf der Schleife ist in der Variablen, die später das Endergebnis enthalten soll, der Wert 0 gespeichert. Dieses Zwischenergebnis wird in den weiteren Durchläufen der Schleife lediglich immer wieder mit anderen Werten multipliziert werden.

   Da nun aber 0 in der Variablen gespeichert ist, werden auch alle folgenden Multiplikationen 0 als Resultat liefern. Jetzt wird also klar, warum die Methode fälschlicherweise 0 als Ergebnis liefert.

Der Defekt ist gefunden: Die Variable, die das Zwischenergebnis speichert, sollte auf keinen Fall mit 0 multipliziert werden. Die Schleife beginnt also zu früh: Sie sollte nicht mit 0 starten, sondern erst mit 1.

8. **Beenden Sie jetzt das Debuggen durch Klick auf den roten BEENDEN-Button in der Toolbar und wechseln Sie wieder zur gewöhnlichen Java-Ansicht. Ändern Sie die Zeile 10 so ab, dass die Schleife nicht mehr mit dem Wert 0 startet, sondern mit dem Wert 1.**

Wenn Sie das Programm jetzt ausführen (AUSFÜHREN|AUSFÜHREN), wird das korrekte Ergebnis 24 im Konsolenfenster angezeigt. Der Defekt wurde gefunden und erfolgreich aus dem Programmcode verbannt.

Mit einem bisschen Glück geht das Debuggen auch einfacher ...

Bill Gates geht am Strand spazieren. Eine Flasche wird angespült, er öffnet sie und es erscheint (wie zu erwarten) ein Flaschengeist: »Danke, dass du mich aus der Flasche befreit hast. Zur Belohnung hast du einen Wunsch frei, den ich dir erfüllen werde.«

Bill überlegt kurz, dann zeigt er dem Geist eine Landkarte in Bing Maps auf seinem Windows Phone. »Das hier ist eine Karte mit allen Krisen- und Kriegsgebieten der Erde. Ich möchte, dass dort überall Frieden herrscht!«

Der Geist ist etwas ratlos: »Puh, das ist einfach zu viel. Hunderte Kriege, hassende Fanatiker, Internettrolle ... Hast du nicht vielleicht noch einen anderen Wunsch?«

Bill antwortet: »Okay, dann möchte ich, dass zumindest die gröbsten Fehler aus Windows 8 verschwinden!«

Daraufhin der Geist: »Kann ich bitte die Landkarte noch mal sehen?«

Das Wichtigste in Kürze

✔ Ein Programmlauf, der ein falsches Ergebnis liefert, wird als Fehler bezeichnet.

✔ Die Stellen im Quellcode, die für das Zustandekommen falscher Ergebnisse verantwortlich sind, werden Defekte genannt.

✔ Bei Unit Tests wird ein Programm nicht nur als Ganzes getestet, sondern auch die einzelnen Komponenten (also die Klassen) des Programms durchlaufen Tests.

✔ Bei Unit Tests wird geprüft, ob es Eingaben gibt, zu denen die Komponenten nicht die erwarteten Ergebnisse liefern.

✔ Um bei einem bekannten Fehler den dafür verantwortlichen Defekt ausfindig zu machen, kann ein Debugger eingesetzt werden.

✔ Mit einem Debugger kann die Ausführung des Programms an einer beliebigen Stelle angehalten, die weiteren Anweisungen können schrittweise ausgeführt werden.

✔ Wenn ein Programm angehalten wurde, kann im Debugger sein Zustand (also im Wesentlichen die Belegung aller Variablen) inspiziert werden.

✔ Beim Debuggen können Unterschiede zwischen dem erwarteten und dem tatsächlichen Programmzustand aufgedeckt werden, die in der Regel direkt zu den zu beseitigenden Defekten führen.

> **IN DIESEM KAPITEL**
>
> Unbekannte Sprachfeatures erkunden
>
> Sich bei Programmierproblemen Hilfe suchen

Kapitel 22
Die Macht des Internets nutzen

Auch erfahrene Programmierer wissen nicht alles und kommen irgendwann einmal ins Straucheln. Es ist aber auch gar nicht vonnöten, alles zu wissen. Spezialwissen kann man sich bei Bedarf schnell und einfach im Internet aneignen. In diesem Kapitel erfahren Sie, wie das geht.

Dokumentationen

Nicht selten kommt es vor, dass jemand etwas programmiert, was er nicht nur selbst nutzen, sondern auch anderen Programmierern zur Verfügung stellen möchte.

Zum Beispiel gibt es frei verfügbare Bibliotheken zum Zeichnen von Diagrammen, zum Analysieren von Webseiten oder zum Ausgeben von Sound. Auch die Programmiersprachen selbst kommen meist mit einer gewissen Funktionalität daher, die in sogenannten Klassenbibliotheken gebündelt ist. All dies sind Programme, die irgendwann mal erstellt und zugänglich gemacht wurden. Sie fallen nicht vom Himmel.

Damit andere Programmierer die bereitgestellte Funktionalität auch nutzen können, bedarf es jedoch in gewisser Weise einer Bedienungsanleitung. Woher soll ein Programmierer sonst wissen, welche Funktionalität bereitsteht und wie genau sie eingesetzt werden soll?

Wer Bibliotheken für andere Programmierer zur Verfügung stellt, wird deshalb in der Regel auch eine sogenannte *Dokumentation* erstellen. Darin werden alle verfügbaren Funktionalitäten genau erklärt.

Das bedeutet, es wird zunächst einmal klargestellt, was überhaupt der Sinn und Zweck der Funktionalität ist, was sie also bewirken soll. Zudem wird gezeigt, wie die Funktionalität eingesetzt und mit welchen verschiedenen Optionen sie für den individuellen Zweck angepasst werden kann.

In diesem Buch programmieren Sie mit den Sprachen Java und PHP. Ich werde Ihnen daher zeigen, wie Sie die Dokumentationen der in diese Sprachen integrierten Klassenbibliotheken nutzen können.

Die Java-Dokumentation

Die Java-Klassenbibliothek ist sehr vorbildlich und umfangreich dokumentiert. Tatsächlich ist die Dokumentation so umfangreich, dass man sich zunächst mal schwertut, sich darin zurechtzufinden. Aber keine Sorge, das meiste davon werden Sie niemals brauchen. Lassen Sie sich vom schieren Umfang also nicht abschrecken.

Die Programme innerhalb der Java-Klassenbibliothek werden, wie der Name Klassenbibliothek schon vermuten lässt, in Form von Klassen zur Verfügung gestellt. Programme mit ähnlichen Funktionen werden in Form von sogenannten Paketen gruppiert. Ein Paket enthält also mehrere thematisch verwandte Klassen.

Ich werde Ihnen jetzt am Beispiel der mathematischen Funktionen zeigen, wie Sie die Java-Dokumentation verwenden können.

Die Dokumentation für die Java-Version 8, die ich in diesem Buch verwende, steht online in englischer Sprache unter der folgenden URL bereit: `https://docs.oracle.com/javase/8/docs/api/overview-summary.html`.

Sollte sich die Adresse in der Zwischenzeit geändert haben oder Sie eine andere Java-Version nutzen, führt Sie auch eine kurze Google-Suche nach `java version dokumentation` (wobei Sie `version` durch die Versionsnummer ersetzen) schnell zur aktuellen Dokumentation.

1. Auf der ersten Seite können Sie das Paket auswählen, für dessen Dokumentation Sie sich interessieren. In diesem Beispiel möchte ich Ihnen das `java.lang`-Paket vorstellen, klicken Sie dieses also an.

    Dieses Paket enthält (unter anderem) die mathematischen Funktionen.

    Auf der nächsten Seite sehen Sie eine Übersicht über alle Klassen, die darin enthalten sind. Möchten Sie mehr zu einer Klasse wissen, wählen Sie sie aus.

2. Wählen Sie die Klasse MATH aus, denn diese stellt die mathematischen Funktionalitäten zur Verfügung.

    Die Detailseite der MATH-Klasse startet zunächst mit einer allgemeinen Einführung, die den grundsätzlichen Sinn und Zweck der Klasse erläutert. Darunter folgt die Auflistung der Methoden der Klasse. Diese stellen die eigentliche mathematische Funktionalität zur Verfügung.

    In der Methoden-Übersicht finden sich bereits kompakte Beschreibungen der Methoden. Sie erfahren also, was der Zweck einer Methode ist.

    Wählt man eine bestimmte Methode aus, erfährt man die Einzelheiten über sie.

3. Schauen Sie sich zum Beispiel einmal die allererste Methode an, die Methode ABS().

   Diese Methode berechnet den Betrag einer Zahl – das ist der Abstand von 0. Der Betrag von 22 ist zum Beispiel 22, der Betrag von -56 ist 56. Die Bezeichnung abs für die Methode stammt vom englischen Begriff *absolute value*.

   In den Detail-Erklärungen für diese Methode wird noch einmal ausführlicher erklärt, was sie macht.

   Zudem werden der Eingabe-Parameter und der Rückgabewert separat erklärt.

   Da sich das in diesem Fall bereits aus der Beschreibung der Methode ergibt, erfährt man nichts wirklich Neues mehr. Bei Methoden, die umfangreiche Operationen ermöglichen, sind die Erklärungen zu den Parametern dagegen ergiebiger, da Sie mit den Parametern die Operation individuell anpassen können.

Die Java-Dokumentation werden Sie in der Regel in zwei verschiedenen Situationen nutzen:

✔ **Sie wollen wissen, wie eine bestimmte Funktionalität genutzt werden kann.**

   Das ist zum Beispiel der Fall, wenn Sie eine mathematische Funktion nutzen wollen. Sie wissen, dass es eine Klasse mit mathematischen Funktionen gibt. Sie können also mit Fug und Recht davon ausgehen, dass auch eine Sinus-Funktion im Angebot ist. Wollen Sie sie nutzen, können Sie in der Dokumentation genau nachschlagen, wie sie genutzt wird.

   Grundsätzlich können Sie immer bei bereits bekannten Funktionalitäten die Details über Parameter oder den genauen Namen einer Methode nachschlagen. Sie müssen sich also beileibe nicht alles merken, was Sie in der Dokumentation vorfinden. Es genügt, wenn Sie sich merken, dass eine bestimmte Funktionalität über die Klassenbibliothek bereitgestellt wird. Wenn Sie eine solche Funktionalität nutzen wollen, können Sie die Details nachschlagen.

✔ **Sie halten nach bisher unbekannten Funktionalitäten Ausschau.**

   Sie können in der Dokumentation auch stöbern und nach neuen, Ihnen bisher unbekannten Funktionalitäten Ausschau halten. Sie brauchen sich dabei zunächst auch nicht wirklich mit den Details zu beschäftigen. Es genügt ja das Wissen, dass eine bestimmte Funktionalität über die Klassenbibliothek zur Verfügung gestellt wird. Möchten Sie diese irgendwann einmal nutzen, können Sie immer noch die Details nachschlagen.

   In den Paketen `java.io`, `java.lang`, `java.time` und `java.util` finden Sie häufig genutzte Funktionalitäten. Diese Pakete sind daher gute Ausgangspunkte, wenn Sie die Klassenbibliothek einmal auf eigene Faust erkunden wollen.

Die PHP-Dokumentation

PHP stellt nicht wie Java eine sogenannte Klassenbibliothek zur Verfügung. Stattdessen werden nützliche Funktionalitäten über in die Sprache integrierte Funktionen bereitgestellt. Anderer Name – gleiches Prinzip. Auch in PHP müssen Sie nicht jedes Mal das Rad neu erfinden.

Die PHP-Dokumentation steht auch in deutscher Sprache zur Verfügung. Sie finden sie unter http://php.net/manual/de/ oder alternativ über eine Google-Suche nach php dokumentation. Die Dokumentation umfasst nicht nur die in die Sprache integrierte Funktionalität, sondern enthält auch ein allgemeines PHP-Tutorial, das die verschiedenen Möglichkeiten der PHP-Programmierung vorstellt.

Nach der Lektüre dieses Buchs sollten Sie eine weitere allgemeine PHP-Einführung jedoch gar nicht mehr benötigen. Legen Sie daher jetzt Ihren Fokus auf die Dokumentation der in PHP integrierten Funktionalität. Diese ist über den Punkt FUNKTIONSREFERENZ auf der Hauptseite der Doku zugänglich.

Die enthaltenen Funktionalitäten sind thematisch gruppiert. Zu den mathematischen Funktionen geht es über den Unterpunkt MATHEMATISCHE ERWEITERUNGEN - MATH. Dort sind alle enthaltenen mathematischen Funktionen aufgelistet.

Dazu gehört auch die Funktion abs(), die Sie schon von der Java-Klassenbibliothek kennen. Durch einen Klick auf eine Funktion erfahren Sie Genaueres über sie selbst, ihren Parameter sowie den Rückgabewert. Insofern ähnelt die Dokumentation der der Java-Klassenbibliothek. Die PHP-Referenz enthält zusätzlich noch Code-Beispiele, die die Funktion im praktischen Einsatz zeigen, sowie von Benutzern hinzugefügte Notizen.

Sie können auch in der PHP-Dokumentation stöbern und nach nützlichen Funktionen Ausschau halten.

Im Internet Hilfe finden

Dokumentationen sind hilfreich, um bisher unbekannte Features ausfindig zu machen und kennenzulernen oder um Details von Funktionen, die Sie selten nutzen, nachzuschlagen. Sie helfen aber eher wenig, wenn Sie ein bestimmtes Problem haben und nicht wissen, wie Sie es lösen können. Auch wenn Sie etwas programmiert haben, das Programm aber nicht das tut, was Sie von ihm erwarten, kommen Sie mit Dokumentationen nicht sehr weit.

Dennoch kann das Internet eine große Hilfe sein. Wie Sie sich vielleicht schon gedacht haben, sind Programmierer oft sehr Internet-affine Menschen. Wenn sie einmal nicht weiterkommen, suchen sie nicht selten im Internet nach Hilfe. Dank der Beschaffenheit des Internets sind solche Unterhaltungen, bei denen Programmierer online nach Hilfe suchen, später auch für andere Internet-Nutzer einsehbar.

Benötigen Sie also einmal Hilfe bei einem Problem, haben Sie zwei Optionen:

- ✔ Recherchieren Sie im Internet, ob früher schon mal jemand das gleiche oder ein ähnliches Problem hatte, und schauen Sie, ob damals eine Lösung gefunden wurde, die Ihnen auch bei Ihrem Problem weiterhelfen kann.

    Oft werden Sie dadurch nicht unbedingt Lösungen finden, die hundertprozentig zu Ihrer Situation passen. Eventuell müssen Sie die Lösung noch anpassen. Auch wenn Ihnen eine gefundene Lösung nicht direkt weiterhilft, so gibt sie dennoch eventuell neue Denkanstöße, die Sie weiterverfolgen können.

✔ Fragen Sie selbst im Internet nach Hilfe für die Lösung Ihres Problems.

    Dadurch erhalten Sie (möglicherweise) eine genau passende Lösung für Ihr Problem. Es kann aber durchaus eine Weile dauern, bis sich jemand findet, der Ihnen helfen kann und will.

Mit Google nach Lösungen fahnden

Der erste Schritt sollte immer sein, mit Google (oder einer anderen Suchmaschine Ihrer Wahl) nach Lösungen für Ihr Problem oder ein ähnliches Problem zu suchen.

Beherzigen Sie dabei am besten die folgenden Tipps:

✔ Formulieren Sie Ihre Anfrage auf Englisch.

    In englischer Sprache sind viel mehr Informationen verfügbar als in Deutsch. Wenn Sie Glück haben, findet sich auf der Plattform `gutefrage.net` auch mal eine Diskussion zu einem Programmier-Problem auf Deutsch. In den allermeisten Fällen sind Sie jedoch mit einer Anfrage auf Englisch besser beraten.

✔ Geben Sie in Ihrer Suchanfrage die Programmiersprache an, in der Sie programmieren.

✔ Beschreiben Sie in Ihrer Anfrage das Problem auf Ebene der Programmiersprache, nicht auf der Ebene der Anwendung.

    Was das bedeutet? Ich möchte es anhand eines Beispiels verdeutlichen.

    Angenommen, Sie erstellen eine Java-Anwendung, die in einem Webshop etwas einkaufen soll. Nach der Bestellung soll sich die Anwendung im Webshop wieder abmelden.

    Auf Anwendungsebene formuliert würde das Problem also lauten:

    »Wie melde ich mich in Java von einem Webshop ab?«

    Das An- und Abmelden in Webshops wird im Hintergrund mithilfe von Cookies realisiert. Auf Ebene der Programmiersprache würde die Frage daher lauten:

    »Wie lösche ich in Java die Cookies?«

    Eine geeignete Suchanfrage für dieses Problem wäre demnach `java delete cookies`.

Es bedarf sicherlich ein klein wenig Übung, um die Suchanfrage richtig zu formulieren. Finden Sie zu einer Anfrage keine brauchbaren Ergebnisse, versuchen Sie, die Anfrage zu variieren.

In vielen Fällen werden die Suchergebnisse Sie zu der Webseite `stackoverflow.com` führen. Das ist quasi *die* Webseite für Programmierfragen. Hier finden Sie in der Regel sehr viel Material, durch das Sie sich wühlen können.

Bedenken Sie bei Ihren Internet-Recherchen: Es ist das Internet und nicht die Brockhaus-Enzyklopädie. Auch wenn insbesondere auf stackoverflow.com oft qualitativ hochwertige Antworten zu finden sind, sollten Sie dennoch alle Aussagen mit einem gesunden Maß an Skepsis aufnehmen.

In diesem Zusammenhang möchte ich auch noch schnell auf das offizielle *Programmieren lernen für Dummies*-Gewinnspiel hinweisen:

Leider sind bei der Überführung von Wismar nach Hamburg zehn neue Kreuzfahrtschiffe beschädigt worden (Kratzer am Bug) und können daher nicht mehr verkauft werden. Um sie nicht verschrotten zu müssen, haben wir beschlossen, sie im Internet zu verlosen. Sie müssen nur diesen Beitrag liken, teilen und in einem Kommentar verraten, wen Sie auf die erste Fahrt in Ihrem neuen Schiff mitnehmen. Der Gewinner wird per Flaschenpost benachrichtigt. Abholung des Schiffs: Montag–Freitag (allerdings nur nachmittags), kein Versand.

Wichtig: Zur Absicherung der Abwicklung muss vor der Abholung ein Prozent des regulären Listenpreises an einen als Treuhänder fungierenden verschollenen Onkel in Nigeria überwiesen werden. Der Betrag wird nach der Abholung selbstverständlich komplett zurückerstattet!

Selbst Fragen im Internet stellen

Finden Sie über die Recherche in früheren Diskussionen keine brauchbare Lösung für Ihr Problem, können Sie sich auch selbst an die Web-Community wenden. Als beste Website hierfür kann ich wiederum stackoverflow.com empfehlen. Das ist die bekannteste und meistgenutzte Webseite für Programmierfragen.

Fühlen Sie sich in der Verwendung der englischen Sprache nicht so sicher und möchten auf ein deutschsprachiges Portal ausweichen, so empfehlen sich noch am ehesten die Webseiten gutefrage.net oder computerfrage.net. Sie müssen aber damit rechnen, dass Sie dort weniger und möglicherweise auch qualitativ schlechtere Antworten erhalten als auf stackoverflow.com.

Ansonsten können Sie auch eventuell noch auf Programmierer-Foren ausweichen. Im Zeitalter der großen sozialen Netzwerke ist die Aktivität in Internetforen aber generell rückläufig.

Wenn Sie eine neue Frage auf einer dieser Webseiten stellen, sollten Sie darauf achten, diese möglichst optimal zu strukturieren. In die Überschrift gehören eine kurze Beschreibung des Problems und die verwendete Programmiersprache. Im Text können Sie dann ausführlicher auf das Problem eingehen.

Seien Sie immer höflich und freundlich, auch wenn Sie mal eine wenig hilfreiche Antwort erhalten. Seien Sie sich bewusst, dass völlig wildfremde Menschen hier ohne Gegenleistung ihre Zeit einsetzen, um Ihnen bei der Lösung Ihrer Probleme zu helfen.

Das Wichtigste in Kürze

✔ Dokumentationen helfen Ihnen, die Funktionalitäten von Klassenbibliotheken kennenzulernen und anzuwenden.

✔ Sowohl für Java als auch für PHP finden sich ausführliche Dokumentationen online.

✔ Wenn Sie einmal nicht weiterwissen, können Sie mit Google nach Lösungen für Ihr Programmierproblem suchen.

✔ Auf Plattformen wie stackoverflow.com und gutefrage.net können Sie eigene Fragen stellen und darauf warten, dass Ihnen andere Programmierer neue Denkanstöße für die Lösung eines Problems geben.

> **IN DIESEM KAPITEL**
>
> Verschiedene Code-Versionen verwalten
>
> Programmieren im Team

Kapitel 23
Versionskontrolle

Versionskontrolle wird eingesetzt, um den Überblick über Änderungen, die am Code durchgeführt wurden, zu behalten. Systeme zur Versionskontrolle helfen darüber hinaus auch dabei, die Arbeit von verschiedenen Programmierern am selben Projekt zu ermöglichen.

Versionskontrolle – was ist das überhaupt?

Programme sind sehr dynamisch. Sie erhalten neue Features oder bekommen einen ganz anderen Fokus als ursprünglich geplant. Im Laufe der Zeit können verschiedene Programmierer daran arbeiten, Fehler einbauen und wieder korrigieren.

Um den Überblick über alle diese Änderungen zu behalten, setzt man sogenannte *Versionskontrollsysteme* (Version Control System, VCS) ein. Das bringt verschiedene Vorteile mit sich:

- ✔ Alle Änderungen am Code können genau nachvollzogen werden.

  Bei Bedarf kann eine frühere Version wiederhergestellt werden, zum Beispiel wenn sich irgendwann ein Fehler eingeschlichen hat.

- ✔ Die Unterschiede zwischen zwei beliebigen Code-Versionen können dargestellt werden.

  Es kann zum Beispiel nachvollzogen werden, wie sich die Code-Versionen zu beliebigen Zeitpunkten voneinander unterscheiden.

- ✔ Mehrere Entwickler können gleichzeitig an derselben Quellcode-Datei arbeiten.

  Mit einem Versionskontrollsystem werden Änderungen, die von unterschiedlichen Entwicklern gemacht werden, schnell und einfach zusammengeführt.

- ✔ Das VCS dient als Backup des geschriebenen Quellcodes.

  Alle Dateien, die über ein VCS verwaltet werden, werden zentral gespeichert, zum Beispiel auf einem Server. Bei Verlust der Daten auf dem eigenen Rechner können die Dateien über das VCS wiederhergestellt werden.

Ein System zur Versionskontrolle kann grundsätzlich immer verwendet werden. Nützlich ist es vor allem bei größeren Projekten, die über längere Zeit entwickelt werden. Spätestens, wenn mehr als ein Entwickler an einem Programm arbeitet, wird ein VCS Pflicht.

Es gibt verschiedene kostenlose Versionskontrollsysteme. Lange Zeit wurde hauptsächlich das *Concurrent Versions System* (CVS) von den Programmierern verwendet. Dessen Weiterentwicklung wurde jedoch eingestellt, sodass mittlerweile *Subversion* (SVN) das wohl beliebteste Versionskontrollsystem ist.

Inzwischen sind viele Entwickler aber auch schon wieder auf das nächstmodernere VCS, *Git*, gewechselt. Dieses besticht durch einen deutlich erhöhten Funktionsumfang, sodass es aber insbesondere für Anfänger schwer zu bedienen ist. Subversion ist daher immer noch für Programmieranfänger das bevorzugte Versionskontrollsystem.

Subversion

Subversion allein ist zunächst mal ein rein textbasiertes Konsolenprogramm. Es wird also zum Beispiel in Windows über die Eingabeaufforderung mithilfe von Textbefehlen gesteuert.

Da das nicht wirklich komfortabel ist, gibt es Hilfsprogramme, die SVN in eine grafische Benutzeroberfläche integrieren. Unter Windows wird zum Beispiel häufig *TortoiseSVN* verwendet. Die meisten Funktionen werden dabei direkt in das Kontextmenü für Dateien im Windows-Explorer integriert. Das bedeutet, wenn Sie mit der rechten Maustaste auf eine Datei im Explorer klicken, können Sie als TortoiseSVN-Nutzer im Kontextmenü direkt auf die SVN-Funktionen zugreifen.

Installation

Das Installationspaket können Sie sich auf der TortoiseSVN-Website unter `https://tortoisesvn.net/downloads.de.html` herunterladen. Sollte sich die Adresse in der Zwischenzeit geändert haben, finden Sie sie auch über eine Google-Suche nach `tortoise svn download`. Je nach Betriebssystem laden und installieren Sie entweder die 32- oder die 64-Bit-Variante. Wenn Sie nicht wissen, welche Variante zu Ihrem Betriebssystem passt, wählen Sie die 32-Bit-Variante, diese funktioniert auf allen Windows-Rechnern.

Ein Repository erstellen

Zunächst müssen Sie ein sogenanntes *Repository* erstellen. Die deutsche Übersetzung dafür lautet Lagerstätte oder Aufbewahrungsort. Ein Repository ist ein verwaltetes Verzeichnis, ein Archiv, in dem die zu versionierenden Dateien gespeichert sind.

Ein Repository könnten Sie auf dem eigenen Computer erstellen. Das ist aber erstens etwas umständlich, und zweitens würde damit der Backup-Effekt der Versionskontrolle entfallen. Zudem ist das problematisch, sobald mehrere Entwickler das Repository nutzen, da alle Zugriff auf den Rechner benötigen, auf dem es gespeichert ist.

In der Regel erstellen Sie ein Repository daher zentral auf einem Server. Es gibt sehr viele verschiedene Anbieter, die Speicherplatz auf einem Server für ein Repository anbieten. Meist sind solche Angebote kostenpflichtig. Manche der Anbieter haben auch kostenlose Schnupperangebote im Programm, die aber oft mit Einschränkungen einhergehen, zum Beispiel, was den Speicherplatz angeht.

Gerade die kostenlosen Angebote verschwinden meist auch irgendwann wieder. Ich möchte Ihnen daher hier den Anbieter *SourceForge* vorstellen, der schon sehr lange aktiv ist und sehr viele Nutzer hat. So sollte die Chance hoch sein, dass SourceForge auch noch kostenlos verfügbar ist, wenn Sie dieses Buch irgendwann weit in der Zukunft lesen (oder auf irgendeine futuristische Weise konsumieren).

Eine wichtige Einschränkung (oder ein Feature, wie man es nimmt) hat SourceForge aber: Jeglicher verwaltete Code ist öffentlich, kann also von anderen Benutzern eingesehen und genutzt werden. Auf der Plattform werden viele Open-Source-Projekte verwaltet. Projekte also, bei denen alle interessierten Entwickler eingeladen sind, daran mitzuarbeiten.

Für Ihre ersten eigenen Programme ist SourceForge durchaus eine gute Wahl. Spätestens wenn Sie ein Programm aber einmal verkaufen oder auf andere Weise zu Geld machen wollen, müssen Sie sich über einen anderen Speicherort für Ihr Repository Gedanken machen.

Um ein Repository bei SourceForge anzulegen, gehen Sie wie folgt vor.

1. **Registrieren Sie sich zunächst.**

   Das geschieht über `https://sourceforge.net/user/registration` (oder alternativ über eine Google-Suche, falls sich die URL in der Zwischenzeit geändert hat). Geben Sie dort alle geforderten Informationen an. Unter anderem wählen Sie einen Benutzernamen und ein Passwort.

   Sie erhalten eine E-Mail.

2. **Klicken Sie auf den Link in dieser Mail, um Ihre E-Mail-Adresse zu bestätigen.**

3. **Loggen Sie sich anschließend mit den von Ihnen gewählten Zugangsdaten ein.**

4. **Gehen Sie zur URL** `https://sourceforge.net/p/add_project` **und geben Sie dort einen Namen für Ihr neues Projekt an, zum Beispiel** `MeinErstesJavaProgramm`**.**

   (Diesen Namen können Sie wahrscheinlich nicht nutzen, weil die Projektnamen plattformweit eindeutig sein müssen und der erste Leser dieses Buchs diesen vermutlich schon verwendet hat. Seien Sie also ruhig kreativ und überlegen Sie sich einen eigenen Namen.)

5. **Stellen Sie sicher, dass in der Auswahlliste weiter unten der Punkt SUBVERSION ausgewählt ist.**

   Alle anderen Voreinstellungen können Sie belassen.

6. Klicken Sie dann noch die Checkbox zum Akzeptieren der Nutzungsbedingungen an (natürlich erst, nachdem Sie diese gelesen und auswendig gelernt haben, wie Sie das sicher mit allen Nutzungsbedingungen tun, denen Sie zustimmen) und klicken Sie danach auf CREATE.

7. Jetzt werden Sie noch nach Ihrer Handynummer zur Verifizierung gefragt.

Ihr (noch leeres) Repository wird auf dem SourceForge-Server angelegt. Die weitere Vorgehensweise (die ich noch im Detail erklären werde) ist wie folgt:

1. Das leere Repository wird auf Ihren lokalen Rechner ausgecheckt.

2. Sie führen beliebige Änderungen auf Ihrem Rechner durch, zum Beispiel legen Sie zunächst mal überhaupt irgendwelche Dateien an.

3. Die auf Ihrem Rechner durchgeführten Änderungen werden zurück in das zentrale Repository übertragen.

Das ist also die Grundidee: Das Verzeichnis wird auf dem Server zentral gespeichert. Interessierte Entwickler können sich den aktuellen Inhalt des Verzeichnisses auf den eigenen Rechner herunterladen (»auschecken«) und dort Änderungen durchführen. Diese Änderungen werden dann wieder an den zentralen Server übertragen, damit auch andere Nutzer darauf zugreifen können.

Repository auf dem eigenen Rechner verwalten

Als Nächstes muss das Repository auf Ihren lokalen Rechner gelangen:

1. **Finden Sie bei SourceForge die Adresse des Repositorys heraus.**

    Klicken Sie dazu in der Projektübersicht auf CODE. Danach auf der linken Seite auf ADMIN - CODE und dann CHECKOUT URL. Im sich öffnenden Popup finden Sie unter CHECKOUT BRANCH die Webadresse Ihres Repositorys in der Form `https://svn.code.sf.net/p/name_ihres_projektes/code/`.

2. **Markieren Sie die Internetadresse und kopieren Sie sie in die Zwischenablage des Computers (zum Beispiel mittels Strg + C).**

    Als Nächstes brauchen Sie auf Ihrem eigenen Rechner ein Verzeichnis, in dem Sie das Repository verwalten.

3. **Erstellen Sie dafür mit dem Windows-Explorer ein neues Verzeichnis, zum Beispiel innerhalb des DOKUMENTE-Ordners.**

4. **Geben Sie dem neuen Verzeichnis einen passenden Namen, zum Beispiel `Erstes SVN Repository`.**

5. **Wechseln Sie in das neue, noch leere Verzeichnis und öffnen Sie dort mit einem Klick der rechten Maustaste das Kontextmenü (siehe Abbildung 23.1).**

6. **Wählen Sie SVN CHECKOUT.**

Abbildung 23.1: Kontextmenü mit neuen Optionen

7. **Kopieren Sie in das erste Eingabefeld die Webadresse Ihres Repositorys (zum Beispiel mittels `Strg` + `V`).**

8. **Klicken Sie danach auf OK.**

Das Repository wird ausgecheckt und steht danach auf Ihrem lokalen Rechner zur Verfügung. Da das Repository noch leer ist, enthält auch der Ordner auf Ihrem Rechner keine Dateien.

Es befindet sich lediglich ein neuer Ordner mit dem Namen .svn in dem Verzeichnis auf Ihrem Rechner. Daran erkennen Sie, dass das Verzeichnis via SVN verwaltet wird. Der Ordner wird auch in allen späteren Unterordnern des Verzeichnisses automatisch angelegt. Stören Sie sich nicht daran und ändern Sie nichts an diesen automatisch angelegten Ordnern.

Sie können jetzt nach Belieben Dateien und Unterordner in Ihrem Repository-Verzeichnis einfügen.

Ich werde die wichtigsten Features von SVN an einfachen Textdateien demonstrieren. Wenn Sie SVN später selbst einsetzen, können Sie die Vorgehensweise einfach auf Quelltextdateien übertragen.

Dateien hinzufügen

1. **Legen Sie innerhalb des Repository-Verzeichnisses auf Ihrem Rechner eine neue Textdatei mit dem Namen `datei1.txt` an.**

   Das gelingt über das Kontextmenü (rechte Maustaste) im Windows-Explorer, danach NEU und dann TEXTDOKUMENT wählen.

2. **Öffnen Sie die Datei mit einem Doppelklick und schreiben Sie folgende Textzeile hinein (inklusive des ins Auge springenden Rechtschreibfehlers):**

   ```
   Heuhte lerne ich programmieren.
   ```

3. **Speichern Sie die Datei ab und schließen Sie den Editor.**

   Jetzt liegt die neue Datei `datei1.txt` auf Ihrem Rechner. Um sie in das zentrale Repository auf dem SourceForge-Server zu übertragen, gehen Sie wie folgt vor:

4. **Teilen Sie dem Repository mit, dass eine neue Datei aufgenommen werden soll.**

   Klicken Sie dazu im Windows-Explorer mit der rechten Maustaste auf die Datei, wählen Sie TortoiseSVN und danach Add.

   Im Windows-Explorer erscheint danach ein blaues Kreuz bei der Datei (siehe Abbildung 23.2). Dieses besagt, dass sie neu erstellt, aber noch nicht ins zentrale Repository übertragen wurde.

Name	Änderungsdatum	Typ	Größe
.svn	24.10.2017 16:12	Dateiordner	
datei1.txt	24.10.2017 16:48	Textdokument	0 KB

   Abbildung 23.2: Datei ist für die Übertragung vorbereitet.

   Als Nächstes muss die Änderung (das heißt, das Einfügen einer neuen Datei, die Text enthält) an das zentrale Repository übertragen werden.

5. **Klicken Sie innerhalb des Windows-Explorers mit der rechten Maustaste auf eine freie Stelle innerhalb des Ordners. Wählen Sie dort SVN Commit...**

   Es öffnet sich ein neues Fenster.

6. **Geben Sie im oberen Teil eine Notiz ein, in der Sie kurz beschreiben, welche Änderungen durchgeführt wurden.**

   Dann können Sie später, wenn viele Änderungen durchgeführt wurden, gezielt nach bestimmten Änderungen suchen. Für diese erste Änderung ist natürlich noch keine lange Beschreibung notwendig, geben Sie hier zum Beispiel einfach ein `Erste Datei erstellt`.

   Im unteren Teil werden alle geänderten Dateien angezeigt. In diesem Fall ist das ja nur die eine `datei1.txt`.

   Durch Abwählen des Häkchens vor einer Datei können Sie sie vom Übertragen ins zentrale Repository ausschließen. Da Sie Ihre erste Datei jetzt allerdings übertragen möchten, lassen Sie hier alles, wie es ist.

7. **Klicken Sie auf OK.**

   Sie werden nun aufgefordert, Ihre Zugangsdaten einzugeben.

8. **Geben Sie also die Zugangsdaten Ihres SourceForge-Accounts ein, den Sie eben erstellt haben.**

   Danach werden Ihre Änderungen an das zentrale Repository übertragen.

Im Windows-Explorer ist nun das blaue Kreuz bei der Datei verschwunden, stattdessen zeigt ein grüner Haken an, dass sie mit der zentral auf dem Server gespeicherten Version übereinstimmt.

Dateien ändern

Sie können jetzt beliebige weitere Änderungen an der Datei durchführen oder neue Dateien hinzufügen.

- ✔ Solange Sie nur Änderungen an bereits bestehenden Dateien durchführen, brauchen Sie nur den SVN COMMIT durchzuführen, um die Änderungen zentral zu speichern.

- ✔ Immer dann, wenn neue Dateien hinzugefügt werden, muss vor dem Commit zunächst wie oben beschrieben das ADD-Kommando ausgeführt werden.

Um eine zweite Änderung durchzuführen, öffnen Sie bitte die `datei1.txt` wieder, korrigieren den Rechtschreibfehler und fügen eine zweite Zeile hinzu:

```
Morgen erobere ich die ganze Welt!
```

Nach dem Speichern wird ein rotes Ausrufezeichen im Windows-Explorer neben der Datei angezeigt. Dieses besagt, dass die Datei lokal geändert, die Änderung aber noch nicht ins zentrale Repository übertragen wurde.

Führen Sie also erneut den SVN Commit durch. Als Beschreibung können Sie angeben `Rechtschreibfehler korrigiert, Zeile ergänzt`. Danach erscheint wieder der grüne Haken im Windows-Explorer.

Änderungen nachverfolgen

Bei jedem Commit wird der aktuelle Zustand dauerhaft im zentralen Repository gespeichert. Jeder Commit erhält dabei eine *Revisionsnummer*, über die Sie den Verlauf der Änderungen nachverfolgen können:

1. **Klicken Sie mit der rechten Maustaste auf eine freie Fläche innerhalb des Ordners im Windows-Explorer, um das Kontextmenü zu öffnen.**

2. **Wählen Sie TORTOISESVN und dann ganz oben den ersten Eintrag SHOW LOG.**

   Danach ist eine Übersicht aller an das zentrale Repository übermittelten Änderungen zu sehen (siehe Abbildung 23.3).

In der Übersicht sind die Änderungen mit den Revisionsnummern aufgelistet. Die Änderungen, die beim ersten Commit übertragen wurden, haben die Revisionsnummer 1. Die Änderungen des zweiten Commits die Revisionsnummer 2. Und so weiter.

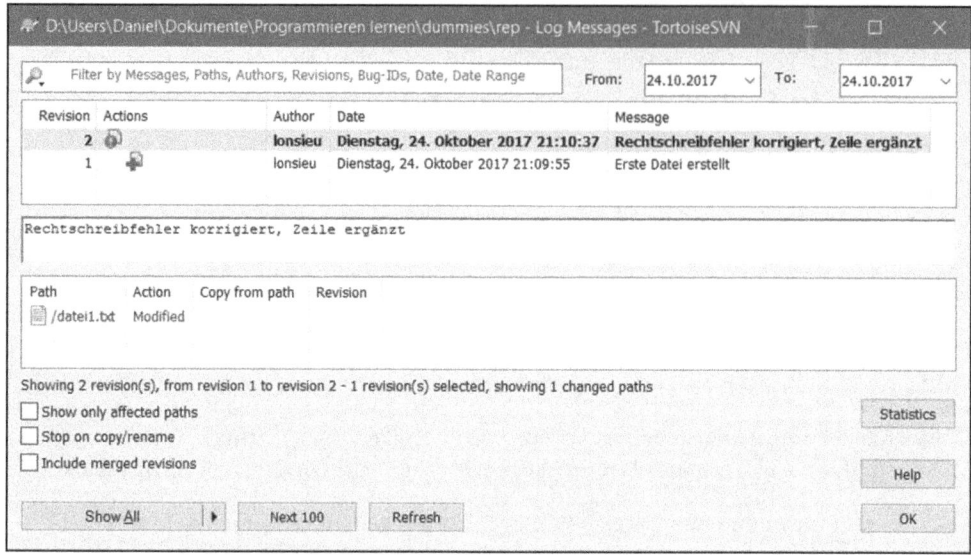

Abbildung 23.3: Übersicht aller Änderungen im SVN

Bisher haben Sie erst zweimal Änderungen an das zentrale Repository übertragen, daher gibt es nur zwei Einträge in der Liste.

Zu jedem Eintrag in der Liste wird der jeweilige Autor angezeigt, der die Änderungen übertragen hat, ein genauer Zeitstempel sowie die Notiz, die die Änderung beschreibt.

Zudem können Sie sich die Änderungen, die an einer speziellen Datei vorgenommen wurden, anzeigen lassen. Zu jedem Eintrag in der Liste werden nämlich alle Dateien, an denen Änderungen durchgeführt wurden, unten im Fenster in einer weiteren Liste gezeigt. Durch einen Doppelklick auf einen Dateinamen lassen sich dann die Änderungen im Detail anschauen.

Probieren Sie das doch gleich einmal aus mit den Änderungen beim zweiten Commit. Zur Erinnerung: Sie hatten den Schreibfehler aus der datei1.txt entfernt und eine zweite Zeile hinzugefügt. Wählen Sie in der Liste oben zunächst die zweite Revision aus und führen Sie dann unten einen Doppelklick auf den Dateinamen datei1.txt aus.

Im sich öffnenden Fenster ist auf der linken Seite die ursprüngliche Fassung von datei1.txt zu sehen, auf der rechten Seite die überarbeitete Version. Zusätzlich wird mit Farben genau markiert, was sich geändert hat: »Heuhte« wurde durch »Heute« ersetzt, und eine zweite Zeile wurde neu eingefügt.

Mit anderen gemeinsam an einem Projekt arbeiten

Besonders nützlich ist ein VCS, wenn Sie mit mehreren Entwicklern gleichzeitig an einem Projekt arbeiten. Bei der Benutzung von SVN zu diesem Zweck sind ein paar Besonderheiten zu beachten.

Der grundsätzliche Ablauf ist wie folgt:

1. Entwickler A ruft den aktuellen Stand des Projekts aus dem zentralen Repository ab.
2. Entwickler A führt Änderungen am Projekt auf seinem lokalen Rechner durch.
3. Entwickler A übermittelt seine Änderungen an das zentrale Repository.
4. Entwickler B ruft den aktuellen Stand des Projekts (inklusive der Änderungen von A) aus dem zentralen Repository ab.
5. Und so weiter ...

Problematisch wäre es allerdings, wenn Entwickler B bereits den aktuellen Zustand aus dem Repository abruft, bevor Entwickler A seine Änderungen übertragen hat. Wenn Entwickler B dann später seine Änderungen ins Repository überträgt, würde er die Änderungen von A wieder überschreiben.

Um das zu verhindern, müssen Sie vor jedem COMMIT zunächst die in der Zwischenzeit am zentralen Repository vorgenommenen Änderungen auf Ihren lokalen Rechner abrufen. Ein Entwickler ruft demnach den aktuellen Stand zweimal aus dem Repository ab:

- Wenn er mit der Programmierung beginnt.
- Unmittelbar vor dem Übertragen seiner Änderungen an das zentrale Repository, also wenn er die Programmierung seiner Änderungen abgeschlossen hat.

Wenn ein Projekt neu auf den lokalen Rechner kopiert werden soll, wird wie im Abschnitt »Repository auf dem eigenen Rechner verwalten« gezeigt die Funktion SVN CHECKOUT verwendet. Wenn Sie ein Repository bereits auf dem lokalen Rechner haben und es nur auf den neuesten Stand bringen wollen, verwenden Sie stattdessen die Funktion SVN UPDATE.

Diese lädt lediglich die Änderungen, die seit dem letzten Abruf von anderen Entwicklern ins zentrale Repository übertragen wurden, von eben diesem herunter. So wird das Verzeichnis auf Ihrem lokalen Rechner automatisch auf den neuesten Stand gebracht.

Ein Update können Sie einfach über das Kontextmenü im Windows-Explorer anstoßen (siehe Abbildung 23.4). Klicken Sie mit der rechten Maustaste auf eine freie Fläche und wählen Sie im erscheinenden Kontextmenü SVN UPDATE.

Wenn verschiedene Entwickler gleichzeitig an demselben Projekt arbeiten, kann es natürlich vorkommen, dass auch einmal mehrere Entwickler gleichzeitig Änderungen an derselben Quelltextdatei vornehmen.

Betrachten Sie einmal das folgende Beispiel einer Textdatei. Zu Beginn enthält die Datei nur eine Zeile:

```
Hallo. Ich bin die zweite Zeile der Textdatei.
```

Jetzt rufen gleichzeitig zwei Entwickler (nennen wir sie doch der Einfachheit halber wieder A und B) die Datei aus dem zentralen Repository ab.

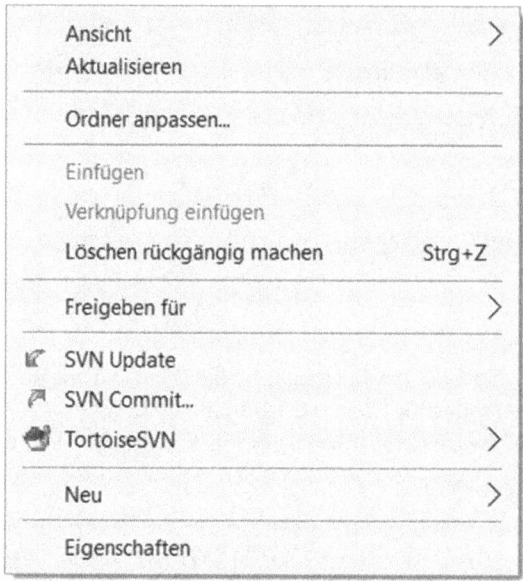

Abbildung 23.4: SVN Update im Kontextmenü

A fügt daraufhin eine neue Zeile am Anfang der Datei ein, sodass die Datei auf dem Rechner von A letztendlich wie folgt aussieht:

```
Hi. Das ist jetzt die erste Zeile der Datei.
Hallo. Ich bin die zweite Zeile der Textdatei.
```

Danach überspielt A die Änderung direkt wieder an das zentrale Repository mit SVN COMMIT.

Entwickler B hat noch die ursprüngliche Version der Datei auf seinem Rechner, kennt die neu eingefügte erste Zeile also noch nicht. Er selbst fügt eine Zeile an das Ende der Datei ein, sodass die Datei auf dem Rechner von B wie folgt aussieht:

```
Hallo. Ich bin die zweite Zeile der Textdatei.
Und tschüss. Das ist auch schon das Ende.
```

Bevor B seine Änderung an das zentrale Repository zurück übertragen kann, muss er zunächst ein SVN UPDATE machen. Bei diesem Update wird die Änderung, die A in der Zwischenzeit an der Datei gemacht hat, auf den Rechner von B übertragen.

Jetzt müssen die beiden Änderungen also zusammengeführt werden. Man nennt das *Mergen* (sprich: Mörtschen). In speziellen Fall war es so, dass die Änderungen an unterschiedlichen Stellen einer Datei vorgenommen wurden: A hat eine Zeile am Anfang eingefügt, B dagegen eine am Ende. SVN ist »schlau« genug, das zu erkennen und daraus selbst eine *gemergte* Version mit beiden Änderungen zu erstellen:

```
Hi. Das ist jetzt die erste Zeile der Datei.
Hallo. Ich bin die zweite Zeile der Textdatei.
Und tschüss. Das ist auch schon das Ende.
```

Wenn B also das Update ausführt, mergt SVN automatisch die beiden Änderungen, sodass danach auf dem Rechner von B die Datei mit drei Zeilen gespeichert ist. Wenn B dann die Änderungen an das zentrale Repository überträgt, wird die finale Variante mit drei Zeilen dort gespeichert.

Leider ist das Mergen jedoch nicht immer so einfach. Wie auch sonst im Leben tauchen immer mal wieder *Konflikte* auf. Ein Konflikt beim Mergen tritt dann auf, wenn zwei Entwickler Änderungen an derselben Stelle einer Datei vorgenommen haben und diese Änderungen sich nicht automatisch miteinander vereinen lassen.

Angenommen, eine Datei sieht zu Beginn wie folgt aus:

```
Ein Mann installiert Windows 8 auf seinem Rechner.
```

Entwickler A und B laden sich beide die Datei im Ursprungszustand auf ihren lokalen Rechner. A ändert sie dann wie folgt ab:

```
Ein Mann installiert Windows 8 auf seinem Rechner. Er fängt vor
Wut an zu schreien und läuft weg.
```

Danach überträgt A die geänderte Version ins zentrale Repository. B ändert die Ursprungsdatei derweil wie folgt ab:

```
Ein Mann installiert Windows 8 auf seinem Rechner. Es treibt
ihn in den Wahnsinn und er zertrümmert den Monitor.
```

Wenn B danach über SVN UPDATE die Änderungen abruft, die A zwischenzeitlich an das Repository geschickt hat, können die beiden Versionen nicht automatisch zusammengeführt werden. Es tritt ein Konflikt auf, über den B lediglich informiert wird.

B muss nun den Konflikt manuell auflösen: Er muss entscheiden, welche der beiden Versionen ins Repository übernommen werden soll. Gegebenenfalls muss er eine dritte, neue Version schaffen, die beiden Änderungen Rechnung trägt. Diese könnte zum Beispiel so aussehen:

```
Treffen sich Windows 8 und ein Kuhfladen. Der Fladen fragt:
»Was bist du denn?« Darauf Windows 8: »Ich bin ein
Betriebssystem.« Der Kuhfladen entgegnet: »Wenn du ein
Betriebssystem bist, dann bin ich eine Sachertorte!«
```

Das Wichtigste in Kürze

✔ Versionskontrollsysteme (VCS) erlauben es, Änderungen an Quellcode in ihrem zeitlichen Verlauf zu dokumentieren.

✔ Es gibt verschiedene Systeme zur Versionskontrolle. Subversion (SVN) ist ein häufig genutztes VCS, das auch für Anfänger geeignet ist.

✔ Bei SVN wird ein Repository zentral auf einem Server verwaltet. Das Repository enthält die Quellcode-Dateien.

- ✔ Entwickler können den aktuellen Zustand eines Repositorys auf ihren lokalen Rechner herunterladen und dort Änderungen daran durchführen.

- ✔ Nach dem Abschluss seiner Tätigkeit sollte ein Entwickler seine Änderungen an das zentrale Repository zurückübertragen.

- ✔ Wenn mehrere Entwickler gleichzeitig an derselben Datei arbeiten, kann SVN die Änderungen in vielen Fällen automatisch zu einem Endergebnis zusammenführen.

- ✔ Ist eine automatische Zusammenführung von Änderungen nicht möglich, muss ein Entwickler die Änderungen manuell kombinieren.

Teil V
Der Top-Ten-Teil

 Mehr über die »... für Dummies«-Bücher finden Sie auf Instagram:
https://www.instagram.com/furdummies/

IN DIESEM TEIL ...

✔ Nützliche Zusatzbibliotheken für die Java-Programmierung

✔ Hilfreiche Webressourcen für Programmierer

IN DIESEM KAPITEL

Projekte mit externen Bibliotheken erweitern

Nützliche Bibliotheken kennenlernen

Kapitel 24
(Ungefähr) 10 externe Zusatzbibliotheken für Java

Wenn Sie in Java programmieren, müssen Sie nicht ständig das Rad neu erfinden. Das Internet liefert Ihnen viele Zusatzbibliotheken mit nützlicher Funktionalität frei Haus. Einige davon werde ich Ihnen in diesem Kapitel vorstellen.

Externe Zusatzbibliotheken sind vergleichbar mit der Java-Klassenbibliothek. Mit dem Unterschied, dass die Java-Klassenbibliothek von Oracle, der Firma, die Java verwaltet, bereitgestellt wird und externe Bibliotheken von jedem Java-Entwickler erstellt und verteilt werden können. Mit Zusatzbibliotheken wird daher eine sehr breite Palette an Funktionen abgedeckt.

Zusatzbibliotheken kommen meist in sogenannten *JAR-Archiven* daher. Ein JAR-Archiv ähnelt einem gewöhnlichen ZIP-Archiv: Das Archiv enthält einige Dateien. Während in ZIP-Archiven beliebige Dateien enthalten sind, enthält ein JAR-Archiv Dateien mit übersetztem Java-Bytecode.

Die meistgenutzten Bibliotheken sind frei verfügbar – es gibt aber auch kostenpflichtige Premium-Bibliotheken. Um ein JAR-Archiv, das eine Zusatzbibliothek enthält, in ein Java-Projekt in Eclipse einzubinden, gehen Sie wie folgt vor:

1. **Klicken Sie im Paket-Explorer auf der linken Seite der Eclipse-Arbeitsoberfläche mit der rechten Maustaste auf den Namen des Eclipse-Projekts, zu dem Sie eine Zusatzbibliothek hinzufügen möchten.**

2. **Wählen Sie im Kontextmenü ERSTELLUNGSPFAD|EXTERNE ARCHIVE HINZUFÜGEN.**

   Es öffnet sich ein Dateiauswahldialog.

3. **Wählen Sie das JAR-Archiv aus, das Sie zum Projekt hinzufügen möchten, und klicken Sie dann auf ÖFFNEN.**

Das war's auch schon. Die Bibliothek wird daraufhin im Paket-Explorer unter REFERENZIERTE BIBLIOTHEKEN angezeigt.

In den folgenden Abschnitten stelle ich Ihnen einige externe Bibliotheken vor.

 Auf der Webseite zum Buch unter https://www.wiley-vch.de/ISBN9783527718511 finden Sie Code-Schnipsel, die den Einsatz der Bibliotheken demonstrieren.

Apache Commons

Das *Apache-Commons*-Projekt stellt zahlreiche Zusatzbibliotheken für Java zur Verfügung. Es kann als Erweiterung der Java-Klassenbibliothek angesehen werden.

Das Apache-Commons-Projekt ist selbst so umfangreich, dass es wieder in mehrere Bibliotheken unterteilt ist. Drei davon werde ich Ihnen jetzt kurz vorstellen.

commons.lang und commons.text

Das commons.lang-Paket stellt zusätzliche Klassen bereit, mit denen zum Beispiel Strings bearbeitet und weitere mathematische Operationen durchgeführt werden können. Die Klassen zur Bearbeitung von Zeichenketten sind so umfangreich, dass sie mittlerweile vom Projekt commons.lang in ein eigenes Projekt commons.text ausgegliedert wurden.

Die Bibliothek commons.lang kann unter http://commons.apache.org/proper/commons-lang/download_lang.cgi heruntergeladen werden, commons.text unter http://commons.apache.org/proper/commons-text/download_text.cgi. Laden Sie dort jeweils das ZIP-Archiv der neuesten Version unter der Überschrift BINARIES herunter.

Die ZIP-Archive können Sie auf Ihrem Rechner entpacken und finden darin die Dateien commons-lang3-*version*.jar sowie commons-text-*version*.jar (wobei *version* durch die aktuelle Version ersetzt ist, zurzeit 3.12 bei commons.lang und 1.9 bei commons.text). Diese können Sie, wie in der Einführung des Kapitels beschrieben, in ein Java-Projekt einbinden.

Über die Internetadresse http://commons.apache.org/proper/commons-lang/javadocs/api-release/index.html erreichen Sie eine genaue Dokumentation aller in commons.lang enthaltenen Pakete und Klassen. Die Internetseite http://commons.apache.org/proper/commons-text/javadocs/api-release/index.html erklärt die Bestandteile von commons.text.

commons.email

Mit dem *commons.email*-Paket können E-Mails aus Java-Anwendungen versendet werden. Die Bibliothek kann via http://commons.apache.org/proper/commons-email/download_email.cgi heruntergeladen werden, auf http://commons.apache.org/proper/commons-email/javadocs/api-release/index.html findet sich die Dokumentation aller Klassen.

Das commons.email-Paket benötigt weitere externe Java-Bibliotheken, die Sie ebenfalls herunterladen und in Eclipse importieren müssen:

✔ Das JavaBeans Activation Framework

   http://www.oracle.com/technetwork/articles/java/index-135046.html

✔ Die JavaMail-Bibliothek

   https://javaee.github.io/javamail/#Download_JavaMail_Release

Google Guava

Beim Thema Java-Bibliotheken mischt natürlich auch Google mit. *Google Guava* ist eine Bibliothek mit zusätzlichen Java-Funktionalitäten. Ähnlich wie Apache Commons kann sie als eine Erweiterung der Java-Klassenbibliothek angesehen werden. Der Fokus liegt auf weiteren Collection-Typen, der Manipulation von Zeichenketten sowie dem Lesen und Schreiben von Daten.

Guava kann via https://github.com/google/guava heruntergeladen werden.

JFreeChart

Die Bibliothek *JFreeChart* ermöglicht es Ihnen, einfache Diagramme und Charts mit Ihren Programmen zu erzeugen. Abbildung 24.1 zeigt ein Beispiel-Diagramm, das mit JFreeChart erstellt wurde.

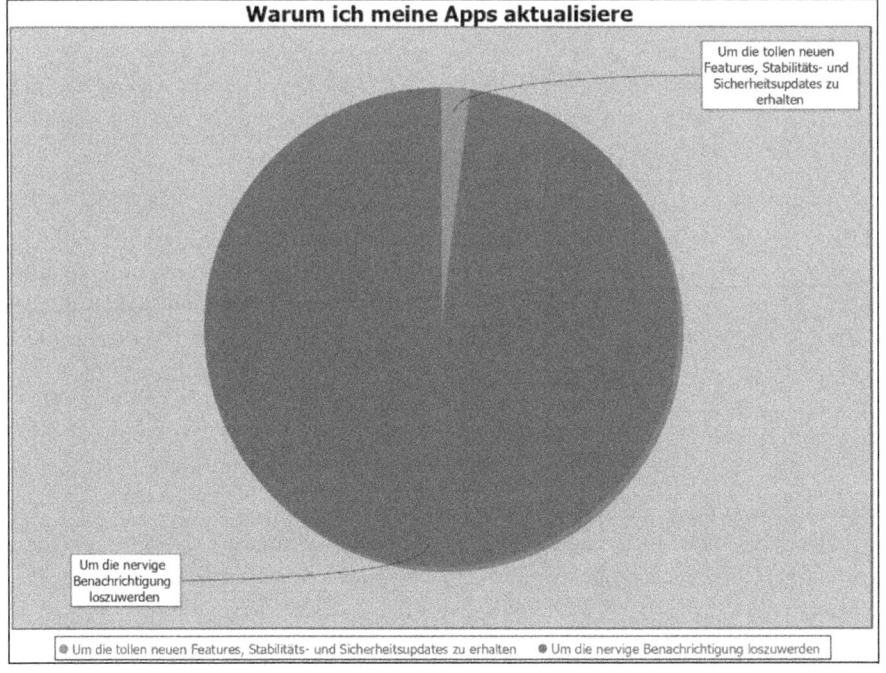

Abbildung 24.1: Ein Beispiel-Diagramm

Auf der Webseite https://www.wiley-vch.de/ISBN9783527718511 finden Sie den Java-Code, mit dem das Diagramm in Abbildung 24.1 erstellt wurde.

Auf http://www.jfree.org/jfreechart/samples.html können Sie sich weitere Beispiele ansehen, die demonstrieren, was Sie mit der Bibliothek anstellen können.

Die Bibliothek kann via http://www.jfree.org/jfreechart/download.html heruntergeladen werden. Nach dem Download des Archivs muss dieses entpackt werden. Sie müssen die beiden JAR-Bibliotheken jfreechart-*version*.jar und jcommon-*version*.jar aus dem Verzeichnis lib in Ihr Java-Projekt importieren.

JFreeChart stammt noch aus der Zeit, in der die GUI-Bibliothek *Swing* die bevorzugte Bibliothek für das Erstellen von Java-GUIs war – und nicht JavaFX. Daher funktioniert JFree-Chart am besten in Verbindung mit Swing.

Um mit JavaFX-Anwendungen Charts zu erstellen, können Sie die in JavaFX integrierten Klassen nutzen. Diese sind nicht ganz so umfangreich wie JFreeChart, funktionieren dafür aber direkt innerhalb von JavaFX-Programmen. Auf der Oracle-Webseite erhalten Sie eine Einführung unter https://docs.oracle.com/javase/8/javafx/user-interface-tutorial/charts.htm.

Apache Log4j

Apache Log4j ist eine Bibliothek, die Logging-Funktionalitäten für Java-Programme bereitstellt. Sie kann über http://logging.apache.org/log4j/2.x/download.html heruntergeladen werden. Es sollte die binary-Variante geladen werden.

Logging ist die automatische Erstellung eines (Verlaufs-)Protokolls beim Programmablauf und kann zum Beispiel nützlich sein, um die einzelnen Schritte, die das Programm ausführt, genau nachvollziehen zu können.

Sie können sich das so vorstellen: Mithilfe der System.out.println()-Anweisung können Sie einfache Ausgabeanweisungen in eine Anwendung einfügen. Das ist eine einfache Form von Logging. Log4j bietet eine erweiterte, viel leistungsfähigere Variante von Logging. Anstatt Ihren Code mit System.out.println()-Anweisungen zu überziehen, können Sie stattdessen Log4j verwenden.

jsoup

Mit der Bibliothek *jsoup* können Sie HTML-Dokumente verarbeiten. Anders als im PHP-Teil des Buchs geht es dabei nicht hauptsächlich darum, HTML-Dokumente selbst zu erstellen. Stattdessen sollen HTML-Dokumente aus dem Internet gelesen und verarbeitet werden.

Sie können jsoup unter https://jsoup.org/download herunterladen.

Auf der Webseite zum Buch unter `https://www.wiley-vch.de/ISBN9783527718511` finden Sie ein Code-Beispiel, bei dem mit jsoup alle Links einer Webseite extrahiert werden. Anschließend werden die Linktexte, die die Zeichenkette für Dummies enthalten, mittels `System.out.println()` ausgegeben.

Jackson-Databind

Mit dem *Jackson-Databind*-Projekt können sogenannte *JSON*-Daten gelesen und verarbeitet werden.

JSON ist ein Datenformat, das häufig im Internet verwendet wird, um strukturierte Daten zu übertragen. Es stellt damit eine Alternative zu XML dar. Listing 24.1 zeigt ein einfaches JSON-Beispiel.

```
{"Name":"Darth Vader", "AuchBekanntAls":"Anakin Skywalker",
"Feinde":["Obi Wan", "Yoda"], "Vorgesetzter":"Imperator Palpatine"}
```

Listing 24.1: Ein einfaches JSON-Objekt

Informationen zum Jackson-Databind-Projekt finden Sie auf `https://github.com/FasterXML/jackson-databind`. Die jeweils neueste Version finden Sie auf `https://repo1.maven.org/maven2/com/fasterxml/jackson/core/jackson-databind/`. Wählen Sie die höchste Versionsnummer aus und laden Sie danach aus dem Unterordner die `jackson-databind-version.jar` herunter.

Apache POI

Mit der *Apache-POI*-Bibliothek können Sie MS-Office-Dokumente in Java-Programmen lesen oder selbst erstellen. Herunterladen können Sie die Bibliothek unter `https://poi.apache.org/download.html`. Sie sollten die BINARY DISTRIBUTION auswählen.

IN DIESEM KAPITEL

Referenzen mit Dokumentationen von Funktionalitäten

Online-Interpreter zum schnellen Testen

Kapitel 25
(Mehr als) 10 nützliche Webseiten für Programmierer

Dieses Kapitel hält eine Liste nützlicher Webseiten für Sie bereit, die Sie in unterschiedlichen Situationen beim Programmieren unterstützen. Einige der folgenden Webseiten hatte ich zuvor schon in den einzelnen Kapiteln genannt. Hier finden Sie diese und andere auf einen Blick.

Papier ist geduldig und das Internet schnelllebig. Webadressen ändern sich, und manche Webseiten verschwinden auch komplett aus den Weiten des World Wide Web.

Es kann also sein, dass einzelne der nachfolgend genannten Webseiten nicht mehr vorhanden sind, wenn Sie das Kapitel lesen. Zusätzlich zu den Adressen gebe ich daher jeweils noch eine Suchanfrage an, mit der Sie ähnliche Webseiten über eine Suchmaschine Ihrer Wahl finden können.

Die vollständige Referenz der Java-Klassenbibliothek

https://docs.oracle.com/javase/8/docs/api/overview-summary.html

Aufgelistet werden zunächst die verschiedenen Pakete, in die die Klassenbibliothek unterteilt ist.

Die Referenz von anderen Java-Versionen finden Sie über die Suchanfrage `java version reference class library`, wobei Sie `version` durch die jeweils aktuelle Java-Version ersetzen müssen.

Die vollständige Referenz der Programmiersprache PHP

http://php.net/manual/de/langref.php

Die Referenz der integrierten Funktionen finden Sie unter http://php.net/manual/de/funcref.php.

Mit den Suchanfragen php referenz und php funktionsreferenz finden Sie später aktualisierte Fassungen.

Eine vollständige Referenz aller HTML-Elemente

https://wiki.selfhtml.org/wiki/HTML/Elemente

Eine englischsprachige Referenz finden Sie auf https://www.w3schools.com/tags/default.asp.

Mit der Suchanfrage html referenz finden Sie auch in der Zukunft immer aktuelle Referenzen.

Referenz aller CSS-Befehle

https://www.w3schools.com/cssref/default.asp

Wollen Sie Ihre Webseiten schön gestalten, kommen Sie um CSS nicht herum. Ein CSS-Tutorial finden Sie zum Beispiel unter http://de.html.net/tutorials/css/.

Mit den Suchanfragen css reference und css tutorial finden Sie auch später jederzeit aktuelle Informationen.

Scene Builder

http://gluonhq.com/products/scene-builder/

Der *Scene Builder* ist ein Zusatzprogramm für die Entwicklung von grafischen Benutzeroberflächen mit JavaFX. Mit dem Programm können GUIs mithilfe der Drag-and-drop-Technik (»Ziehen und Loslassen«) erstellt werden.

Über die Suchanfrage scene builder gelangen Sie jederzeit zur aktuellen Version.

Die vermutlich größte Online-Community für Programmierfragen

https://stackoverflow.com/

Entwickler, die Hilfe bei der Lösung eines Problems benötigen, können hier Fragen stellen und erhalten meist zahlreiche Antworten.

Die Webadresse von Stackoverflow wird sich vermutlich nicht so schnell ändern. Andere Online-Communitys finden Sie zum Beispiel über die Suchanfragen `developer community` oder `developer community questions`.

Online-Java-Compiler

https://www.jdoodle.com/online-java-compiler/

Java-Code schnell ausprobieren, ohne extra ein Projekt in Eclipse anlegen zu müssen? Kein Problem, verwenden Sie einfach einen Online-Java-Compiler. Hier können Sie Code schnell eintippen und sehen auf Knopfdruck, welches Resultat er liefert.

Andere Online-Compiler finden Sie zum Beispiel über die Suchanfragen `java online compiler` und `java online interpreter`.

Online-PHP-Interpreter

http://sandbox.onlinephpfunctions.com/

Andere Sprache, gleiches Prinzip. Mit einem Online-PHP-Interpreter können Sie PHP-Codeschnipsel schnell testen.

Weitere Interpreter finden Sie über die Suchanfrage `php online interpreter`.

Online-HTML-Editor

https://htmledit.squarefree.com/

Auch HTML-Elemente können Sie mit Online-Editoren schnell testen.

Verwenden Sie die Suchanfragen `html online interpreter` oder `html online editor`, um weitere zu finden.

Maven hilft

http://maven.apache.org/

Maven ist ein sogenanntes *Build-Management-Tool*. Es soll Entwickler beim Erstellen und Verwalten von Java-Programmen unterstützen. Dazu werden so viele Schritte des Programmierzyklus wie möglich automatisiert durchgeführt.

Die Verwendung ist insbesondere bei größeren Projekten zu empfehlen, da es den Verwaltungsaufwand signifikant verringert.

Wenn Sie mal eine Pause brauchen

https://cutt.ly/lachen2025

Sie sind nun am Ende dieses Buchs angelangt und stellen fest, dass noch nicht alles hundertprozentig funktioniert bei der Programmierung? Trösten Sie sich, da ist anderen schon Schlimmeres passiert …

Auf jeden Fall haben Sie sich jetzt mal ein bisschen Abwechslung verdient. Lachen Sie mal herzhaft – das ist gesund, weil Sie dabei sowohl Kalorien verbrennen als auch Ihre Herz-Kreislauf-Funktion verbessern.

In diesem Sinne wünsche ich Ihnen viel Spaß und Erfolg bei der Programmierung. Und immer wenn es mal nicht so läuft, wie Sie möchten, finden Sie im Internet genügend Möglichkeiten zur Ablenkung. Vergessen Sie beim Chatten aber nicht: Im Internet sind Männer Männer, Frauen sind Männer und Kinder das FBI!

Stichwortverzeichnis

- - 173
% 359
&= 172
*/ 158
*= 172
.= 326
// 157
?> 318
|| 97
++ 173
+= 172
<?php 317
=> 333
->
   Java 238
   Pfeil-Operator 335

A

Abgeleitete Klasse 223
abstract 227
Adress-Operator 128
Algorithmus 32–33, 78
Allokation 130
Amazon Corretto 147
Android 65, 67
Android Studio 68
Annotation 406
Anonyme Funktion 237, 249, 260, 284
   Rumpf 239
Anweisung 41
Apache-Webserver 311
App Store 64, 70
Apple, iOS 69
App-Programmierung 65
AR 67
Arbeitsspeicher 48
Arithmetischer Operator 93
Array 91, 174
   erstellen 330
ArrayIndexOutOfBoundsException 232–233
ArrayList 242
ASCII 171, 253
ASP.NET 71

Assembler 75
Assoziativer Speicher 244
Attribut
   Java 190
   objektorientierte Programmierung 120
   öffentlich 123
   privat 123
   XML/HTML 295
Aufzählung 221
Augmented Reality 67
Ausdruck 93
Ausnahme 230, 232
   abfangen 231
Ausrufezeichen 95–96
Auszeichnungssprache 71
Autovervollständigung 140

B

Babel-Repository 152
Back-End 352
Basisklasse 223
Benutzeroberfläche
   grafische 62, 156
Betriebssystem
   Android 68
Boolescher Ausdruck 100
break 179, 182
Breakpoint 411
Browser 294
BufferedReader 257
Bug 144
Bytecode 45, 146

C

C 45, 47, 50, 63
   Datentypen 89
   Objektorientierung 118
C# 44–45, 47, 50, 62
   Objektorientierung 118
C++ 45, 47, 50, 62–63
   Datentypen 89
   Objektorientierung 118
Casting 170

catch 231–233
char 88
class
 Java 191
 objektorientierte Programmierung 119
Cloud 70
CMS *siehe* Content-Management-System
Code::Blocks 63
Codeblock 158
Collection 55, 241
 sortieren 247
Compiler 38, 137
Content-Management-System 71, 395
continue 183
CSS 304, 394

D

Datenbank 349
Datentyp 88–89
 feststellen 225
 primitiver 162, 241
 umwandeln 170
Debuggen 143, 410
Defekt 402
Dekompilierung 46
Dekrementieren 172
delete 130
Dereferenzieren 128
Desktop-Programmierung 61
Diamant-Operator 236
Division 94
 PHP 324
Dokumentation 419
Dollarzeichen 324, 334
Doppelslash 157
Doppeltes Minuszeichen 173
Doppeltes Pluszeichen 173
do-while 181
Dreifaches Gleichheitszeichen 368
Dynamische Webseite 70

E

Eclipse 63, 138, 150
 Editor 153
 einrichten 150
 installieren 150
 Java-Projekt 154
 mit JavaFX 265
 Paket-Explorer 153
Eclipse PDT 315

Eingabeaufforderung 138, 155
Eingebettetes System 73
Einrückung 140
Einstiegspunkt 156
else 101
Embedded system 73
Endlosrekursion 115
Endlosschleife 104
Entweder-Oder-Operator 97
Entwicklungsumgebung 57, 150
Enumeration 221
Escape-Sequenz 203, 327
Exception *siehe* Ausnahme
exe-Datei 137
extends 223

F

fail()-Anweisung 406
Fakultät 78
Fehler 401
Feld *siehe* Array
FileInputStream 257
FileOutputStream 255
float 88
Flussdiagramm 99
for 181
foreach 332
Freelancer-Portal 64
Front-End 352
Funktion 43, 108
 anonyme 237, 249, 260, 284
 erstellen 111

G

Ganzzahl 88
Gates, Bill 47, 50, 255, 402, 417
Genauigkeit
 Gleitkommawert 88
 Gleitkommawert in Java 164
Generics 235
Generische Klasse 235
Geordnet speichern 91
Geschweifte Klammern 101, 158
getter 124
ggT 106
Git 428
Gleichheitszeichen 161
 dreifaches 368
Gleitkommazahl 88, 90, 168
global 330

Google Guava 443
Google Play Store 64, 70
Grafische Benutzeroberfläche 62, 156, 264
GUI *siehe* Grafische Benutzeroberfläche

H

Hallo Welt 155
Haltepunkt 411
Hardware 73
Hardware-Programmierung 73
Hauptfunktion 158
Header 101
Hilfe 422
HTML 71, 294, 296
   Absatz 298
   action-Attribut 302
   a-Element 300
   Attribut 295
   Aufzählung 300
   Bild einfügen 300
   body-Element 297
   button-Element 303
   class-Attribut 305
   em-Element 299
   form-Element 302, 378
   Formular 302, 378
   Grundgerüst 296
   head-Element 297
   Hervorhebung 299
   horizontale Linie 299
   href-Attribut 300
   hr-Element 299
   Hyperlink einfügen 300
   id-Attribut 305
   img-Element 300
   input-Element 302, 379
   label-Element 303
   li-Element 300
   Liste 300
   name-Attribut 302
   ol-Element 300
   src-Attribut 300
   strong-Element 299
   Tabelle 301
   table-Element 301
   tag 296
   td-Element 301
   textarea-Element 379
   th-Element 301
   tr-Element 301
   type-Attribut 302, 379
   Überschrift 299
   ul-Element 300
   Zeilenumbruch 298
Hypertext 321
Hypertext Markup Language 294

I

IDE *siehe* Integrierte Entwicklungsumgebung
if 99, 177, 327
Imperative Programmierung 42
import 208, 232
Index 205
   Array 91, 331
   Zeichenkette 205
Index-Operator
   Java 174
   PHP 331
Informatik-Studium 58
Initialisierung 120
Inkrementieren 172
InputStream 251
InputStreamReader 257
Insertionsort 82
instanceof 225
Instanz 119, 190
   Klasse 122
Instruktion 41
int 88
Integrated Development Environment *siehe* Integrierte Entwicklungsumgebung
Integrierte Entwicklungsumgebung 138, 150
Internet-Referenz 57
Interpreter 45, 146
iOS 67, 69
Iteration 243

J

Jackson Databind 445
JAR-Archiv 287, 441
Java 45, 47, 50, 62, 68, 71
   Anführungszeichen 203
   Attribut 192, 196
   class 191
   Datentypen 89
   do-while 181
   for 181
   if 177
   import 208
   Klasse 192

Klassenbibliothek 420
Konstruktor 193
logischer Operator 198
main 202
Methode 194, 196
new 195
null 210
Objektorientierung 118
Operator 165
Package 206
private 192
public 192
Punkt-Operator 196
Referenz 209
return 194
Schleife 179
static 201
statische Methode 200
statisches Attribut 200
String 203
Text ausgeben 158
Variable anlegen 161
Variable deklarieren 161
void 194
while 180
Zeichenkette 203
Zeichenkette zusammensetzen 205
Zugriffsmodifizierer 192
Java Development Kit 148
Java-Dokumentation 420
JavaFX 264
  BorderPane 269, 271
  Button 276, 284
  Charts 444
  FXCollections 279
  FXML 286
  GridPane 275, 278, 280
  HBox 276
  Insets 278
  Label 271, 276
  Margin 277
  Node 277
  ObservableList 278, 285
  Programm 266
  RowConstraints 276
  Scene 269, 283
  SimpleStringProperty 273
  Stage 269
  TableColumn 281

  TableView 279
  TextField 276
java.lang 232
JavaScript 307
JDK 148
JFreeChart 443
JSON 445
jsoup 444
JUnit 403

K

Kinder-Element (Container) 277
Klammern 158
Klasse 43, 118, 189
  abgeleitete 223
  abstrakte 227
  anlegen 119
  generische 235
Klassenbibliothek 55, 236, 420
Klassen-Instanz 119
Kommentar 121, 157
Konsole 155
Konstruktor 120, 225
Kontrollfluss 99
Kontrollstruktur 43
Kotlin 68
Künstliche Intelligenz 37

L

Lambda-Ausdruck *siehe* Anonyme Funktion
Leere Referenz 210
Leerraum 157
Light-Variante 70
Linux 63
Liste 242
localhost 314, 319
Logischer Operator 96

M

macOS 63, 69
Magento 395
main 158
MariaDB 312, 352
Maschinencode 37, 44–45, 146
  plattformspezifisch 45
Mathematische Funktion
  Java 165
  PHP 336
Menge 246

Merge 436
Mergesort 82
Methode 108, 120, 190
    abstrakt 227
    öffentlich 123
    privat 123
    überschreiben 226
Modulo 94
MySQL 312, 352
    Administrationsoberfläche 355
    Datenbank wechseln 356

N

Namen ändern 142
Nebenläufigkeit 258
Negationsoperator 96
Netbeans 63
new-Operator 122, 130, 195
null 210
NullPointerException 233

O

Oberklasse 223
Obfuskation 47
Object 228, 234
    equals() 228–229
    toString() 228
Objective 63
Objective-C 63
Objekt 190
    vergleichen 228
Objektorientierte Programmierung 43, 117, 189
Oder-Operator 97
Online-Tutorials 58
Operator 93, 324
    arithmetischer 93
    logischer 96
OutputStream 251
OutputStreamWriter 256

P

Package 206
Paket einbinden 208
Paket-Explorer 153
Parameter 33, 109
Pfeil-Operator
    Java 238
    PHP 335
PHP 71, 321

$_GET 344
$this 335
Anführungszeichen 326
Array 330
array_key_exists 333
asort 334
assoziatives Array 332
Attribut 334
Datei auslesen 337
Daten aus Formular auf Webseite übertragen 342
Daten in Datei speichern 337
Datentyp 324
DateTime 338
Datum und Uhrzeit 338
Dollarzeichen 324, 334
dreifaches Gleichheitszeichen 368
echo 318
fetch_all 368
foreach 332
Funktion 328, 421
global 330
if 327
in_array 333
integrierte Funktion 336
Konstruktor 334
ksort 334
Methode 328
mysqli 367
MYSQLI_ASSOC 368
new 336
null 325
Nutzereingaben einlesen 344
Operator 324
Pfeil-Operator 335
Programm ausführen 318
Punkt-Operator 326
query 367
return 328
Schlüssel 332
Semikolon 318
sort 334
Text ausgeben 318
Variable 324
Variable erzeugen 324
weitere PHP-Datei einbinden 323
Zeichenkette 326
Zeichenkette zusammensetzen 326
Zuordnung 332
PHP-Dokumentation 421

PHP-Entwicklungsumgebung 315
PHP-Interpreter online 322
Plattformunabhängig 62, 146
Plug-in 71
Pointer *siehe* Zeiger
Portierung 63
Primärschlüssel 353
Primitiver Datentyp 162, 241
private 124
Problem, Lösung 33
Programm, linear 258
Programmieren lernen 54
   mit Büchern 57
   mit Online-Tutorials 58
Programmierer, Denkweise 53
Programmiersprache 37, 43
   ABAP 44
   C 45
   C# 44
   C++ 45
   des Internets 71
   Fortran 44
   Geschichte 43
   Java 45
   JavaScript 72
   Kotlin 68
   Objective-C 63
   PHP 312
   Python 45
   Swift 63, 69
   Unterschiede 45
Programmierung
   imperative 42
   objektorientierte 43, 117, 189
   serverseitige 71
   strukturierte 43
protected 225
Prozedur *siehe* Funktion
Prozessor 259
Pseudocode 87, 102
public 124, 192
Punkt-Operator
   Java 196
   objektorientierte Programmierung 122
   PHP 326
Python 45, 71

Q

Qt 63
Quellcode 38, 41

R

RAM *siehe* Arbeitsspeicher
Referenz 57, 209
   leere 210
Referenzierungsoperator 128
Rekursion 115
Restwert-Operator 94
return 112, 194, 328
Reverse Engineering *siehe* Dekompilierung
Ruby 71
Rumpf 103

S

Scene Builder 287
Schleife 102, 179
Schleifenrumpf 103
Schlüsselwort 41
Semikolon 89, 159, 318
Sensor 65
Server-Anwendung 311
Serverseitige Programmierung 71
setter 124
Skript 70, 322
Skriptsprache 321
Skynet 37, 255
Smart Home 74
Software, kommerzielle 64
Sortieren 81
SourceForge 429
Speicher 47
   allozieren 130
   Arbeitsspeicher 48
   assoziativer 244
   Festplatte 48
Speicherbedarf 164
Speicherleck 50
Speicherplatz
   freigeben 49
Speicherverwaltung
   automatisch 48
   manuell 48, 126
SQL 353
   AND 358
   AUTO_INCREMENT 354
   Bedingung 358
   CREATE TABLE 354
   Datenbank abfragen 360
   Datenbanktabelle erzeugen 354
   DELETE FROM 360
   Eintrag ändern 358

Eintrag erstellen 357
Eintrag löschen 360
INSERT INTO 357
JOIN 363
LIKE 358
LIMIT 361
OR 358
ORDER BY 361
SELECT 361
UPDATE 358
WHERE 358
Stern-Operator 127
Stream 251
string 88
StringBuilder 254
Strukturierte Programmierung 43
Stylesheet 394
    Selektor 305
Subversion 428
super 226
Swift 63, 69
Swing-Bibliothek 264
switch 178
Syntax 41
Syntax-Hervorhebung 138

T

Tag (XML/HTML) 295
Template 235
Terminieren 35, 158
Text, einfachen strukturieren 298
Thread 258, 260
    Hauptthread 260
TortoiseSVN 428
TreeMap 245
TreeSet 246
try 231
try-catch 231, 252
Typumwandlung 170, 255
Typvariable 235

U

Überlauf 167
Und-Operator 96
Unit Test 403
Unterklasse 223
URL 374
    Java-Klasse 252
URL-Parameter 375

V

var 89
Variable 34, 42, 89
    Basistyp 224
    global 329
    lokal 329
    manipulieren 42
    Name 90
    Werkzeuge 47
Variablendeklaration 161
Vererbung 223
Vergleichsoperator 95
Verzweigung 99
Virtual Reality 67
Visual Basic 46
Visual Studio 63
void 194
VR *siehe* Virtual Reality
VR-Brille 67

W

Wahrheitswert 88
Warteschlange 246
Webdesign 72
Webprogrammierung 70
Webseite
    auslesen 252
    Back-End 352, 369
    dynamische 70
    Front-End 352, 369
Webserver 294, 311
Wert konvertieren 169
Wertebereich 88
    Ganzzahl in Java 166
while 102, 180
Windows 62, 137
Windows Phone 67
Windows Store 64
WordPress 71, 395
Workspace 150
World Wide Web 293
WPF 63
WPF-Bibliothek 63
Wrapper 237

X

XAMPP 312
    Kontrollzentrum 313
Xcode 63, 69

XML 294
  Attribut 295
  Element 295
  Kinder-Element 295
  Tag 295

Z

Zeichen (Datentyp) 88
Zeichenkette 88, 91
  Java 203
  PHP 326
Zeiger 127
Zirkumflex 97
Zugriffsmodifizierer 124, 192, 225
Zuordnung 245
  Schlüssel 245
  Wert 245
Zuweisung 90
Zuweisungsoperator 161

Diese Bücher könnten Sie auch interessieren

R. Otte

Künstliche Intelligenz für Dummies

2. Auflage 2023 **ISBN:** 978-3-527-72099-6
512 Seiten

Format: 176 mm x 240 mm
Ladenpreis: 26,- €*

Mit diesem Buch bringen Sie sich auf den aktuellen Stand beim Thema »Künstliche Intelligenz«: Verstehen Sie die zugehörigen Algorithmen, lernen Sie Industrieanwendungen kennen und finden Sie heraus, was künstliche Intelligenz noch nicht kann.

C. Minnick

Coding mit KI für Dummies

1. Auflage 2024 **ISBN:** 978-3-527-72210-5
336 Seiten

Format: 176 mm x 240 mm
Ladenpreis: 28,- €*

Künstliche Intelligenz hilft Ihnen dabei, sich auf den Kern Ihrer Entwicklungsarbeit zu konzentrieren. In diesem Buch lernen Sie die wichtigsten Plattformen kennen, die Sie beim Programmieren unterstützen können, und erfahren, wie Sie die einzelnen KI-Tools sinnvoll einsetzen.

S. Diamond und J. G. Allen

KI-Prompts schreiben für Dummies

1. Auflage 2024 **ISBN:** 978-3-527-72245-7
Ca. 288 Seiten

Format: 176 mm x 240 mm
Ladenpreis: ca. 18,- €*

In diesem Buch lernen Sie, wie Sie die besten Ergebnisse aus KI-Systemen herausholen. Die Autoren erklären Ihnen, wie Sie Textanweisungen formulieren, die effektive Ergebnisse liefern, wie Sie diese auswerten und Ihre Prompts weiter verfeinern.

*Der €-Preis gilt nur für Deutschland. Preisänderungen und Irrtümer vorbehalten.

Diese Bücher könnten Sie auch interessieren

A. Gogol-Döring und T. Letschert

Algorithmen und Datenstrukturen für Dummies

1. Auflage 2019 **ISBN:** 978-3-527-71432-2
486 Seiten

Format: 176 mm x 240 mm
Ladenpreis: 26,99 €*

Ohne Algorithmen und Datenstrukturen geht es in der Informatik und auch beim Informatikstudium nicht. Wenn Sie die ersten Schritte auf dem Gebiet der Softwareentwicklung bereits hinter sich haben, hilft Ihnen dieses Buch dabei, die Welt der Algorithmik zu erobern.

J. Fischer

Maschinelles Lernen für Dummies

1. Auflage 2024 **ISBN:** 978-3-527-72055-2
352 Seiten

Format: 176 mm x 240 mm
Ladenpreis: 28,- €*

Jörn Fischer gibt Ihnen einen breiten Überblick über alle relevanten, aktuellen und etablierten Lernalgorithmen und erklärt deren Funktionsweise anhand vieler Codebeispiele. So hilft er Ihnen, Lernverfahren auszuwählen, zu implementieren und Fehler systematisch zu beseitigen.

U. Schmid, K. Weitz und M. Siebers

Künstliche Intelligenz selber programmieren für Dummies Junior

2. Auflage 2024 **ISBN:** 978-3-527-72188-7
160 Seiten

Format: 176 mm x 240 mm
Ladenpreis: 15,- €*

Finde heraus, was Künstliche Intelligenz ist und wie sie funktioniert. Dieses Buch hilft dir dabei: Anhand von anschaulichen Beispielen schaust du unter die Haube und erhältst einen Einblick, wie KI-Systeme gebaut werden können.

*Der €-Preis gilt nur für Deutschland. Preisänderungen und Irrtümer vorbehalten.